AHRIMAN-Verlag

Unser Programm ist die

Wiederkehr des Verdrängten

Fritz Erik Hoevels

Wilhelm Reichs Beitrag zur Psychoanalyse

Fritz Erik Hoevels

Wilhelm Reichs Beitrag zur Psychoanalyse

AHRIMAN-Verlag

»Sie haben entweder vollständig unrecht, oder Sie werden bald allein das schwere Los der Psychoanalyse tragen.«

(Freud zu Reich)[1]

»Wir dürfen keinen Augenblick die Rücksicht auf Freud der Rücksicht auf die Zukunft der Psychoanalyse vorziehen.«

(Reich)[2]

---

1) Zit. n. Fenichel 1998, p. 71.
2) ibid., p. 72.

Inhalt

Abkürzungen

(außer den allgemein üblichen)

BP	Sándor Ferenczi, Bausteine zur Psychoanalyse, 4 vol. Bern/Stuttgart
GW	Sigmund Freud, Gesammelte Werke, (Hg. Anna Freud et al.), 18 vol. London (Imago [Publ.]) 1940sqq.
IZ	Internationale Zeitschrift für ärztliche Psychoanalyse (Hg. Sigmund Freud). Wien
MEW	Karl Marx/Friedrich Engels, Werke, 39 vol. Berlin (Dietz) 1956–1968
PB	Psychoanalytische Bewegung, Internationaler psychoanalytischer Verlag. Wien 1929–1933
PS I	Karl Abraham, Psychoanalytische Studien zur Charakterbildung und andere Schriften (Hg. J. Cremerius). Frankfurt/M. 1969
PS II	Psychoanalytische Studien II (Hg. J. Cremerius). Frankfurt/M. 1971
Su	System ubw, Zeitschrift für klassische Psychoanalyse. Freiburg i. Br. (ISSN 0724-7923)
WRB	Wilhelm-Reich-Blätter (Hg. Bernd A. Laska). Nürnberg (ISSN 0170-0545)
ZPP	Zeitschrift für psychoanalytische Pädagogik (Hgg. H. Weng u. E. Schneider). Wien
ZPPS	Zeitschrift für politische Psychologie und Sexual-

ökonomie (Hg. »Ernst Parell«, i.e. Wilhelm Reich). Kopenhagen/Oslo

ZSW Zeitschrift für Sexualwissenschaft (Hg. Iwan Bloch). Bonn

1. Kapitel: Allgemeine Überlegungen zu Freud, Reich und ihrer Zeit

Wer war Wilhelm Reich? – Vor der sogenannten Studentenbewegung, vor 1967 also, war fast überhaupt kein Europäer in der Lage, irgendeine Antwort auf diese Frage zu geben, da es für den gewöhnlichen Sterblichen unmöglich war, an irgendeines seiner Werke zu kommen. Zwar hatte die – gewerkschaftseigene und, wozu in der Stickluft der Adenauer- und Nach-Adenauer-Zeit wenig gehörte, als »links« verschriene – Europäische Verlagsanstalt 1966 unter dem Titel ›Die sexuelle Revolution‹ eine Art Sammelband seiner populären Schriften herausgebracht, aber sie enthielten nichts eigentlich Psychoanalytisches, waren zweifellos anregend, aber nicht regelrecht wissenschaftlich. US-Amerikaner hatten auch keine große Chance, mit dem Namen etwas Sinnvolles zu verknüpfen – Individuen kannten vielleicht die zumindest »umstrittene«, auf jeden Fall reichlich dubiose »Orgonlehre«, hatten aber von der europäischen Vergangenheit des Trägers jenes geheimnisumwitterten Namens »Reich« nur äußerst nebelhafte Vorstellungen. Andere Nationen hatten überhaupt keine Chance, schon mangels Übersetzungen.

Inzwischen ist, dank des SDS als Kern der zumindest westeuropäischen »Studentenbewegung«, wohl jedem ein bißchen gebildeten Menschen *aller* Länder, unter Ausschluß vielleicht der fanatisch islamischen, bekannt, daß Wilhelm Reich ein Psychoanalytiker in der Glanzzeit der Psychoanalyse gewesen ist, ein direkter Schüler Freuds, der aber irgendwie auf Abwege geriet und schließlich eine sehr eigenartige biophysikalische Lehre entwickelte, die von den meisten naturwissenschaftlich halbwegs informierten Menschen (darunter auch mir) für kläglichen parawissenschaftlichen Unsinn erachtet, daneben von etlichen Individuen in kleinen Zirkeln allerdings begeistert hochgehalten wird, ähnlich wie die Alchimie zur Zeit Strindbergs, aber auf jeden Fall weder mit der Psychoanalyse noch der Politik irgend etwas zu tun hat. Mit letzterem Satz ist die von keiner Seite bestrittene Aussage gemeint, daß, wenn die sogenannte Orgonlehre wahr wäre, dies keine einzige Aussage der Psychoanalyse beweisen oder widerlegen würde, so wenig wie etwa die richtige oder falsche Ermittlung des Gründungsdatums von Teotihuacan oder des Atomgewichts von Kurtschatovium, und ebensowenig geeignet wäre, uns politische Ratschläge zu erteilen bzw., wenn wir bei wiederhergestellter Meinungsfreiheit die Macht zu politischen Aktivitäten wiedererobert hätten, uns bei deren Effizienzerhöhung nützlich zu sein (indem sie unsere politischen Einschätzungen realitätsnäher machen könnte). Aus genau diesem Grund kann die Diskussion der Orgonlehre in einem Buch, das sich mit Reichs Beitrag und Stellung zur Psychoanalyse beschäftigt, unberücksichtigt bleiben, nicht anders als die Kritik oder Würdigung von Einsteins Geigenspiel in einem Lehrbuch der Physik. Es handelt sich um Themen, die nur durch den Zufall der Person, aber nicht durch die Sache verknüpft sind; ließe sich beweisen, daß Einstein schlecht Geige gespielt hat, so wäre das keinerlei Argument gegen die Relativitätstheorie, genausowenig wie die etwas ernstere Frage, ob er irgendeinen religiösen Aberglauben mitgeschleppt hat oder nicht (oder ob seine Ideen über die Entstehung von Kriegen realitätsgerecht waren). Bestreitet etwa irgend jemand die grundsätzliche Rationalität von Einsteins physikalischer Argumentation, so kann er dies keineswegs damit begründen, daß er ihm musikalische Lapsus oder politische Fehleinschätzungen nachweist; er muß auf dem Feld der Physik bleiben und sich an Einsteins physikalische Argumentation halten, durchaus ausschließlich, und keineswegs an das, was Einstein vielleicht physikalisch Falsches gesagt *hätte*, wenn er auf diesem Felde den gleichen (hypothetischen) Fehler begangen *hätte* wie bei seinem Geigenspiel oder seinen politisch-militärischen Überlegungen.

Das gleiche gilt natürlich auch für Reich und die Psychoanalyse. Daß er sich von ihr zugunsten einer, milde gesagt, obskuren Biophysik entfernte, kann sehr wohl dadurch bedingt gewesen sein, daß die psychoanalytische Organisation von einem gewissen Zeitpunkt an nichts mehr von ihm wissen wollte, ihn in Acht und Bann tat und seine persönlichen Probleme, die durch Asylsuche um die halbe Welt erzeugt wurden, mit Genugtuung und Schadenfreude betrachtete, wenn nicht sogar nach Kräften schürte. Dieser Grund – zusammen mit den Härten wechselnder Exilorte und damit verbundener persönlicher und intellektueller Isolation – muß doch für Reichs Abdriften in psychoanalyseferne und reichlich zweifelhafte Gefilde mindestens ebensosehr vermutet und vorausgesetzt werden wie eine primäre hypothetische in die gleiche Richtung weisende Abweichung von der Lehre Freuds, **von der vor Reichs Ausschluß aus der I.Psa.V. und noch etliche Zeit danach niemand etwas gemerkt hat** und die niemanden zu einer auch nur andeutenden, auch nur irgendwie zutreffenden Vorhersage seiner weiteren doktrinären Entwicklung veranlaßte.

Wäre tatsächlich, wie dies die moderne Polemik bis zum Überdruß mal andeutet, mal wiederkäut, der »späte Reich« im »frühen Reich« enthalten, ersterer ein notwendiges oder wenigstens wahrscheinliches Resultat des letzteren, dann ist es doch sehr seltsam, daß dies den kundigen Zeitgenossen, denen es an Willen und oft sogar Auftrag zur Anti-Reich-Polemik schwerlich fehlte, so völlig entgangen ist, daß auch der leiseste Versuch zu einer solchen Reich zweifellos wirksam diskreditierenden Vorhersage und geistigen Linienverlängerung nie unternommen worden ist – während etwa die Vorhersage, daß Jung im Sumpf religiöser Mystik und Anpassung landen werde, durchaus sofort und zwanglos gemacht wurde und sich auch rasch bewahrheitete. Da hinsichtlich Reich und der Orgonlehre – oder, um es zwar unfreundlicher, aber auch allgemeiner auszudrücken, einer halbesoterischen Bio-Kosmo-Mystik – nie der leiseste Ausspruch in dieser Richtung gefallen ist, so sehr er Reichs Feinden doch zupaß gekommen wäre, ihre Position in der Zukunft gestärkt und ihre augenblickliche Polemik überzeugender gestaltet hätte, so bleibt nach dem altbewährten wissenschaftlichen Prinzip des Hypothesenminimalismus oder »Ockhams Rasiermesser« nur der Schluß übrig, daß es für Reichs vielen *rückwirkend* so suspekte nachexilische Entwicklung keinen Grund in seinem bisherigen Gedankengebäude gab, nur ganz zufällige verbale Anker wie *immer* (weil in *jedem* Gedankengebäude gegeben), sondern diese entsprang viel eher und ganz naheliegend seinen unnormalen, fürchterlichen Existenzbedingungen.

Die nach dem Zusammenbruch (oder mit dem Niedergang) der »Studentenbewegung« einsetzende, nie abreißende Propaganda, die man sich etwa so strukturiert vorstellen muß, wie ein Evangelist vom anderen abschreibt und dabei die vorgefundenen Wunder aufdonnert und aufstockt, störende Realitätsreste dagegen ausscheidet, hat in sehr vielen Menschen, denen der Name Reich irgend etwas sagt, die Vorstellung entstehen lassen, Reich sei, ähnlich wie Jung oder Adler, mit Freud aus *wissenschaftlichen* Gründen in Konflikt geraten, wegen unterschiedlicher Ansichten über zentrale Sachaussagen der Psychoanalyse (oder der zu diesen führenden Forschungsmethode). – Nichts davon ist wahr; wie ich in diesem Buch vorzuführen hoffe, hatten alle Differenzen Reichs mit Freud bzw. der I.Psa.V. ausschließlich politische, niemals sachliche Gründe; nie ging es um die Frage, ob die zentralen Aussagen der Psychoanalyse, insbesondere die sogenannten »vier Schibboleths«[1], wahr oder falsch sind, sondern ausschließlich um die politischen Konsequenzen,

---

[1] Siehe GW XIII 223: »Die Annahme unbewußter seelischer Vorgänge, die Anerkennung der Lehre vom Widerstand und der Verdrängung, die Einschätzung der Sexualität und des Ödipus-Komplexes sind die Hauptinhalte der Psychoanalyse und die Grundlagen ihrer Theorie, und wer sie nicht alle gutzuheißen vermag, sollte sich nicht zu den Psychoanalytikern zählen.« – Der Ausdruck selbst, der einer biblischen Sage (Ri 12,5sqq.) entnommen ist, taucht erstmals 1914 gegen Adler gerichtet auf (GW X 101) und bedeutet dort die Anerkennung der unbewußten Wunscherfüllung als latentem Trauminhalt, somit den Kern dessen, was Freud in der gerade zitierten Stelle von 1923 in die aufgeführten vier »Grundpfeiler der Psychoanalyse« zerlegt hat. Cf. ferner GW V 147sqq.

wie sie Reich ärgerniserregenderweise aussprach, *wenn* die Schibboleth-Aussagen wahr sind. Da man diesen rein aus Opportunität aufkommenden Grund natürlich nicht zugeben konnte, hat man zur Begründung des Anathems über Reich seitens der I.Psa.V. mit großer Mühe und Verrenkung sachliche Differenzen konstruiert – mit welch jämmerlichem und inhaltlich wertlosem wie logisch unhaltbarem Ergebnis, werden die Leser noch kennenlernen. Es ist das Ziel dieses Buches, diesen Vorgang unter Beachtung *allen* verfügbaren Materials vorzuführen und dabei zugleich die originelle Leistung Reichs zu würdigen und zu diskutieren, die dieser *innerhalb* des Rahmens der Psychoanalyse erbracht hat. Es ist sicherlich die bedeutendste, die irgendein Schüler Freuds beigetragen hat, Abraham und Ferenczi eingeschlossen. Das hat Reich genausowenig wie diese beiden (und Freud selbst) vor Detailfehlern bewahren können wie jeden Wissenschaftler, der auf ausgedehnten Feldern Pionierleistungen erbringt; seine Grenzen werden ebenfalls sichtbar werden. Bedenkt man aber, welch kurzer Zeitraum Reich für seine psychoanalytischen Beiträge zur Verfügung stand, im Grunde weniger als eine Dekade, so wird man von Staunen und Respekt ergriffen werden.

Das gilt natürlich nur für ein Publikum, dem die Psychoanalyse etwas bedeutet – und hier macht sich der erste, freilich nicht strukturelle, sondern nur subjektive Unterschied zu meinem Einstein-Vergleich bemerkbar. Denn die Physik arbeitet, jedenfalls noch, in einem gesellschaftlich anerkannten und geschützten Rahmen, die Psychoanalyse nicht; diese ist und bleibt argumentatives Freiwild für jeden rede- oder schreibfreudigen Ignoranten, der bei analogen Angriffen auf die Aussagen der Physik, die sogenannten Naturgesetze also, von den Gay-Lussac'schen etwa bis hin zu Einsteins berühmter »Weltformel«, wenn nicht den wohlverdienten Ruf eines unwissenden Schwätzers, so auf jeden Fall denjenigen eines zur Mystik neigenden, toleranzbedürftigen Sonderlings erwürbe, sich also in eine nicht sehr erstrebenswerte Lage brächte. Der Grund für diese unterschiedliche subjektive Position der Physik und der Psychoanalyse liegt keineswegs darin, wie Klein-Mäxchen glaubt, daß die Aussagen der Physik logisch zwingend von jederzeit tadellos demonstrierbaren Beobachtungen abgeleitet sind, also objektiv einleuchtend und bewiesen, die der Psychoanalyse aber nicht; denn Klein-Mäxchen kennt diese Beobachtungen und Argumente (= Berechnungen) ja gar nicht oder nur extrem fragmentarisch, könnte keinen einzigen auch nur mäßig intelligenten Gegner zu ihrer Anerkennung nötigen, weiß von ihnen in Wahrheit nur etwas aus völlig zerbröckelten und verschwommenen Schulerinnerungen. Die Quelle seiner Anerkennung der Physik ist also rein gesellschaftlich, nicht etwa sachlich, wie Mäxchen glaubt; denn auch dies hat man ihm bloß beigebracht zu sagen.

Die Schule lehrt (und verleumdet) mit gesellschaftlicher Autorität; seltener, als weiße Raben oder vierköpfige Kälber auftreten, beruht der Respekt vor den von ihr vermittelten Aussagen auf der Überzeugungskraft ihrer im Unterricht vorgeführten logischen Ableitungen oder den dazugehörigen praktischen Demonstrationen. Eine oberflächlich betrachtet mit der Schule und vergleichbaren gesellschaftlichen Medien konkurrierende Quelle der Achtung vor der Physik, der gönnerischen Herablassung gegenüber der Psychoanalyse sehen viele in dem nachhaltigen Eindruck, den Atomraketen, Telefone und Satellitenfernseher auf die Masse der Menschen machen, denen die Psychoanalyse (freilich bis vor kurzem auch die Biologie!) nichts auch nur entfernt Vergleichbares entgegenzusetzen hat. Doch dieser mächtige Eindruck des verläßlichen Funktionierens »wundersamer«, d.h. in ihrem Funktionieren für den gewöhnlichen Betrachter unverständlicher Apparate ist nur deshalb eine Quelle des Respekts vor der Physik – resp. des Glaubens an deren Aussagen – für diesen Betrachter, weil ihm von Autoritäten (z.B. der Schule) versichert wurde – wahrheitsgemäß, das stimmt, aber kann der kleine Max das auch überprüfen, glaubt er es nicht einfach, wie er vieles andere glauben würde? –, daß sie ihre Funktionsfähigkeit der Physik, d.h. der Anwendung der Erkenntnisse der Physiker, verdanken. Aber die gleichen Maschinen könnten – obwohl das sehr unwahrscheinlich ist, aber kann besagtes Mäxchen das wirklich beurteilen?! – genauso wie die eindrucksvollen technischen Erfindungen der Chinesen auch durch Basteln und Probieren statt Vertrauen auf die Erkenntnisse der Physiker zustandegekommen sein, in welchem Fall nicht die Physik, sondern die Bastler (oder deren weise beamtete Protektoren) die Achtung verdienten. Wie gesagt: es ist nicht so; was die Autoritäten über die Entstehung der neuzeitlichen, in Europa aufgekommenen Technik erzählen, entspricht in der Hauptsache der Wahrheit – aber nicht deshalb findet es bei den meisten Menschen Glauben, sondern eben, weil es mit Autorität erzählt wird, wenn auch mittlerweile etwas leiser. Denn daß die Physik und in ihrem Schlepptau, mit durchaus unterschiedlicher Willigkeit des staatlichen Umfelds, auch jede andere Wissenschaft prinzipiell zu gesellschaftlicher Achtung gelangte, verdankte sie ausschließlich oder fast ausschließlich ihrer in der Welt ökonomischer und militärischer Konkurrenz nützlichen technischen Anwendbarkeit, und da ihr Nutzen und ihr Gedeihen ohne die fundamentale Anerkennung der so ärgerlich antiautoritären, einschüchterungsversauenden und nun einmal gegenstandsneutralen wissenschaftlichen Methode nicht zu haben ist, gediehen im Windschatten der Physik auch die anderen Wissenschaften, d.h. die Anwendung der wissenschaftlichen Methode: Beobachtungsprimat und -monopol – und wenn er platzt, der Sir Popper! –, Probe und Gegenprobe, Diktatur der Logik sowie Hypothesenminimalismus, auf beliebige andere Gegenstände. Die »Gesellschaft«, d.h. die maßgeblichen Kräfte in ihr, die z.B. den Unterricht beaufsichtigen und anordnen oder den Zeitungsinhalt bestimmen, bewiesen diesen Anwendungen gegenüber ziemlich unterschiedliches Wohlwollen; die religionsuntergrabende Biologie schluckten sie gerade noch recht widerwillig wegen ihrer vielen Verbindungen zur Chemie und vor allem unvorhersehbar zahlreichen Anwendungsmöglichkeiten – so erreichte sie, freilich eklektisch verhunzt und systematikfeindlich, den Lehrplan der Schulen –, aber bei der erst recht religions- und ideologieuntergrabenden Anwendung der wissenschaftlichen Methode auf die subjektiven Phänomene durch Freud hörte der Spaß auf. Sie fand keinen Eingang mehr in den Kanon der bürgerlichen Wissenschaften, obwohl sie deren Methode ohne Abstriche und Zusätze teilt, aus ihr nahtlos erwächst und ihr Entdecker darum die Hoffnung nie aufgab, sie doch noch in diesen Kanon hineinbugsieren zu können.

Nun, diese Hoffnung hat getrogen, und nichts erbost Vertreter des offiziellen Meinungsapparats, sei er universitär oder journalistisch, so sehr wie Freuds ruhige Festschreibung des »Charakter[s] der Psychoanalyse als empirische Wissenschaft« (GW XIII 229). Wer sie teilt, fest und ohne doppelten Boden vertritt, erregt rasch ihr Losplappern und ihren Zorn. Denn mit der Anerkennung ihrer Wissenschaftlichkeit, jenem, wie wir gesehen haben, letztlich gesellschaftlich, d.h. von den Machtträgern vergebenen oder verweigerten Attribut, fände sie und damit ihre Religions- und Ideologieuntergrabung deren verbindlichen Schutz, gelangte in ein schwer widerrufliches Klientelverhältnis zu den Gewalthabern, wie es die Biologie immer noch genießt, wenngleich als absterbende Erscheinung, was ihr, immer nur in protestantischen Ländern freilich, erst einen Haeckel und heute noch einen mit allerdings deutlich weniger, fast freudähnlich wenigen, Prüfungsbefugnissen ausgestatteten Dawkins und eine Handvoll anderer Wissenschaftler ermöglicht, welche die inzwischen nachdrücklicher als vor Hitler geforderte Liebedienerei gegenüber der Religion verweigern und ihre Wissenschaft ohne Servilität und Seitenblicke geradlinig vertreten.

Ihr Status war für Freud niemals in Reichweite, gerade weil er auf der Wissenschaftlichkeit seiner Lehre bestand, welche deren Feinde so gerne zur »Weltanschauung« degradiert hätten; ihre intellektuell ziemlich prostituierten

Nachkriegs- und vor allem: Nach-Studentenbewegungs-Vertreter haben die Botschaft sehr gut verstanden und ihren marginalen Eunuchenstatus im bürgerlichen oder nachbürgerlich-monoimperialistischen Meinungsapparat in erster Linie mit dem Verzicht auf alle Wissenschaftlichkeitsansprüche, auf jede stringent wissenschaftliche Auseinandersetzung mit auch den am engsten angrenzenden Nachbardisziplinen erkauft. Wer einmal eine Weile in ihren Kreisen zugebracht hat, weiß genau, wie sie es nicht lassen können, immer wieder in unecht priesterlichem Ton über die Wissenschaft im allgemeinen und den Wissenschaftsanspruch Freuds im besonderen zu spotten; daß sie letzteren gründlich hassen, hauptsächlich *wegen* dessen unbestechlicher Wissenschaftlichkeit und Unpriesterlichkeit, dringt aus jeder ihrer Poren.[2)] Dabei fehlt ihnen aber jene durch Machtnähe, Nähe zu den über das Blutvergießen sei es etwa im kolonisierten, an katholische oder moslemische Neusiedler ausgelieferten Serbien, sei es in ihren eigenen Gefängnissen entscheidenden Gewalthabern erhaltene Würde jedes echten geweihten Priesters, eine freilich anfechtbare Würde, die dieser durchaus mit jedem Nazigauleiter teilt, die ihn aber von dessen völlig würde- und rückgratlosem, jedem Gewalthaber elastisch und ohne innere Widerstände dienenden Lobredner oder Lohnschreiber unterscheidet. Der wieseligste und selbstgefälligste Hofeunuch im Dienerstatus wirkt eben immer noch unangenehmer als der unsympathischste und ungerechteste Kaiser, und in den rezentesten Reich-»Kritiken« werden wir dem Eunuchenstil noch genug begegnen.

---

2) »…so hat meines Erachtens nie ein Analytiker sich der ernsthaften Mühe unterzogen, die (…) Gegenpositionen [sc. gegen Freud] wiederum kritisch auf ihre wissenschaftliche Dignität zu überprüfen. Es drängt sich der Eindruck auf, daß der Großteil der Psychoanalytiker, die Freud immerhin eine recht einträgliche Beschäftigung zu verdanken haben und ihm in ihrer großen Majorität auch nicht ansatzweise das Wasser reichen können, gar nicht allzu böse sind, wenn von anderer Seite an seinem Sockel gerüttelt wird, bzw. sich besonders aufgeklärt dünken, wenn sie bei dieser Keilerei tatkräftig mitmachen« (Köhler 1990, p. 8).

Da Freud gezwungen gewesen war, seine andernfalls durch Totschweigen schnell vernichtete Wissenschaft privat zu organisieren, nämlich auf der Basis eines »eingetragenen Vereins«, eben weil ihr die herrschende Macht die Vertretung in ihrem Wissenschaftsapparat verweigerte, waren ihre Träger einschließlich seiner eigenen Person auf Einkünfte aus eigener Arbeit angewiesen, konnten also nicht von Gehältern leben und schon gar nicht aufwendige Forschungen unternehmen (die z.B. im Falle seriöser neurophysiologischer Experimente sehr rasch an die finanziellen Grenzen auch sehr reicher privater Förderer stoßen, die nicht gerade erhebende persönliche Abhängigkeit der Wissenschaftler von Mäzenen einmal unbeachtet – ähnliche Überlegungen hatte auch Freud selbst). Damit aber war die Psychoanalyse in ihrem wissenschaftlichen Dialog einschneidend behindert; außerdem wurde dieser, wie oben erwähnt, bald gar nicht mehr gerne gesehen. Ihr problematisches eigenes Ausbildungssystem, das vor allem die Mitglieder bei der Stange halten sollte und dies organisatorisch durch die sehr hohen Kosten, die es dem einzelnen allmählich aufbrummte, auch leistete, isolierte sie zusätzlich. (Zu Freuds Lebzeiten, das zeigt uns gerade auch der Fall Reich, waren diese Kosten allerdings noch sehr erträglich und bewahrten die I.Psa.V. durch diese Erträglichkeit, die ihre werdenden Mitglieder nie in persönliche Abhängigkeit brachte noch ihre entscheidende Lebenszeit in einem protrahierten Novizenstatus vergeudete, vor der Struktur einer antiken Mysterienreligion oder dem, wogegen die Medien unserer Zeit am kurzlebigen und so rasch zugunsten der traditionellen und privilegierten Religionen erdrosselten Guruwesen derart unmäßig vom Leder ziehen.)

Diese der I.Psa.V. als Alternative zum sofortigen Untergang aufgenötigte Sektenstruktur (cf. u.a. Fenichel 2001 p. 146), damals noch kein Pogrom- oder Diskriminierungsgrund (denn noch mußte die Kirche sich gegenüber dem Staat bezähmen, und Hitlers Konkordat lag noch unsichtbar im Schoße der Zukunft), aber immerhin eine ernsthafte Behinderung, fraß einige Energie ihrer Mitglieder, die der Forschung natürlich zusätzlich zu der vom persönlichen Selbsterhalt verbrauchten fehlte, und wurde nach dem Tode Freuds – und eben auch im Laufe des Kampfes gegen Reich – zu einer regelrechten Fessel. Denn die außerhalb von Lenins bzw. Trotzkis Sowjetunion nie geförderte, aber immer latent bis ziemlich offen bedrohte Organisation, jener notwendige Körper der andernfalls erlöschenden Wissenschaft, welchen die Machtträger den meisten anderen von deren Zweigen sonst selber zur Verfügung stellten (man vergleiche aber dazu die Lage der von Marx und Engels ausgehenden Wirtschafts- und Gesellschaftslehre), war stets in verständlicher Versuchung, »Politik« zu treiben, d.h. durch ihr kollektives Verhalten die Toleranz ihr gegenüber zu erweitern, Verfolgung abzuwehren, am Ende gar Anerkennung zu finden. Nicht nur der »Fall Reich« ist vor diesem Hintergrund zu verstehen, sondern das Schicksal der gesamten psychoanalytischen Lehre; wie wenig ist von ihr übrig geblieben, wie opportunistisch verformt, geschwätzig verdreht, priesterlich entwissenschaftlicht sind ihre Reste! Der nach außen verleugnete Haß auf Freud – **und damit Reich**, wie wir aufzeigen werden – ist in Wahrheit das Einzige, was die sogenannten psychoanalytischen Organisationen noch zusammenhält; dazu kommt ein sorgfältig gepflegtes Unverständnis der Psychoanalyse selbst, ihre parareligiöse Zerquatschung in Tateinheit mit steter eitler Selbst-Bauchpinselung ob der erlangten quasiüberwissenschaftlichen, aber mit äußerster Schwächlichkeit und Feigheit verwachsenen ziemlich esoterischen Erleuchtung. Da eine derart verkommene Lehre, der zum Lohn für ihre Anpassungsleistung ein paar Stehplätze im Wissenschaftsapparat abgetreten wurden, um die von ihr unbevormundete Kenntnisnahme der immerhin ja überlebenden Schriften Freuds und seiner authentischen Schüler zu verhindern – nur dafür die kastrierten Pöstchen –, so viele Menschen enttäuscht hat und noch mehr abstößt, besonders junge Menschen, die den gesellschaftlichen

Lügen zu entkommen suchen, ist das Interesse an der Psychoanalyse drastisch zurückgegangen, und ein Buch, das wie dieses eine innerpsychoanalytische Frage behandelt, wird höchstens ein Prozent der Leser finden, die es vor dreißig Jahren mühelos erreicht hätte. Aber wenn es in den Katakomben überdauert, kann es einer neuerwachten Neugier auf Freuds und daher indirekt auch Reichs Lehre gegen die dann natürlich ebenfalls wiedererstehende Propaganda nützlich sein – weshalb seine Herstellung und Niederschrift vielleicht doch der Mühe wert sind. Auch in dieser Hinsicht teilt Reich das Schicksal der ganzen Psychoanalyse selbst.

Halten wir fest: die Psychoanalyse ist von den wissenschaftlichen Prinzipien, die erstmals anhand der Physik entwickelt wurden, so wenig abgewichen wie etwa die Entomologie, Vergleichende Sprachforschung oder die Astronomie, lauter angesehene und übrigens völlig oder weitgehend experimentlose Wissenschaften im Kanon des bürgerlichen Wissenschaftsapparats, aus dem die Psychoanalyse ausschließlich aufgrund ihrer anstößigen Ergebnisse, vielleicht gefördert durch ihre späte Entstehung und in jedem Fall ihre geringe unmittelbare praktische Anwendbarkeit, ausgeschlossen blieb. Obwohl man ihr Verstöße gegen die wissenschaftlichen Regeln nur bei parteilichstem Verdrehungswillen, der über bloße Beckmesserei hinausgehen muß, nachweisen kann – anders als dem Marxismus, in dem immer wieder Normatives, »Philosophisches« störend durchschlägt, fast halb soviel wie in einer bürgerlich anerkannten »Geisteswissenschaft« –, hat ihr bzw. ihrer wissenschaftlichen Fortentwicklung der ohne ihre Schuld und ohne Abwendungsmöglichkeit daraus resultierende Platz am universitären Katzentischchen doch sehr geschadet. Insbesondere bestand immer die Gefahr, die Beschränkungen des Gründers mitzuschleppen, ja zu dogmatisieren (wofür, wegen der daraus folgenden Unseriosität des Unternehmens, das Linsengericht der Duldung, ja, die Fata Morgana der Anerkennung winkte), statt durch kollektive Anstrengung auszugleichen.

So wurden nicht nur die allmählich eintretenden Fortschritte der Hirnphysiologie ignoriert oder nur ganz zusammenhanglos zur Kenntnis genommen, sondern vor allem die tiefe Unfähigkeit Freuds zu biologischem Denken (jener von ihm anscheinend nicht übermäßig geschätzten »nüchternen Darwin'schen Denkungsart«, GW XIII 61), das also, was vornehm seine – unglücklicherweise auch mit vielen Marxisten geteilten – »lamarckistischen Neigungen« genannt wird, eisern und entwissenschaftlichend, ja die Psychoanalyse geradezu zur Parawissenschaft degradierend hochgehalten, was viele, auch Gutwillige, zu ihrer Verachtung und zum Desinteresse an ihr verleiten kann – sie nehmen die Psychoanalyse-Darstellung der organisierten Vertreter derselben für bare Münze, glauben, in ihrem priesterlichen Raunen oder ihrem selbstgefälligen Zwergengeschwätz einen Nachhall der allen persönlichen Grenzen zum Trotz klaren und nüchternen Stimme Freuds zu vernehmen und halten darum dessen Wissenschaft meist für unseriös oder Zeitverschwendung. Das alles schafft keine guten Voraussetzungen für eine von vielen getragene Beschäftigung mit der Frage, ob Reich Freuds Lehre geteilt und entfaltet hat oder aber von ihr abgewichen ist.

Zweifellos hatte diese sich faktisch immer weiter verschlimmernde statt behobene Abdriftung der Psychoanalyse von der Biologie[3)], ursprünglich nur ein persönliches Defizit ihres Entdeckers, immer ärgere Folgen für deren wissenschaftliche Dignität; Anfangsmängel, zunächst harmlos wegen des allgemein geringen biologischen Wissensstandes ihrer Entstehungszeit, wurden nicht korrigiert,

---

[3)] cf. hierzu die Feststellung des bedeutenden, der Psychoanalyse für seine Profession halbwegs gewogenen Neurobiologen Changeux: »Ursprünglich naturwissenschaftlich orientierte Disziplinen wie die Psychoanalyse gehen heute praktisch von einer fast vollständigen Autonomie des Seelenlebens aus, womit sie, ohne es zu wollen, zum traditionellen Dualismus von Leib und Seele zurückgekehrt sind« (1984 [geschrieben 1982], p. 8). – Den fehlenden Willen bezweifle ich freilich, und »traditionell« ist eine vorsichtige Umschreibung für »religiös«.

als die Fortschritte der Biologie dies allmählich hätten erzwingen müssen, im Gegenteil, sie wurden dogmatisiert – aus den beschriebenen Gründen, denn mit der wissenschaftlichen Seriosität raubten diese dunklen Flecken der Psychoanalyse alle Zähne, alle Legitimation als Quelle potenter Ideologiekritik, und daher natürlich auch des Hasses aller Kräfte der Finsternis – wer diese Dogmatisierung vorantrieb, konnte auf sparsame Belohnungen hoffen, wer den Anschluß an die Wissenschaftsfortschritte im Ernst versucht hätte (mir ist kein Nachkriegsfall bekanntgeworden), durfte sich das Schicksal Reichs zumindest in gemäßigter Form ausmalen. Er wäre noch in seinem für derlei Maßnahmen so bequemen protrahierten Novizenstatus und mit einem Schuldenberg am Bein geräuschlos aus der in dieser Hinsicht allmächtigen Organisation gedrängt worden.

Spätestens mit den großen Fortschritten der Biologie in den fünfziger und sechziger Jahren des 20. Jahrhunderts, die sich vor allem mit den Namen Tinbergen und Lorenz verbinden, war die Psychoanalyse ins sektiererische Abseits geraten, als Preis für ihre halbherzige Duldung, war gewissermaßen anthroposophiert worden. Endlich wußte man näheres, über die eigene Spezies weit hinausgehendes über die Triebe und ihr Funktionieren, war aufgrund der erkannten Universalität der »Auslöser« (die auch in der Wahrnehmung zuvor ausgelöster Standardreaktionen von Artgenossen bestehen konnten) und vor allem der fundamentalen Bedeutung des Territorialtriebs eine Aktualisierung der psychoanalytischen Sexualtheorie, basierend auf Freuds ›Drei Abhandlungen‹, überfällig geworden.[4)] Die sich noch so nennenden »Psychoanalytiker«

---

4) Er schreibt es dort selbst: »Es ist mir überhaupt zweifelhaft, ob es möglich sein wird, auf Grund der Bearbeitung des psychologischen Materials entscheidende Winke zur Scheidung und Klassifizierung der Triebe zu gewinnen. Es erscheint vielmehr notwendig, zum Zwecke dieser Bearbeitung bestimmte Annahmen über das Triebleben an das Material heranzubringen, und es wäre wünschenswert, daß man diese Annahmen einem anderen Gebiete entnehmen könnte, um sie auf die

drückten sich einmütig, verwendeten dagegen ein paar wahrhaft herausgebrochene Stichworte aus der vergleichenden Verhaltensforschung eklektisch wie der Pfarrer in der Sonntagspredigt – ein Beispiel für viele mag Mitscherlichs ›Vaterlose Gesellschaft‹ abgeben, auch sonst ein Werk von pfäffischer Betulichkeit, aber vom Verein gefeiert und repräsentativ –, und damit war zur Erleichterung aller, die Freuds Erkenntnisse fürchten mußten, das dünkelhafte und zugleich gefügige Abseits seiner als Wissenschaft angetretenen Lehre besiegelt. Was beim Lesen der alten Originale als zeitbedingter Mangel empfunden werden mußte, war zum parawissenschaftlichen Kainsmal mutiert. Und was für die Biologie galt, galt für die mächtig aufstrebende Hirnforschung nicht minder (so hätten, um nur eine Sache von Bedeutung herauszugreifen, Sokolovs Erkenntnisse den Verdrängungsvorgang endlich auf die von Freud postulierte physiologische Basis stellen können). Aber davor hatte die I.Psa.V. – und hat es bis heute – eine Heidenangst: denn dann hätte sie, unangenehmstes nachgewachsenes Schibboleth, die *Realität* der Freud'schen Erkenntnisse zugeben müssen, und das fürchtet sie wegen des dann unvermeidlichen Endes ihrer isolierten, aber geduldeten Zwergenposition, aus der heraus sie gelegentliche Sykophantendienste gegen »Terroristen« (aber nicht albanische Separatisten, bitte!), »Sekten« (aber nicht die Juden oder die Presbyterianer, bitte!!) oder sonstige »Staatsfeinde« leisten mag, und ihres Techtelmechtels mit den Großkirchen wie der Teufel das Weihwasser. Von der Sache her wäre eine Rückkehr der Psychoanalyse zur Wissenschaft freilich großartig – aber von ihren angeblichen Vertretern ist das, ihre Mechanik und Geschichte einmal begriffen, weniger zu erwarten als eine Rückkehr Jelzins zum Leninismus oder eine Beachtung des

---

Psychologie zu übertragen. Was die Biologie hierfür leistet, läuft der Sonderung von Ich- und Sexualtrieben gewiß nicht zuwider« (GW X 217). Inzwischen leistet die Biologie allerdings sehr viel mehr!

Grundgesetzes durch das Bundesverfassungsgericht. Als Vertreter der Psychoanalyse – wenn er es denn nun ist, wie dieses Buch vorführen soll – ist Reich von dieser Dekadenz natürlich mitbetroffen; liest man etwa heute seine Ausführungen über Störungen des sexuellen Empfindens und Erlebens, so fragt man sich unwillkürlich dauernd, was denn die moderne Physiologie, bestätigend oder widerlegend, dazu herausgefunden hat – so wenig Reich das vorauswissen konnte, so wünschenswert wäre es doch, wenn ein heutiger Spezialist diese Aufgabe nachgeholt hätte[5]. Aber nichts dergleichen ist geschehen, mancherlei oberflächlichen, parteilichen Vortäuschungen zum Trotz.

Müßte sich die Psychoanalyse, was Freud nicht einmal ausschloß, bei weiteren Fortschritten der Biologie und der Physiologie in diesen auflösen? – Ihre Spezifität, gegeben durch ihre unersetzliche Methode zur Rekonstruktion der unzugänglich gewordenen individuellen »Lerngeschichte«, wie die Universitätspsychologie das nennen müßte, bleibt uneingeschränkt bestehen. Und da auf diese Weise das Subjekt ernstgenommen werden muß und das Zentrum nicht verlassen kann, bleiben auch *vermeidbares Leiden* und *zugefügtes Unrecht* in diesem Zentrum der Aufmerksamkeit, und nichts kann die Empörung über sie verhindern (so wenig sich die Empörung über die autoritäre Lügerei der Religionen etwa bei der ernsthaften Beschäftigung mit der Biologie verhindern läßt). Der Mut, eine solche Wissenschaft gegen den dann einbrechenden Zorn der das Unrecht schützenden Meute dennoch zu gründen, konnte nur von außergewöhnlichen Personen und dazu in

---

[5] Damit sind nicht die servilen **Ideologen** der explizit so benannten offiziellen »Sexualwissenschaft« oder »Sexuologie« gemeint, von welchen sachlich interessante oder überhaupt wissenschaftliche statt ideologische Beiträge nicht zu erwarten sind – über ihre anmaßenden und inhaltlich gegenstandslosen Unredlichkeiten gegen Reich, ihr Lakaientum gegenüber ideologischen Anforderungen gesellschaftlicher Machtträger siehe sehr gut und ausführlich Laska 1979 –, sondern forschende Neurologen wie etwa Birbaumer oder Damasio.

dafür geeigneten Zeiten aufgebracht werden – und so ist ein Verständnis dieser Wissenschaft ohne das Verständnis ihrer Entstehungs- und Entfaltungsbedingungen nicht möglich.

Dazu kommt noch weiteres. Die Zeit Freuds und Reichs – so sehr Lehrer und Schüler ihrerseits zeitlich voneinander getrennt sein mochten – unterschied sich von der unsrigen in so wesentlichen Punkten, daß es dem heutigen Leser nicht leichtfällt, die in ihr wirksamen Kräfte in den Werken ihrer Exponenten wiederzuerkennen, zu empfinden, worauf diese reagieren und was ihre Schwerpunkte bestimmt. Erstens gab es noch eine Mehrzahl souveräner Staaten, die niemals eine Einmischung in die inneren Angelegenheiten der anderen für selbstverständlich gehalten hätten (obwohl sie es natürlich trotzdem immer wieder versuchten); derlei Behandlung reservierte man den »Dominions«. Als Folge davon hatte man, waren gewisse territoriale Grenzen erst einmal überschritten, seine Verfolger ziemlich sicher abgehängt; Richard Wagner und Oskar Panizza ging es anders als Klaus Croissant, Lenin anders als Öcalan, und kein Kaiser und kein Hitler hätten mit dem einmal in London angesiedelten Marx oder Freud Rushdie spielen dürfen. (Ebenso sicher konnte man sich, nach der nur so ermöglichten Rettung so vieler deutscher Juden und indirekt auch des ›Internationalen Psychoanalytischen Verlags‹, auf das Schweizer Bankgeheimnis verlassen.) Was dieser reale statt bloß ideologisch behauptete »Pluralismus« für das Lebensgefühl des intellektuell mutigen Einzelnen bedeutete, verbraucht heutzutage ein erhebliches Quantum an Vorstellungskraft. Erst recht kaum noch vorstellbar ist der reale statt bloß ideologisch behauptete *politische* »Pluralismus« dieser verflossenen Zeit; es gab eine ganze Menge wirklich unterschiedlicher, ja äußerst unterschiedlicher Parteien, nicht ein psychologisch arbeitsteiliges Kartell und daneben ein marginalisiertes, verbelltes und entrechtetes Prozent, und die Wahlergebnisse konnten keineswegs von einem universalen Mediennetz vorherbestimmt werden; dies und die reale Parteienvielfalt machten sie spannend. Gewiß wurde die ernsthafte Opposition von der Bürokratie auch damals mit schreiender Parteilichkeit behandelt, aber diese Parteilichkeit war jedesmal ein Kraftakt (wie Bismarcks folgenreiche »Sozialistengesetze«), der im Gegensatz zu mindestens den letzten drei Dezennien keineswegs widerstandslos »flutschte«, sondern jedesmal in erheblichen Teilen der Öffentlichkeit auf scharfe Kritik und noch dazu ein gutes Gedächtnis stieß; der Ausgang war also auch hier spannend, und insgesamt war, von unmittelbar politischen Fällen vielleicht, vielleicht einmal abgesehen, die Gesetzestreue der Gerichte und daher die Berechenbarkeit der Justiz unvorstellbar viel größer als heute.

Grund dafür war natürlich die anhaltende, in mancher Hinsicht sogar steigende Stärke der Arbeiterbewegung, die für viele Anlaß zur Hoffnung, andere Anlaß zur Furcht war; Freuds eigene Position war bekanntlich diejenige eines skeptischen Liberalen, der bei aller Distanz zur Arbeiterbewegung das Hauptübel der Menschheit immer in den Verhältnissen des Mittelalters bzw. ihre Hauptfeinde (»Kerkermeister«) in dessen Sympathisanten sah; niemals hätte er etwa irgendwelche obskurantistische Handabhacker auch den zweifelhaftesten Vertretern der russischen Revolution vorgezogen, womit er für seine ganze zeitgenössische Sozialschicht ziemlich repräsentativ war (vielleicht allerdings mehr für deren jüdischen als ihren christlichen Anteil).

Es war also eine Zeit, in der die nächste Entwicklung der Menschheit noch nicht entschieden war; es konnte zur proletarischen Revolution kommen, und diese siegte in Rußland dann auch tatsächlich; und so sehr es jeden Tag weniger wahrscheinlich wurde, daß der revolutionäre Funke von dem jetzt »Sowjetunion« geheißenen Staat auf Europa überspringen würde, und so sehr die innere Entwicklung dieser Sowjetunion nach einigen Jahren auch für ihre Parteigänger Anlaß zur Besorgnis lieferte – man denke stellvertretend für viele und vieles an Tucholskys luzides diesbezügliches Diktum: »Dieser Rationalismus ist keiner« – , so wenig waren die Würfel schon gefallen. Jeder öffentlich geäußerte Gedanke, auch wenn er keinen direkten Bezug zur kommunistischen Umwälzung aufwies, sondern nur irgendeinen noch so indirekten Bezug zur Gestaltung der Gesellschaft, war eine Parteinahme oder konnte als solche gewertet werden, fand aufmerksame Zuhörer und unreglementierte, nicht von Monopolen zugemüllte Verbreitungswege und wurde viel mehr als ein praktischer denn ein platonischer Beitrag betrachtet. Eine Stellungnahme der Psychoanalyse zum sowjetischen Experiment wurde erwartet, so sehr sie aus den oben erwähnten »organisationstaktischen« Erwägungen heraus möglichst vermieden wurde, wirkte aber, als sie dann von Reich (sowie Fenichel und einigen weniger bedeutenden Vertretern der Psychoanalyse) dennoch und tatsächlich kam, als alles andere als ein exotischer Fremdkörper, als ein störender Hobbyzusatz meschuggener Sonderlinge. Er wurde von allen Seiten ernstgenommen und verdiente es auch. Damit brachte er freilich die bedrängte Organisation in eine ernste Lage, denn eine überzeugende Stellungnahme *gegen* die Sowjetunion konnte sie aus ihren damals noch ziemlich unverfälschten Grundlagen ohne schmerzhafteste Hirnverrenkungen ja nicht abgeben, und außerdem hätte sie das wiederum einen Haufen Sympathisanten gekostet, auf welche sie nicht zuletzt aus banalen ökonomischen Gründen angewiesen war. Reichs Beliebtheit innerhalb der I.Psa.V. steigerte das nicht.

Ich hatte darauf hingewiesen, daß die Rechtssicherheit zur Zeit Freuds und Reichs im allgemeinen unvorstellbar viel größer war als heute, weil aus gewissen Gründen die Empörung der Öffentlichkeit über Gesetzesbrüche der Gerichte oder gar Verfassungsbrüche der Regierungen viel lockerer saß als in unseren Tagen – zur Stärke der Arbeiterbewegung trat auch noch die viel größere Eigentumsstreuung, die einen selbstbewußten, ungern als Knecht und Schulbub behandelten Mittelstand hatte entstehen lassen, man vergleiche die unter seinen Lesern gewiß sehr weit verbreitete Verachtung, welche Heinrich Mann auf seinen mittelständischen »Untertan« lenkt, der jene heute von Medien und Gerichten unter johlendem Helau täglich praktizierte Behandlung für seine Person ganz angemessen findet – , aber welches Recht war das! Sein mehr als häßlicher Pferdefuß bestand in einem entwürdigenden Familienrecht, das sehr an dasjenige mittelschlimmer islamischer Staaten unserer Zeit erinnert und Frauen wie Jugendlichen die Hölle bereitet. Nach dem Sturz der Kaiserreiche im Verlauf des Weltkriegs besserte es sich zwar erheblich, blieb aber von Humanität und Gerechtigkeit noch weit entfernt. So passabel der Staat war, so höllisch war sehr leicht die Familie – und der Staat schützte sie dabei. Denn sie, nicht die noch nicht erfundene Glotze und nicht einmal die Schule, war seine wichtigste Untertanenfabrik. Unter dem mehr oder weniger echten bürgerlichen Rechtsstaat, der uns heute so ferne gerückt ist, verbarg sich die scheußliche Anarchie und Despotie gerade in dieser Scheußlichkeit von eben jenem Staat geschützter häuslicher Verhältnisse, und die Sexualunterdrückung war ein als solches unmittelbar spürbares politisches Instrument. Jeder Mittagstisch nach der Schule und tausend ähnliche Anlässe bewahrten davon plastische Bilder, deutlichere als heute (außerhalb des islamischen Zugriffs, versteht sich).

Es ist das Verdienst – und natürlich auch der Ruf! – der Psychoanalyse, diesen käseglockenartig abgeschlossenen Bereich kühn und kraftvoll der Vernunft und Forschung geöffnet und die schädlichen psychischen Folgen der Sexualunterdrückung schonungslos und sorgfältig nachgewiesen und vorgeführt zu haben. Allein (und vielleicht hauptsächlich) dafür wird sie heftig gehaßt, und das noch ziemlich lange, zugleich aber auch als »zeitgebunden« abgestempelt, weil die Sexualunterdrückung und ihre staatliche Absicherung bzw. Durchsetzung weniger drückend geworden sind. Wilhelm Reich als derjenige Psychoanalytiker, der den Zusammenhang am schärfsten herausgearbeitet und zweideutige Stellungnahmen am mutigsten vermieden hat, ist von diesem Vorgang natürlich am stärksten betroffen, und er kann auch propagandistisch am hemmungslosesten gegen ihn genutzt werden.[6)]

Aber dieser letztere Unterschied der Blütezeit der Psychoanalyse zu unserer eigenen muß doch von mehreren Seiten her relativiert werden. Man vergesse nie, daß besagte Glanzzeit zum größten Teil in jene recht kurze Spanne des nachkolumbianischen Zeitalters fällt – von 1912 bis ca. 1982 –, in welcher *es keine tödlichen sexuell übertragbaren Krankheiten gab*, nicht einmal unheilbare, und da ist es leicht, wenn man aus – nennen wir es: »subject managing« – also herrschaftspsychologischer Erwägung heraus das sexuelle Erleben der Massen verkümmern will, sich in deren Sexualleben gar nicht auffällig einzumischen, sondern einfach die Ausbreitungswege von AIDS zu schützen und alle wirksamen Ausrottungsmaßnahmen desselben zu verhindern. Der subjektive Effekt ist ähnlich und zieht noch dazu im Gegensatz zu steinigenden Mullahs oder adenauernden Sexualschergen die Verursacher bequem aus dem Wahrnehmungsmittelpunkt. Zweitens zeigt die befremdliche, nur scheinbar masochistische Toleranz bis Förderung, die den jeder Menschenwürde fanatisch feindlichen Atrozitäten und Barbareien islamischer Staaten und des Islam selbst von den offiziellen Organen der klassischen Industriestaaten – Medien und Regierungen – entgegengebracht wird, daß in diesen die Prinzipien der Menschenwürde im Allgemeinen und der sexuellen Selbstbestimmung im Besonderen keineswegs so fest verwurzelt sind, wie ihre Propaganda glauben machen will; es ist weise, ihr nicht zu trauen und in den verhältnismäßig erträglichen Bedingungen des privaten, insbesondere sexuellen Lebens nach der sogenannten Studentenbewegung nur eine bedrohte und wahrscheinlich vorübergehende

---

[6)] Ein repräsentatives Beispiel solcher Gegenwartspropaganda, diesmal geliefert von dem unermüdlichen Freud-Verleumder Dieter E. Zimmer, führt Peter Priskil vor (1992).

Erscheinung zu sehen; ein Blick in die alles entscheidenden USA, die in ihrer puritanischen Hysterie nicht einmal vor Kindern in der staatlichen Verfolgung haltmachen, sollte das Vertrauen in die »sexualliberale« Beschaffenheit »unseres« sein Selbstlob so meisterhaft organisierenden Herrschaftssystems abklingen lassen. Um so bedeutsamer aber bleibt ein stabiles und langfristiges Begreifen der Bedeutung und Mechanik der Sexualunterdrückung für Herrschaftssysteme, vor allem ungerechte, aller Art; und dafür hat uns die Psychoanalyse das entscheidende Handwerkszeug in die Hand gegeben. Indes nur Reich hat es halbwegs systematisch für diesen heiklen Zweck benutzt. Auch wenn sein Pionierwerk mancherlei Unvollkommenheiten aufweisen mag, bleibt die wichtigste Aufgabe wahrheits- und freiheitsliebender Menschen dennoch, einen Rückfall hinter das schon erreichte Verständnis versteckter Mechanismen zu verhindern und darauf zu achten, daß nicht unter dem Vorwand einer zweifellos nötigen Korrektur vorhandener Fehler und dem Ausfüllen bestehender Lücken schon erlangte Einsichten abgeschwächt werden oder zugrunde gehen.

Nach diesen hoffentlich nicht allzu weitschweifigen Vorüberlegungen wird es Zeit, daß wir uns unserem Gegenstand direkt zuwenden.

2. Kapitel: Reich, Freud und die I.Psa.V.

»Nicht gedacht soll seiner werden!«, lautet ein alter hebräischer Fluch, der dem Namen des meistgehaßten Gegners angehängt wird. Name und Person, so lehrt die Psychoanalyse, werden unbewußt gleichgesetzt, und erst die Zerstörung auch der psychischen Repräsentanz (Wort oder Bild) gilt dem Unbewußten als vollständige Zerstörung. Wie man die Namen gestürzter Pharaonen aus den Pyramidentexten meißelte, wie der Name Trotzkis aus den stalinistischen Annalen der Sowjetunion getilgt wurde, so verschwand auch der Name Reichs aus den Schriften der Psychoanalytiker. Nichts mehr, auch nicht der bloße Name, sollte die unterdrückte Erinnerung ermöglichen, die vollständiger Löschung anbefohlen worden war. »So vergißt man hartnäckig Eigennamen, wenn man gegen die Träger derselben einen geheimen Groll hegt« (GW VIII 393). Groll und Furcht: »Eines der befremdendsten, aber auch lehrreichsten Tabugebräuche der Trauer bei den Primitiven ist das Verbot, den **Namen** des Verstorbenen auszusprechen (…). Sie machen nämlich kein Hehl daraus, daß sie sich vor der Gegenwart und der Wiederkehr des Verstorbenen **fürchten**; sie üben eine Menge von Zeremonien, um ihn fernzuhalten, ihn zu vertreiben. Seinen Namen auszusprechen, dünkt ihnen eine Beschwörung, der seine Gegenwart auf dem Fuße folgen wird. Sie tun darum folgerichtig alles, um einer solchen Beschwörung und Erweckung aus dem Wege zu gehen« (GW IX 69 u. 73). Es ist das Verdrängte, dessen Wiederkehr gefürchtet wird, nicht das harmlos Vergessene; es ist das »skeleton in the cupboard«.

Tatsächlich findet sich der **Name** Reichs im ganzen für die Öffentlichkeit bestimmten Werk Freuds **kein einziges Mal**. Ebensowenig versucht Freud an irgendeiner Stelle eine explizite Widerlegung der Theorien Reichs (oder auch nur den Nachweis ihrer »Heterodoxie«, eine an sich lächerliche Kategorie, die durch die im vorangehenden Kapitel vorgeführte Schutzlosigkeit der Psychoanalyse im bürgerlichen Wissenschaftsapparat aus Not sinnvoll geworden war). Das überrascht um so mehr, als er **jeden** anderen seiner aus der Internationalen Psychoanalytischen Vereinigung ausgeschlossenen ehemaligen Mitarbeiter auch **nach** dem Ausschluß weiterhin zitiert, sogar seine früheren Verdienste würdigt und die Notwendigkeit der Trennung in sachlichen und ausführlichen Kritiken genau erörtert.[1)] Dies gilt nicht nur für die »Prominenten« aus dem Kreise derer, die den Anforderungen der Psychoanalyse nicht standhalten konnten – immer bildeten »die Rolle der Sexualität in der Ätiologie der Neurosen« und daher der Ödipuskomplex den Stein ihres Anstoßes, ganz anders als bei Reich – , sondern auch für Stekel und Rank, die ebensowenig wie Jung und Adler einem Namenstabu verfallen und ebensosehr der gerechten Würdigung ihrer ehemaligen Verdienste sicher sein können.[2)] Dieser eindrucksvollen Zahl von expliziten Polemiken bzw. Würdigungen steht, wie gesagt, keine einzige Reichs gegenüber. Dies läßt sich auch nicht mit dem Argument entkräften, Reich sei erst so spät aus der I.Psa.V. ausgeschlossen worden, daß Freud in der Kürze seiner verbleibenden Lebenszeit kaum noch Gelegenheit gehabt hätte, auf ihn einzugehen; denn Freud erwähnt auch viele seiner unbedeutendsten Mitarbeiter regelmäßig in seinen Schriften und zitiert deren Beiträge bis zu seinem Tode.[3)] Er

---

1) cf. bes. GW X 44sqq.

2) Laut Indexband der GW erwähnt Freud Adler 35mal, davon 28mal nach seinem Austritt; Jung 74mal, davon 37mal nach seinem Abfall (1913); Stekel 41mal, davon 12mal nach seinem Austritt; Rank 89mal, davon 11mal nach 1924. Man muß dabei bedenken, daß von diesen Erwähnungen nicht wenige recht ausführlich sind und auch die späteren bis zum Ende oftmals die früheren Verdienste der Abgefallenen würdigen.

3) In den ›Gesammelten Werken‹ finden laut Index Erwähnung: Abraham, Aichhorn, Alexander, Andreas-Salomé, Bernfeld, Brill, Burlingham, Claparède, Coriat, Daly (C. D.), Dattner, Delgado, Deutsch, Eder, B. J. Eisler, Federn, Fenichel, Ferenczi, Anna Freud, Graf, Groddeck, Gross, Hárnik, Hitschmann, Hollós, Horney, Hug-Hellmuth, Jekels, Jelgersma, Jeliffe, Jones, Kaplan, Kardos, Klein, Laforgue, Lampl-de Groot, L. Levy, B. Lew, Marcinowski, Ophuijsen, Pfister, Putnam, Radó, Reik, Reitler, Riklin, Robitsek, Róheim, Sachs, Sadger, Seif, Simmel, Spielrein,

konnte auch Reichs Bedeutung schwerlich unterschätzt haben, denn er betraute ihn, wie wir noch sehen werden, mit den verantwortungsvollsten Aufgaben innerhalb der I.Psa.V. und war an den späteren Unterdrückungsmaßnahmen gegen seinen Schüler persönlich beteiligt.[4)] Man kann also nicht sagen, er sei auf Reich entweder nicht aufmerksam genug geworden oder ihm hätte durch Alter und Krankheit die Vitalität gefehlt, eine Auseinandersetzung mit ihm zu führen. Um so auffälliger ist sein gänzliches Schweigen zu Reich in allen Phasen von dessen Entwicklung, die er miterlebte.

Diese Technik, den Namen eines Schülers zu unterdrücken, der aus irgendeinem Grunde ein schlechtes Gewissen hervorruft, hat bei Freud zu diesem Zeitpunkt leider schon Tradition – **einen** Vorläufer in dieser Hinsicht weist Reich jedenfalls auf, und weil er ihn niemals erwähnt, dürfte er seinen Fall auch nicht gekannt haben –; insofern war die erwähnte, durchaus nicht nur bei Stalin und der katholischen Kirche gängige Technik erfolgreich gewesen. Dieser ebenfalls verschwiegene und namentlich getilgte Vorläufer Reichs hieß Otto Gross, und wir verdanken dem Zürcher Psychiater Hurwitz eine ansprechende und ausführliche Darstellung seines Lebens und Werkes. Sein Erstaunen über Freuds zweifelhaftes Verhalten wirkt angesichts dessen späterer Wiederholung an Reich

---

Stärcke (A. und J.), Storfer, Tausk, Varendonck, Weiss (E. und K.), Wittels und Wulff. – Obwohl hier etliche prominente Namen auftauchen, deren (sehr häufige) Erwähnung ohnehin zu erwarten war, fehlt doch auch kaum einer der weniger bekannten Mitarbeiter Freuds. Bemerkenswert ist allerdings die fast vollständige Abwesenheit aller sowjetischen Psychoanalytiker, besonders von Wera Schmidt und Alexander Luria, ja sogar seines getreuen Nikolai E. Ossipow – man bedenke immerhin, daß die russische Zweiggesellschaft die erste ausländische der I.Psa.V. war, die nicht dem deutschen Sprachraum angehörte (viele denken ja leichthin, dies sei eine angelsächsische gewesen, was beileibe nicht der Fall war). Siehe Miller 1998.

4) Die Tatsache an sich ist nicht verwunderlich, da Freud auch an den anderen vier Ausschlüssen abgefallener Schüler aus der Organisation mitwirkte, wie dies nach Lage der Dinge auch nicht anders sein konnte. In allen diesen Fällen hielt er es aber für seine Pflicht, mit offenem Visier zu kämpfen und seine Schritte öffentlich zu begründen, was einen grellen Kontrast zum Falle Reich ergibt.

etwas unglaubwürdig: »Nicht ohne weiteres ist aber verständlich, warum auch die ›orthodoxe‹ Psychoanalyse, warum Freud und Jung sich von Otto Gross in fast gewaltsamer Art und Weise distanzierten. Jung entfernte den Hinweis auf Otto Gross aus seiner Schrift ›Über die Bedeutung des Vaters‹ ebenso wie Freud alle Erwähnungen Gross' aus den psychoanalytischen Publikationen überhaupt. Otto Gross wurde vergessen und totgeschwiegen. Dabei hatte einst Freud nur ›Jung und Otto Gross‹ als ›wirklich originelle Denker‹ unter seinen Schülern bezeichnet« (Hurwitz 1979, p. 84sq.). Man muß zu dieser Stelle bedenken, daß zum Zeitpunkt der Vorgänge um Gross der an sich unbedeutende, wissenschaftlich nur mäßig begabte Jung noch voll im Glanze seines »Arierbonus« stand und Freud ihm beinahe seinen wertvollsten damals tätigen Schüler Abraham geopfert hätte (wofür er sich später bei diesem entschuldigt hat).

Dieser Otto Gross hat mit Wilhelm Reich – und sonst niemandem ernsthaft – gemeinsam, daß er, allerdings auf erheblich naïvere Weise, psychoanalytische Kenntnis mit befreiender gesellschaftlicher Praxis verbinden wollte (und in dem sehr bescheidenen Rahmen, den ihm seine schwachen persönlichen Kräfte ließen, auch verband). Gross war kein Marxist; das – diffamierend gemeinte – Etikett des »Sexualanarchisten«, das Reich zu Unrecht, aber mit Berechnung von Bernfeld aufgeklebt wurde (s. cap. 11) und seither durch die gelahrte Sekundärliteratur geistert, hätte auf ihn verhältnismäßig gut gepaßt. Eigenartig ist auch, daß ihn Freud anfangs (angeblich neben Jung) für den begabtesten seiner Schüler hielt (siehe Hurwitz 1979, p. 84). Er starb vergessen und elend etwa zu dem Zeitpunkt, zu dem Reich in Wien eintraf; er war von seiner gehässigen, leider einflußreichen Familie regelrecht zertreten worden. Man sollte über den genannten Gemeinsamkeiten freilich nicht die erheblichen Unterschiede zwischen Gross und Reich übersehen: Gross war ein spekulativer Kopf ohne therapeutische Begabung und Interesse; Reich war Empiriker und äußerst interessiert an technischen Problemen der Therapie. Während Gross aufgrund zahlreicher Krankheiten und familienbedingter »Haftschäden« kaum arbeitsfähig war und kein Durchsetzungsvermögen besaß, konnte Reich auch unter sehr schwierigen äußeren Bedingungen ein unglaubliches Arbeitsprogramm bewältigen und, wieder im Gegensatz zu Gross, der buchstäblich verhungerte, allen wirtschaftlichen Schwierigkeiten bis zum Ende trotzen. War mit dem Ziel der politisch-gesellschaftlichen Anwendung der Psychoanalyse eine Herausforderung verbunden, so war sie jedenfalls im Falle Reichs erheblich schwerwiegender als im Falle Gross'. Vielleicht ist es ein Indiz hierfür, daß Gross' Name zumindest an einer Stelle im Werke Freuds überlebt hat (GW VI 199), während wir denjenigen Reichs überall vergeblich suchen. (Der undankbaren Aufgabe einer etwas beckmesserischen Gross-Kritik unterzog sich pflichtschuldigst Ferenczi, siehe BP IV 140–147.)

Dennoch nimmt Freud – unter Wahrung des Namenstabus – mindestens zweimal in seinem veröffentlichten Werk Bezug auf Reich – allerdings jedesmal hinter der Maske eines »quidam« oder gar eines »sunt qui«. Die eindeutigste Stelle befindet sich in der ›Nachschrift zur Selbstdarstellung‹ (wobei in dieser Adler, Stekel, Jung und Rank selbstverständlich und unter voller Namensnennung vorkommen): »Der XIII. dieser Kongresse, die ich selbst nicht mehr besuchen kann, fand 1934 in Luzern statt. (...) Von Zeit zu Zeit ereignet es sich immer wieder, daß ein analytischer Mitarbeiter sich bei der Bemühung isoliert, einen einzigen der psychoanalytischen Funde oder Gesichtspunkte auf Kosten aller anderen zur Geltung zu bringen. Das Ganze [sc. die I.Psa.V., nicht diese Bemühung; F.E.H.] macht aber den erfreulichen Eindruck von ernsthafter wissenschaftlicher Arbeit auf hohem Niveau« (GW XVI 34). Nun: Auf dem XIII. Kongreß wurde der Ausschluß Reichs vollzogen, das Anathem über ihn außerordentlich lautstark verhängt! Freuds betuliche bis enzyklikenähnlich orakelnde Ausdrucksweise bemäntelt offensichtlich eine erhebliche Verlegenheit –

und dies um so mehr, wenn man weiß, wie sehr gerade Freud euphemistische Redensarten verachtete und alle schalt, die die Dinge nicht geradeheraus beim Namen nennen wollten.[5)]

Es fällt uns nun nicht mehr schwer, noch eine weitere Anspielung auf Reich bei Freud auszumachen. Nach einer längeren expliziten Kritik an Adler und je einer impliziten kurzen an Jung und Rank schließt Freud seine Vorführung der psychoanalytischen Dissidenten mit dem Satz: »Es ist ein fast allgemeiner Charakter dieser ›Abfallsbewegungen‹, daß eine jede sich eines Stücks aus dem Motivenreichtum der Psychoanalyse bemächtigt und sich auf Grund dieser Besitzergreifung selbständig macht, etwa des Machttriebs, des ethischen Konflikts, der Mutter, der Genitalität usw.«[6)] Wieder findet sich die Formel des »herausgebrochenen Stücks«. An der Identifikation Reichs mit jenen, die die »Genitalität« »herausbrechen«, kann kein Zweifel bestehen. Aber was frappiert, ist das Datum: Im Sommer 1932 schloß Freud das Manuskript der ›Neuen Folge der Vorlesungen‹ ab.[7)] 1933 erschienen sie – englisch und deutsch – im Druck.[8)] Reichs Ausschluß erfolgte jedoch erst im Sommer 1934! Das bedeutet, daß er spätestens 1932 beschlossene Sache gewesen sein muß – noch bevor irgendein satzungsmäßig befugtes Organ der I.Psa.V. gehört oder auch nur benachrichtigt worden war,

---

5) So verteidigt er z.B. das Wort »Sexualität« anstelle der Euphemismen »Eros« und »Erotik« und stellt fest, daß, wer in Worten nachgibt, auch bald in der Sache nachgeben werde (GW XIII 99). – Über einen Biographen Dostojewskis, der ein Gerücht über dessen Kinderjahre verschwieg, bemerkt er: »Biographie und Neurosenforschung können dieser Diskretion nicht zu Dank verpflichtet sein« (GW XIV 405).

6) GW XV 154; Machttrieb: Adler; der »ethische Konflikt« ist eine Lieblingskonstruktion der Jungianer; »die Mutter« verweist auf Otto Ranks zentrale Theorie vom Geburtstrauma; mit der Verselbständigung der Genitalität kann nur Reich gemeint sein, da es unmöglich ist, sie auf irgendeine andere »Abfallsbewegung« zu beziehen. Die sonst so geschwätzige ›Studienausgabe‹ kommentiert diesen keineswegs für jeden Leser sofort **vollständig** verständlichen Satz nicht.

7) GW XV 5.

8) GW XV 2.

ja sogar bevor Reich selber irgendeine Ankündigung des Verfahrens oder ein formulierter Vorwurf zugegangen war. Wir werden später noch weitere Einzelheiten dieses seltsamen weltlichen Ketzerprozesses kennenlernen. Merken wir aber an, daß weder 1932 noch später irgendein I.Psa.V.-Mitglied den von Freud angedeuteten Vorwurf des »Herausbrechens der Genitalität« jemals anhand Reichs eigener Äußerungen präzisiert hat. Erst diese Schrift hier bequemt sich dazu, ihn auf seinen sachlichen Gehalt hin zu untersuchen. Wir werden jedoch sehen, wie schwierig es ist, einen Vorwurf zu erhärten oder zu widerlegen, der niemals als »falsifizierbarer Satz« formuliert worden ist – sehr im Gegensatz zu den gegen Jung, Adler und Rank erhobenen Vorwürfen.[9]

Mit diesen zwei Äußerungen sind zwar alle unmittelbaren Bezüge Freuds offizieller Schriften auf Reich erschöpft; es ist jedoch anzunehmen, daß seine sogenannte »Kulturtheorie«, in ›Die Zukunft einer Illusion‹ (GW XIV 323sqq. [1927]) noch schwankend, im ›Unbehagen in der Kultur‹ (GW XIV 419sqq. [1930]) geradezu misanthropisch verhärtet und strikt resignativ (»pessimistisch« nennt es die einschlägige Literatur), neben etlichen anderen Stellungnahmen zu Kindererziehung und Marxismus[10], mindestens indirekt ein Echo auf Reich darstellen. Reich selbst hat sogar behauptet, ›Das Unbehagen in der Kultur‹ sei ein direkter Reflex seiner Kontroversen mit Freud.[11] Sei dem, wie es wolle – in jedem Fall verläuft diese Auseinandersetzung derart versteckt und unterschwellig,

---

[9] Fundierte Kritik an Jung leistet – neben Freud selbst (GW X 103–113) – insbesondere Abraham (PS II 395–410) sowie Ferenczi (BP I 243–268); an Adler: Freud (GW X 94–102); Ferenczi (BP IV 64–66); Putnam 1917; Reich 1924b; an Rank: Ferenczi (BP II 116–128); an Stekel: Reich 1920c, p. 75sqq.

[10] GW XV 162 – eine etwas unlogische Stelle, die offenbar auf Reich und Wera Schmidt anspielt – sowie ibid. p. 191sqq. (zu Marx).

[11] Reich 1976, p. 28: »Es gab keine Einwände. ›Kultur‹, das war alles. Ich möchte es ganz klar sagen: ›Das Unbehagen in der Kultur‹ war eine direkte Antwort auf meine Vorlesungen in Freuds Haus«; vgl. auch ibid. p. 56. – Auch der geschworene Reich-Hasser Dahmer teilt hier Reichs Ansicht, siehe Dahmer 1974a und 1974b.

daß der Eindruck nur verstärkt wird, daß Freud sich einer offenen Auseinandersetzung entziehen wollte, einer intellektuellen Herausforderung nicht gewachsen fühlte – und das zum einzigen Mal in seinem Leben, denn alle anderen Gegenstände, zu denen er sich nicht ausführlich äußert, haben ihm offensichtlich einfach nicht imponiert (mit der Ausnahme des Marxismus allerdings, dessen Kenntnis er aktiv vermied, und wahrscheinlich auch des Symbolismus/Surrealismus).

Schließlich verfestigt sich dieser Eindruck des Ausweichens auch bei der Lektüre von Freuds (veröffentlichten) Privatkorrespondenzen. Die vielzitierte einzige Stelle mit minimalem inhaltlichen Bezug, an der er Reich darin namentlich erwähnt, hat verharmlosenden Charakter: »Wir haben hier einen Dr. Reich, einen braven, aber impetuösen jungen passionierten Steckenpferdreiter, der jetzt im genitalen Orgasmus das Gegengift jeder Neurose verehrt. Vielleicht könnte er aus Ihrer [sc. Andreas-Salomés] Analyse der K. etwas Respekt vor der Komplikation des Seelischen lernen.«[12] Daß Freud hier ausweicht, haben auch schon andere gefunden (e.g. Krieger 1969). Einem Steckenpferdreiter – besonders einem »braven« – braucht ein Geistesriese, der der Religion und allen akademischen

[12] Freud/Andreas-Salomé 1966, p. 191 (Brief Freuds vom 9. Mai 1928 – also knapp ein Jahr nach Erscheinen der ›Funktion des Orgasmus‹). – Inzwischen existiert ein Augenzeugenbericht über die Auseinandersetzungen von Reich und Freud in dessen Wohnung (Sterba 1978), der allerdings in einigen Punkten aufgrund innerer Widersprüche fehlerhaft sein muß. Z.B. soll Freud gesagt haben: »Niemand kann behaupten, daß dies [sc. die Verhütung von Massenneurosen] möglich ist. Doch es ist theoretisch sehr unwahrscheinlich. Mit einer ökonomischen Änderung ohne Psychologie kommt man nicht aus« (p. 213). Natürlich muß Freud »unmöglich« statt »möglich« gesagt haben, und »ökonomisch« bedeutet, was jeder Kenner von Reichs Argumentation sofort begreift, »libido-ökonomisch« bzw. »die innerindividuelle Verteilung der psychischen Energie betreffend« (nach Freuds Terminologie »topisch-dynamisch-ökonomisch«), keineswegs »sozialökonomisch«, d.h. etwa »Wirtschaftsreformen betreffend«, wie sich das Sterba ein paar Sätze weiter oben zurechtgelegt hat. Jedenfalls ist die Auseinandersetzung selber damit von außen bezeugt; Freud soll dabei übrigens, für ihn ungewöhnlich, sehr autoritär gewesen sein und Reich das Wort abgeschnitten haben.

Autoritäten seiner Zeit furchtlos gegenüberstand und sie, wo immer nötig, kraftvoll angriff, kaum derart verkrampft zu begegnen.[13] Er verdiente auch keinen geheimen Ketzerprozeß, kein Namenstabu und keine angstvollen Geschichtsfälschungen in den offiziellen Annalen der Psychoanalyse.[14] –

Es scheint nun an der Zeit, uns eine Übersicht über Reichs historische Tätigkeit in der I.Psa.V. zu verschaffen, damit wir einen Rahmen haben, in den wir seine zu besprechenden Werke einordnen können.

---

13) Weitere Erwähnungen Reichs in Freuds Briefen waren zur Abfassungszeit dieses Buches nicht bekannt; geringe seither hinzugekommene Bröckchen, z.B. das berühmtheitsträchtige »Befreien Sie mich von Reich!« (siehe cap. 12), sind sachlich sehr dürftig und bestätigen nur das gegebene Bild. Der Briefwechsel Freud–Reich ist nach wie vor unzugänglich. »Leider war die Hoffnung, die Erlaubnis zum Abdruck der Briefe Freuds an Reich zu bekommen, sehr kurzlebig. Ernst Freud, der Managing Direktor der Sigmund Freud Copyright Ltd., äußerte anfänglich nur sein Interesse an den Honoraren, aber dann wurden die Verbindungen abrupt abgebrochen und die Erlaubnis verweigert – ›auf Anraten ungenannter Psychoanalytiker‹! Die Herausgeber hatten immer mit der Möglichkeit einer solchen Antwort gerechnet, aber die früheren Erfahrungen mit den Freud-Erben waren positiv gewesen, und so bestand immerhin die Hoffnung, daß die Wahrheit nicht behindert, die Geschichte nicht verleugnet würde« (Higgins/Raphael, in: Reich 1976, p. 119sq.). –

14) Es ist sehr selten, daß man geheime Absprachen (die berühmteste und wohl weitreichendste aller dieser »Verschwörungen« hinterließ als einziges schriftliches Zufallszeugnis ausschließlich die klar subalternen ›Wannsee-Protokolle‹, und eine sehr ähnliche Analog-Unternehmung bzw. deren durch Voltaires Einsatz im Falle Calas verhinderte Durchführung kam erst nach der bzw. durch die Französische Revolution ans Tageslicht) nachträglich beweisen kann – dieser naheliegenden praktischen Problematik entspringt der Täter- und Tathelferspott über die »Verschwörungstheorien«. Hier läßt sich die »real existierende« Verschwörung der Zensoren seit etwa zwei Jahren erstaunlicherweise belegen: »Kurz nach Absendung des letzten Rundbriefs erhielt ich einen Brief von [dem ZPP-Redakteur, F.E.H.] Hoffer, in dem es heißt: ›Sie haben in den Korrekturen noch einige Zitate – so hat es mir der Herrichter im Verlag mitgeteilt – aus den Schriften Reichs angeführt; wir hoffen, ihre Geduld verträgt noch, daß wir auch das weggelassen haben. Wäre R. noch bei uns, hätte ich bestimmt nichts einzuwenden, unter den jetzigen Umständen aber [etc. p.p.]‹ – Ich antwortete, daß eine Stellungnahme meinerseits ja nicht mehr viel Sinn habe, da ich vor ein Fait accompli gestellt sei (…); nicht aber finde ich es in Ordnung, daß die Namen wissenschaftlicher Autoren, deren Ideen zitiert werden, nicht genannt werden sollen« (Fenichel 1998, p. 240sq.). Das berechtigte schlechte Gewissen von Luzern verlieh Fenichel nachträgliches Rückgrat; aber wer sonst in der verbleibenden I.Psa.V. verfügte auch noch über dieses seltene Körperteil?! – Zensurerfolg und Zensurvertuschung lassen sich also leicht erklären, nicht nur im Falle Reich.

Schon als 23jähriger Medizinstudent wurde Reich Mitglied der Wiener Ortsgruppe der I.Psa.V. Er war Freud dadurch positiv aufgefallen, daß er sich nach Gründung eines Diskussionszirkels von Medizinstudenten über sexologische Fragen durch Otto Fenichel, welchem er sich anschloß, direkt an ihn wandte.[15] (Solche Zirkel waren damals gar nicht so selten, man denke etwa an diejenigen in Frankfurt/M. und Heidelberg; viele Träger bekannter Namen sind aus ihnen hervorgegangen, und die begabteren unter den Teilnehmern wurden rasch in die junge

---

[15] Reich 1976, p. 27. – Freud war über das Unternehmen begeistert und bot Reich seine Hilfe an. Er schickte ihm später auch Patienten. – Wir wissen inzwischen mehr über diese Frühzeit Reichs als noch vor wenigen Jahren, da autobiographische Aufzeichnungen von ihm zugänglich wurden (1994). Sie sind – mit Ausnahme einer Passage über Stirner bzw. die Frage des Individuums und der Gesellschaft – wenig bemerkenswert (genauso wie sein Aufsatz über Fragen des Medizinstudiums aus dieser Zeit, welchen B. A. Laska herausgegeben hat [1919], der im übrigen keinen Bezug zur Psychoanalyse aufweist). Es geht um Reichs Reaktion auf einen Vortrag des damaligen rabiaten Kommunisten und späteren ebenso oder noch mehr rabiaten Antikommunisten Willy Schlamm, der im Kalten Krieg als Springers Oberhetzer berühmt wurde. Reich kommentiert: »Aber in einem gebe ich ihm auch affektiv nicht recht: daß jeder Einzelne ein Teil eines Ganzen zu sein verpflichtet sei, um dem *objektiven Geist* zu dienen. Nein (und da stelle ich mich (…) auf den Stirner'schen Standpunkt), ich will *nicht dienen*, ich will den Geist in mir aufrichten, und wenn ich dies tue und alle dasselbe tun, ist der objektive (i.S. Schlamms) Geist da, ich will nicht einen neuen Herrgott auferstehen lassen (…). Ich will nicht (Paul Stein, Willy Schlamm) vor allem der ›Gemeinschaft‹ dienen und dann Ich selbst zu sein versuchen, ich lehne diesen in anderer Form von außen auferlegten Zwang ab, denn wenn ich mir selbst diene (…), dann wird in allen jenen Taten, die ich zu meiner Selbstgestaltung begehe, jener von Schlamm postulierte Dienst von selbst enthalten sein« (1994, p. 139). – Genauso wie beim unrelativierbaren Urteilsprimat der Vernunft verläuft hier, d.h. bei der Zulassung anderer Wertquellen als den Individualinteressen, also der Errichtung von Fetischen i.S. von Marx, die Wasserscheide zwischen »links« und »rechts«; es berührt angenehm, daß Reich von Anfang an und bis zum Ende »links« von ihr angesiedelt war, während in Schlamms letztlich christlicher oder anderweitig religiöser Karikatur oder Umstülpung des Kommunismus, die sich mit dem Tarnanstrich der Hegelei aufputzt, dessen von Reich auf der nächsten Seite prophezeites intellektuelles Ende als »Reaktionär« und »Spießbürger« schon bruchlos enthalten ist. Es spricht nicht sehr für die kommunistische Bewegung bzw. deren geistig-moralisches Immunsystem, daß solche Finsterlinge wie unser exemplarischer Schlamm sogar zu lokalen Wortführern aufsteigen konnten; der ganze stalinistische Dreck ist in ihrer grundsoliden Selbstentfremdung bzw. Rechtsausrichtung ideologisch schon enthalten, das liebe Jesulein lugt aus ihnen anmaßend und paßgenau hervor.

I.Psa.V. aufgenommen; als Beispiel diene etwa Erich Fromm.) Da er sich als außergewöhnlich fähiger analytischer Praktiker erwies, wurde er schon 1920 nach kurzer Lehranalyse bei P. Federn als Mitglied der Wiener Ortsgruppe aufgenommen.[16] Er war offenbar bestrebt, nicht nur einseitig als Praktiker zu gelten, denn zum Thema seines obligatorischen Einführungsvortrags wählte er eine sogenannte »Anwendung der Psychoanalyse auf die Geisteswissenschaft«, d.h. die psychoanalytische Erklärung eines literarischen Werkes. Sein Vortrag ›Libidokonflikte und Wahngebilde in Ibsens 'Peer Gynt'‹[17] unterscheidet sich nicht sichtbar von ähnlichen Untersuchungen seiner Kollegen. Dieser detaillierten, aber etwas schematischen Arbeit ist später keine ähnliche mehr gefolgt[18]; die einzigen außertherapeutischen »Anwendungen der Psychoanalyse«, die Reich von nun an noch in Angriff nehmen sollte, waren politischer, gesellschaftlicher, pädagogischer und ethnologischer Art.

Zugleich veröffentlichte Reich in der von Magnus Hirschfeld herausgegebenen ›Zeitschrift für Sexualwissenschaft‹ einige Aufsätze.[19] Hirschfeld war schon verhältnismäßig früh ein Sympathisant der gleich ihm selber übel angefeindeten Psychoanalyse, der auch von 1908–1911 der Berliner Psychoanalytischen Gesellschaft Abrahams angehörte, weil Freud ihn als wertvollen Verbündeten betrachtete, so sehr dieser weitläufige Geistesverwandte der psychoanalytischen Lehre selber fernstand.[20] Er veröffentlichte in

---

16) Schon 1920 veröffentlicht Reich einen eigenen Fallbericht (Reich 1920a). S.a. Raknes 1973, p. 18.

17) Erstveröffentlichung in Reich 1977 (= Reich 1920c).

18) Eine Ausnahme bildet höchstens die anonyme, aber wahrscheinlich von Reich stammende Rezension von D. H. Lawrence ›Lady Chatterley's Lover‹, in: ZPPS II 77–79; sie ist kaum psychoanalytisch und von mäßiger Originalität.

19) Reich 1920a; 1920b; 1922a; 1922c; 1922d; 1923; 1925b (beifällig rezensiert von Fenichel 1925a).

20) Siehe Freud/Abraham 1965, p. 60, 112. Während dieser Zeit förderte er Abraham durch Patientenüberweisungen (ibid. p. 75; 77; 95) und nahm auch am II. Psa. Kongreß in Nürnberg teil (ibid. p. 94).

seiner genannten Zeitschrift nicht nur Reichs Beiträge, sondern zuvor auch solche von Freud[21] und Abraham[22].

Alle zitierten psychoanalytischen Aufsätze Reichs tragen bis 1922 den datierten Untertitel ›Aus dem 'Seminar für Sexuologie' in Wien‹, der letzte ›Aus dem Wiener Psychoanalytischen Ambulatorium‹. Reich hat also den von ihm geschätzten Zirkel von Anfang an zu festigen gesucht und auch nach seinem Eintritt in die I.Psa.V. eine Zeitlang aufrechterhalten. Der Zweck des Zirkels war offenbar zweifacher Natur: er sollte einerseits an der Klärung von Fragen aus dem Grenzbereich zwischen Physiologie und Psychologie mitwirken, andererseits das Interesse junger Mediziner an der Psychoanalyse wecken und ihnen deren Überlegenheit als kausaler Therapie und zugleich Forschungsmethode über die bisher üblichen trainierend-suggestiven symptomatischen Psychotherapien, jene noch kruden Vorläufer unserer heutigen »Verhaltenstherapie« und ihrer Spielarten, vor Augen führen.[23] Diesen Zielen jedenfalls dienen auch seine ZSW-Aufsätze, die nicht zuletzt der Propagierung der Psychoanalyse in den dissidenten Rändern der damals besonders heftig widerstrebenden und unaufgeklärten Ärzteschaft dienen sollten.[24] Dies ist besonders deutlich an dem Aufsatz ›Trieb- und Libidobegriffe von Forel bis Jung‹ (Reich 1922d) abzulesen, der zum größeren Teil von einem

---

[21] Hysterische Phantasien und ihre Beziehung zur Bisexualität (GW VII 191sqq.) in: ZSW I 27.

[22] Die psychologischen Beziehungen zwischen Sexualität und Alkoholismus, ZSW VIII, 1908, 449–459 (1908b).

[23] Das Argument von der Überlegenheit der kausalen über die symptomatische Methode der Psychotherapie hat Reich, ebenso wie so ziemlich alle namhaften Psychoanalytiker, von Freud übernommen. Aus der Fülle der Belege vgl. vor allem Freud: GW XI 452sq.

[24] Die Geschichte der Medizinerpolemik gegen die Psychoanalyse wäre ein eigenes Buch wert. Die heftigste Polemik ging natürlich von den Psychiatern aus. Obwohl nach dem 1. Weltkrieg auch in Medizinerkreisen das Interesse an der Psychoanalyse ein wenig zugenommen hatte, war zur Zeit der genannten Aktivität Reichs erst etwa ein Jahrzehnt verflossen, seit der Psychiater Weygandt ein Verbot der Psychoanalyse gefordert hatte. Siehe Jones 1962 vol. II, p. 136.

ausführlichen Referat von Freuds ›Drei Abhandlungen zur Sexualtheorie‹ (GW V 27sqq.) sowie seiner Theorie der Übertragung und des Narzißmus eingenommen wird. Es fällt darin auf, daß Reich keine strenge Unterscheidung zwischen oraler und analer Phase vornimmt, sondern den Akzent auf die polymorphe Perversität des Kleinkinds legt, die er von der Errichtung des Genitalprimats abhebt. Ferner ist zu beobachten, daß Reich hier durchgängig den Jung'schen Begriff der Introversion für jenen Vorgang verwendet, der in psychoanalytischer Theorie Introjektion genannt wird.

Die anderen Aufsätze sind zumeist kasuistische Mitteilungen, die keine Besonderheit des Autors verraten. Es geht ihnen vor allem um die Bestätigung psychoanalytischer Einsichten, insbesondere des Ödipuskomplexes als Kernkomplex auch der Zwangsneurose (1921) sowie des psychogenen Tics als Onanieäquivalent (1925b) anhand besonders instruktiver Fälle. Der zweite Bericht ist zugleich Reichs Beitrag zur von Sadger angeregten »Tic-Diskussion«[25)]; es gelingt ihm dabei, den von Ferenczi entdeckten, aber nicht ausführlich belegten Charakter des Tics als Onanieäquivalent[26)] zu fundieren.

Von größerem Interesse für die Würdigung der Besonderheiten Reichs sind die Aufsätze ›Der Koitus und die Geschlechter‹ (1922c) sowie ›Zur Triebenergetik‹ (1923).

---

25) Sadger 1914. – Ihr sind etliche Beiträge in der VII. Nummer der IZ von 1921 gewidmet, darunter einer von Abraham (p. 393 = 1969, p. 64) und zwei von Ferenczi (33–62 und 395sq. = BP I 193sqq. und III 168sqq.).

26) In seinem Aufsatz ›Technische Schwierigkeiten einer Hysterieanalyse, zugleich Beobachtungen über larvierte Onanie und 'Onanie-Äquivalente'‹ (BP III 119sqq.) äußert Ferenczi zuerst die Vermutung, auch der psychogene Tic könne ein Onanieäquivalent sein (BP III 126, der Ausdruck »O.« stammt auch von ihm – es ist übrigens befremdlich und eigentlich unentschuldbar, daß er in dem so viel keineswegs authentisches Material berücksichtigenden Standardwerk von Laplanche/Pontalis [1973] fehlt, wahrscheinlich, weil die Erinnerung an die enge Verknüpfung der Psychoanalyse mit der ganz unmetaphorischen und darum anstößigen Triebwirklichkeit verschüttet werden soll). Er erwähnte diese Ansicht noch in seinem ersten Aufsatz über den Tic (BP I 193–234), diskutiert sie aber nicht ausführlich. Zur Tic-Diskussion s.a. Fenichel 1974a, Kap. V c.

Beim ersten Aufsatz geht es um die Frage, ob das empirisch so oft feststellbare Auseinanderfallen des männlichen und des weiblichen Orgasmus naturgegeben sei, wie ein Mitarbeiter der ZSW unter etlichem Argumentationsaufwand behauptet hatte, oder vielmehr, wie Reich vertrat, Ergebnis einer Störung. Bemerkenswert ist dabei die wissenschaftstheoretische Argumentation Reichs, der zunächst nicht psychoanalytisch untersucht, sondern auf die biologische Argumentation der Gegenseite eingeht: »Aber wir meinen, daß es wesentlicher ist, eine solche Diskrepanz im Sinnvollen (…) auf ihre Ursachen, also **kausal** und **nicht final**, zu untersuchen« (l.c. p. 89). Hier ist ein Leitmotiv der Psychoanalyse angeschlagen, das nichts Geringeres als ihre Wissenschaftlichkeit ausmacht, sie dadurch genauso unerbittlich wie die Evolutionsbiologie von der Religion und deren sämtlichen Tarnideologien trennt und das Reich fortan, was ihn ehrt, mit Hartnäckigkeit wiederholen sollte.[27] Davon einmal ausgehend, erklärt Reich die Häufigkeit der verfrühten Ejakulation bzw. der vaginalen Hypästhesie als Folge der von Freud entdeckten »Spaltung der sinnlichen und zärtlichen Strebung«, die ihrerseits Ergebnis gesellschaftlicher Bedingungen ist. Er kommt zu der Folgerung: »Nicht also eine zweite Ejakulation ist die Forderung der Natur, sondern Koinzidenz von zärtlicher und sinnlicher Strebung« (l.c. p. 95). Tatsächlich sind in diesem kurzen Aufsatz schon die meisten Themen seines späteren Hauptwerks über die Funktion des Orgasmus angesprochen, wie wir noch sehen werden. – Der zweite Aufsatz diskutiert das Verhältnis von Trieb und Engrammen (wie man sie später nennen sollte) und warnt vor der von manchen Psychoanalytikern (z.B. Bernfeld 1930)

---

[27] cf. Reich 1923, p. 153: »Eine solche metapsychologische Fassung praktisch von verschiedenen Gesichtspunkten gewonnener Eindrücke in einen theoretischen Rahmen ist die äußere Fassade einer Psychologie, die im eigentlichen Sinne **Triebpsychologie** ist; zum Unterschiede von der **deskriptiven** Psychologie, die von der seelischen Phänomenologie ausgeht. Man könnte auch die letztere eine ›Wie‹-Psychologie, die erstere eine ›Warum‹-Psychologie nennen.«

leichtfertig betriebenen Physikalisierung der Triebenergie (wie man sieht, war dieses Laster im »frühen Reich« also **nicht** angelegt).

Während dieser Zeit veröffentlichte Reich selbstverständlich auch Beiträge in der ›Internationalen Zeitschrift für Ärztliche Psychoanalyse‹ (= IZ), die alle entweder kasuistischen Charakter haben[28] oder therapeutisch bedeutsame Einzelphänomene untersuchen[29] oder in aktuelle Debatten der psychoanalytischen Theorie eingreifen, wobei auch in diesem Fall die Argumentation vorwiegend auf klinisch-empirischer Basis erfolgt[30]. In der ›Imago‹ veröffentlicht Reich dagegen fast nichts (mit der bedeutenden Ausnahme seines Aufsatzes ›Dialektischer Materialismus und Psychoanalyse‹ [russ. 1929b], dessen deutschen Originalabdruck man schlecht verweigern konnte und der ja irgendwo untergebracht werden mußte – und dieses erst nach dem Erscheinen seiner russischen Übersetzung auch wurde). Sein Ruf als umsichtiger und scharfsinniger Kliniker und als Theoretiker der Psychoanalyse wuchs in der I.Psa.V. sehr schnell. Direkt nach seiner Promotion wurde Reich, der zunächst hauptberuflich (unter dem damals wohlbekannten, nicht gerade besonders psychoanalysefreundlichen Psychiater Wagner-Jauregg) als Assistenzarzt an der Wiener Universitätsklinik für Neurologie und Psychiatrie arbeitete, erster klinischer (und einziger bezahlter, siehe Lobner 1978) Assistent am ›Psychoanalytischen Ambulatorium Wien‹, in dem eine Art Fokaltherapie getrieben wurde, wie man heute psychoanalytisch fundierte Kurzbehandlungen nennt. 1928 gründete er mit einigen sympathisierenden Ärzten die Wiener ›Gesellschaft für Sexualberatung und Sexualforschung‹, deren Leiter und Inspirator er bis zu seinem Wegzug blieb.

---

[28] 1921; 1925c; 1925d.

[29] 1922a.

[30] 1922b.

Noch bedeutsamer war jedoch Reichs Tätigkeit als Leiter des ›Technischen Seminars am Wiener Psychoanalytischen Institut‹. Er hatte dessen Gründung selbst angeregt; Freud, der nicht dazu kam, sein angekündigtes Buch über die Technik der Psychoanalyse zu schreiben, war begeistert gewesen, und nachdem erst Hitschmann, dann Nunberg kurze Zeit die Leitung innegehabt hatten, ging sie 1924 auf Reich über, der sie ausübte, solange er in Wien war. Die offiziellen Berichte, die Reich über diesen Teil seiner Tätigkeit angefertigt hat, zeigen ihn als Mann von hohem didaktischen Talent, der es schafft, unter schwierigen Voraussetzungen mit den problematischsten Lehraufgaben der Psychoanalyse fertigzuwerden (1927e; 1928b; vgl. ferner Isakower in: Lobner 1978). Dies belegt nicht nur die hohe Anzahl der von Reich auf diese Weise ausgebildeten Analytiker, sondern auch die spontane Begeisterung der dänischen Analytiker über Reichs didaktisches Geschick und Feingefühl.[31] Neben diesen Seminaren führte Reich auch zahlreiche Lehranalysen durch und war Mitglied des Unterrichtsausschusses der Wiener Ortsgruppe (IZ XII, 120). Zu diesen Beweisen des Ansehens und der Wertschätzung, die Reich damals in der I.Psa.V. genoß, paßt gut die Bemerkung, die Freud schon 1922 zu Reich auf dem Berliner Kongreß gemacht haben soll: »Sehen Sie diese Menge hier? Wieviele davon, glauben Sie, können analysieren, wirklich analysieren? Er hob fünf Finger« (Reich 1976, p. 44). Daß Freud von den meisten seiner Schüler wenig hielt, ist bekannt; gegenüber Abraham, den er neben Ferenczi am meisten schätzte, hat er sich bisweilen recht unfreundlich über sie geäußert.[32] Es spricht also nichts a limine gegen die Wahrheit dieser Anekdote.

Überhaupt scheint es damals keinerlei nennenswerte Anfeindungen gegen Reich gegeben zu haben; dies sollte

---

[31] Brief von Erik Carstens (im Auftrag aller dänischen Lehranalysanden) an Freud vom 10.11.1933, abgedruckt in engl. Übs. Reich 1975, p. 150–152.

[32] cf. Freud/Abraham 1965, p. 67.

auch während der nächsten Jahre so bleiben. Reichs erstes Buch ›Der triebhafte Charakter‹ (1925a), eine klinisch-charakterologische Spezialuntersuchung, fand eine lange, fast nur positive Rezension in der IZ. Auch das erste Auftauchen seiner therapeutischen Theorien, die die Notwendigkeit der ungestörten Orgasmusfunktion für die psychische Gesundheit betonten, fand gerade bei den kompetentesten Psychoanalytikern nur Beifall. Im Herbst 1924 entwickelte Reich, der schon zu Anfang des Jahres in der IZ die grundlegende theoretische Vorarbeit veröffentlicht hatte (1924a), auf dem Salzburger Kongreß sein therapeutisches Konzept in einem Vortrag über ›Die therapeutische Bedeutung der genitalen Libido‹[33]. Diesen Vortrag, der den Kern des späteren Buches ›Die Funktion des Orgasmus‹ bildet, nannte Abraham in seinem Brief an Freud, in dem er ihm Rechenschaft über den Kongreß ablegt, »vortrefflich«[34]. Ferenczi sagt ausdrücklich unter direkter Bezugnahme auf Reichs Salzburger Kongreßvortrag: »Ich teile übrigens vollkommen W. Reichs Ansicht, daß nicht nur die manifesten Fälle von Impotenz, sondern sozusagen alle Neurosenfälle mit irgendwelchen Störungen der Genitalität einhergehen.«[35] Angesichts dieser beiden gewichtigsten Stimmen der I.Psa.V. ist Freuds Schweigen erstaunlich.[36] Jedenfalls läßt sich festhalten, daß Reich, als er zum ersten Mal mit seinen später perhorreszierten Theorien hervortrat, von keinem einzigen Psychoanalytiker als »heterodox« empfunden wurde. Hierbei hat die Stimme Abrahams ein ganz besonderes Gewicht, da er jede der klassischen Abfallsbewegungen von der Psychoanalyse schon frühzeitig, vor

---

[33] Abgedruckt in der IZ XI unter dem Titel: ›Weitere Bemerkungen über die therapeutische Bedeutung der Genitallibido‹ (Reich 1925d).

[34] Freud/Abraham 1965, p. 365 (Brief vom 8.9.1925).

[35] BP III 251. Cf. ibid. p. 266.

[36] Auch Helene Deutsch zitiert (in einer allerdings unwesentlichen Frage) Reich damals noch offenbar als Autorität (1925, p. 22, Anm. 1). – In späteren Auflagen fehlt diese Anmerkung.

Freud und mit illusionsloser Unbestechlichkeit erkannt hatte, wobei er bekanntlich auch vor Differenzen mit Freud nicht zurückgeschreckt war (nämlich hinsichtlich Jungs, den Freud verhängnisvoll lange aufgrund von dessen »Arierbonus« protegiert hatte). Mindestens Abraham hätte doch Reichs Abweichen von der Psychoanalyse erkennen müssen, wenn es existiert hätte. Wir werden später, in den inhaltlichen Teilen, die Frage diskutieren, ob Abraham etwas übersehen oder Freud eine kritische Einsicht verschwiegen hat.

Jedenfalls bereitete Reich von nun an das erste seiner Hauptwerke intensiv vor. 1926 erschien sein Aufsatz ›Über die Quellen der neurotischen Angst‹[37], der Freuds vernachlässigte Theorie der Libidostauung unter erweitertem Gesichtspunkt erneut diskutierte, und sein klinisch-systematischer Beitrag ›Über die chronische hypochondrische Neurasthenie mit genitaler Asthenie‹ (Reich 1926a). Die genannten vier IZ-Beiträge bildeten den Grundstock des 1927 erschienenen Werkes ›Die Funktion des Orgasmus – Zur Psychopathologie und zur Soziologie des Geschlechtslebens‹ (1927a). Dieses Buch erschien, herausgegeben von Freud, als Band VI der Reihe ›Neue Arbeiten zur ärztlichen Psychoanalyse‹ im I.Psa.-Verlag. Es trägt die Widmung »Meinem Lehrer Prof. Sigmund Freud in tiefer Verehrung«. Es wurde offensichtlich in der I.Psa.V. als bedeutender Beitrag angesehen, denn es wurde in den Büchern des I.Psa.-Verlags ganzseitig angezeigt[38] und von Fenichel in der IZ 10 Seiten lang – das ist extrem selten, der Durchschnitt liegt bei 1½ Seiten – und überaus positiv rezensiert (1930a) (die einzige ernsthafte Kritik bezieht sich auf einen offenbaren Irrtum Reichs über eine soziologische Frage im letzten Kapitel). Trotzdem kann man über die geringe Resonanz des Buches in der

---

[37] Untertitel: Beitrag zur Theorie der psychoanalytischen Therapie (Reich 1926b).

[38] Beispiele für diese ungewöhnlich großen Anzeigen liefern Ferenczi BP III (Ausg. 1964 = 1927), p. 319; ZPP III, p. 108.

I.Psa.V. nur staunen – denn es finden sich außer Fenichels Rezension (und dessen lobenden Erwähnungen des Werks in seinen späteren Schriften) keinerlei Spuren des Buches in der psychoanalytischen Literatur, weder Kritik noch Zustimmung. Dagegen läßt sich beobachten, daß Reich zum ersten Mal in der I.Psa.V. einer gewissen Isolation ausgesetzt ist, deren Grund immer deutlicher hervortritt. Ein Indiz dafür ist die im gleichen Jahr ausgetragene Kontroverse Reichs mit Alexander (der für Theodor Reiks neue Ansichten eintritt) (Alexander 1926; Reich 1927b; Alexander 1927; Reich 1927d). Es geht in ihr im wesentlichen um die Frage der Erworbenheit des Über-Ichs und daher des Strafbedürfnisses; Reich besteht auf dessen relativ spätem Erwerb und seiner grundsätzlichen Analysierbarkeit, weswegen auch kein primäres Strafbedürfnis existiere und dieses auch nichts erklären könne.[39] Damit berührt er einen wunden Punkt; die Debatte wird unaufrichtig geführt, denn Reich blockiert mit seiner Argumentation nichts geringeres als den Weg der Psychoanalyse aus der Wissenschaft in die Ideologie oder Metaphysik, d.h. in die gesellschaftliche Anpassung in der Hoffnung auf Duldung. Die unwissenschaftliche Tendenz darf natürlich nicht zugegeben werden; um so gereizter ist die Reaktion, als deren Wortführer diesmal Theodor Reik auftritt. Erstmals erscheint Reich in der I.Psa.V. isoliert, auch wenn diese Isolation noch ganz unterschwellig bleibt.

Wir werden auf den Inhalt der Reik-Reich-Kontroverse, in welcher die Weichen für die Zukunft der Psychoanalyse gestellt wurden, ausführlich eingehen, zumal sie in der offiziellen Historiographie so gut wie unbekannt ist. Für Reich hat sie unmittelbare Folgen. Es scheint auch, daß sie den wahren Grund für Reichs sehr dezidierte Stellungnahme

---

[39] »Das Strafbedürfnis ist immer eine Folge des ersten großen neuroseerzeugenden Verdrängungs- und Identifizierungsprozesses, es ist selbst bereits neurotisches Symptom und kommt daher als primäre Ursache nicht in Betracht« (Reich 1927b, p. 43).

zugunsten der Mehrheitsmeinung – gegen Freud – in der Frage der Laienanalyse abgegeben hat. Ausgangspunkt dieses Streites war bekanntlich eine Anzeige gegen (den Nichtmediziner) Th. Reik wegen Kurpfuscherei; zu dessen Gunsten hatte Freud interveniert (GW XIV 207sqq. [1926]), damit aber einen weiteren schon lange latenten Streit in seiner Organisation heraufbeschworen. Während Freud und etliche Landesgruppen, besonders die ungarische, in einer medizinischen Ausbildung keinen sonderlichen Vorteil für praktizierende Psychoanalytiker erkennen konnten, wollte die Mehrheit aus den unterschiedlichsten Gründen heraus eine solche als Voraussetzung analytischer Praxis festschreiben. Reichs Stellungnahme (1927f) ist besonders interessant, da in ihr – im Gegensatz zu den meisten anderen – kein verdeckter Brotneid mitschwingt. Er glaubt nämlich, die naturwissenschaftliche Fundierung des Medizinstudiums bilde einen Damm gegen die spekulative Entartung der Psychoanalyse, wie er sie in dem geheimnisvollen »Dummstellen« der allmählich freilich die ganze I.Psa.V. gewinnenden Reik-Alexander-Fraktion, also den Anwälten eines »primären Strafbedürfnisses« oder »angeborenen Über-Ichs«, zu erkennen glaubte. (Er sah also, genauso wie Freud bei Jung und Adler, intellektuelle bzw. subjektive Defekte beim Abweichen von den wissenschaftlichen Prinzipien am Werk, nicht etwa die gesellschaftliche Selektion zugunsten der Träger dieser vermeintlich autonomen Defekte, wie das ein geübter Marxist getan hätte!) Denn den Spekulationsvorwurf hatte er ja in erster Linie gegen ›Geständniszwang und Strafbedürfnis‹ erhoben (Reik 1925), und Alexander wurde von seinem Vorwurf nur sekundär getroffen.[40] Noch Jahrzehnte danach bekräftigt Reich ausdrücklich seinen damaligen Standpunkt in der Reik-Affäre.[41]

Diesen scheinbar spitzfindigen Theoriestreitigkeiten und Reibereien des Jahres 1927 liegen tiefere Ursachen

---

[40] cf. auch Reich 1933a, II, 5.1.

[41] 1976, p. 57.

zugrunde, vielleicht sogar welthistorische: mit Trotzkis Niederlage war die Isolation und unattraktive Entartung der Sowjetunion besiegelt, die Weltrevolution keine realistische Perspektive mehr, ein Einwurzeln im noch so irrationalen und ungerechten überlieferten Gesellschaftssystem erschien als notwendige Überlebensbedingung. Und ausgerechnet da hatten Reichs Forschungen ein Gebiet erreicht, dessen Berührung zu jeder Zeit geeignet ist, die mühsam ertrotzte akademische Reputation der Psychoanalyse zu stören, außer eben in einer wieder so utopisch erscheinenden vernünftigen und ausschließlich am größten Glück des größten Prozentsatzes planmäßig orientierten Gesellschaftsordnung: die **Neurosenprophylaxe**. Ausgehend von der pathogenen Natur der Sexualunterdrückung fordert Reich nämlich im Interesse der psychischen Volksgesundheit die materiellen Möglichkeiten für ein befriedigendes Sexualleben der Massen, insbesondere der Kinder, Frauen und Jugendlichen. Hier schieden sich seine Wege von Freud, der theoretisch zwar genau derselben Ansicht wie Reich war – auch er leitete die Neurosen aus der Sexualunterdrückung ab –, aber zur gesellschaftlichen Rettung seiner gefährdeten Lehre in Konfliktfällen ausdrücklich den Verzicht auf psychische Gesundheit in Kauf nahm. »Es gibt Fälle, in denen selbst der Arzt zugestehen muß, daß der Ausgang eines Konflikts in die Neurose die harmloseste und sozial erträglichste Lösung darstellt. Erstaunen Sie nicht, wenn Sie hören, daß also selbst der Arzt mitunter die Partei der von ihm bekämpften Krankheit nimmt. Es steht ihm ja nicht an, sich gegen alle Situationen des Lebens auf die Rolle des Gesundheitsfanatikers einzuengen«, sagt Freud unmißverständlich schon 1917[42], und er nimmt als Beispiel für eine solche Situation, »in der der Arzt sich schweigend und schonungsvoll zurückziehen wird«, die ökonomisch abhängige, schlecht behandelte Ehefrau, »wenn sie zu feige oder zu

---

[42] GW XI 397.

sittlich ist, um sich im geheimen bei einem anderen Mann zu trösten«[43]. In der Theorie läßt sich weder hier noch sonst ein Unterschied zwischen Reich und Freud entdecken; beide stimmen im pathogenen Charakter der Sexualunterdrückung überein; aber Freud verdammt, ausschließlich im Interesse seiner gefährdeten Lehre und Organisation, die Provokation eines gesellschaftlichen Konflikts etwas heuchlerisch, aber im tieferen Sinne, nämlich wenn der entsprechende Einsatz sozusagen mit den individualistischen Scheuklappen einer exzentrischen Quasi-Sozialarbeit auftritt, gar nicht so falsch als »Gesundheitsfanatismus«, während Reich diese Scheuklappen allmählich abreißt und zur Kritik der vermeidbares Leid und Unglück verursachenden Gesellschaftsordnung vorstößt, natürlich ohne mehr an dieser ändern zu können als Freud auch. Aber er setzt seine praktische Hoffnung allmählich auf die kommunistischen Parteien, tragischerweise gerade zu einem Zeitpunkt, wo diese ihre Erfolgsaussichten verlieren und zunehmend auch nicht mehr verdienen.

Es handelt sich also, wie man sieht, nicht um eine **wissenschaftliche**, sondern um eine **Wertungs**frage. Da Wertungsfragen, wie Reich letztlich auf Humes Spuren witzigerweise später selber auseinandergesetzt hat[44], nach Interessen entschieden werden und nicht nach übergeordneten »wissenschaftlichen« Maßstäben gelöst werden können, steht es natürlich jedem frei, sich an dieser Stelle – der einzigen konfliktuösen, die wir bisher bemerken konnten – für Freud oder Reich zu entscheiden. Saublöd wird das Ergebnis allemal: der Aufstand hatte keine Chance, die Unterwerfung unter die tradierte Gewalt mit allen unvermeidlichen fakultativen Blindheiten und Verschweigungen im Gefolge ist unbefriedigend und perspektivlos, führt auch bald zur Selbstauflösung. Es handelt

---

[43] ibid. Freud zählt danach noch weitere Bedingungen auf.

[44] 1935b.

sich ja nicht um eine Wahrheitsfrage, sondern um eine Parteinahme (oder um eine Parteitaktik analog derjenigen, die Freud die Veröffentlichung seines letzten religionskritischen Werks vor seiner Flucht unratsam erscheinen ließ[45)]). Dies muß ich natürlich auch für alle Leser dieser Untersuchung gelten lassen, so die Spielregel. Festzuhalten ist dagegen, daß diese Einsicht nichts mit der inhaltlich-sachlichen Würdigung der Beiträge Reichs zu tun haben darf, gleichgültig, ob man für den »Patienten«, also das Wohl des (statistischen) Individuums, oder, gern oder ungern, für die herrschende Gesellschaftsordnung Partei genommen hat.

Es ist nun freilich schlecht abzuleugnen, daß diese Parteinahme durchaus Einfluß auf die Wahl des eigenen Forschungsgebiets hat – wo macht man die Augen auf, wo schaut man besser nicht hin? Aufgrund seiner Parteinahme hat sich Reich eben nicht damit begnügt, pauschal die Schädlichkeit der Sexualunterdrückung festzustellen, sondern es unternommen, genau den Wegen nachzuspüren, auf denen dieser Schaden sich auswirkt, und zwar in der Absicht, herauszufinden, wie er sich wirkungsvoll vermeiden läßt. Dann aber läßt er sich nicht mehr leugnen oder mit »weisen« Pauschalitäten vernebeln. Naturgemäß mußte sein Interesse unter diesen Umständen auch der Pädagogik zufallen, da die Neurosenprophylaxe im frühesten Alter am ehesten wirken kann – hier am ehesten scheint der dem Individuum einzig mögliche Zugriff einen leidlich soliden, freilich ebenfalls nur individuellen praktischen Erfolg zu versprechen. Niederschlag dieser pädagogischen Forschungen und Überlegungen waren vier Aufsätze Reichs in der ›Zeitschrift für psychoanalytische Pädagogik‹, die in rascher Folge hintereinander erschienen.[46)] Obwohl sie nur kurz sind, treffen sie jedesmal präzise den Kern des Problems, was besonders auffällt,

---

45) cf. GW XVI 156–158 sowie Hoevels 1986a.
46) 1926c; 1927g; 1927h; 1928c.

wenn man sie mit den umgebenden Beiträgen vergleicht, die entweder nur ein Detail im Auge haben oder auffällig naïv sind.[47] Dies merkte man auch an der Reaktion: neben Sadgers und Hodanns Beiträgen war es an erster Stelle Reichs Feststellung, daß »die Fähigkeit, ohne Schuldgefühle onanieren zu können, zur seelischen Gesundheit gehört«, die den ›Verein katholischer deutscher Lehrerinnen‹ zu einer Protesterklärung gegen die ZPP veranlaßte[48], und der Redakteur einer Zeitschrift, die den letzten ZPP-Artikel nachdruckte, »erhielt von höchst liberalen Regierungsleitern 40 Tage Kerker«[49].

Der Provokationswert dieser pädagogischen Artikel Reichs liegt gerade in ihrer Sachlichkeit, heute wie damals. Seine ›Eltern-als-Erzieher‹-Aufsätze behandeln die zwanghafte Wirksamkeit des elterlichen Über-Ichs, das durch die Aktivität der Kinder in Bewegung gesetzt wird; jedem Menschen, der sie liest, kommen die beschriebenen Situationen eigentümlich bekannt vor! Der Artikel über Nackterziehung betont die Schädlichkeit unvollständig sexualbejahender Erziehung, die schwerer pathogen sei als gänzlich verneinende, und weist auf den gesellschaftlichen Charakter der Erziehung überhaupt hin, die sich nicht in pädagogischen Inseln denken lasse. J. C. Flugel, der spätere Vorsitzende der englischen I.Psa.V.-Sektion, hat diesen von Bernfeld so sykophantisch denunzierten Aufsatz als Muster gesellschaftlich übergreifenden psychoanalytischen Denkens gelobt[50], Reich selbst ihn später in

---

[47] Die Beiträge einer ZPP-Nummer waren meistens thematisch verwandt; der Aufsatz über Onanie erschien im Onanie-Sonderheft (1927h), der über Nackterziehung (1928c) im Sonderheft ›Nacktheit und Erziehung‹.

[48] Siehe Meng 1928, p. 301. – Es ist auffällig, daß Meng, der Herausgeber der ZPP, sich geradezu für die inkriminierten Artikel entschuldigt und verkündet, daß neben den genannten ja auch noch andere Ansichten in der I.Psa.V. bestünden.

[49] Nach: Reich 1966, p. 98, Anm. 1. – Es handelt sich um die kleine prokommunistische dänische Zeitschrift ›Plan‹; die Veröffentlichung der dänischen Übersetzung war mit Reich abgesprochen gewesen. Eine entstellende Pressewiedergabe von Reichs Stellungnahme zu dieser Übersetzung nutzten die örtlichen Kominternvertreter später gegen Reich aus. Siehe Reich 1982, p. 178sq.

[50] J. C. Flugel 1940, p. 212; Bernfeld 1932a, Anm. 18 (u. p. 111). Flugels Fußnote ist,

eine erweiterte Neuauflage seines Buches ›Geschlechtsreife, Enthaltsamkeit, Ehemoral‹ (1930a) als Kap. IV 3 eingearbeitet[51].

Doch gerade weil Reich die gesellschaftliche Unmöglichkeit pädagogischer Inseln klar erkannt hatte, konnte er sich nicht mit Pädagogik zufriedengeben. Hatte er in der ›Funktion des Orgasmus‹ den Zusammenhang zwischen psychischer Gesundheit und realer Sexualbefriedigung noch klinisch-fallgeschichtlich untersucht – nicht ohne im letzten Kapitel einen freilich noch dilettantischen Ausblick auf gesellschaftliche Sachverhalte zu unternehmen –, so führte ihm, wenn seine eigenen Erfahrungen und diejenigen mit seinen zahlungsfähigeren Patienten dafür nicht schon genügt hatten, seine Arbeit im ›Wiener Psychoanalytischen Ambulatorium‹, das im wesentlichen von Arbeitern und kleinen Angestellten frequentiert wurde, das sexuelle Elend breiter Schichten vor Augen, demgegenüber individuelle Therapie als lächerliches Palliativ erscheinen mußte.

Um Klarheit in den gesellschaftlichen Fragen der Neurosenprophylaxe zu gewinnen, beschäftigte sich Reich mit Marx. Dieser Versuch einer Abgrenzung und Synthese von Gesellschaftslehre (im Sinne von Marx) und Psychoanalyse war damals keineswegs einzigartig. Zu Lebzeiten Lenins hatte die Psychoanalyse in der Sowjetunion, schon unter dem Zarismus in Oppositionskreisen auf fruchtbaren Boden gefallen, eine breite Resonanz und die einzige staatliche Förderung ihrer ganzen Geschichte erfahren; es existierten Ortsgruppen der I.Psa.V. in Odessa, Moskau und Petrograd.[52] Trotzki, in jener Zeit der zweite anerkannte Führer der Sowjetunion, sympathisierte offen mit der Psychoanalyse, ohne sich allerdings näher mit ihr

---

von denjenigen Fenichels abgesehen, einer der ganz wenigen Brüche des Reich'schen Namenstabus in der I.Psa.V. nach 1934.

[51] Reich 1966.

[52] Wulff 1930; Miller 1998 (dazu Hoevels 1999b).

einzulassen (er bewahrte eine persönliche Hochachtung vor Freud bis zu seinem Tode). Trotzdem verlief die theoretische Auseinandersetzung zwischen Psychoanalyse und marxistischer Gesellschaftslehre in der Sowjetunion ziemlich oberflächlich; die russischen I.Psa.V.-Mitglieder gingen ihr offensichtlich aus dem Weg, den KP-Mitgliedern, die in der Zeit des Bürgerkriegs und der Hungerkatastrophen zusätzliche Sorgen hatten, fehlten Zeit und Fachkenntnisse. Immerhin versuchte Lenin auf dem Totenbett – viel Zeit hatte der bedrängte Revolutionsführer eines armen und kriegsverwüsteten Landes nie gehabt, dafür taugten seine Mitarbeiter im Durchschnitt zu wenig! –, Freuds Werke zu lesen, und förderte in der bitterarmen Sowjetunion eine möglichst vollständige Freud-Übersetzung, welche dann, man würdige dieses auf dem Hintergrund der katastrophal dürftigen Verhältnisse nach Krieg, Revolution und Bürgerkrieg, der bei weitem größte Verkaufserfolg zu Freuds Lebzeiten wurde. Nach Trotzkis Sturz entzog die KP-Führung der Psychoanalyse allmählich die Sympathie, obwohl nach Ausweis des ›Korrespondenzblattes der I.Psa.V.‹ in der IZ die sowjetische I.Psa.V.-Filiale noch bis 1932 fortbestand, freilich nur als gedemütigter und pervertierter Schatten ihrer selbst.

Reich begann seine Aneignung des Marxismus somit zu einem Zeitpunkt, zu dem das Interesse an der Psychoanalyse in der Sowjetunion schon im Niedergang war, weil ihre Unterdrückung sich vorbereitete. Dafür gab es jetzt in Deutschland, in welches kein Stalin direkt hineinregieren konnte und das dafür die bei weitem bedeutendste Kommunistische Partei aller Industriestaaten außerhalb der SU aufwies, Versuche, das Verhältnis von Marxismus und Psychoanalyse zu bestimmen und unter Bejahung beider Lehren zur Synthese zu bringen. Mehrere Werke von Fromm[53)] können als Beleg gelten; auch die Namen Friedjung, Hodann und Fenichel müssen hier genannt

---

53) Bes. 1936.

werden, daneben die sog. Frankfurter Schule (welcher Fromm damals übrigens in wichtiger Funktion angehörte). Was jedoch Reich von allen diesen seinen Kollegen unterschied, war sein erwähntes Bestreben, die Erkenntnisse der Psychoanalyse auch praktisch in den Dienst der kommunistischen Bewegung zu stellen, wie er sie verstand; dabei blieb für ihn, der als einziger Psychoanalytiker der KP beigetreten war (1928)[54)], die Frage des Kampfes gegen die massenhafte Sexualnot im Vordergrund (cf. Reich 1929e), wobei er auf die KP wegen der sowjetischen Sexualgesetzgebung – damals unbestreitbar die bei weitem humanste und fortschrittlichste der Welt – große Hoffnungen setzte. Er wollte also nicht einfach ein Psychoanalytiker sein, der außerdem noch mit kommunistischer Politik sympathisierte oder rein theoretisch mit der marxistischen Gesellschaftslehre, sondern es ging ihm in erster Linie um eine praktische Synthese, zu der ihm die damals tatsächlich vorbildliche[55)] Sexualpolitik der SU den Weg gewiesen hatte. Die

---

54) Wegen der extremen Schwäche der KPÖ war Reich in seiner politischen Biographie der frustrierende Umweg über die SPÖ, die ihm als Sohn von am Rande der »westlichen« Zivilisation siedelnden ehemaligen De-facto-Landadligen zunächst sehr »links« erschienen sein muß, nicht erspart geblieben. Es bleibt aber sein Verdienst und Reifezeugnis auch als Politiker, die SPÖ nach Erkenntnis ihres Wesens nicht individuell und klammheimlich verlassen, sondern unter recht geschickter Herstellung von Öffentlichkeit und parteiinterner Aufmerksamkeit eine ganze Reihe ihrer Mitglieder in die KPÖ mitgenommen zu haben. Seine bei dieser Gelegenheit entstandenen kurzen politischen Artikel sind auch heute noch lesenswert; mit Ausnahme der optimistischen haben sich alle seine dort ausgesprochenen historisch-politischen Diagnosen und Prognosen als hundertprozentig richtig erwiesen (1930d–k). Es ist das Verdienst Laskas, diese fast verschollenen Texte ausgegraben und wieder zugänglich gemacht zu haben (1982), eine für einen dezidierten Antikommunisten wie ihn beachtenswerte Leistung von Selbstüberwindung; Fallend (1988, p. 179–193) erzählt die ihm dadurch bekanntgewordene Geschichte mit einigen Ergänzungen nach, ohne seine Quelle zu nennen.

55) Dies ist eine Wertung, die natürlich nur vom Standpunkt eines Eintretens für die allseitige menschliche Selbstbestimmung Berechtigung hat. Vertritt man dagegen das Ideal der Fremdbestimmung, so muß z.B. die gegenwärtige Sexualpolitik des Iran oder der Taliban als vorbildlich gelten. Immerhin sei festgehalten, daß die damalige sowjetische Sexualpolitik, die Reich 1936c (= Teil II von Reich 1966) ausführlich dokumentiert hat, sich nicht erheblich von derjenigen fortschrittlicher und katholizismusfreier westlicher Demokratien der 70er Jahre, z.B. der skandinavi-

Nahtstelle zwischen der psychoanalytischen Lehre von der Pathogenität der Sexualunterdrückung und der marxistischen Gesellschaftslehre bestand in der Frage nach der gesellschaftlichen Funktion der Sexualunterdrückung (cf. dazu Reich 1933b), sein praktischer Beitrag im Kampf gegen diese und ihre Folgen, was ihm die Arbeit im ›Psychoanalytischen Ambulatorium‹ ohnehin nahegelegt hatte. Konsequenterweise gründete Reich noch in Wien, wie oben erwähnt, zusammen mit gleichgesinnten Ärzten und Analytikern, darunter Fenichel, Angel und Friedjung, zahlreiche Sexualberatungsstellen in Arbeitervierteln, die nicht nur bemüht waren, individuelles Elend zu besprechen, sondern auch, es in einen gesellschaftlichen Zusammenhang zu stellen.

Wie weit Reich wirklich Marxist wurde und was von seinem Versuch einer Synthese der beiden dem bürgerlichen Wissenschaftskanon fremden Lehren zu halten ist, soll später kurz betrachtet werden. Auf jeden Fall bildet seine darauf fußende Aktivität die unmittelbare Quelle der Feindschaft der I.Psa.V. gegen ihn, welche nun immer offener ausbrach und niemals aufhören sollte. (Ihre niederträchtigste Manifestation war und blieb der seither nie mehr abreißende Brauch, den politischen Charakter seines politischen Engagements zu bestreiten, obwohl Reich der einzige aktive Parteimann – einer immerhin sehr großen Partei, der vor Hitlers Machtergreifung größten Linkspartei Deutschlands! – gewesen ist, den die I.Psa.V. jemals aufzuweisen hatte.) Reich zog sich diese Feindschaft nämlich nicht nur durch seine sexualpolitische Aktivität zu – denn trotz der Kooperation mehrerer anderer I.Psa.V.-Mitglieder, die oben schon erwähnt wurden, war klar, daß er als Seele des Unternehmens gelten mußte – , sondern auch durch sein Bestreben, die gesellschaftlich relevanten Ergebnisse der Psychoanalyse zu popularisieren. Diese Tatsache wurde dadurch anstößig, daß Reich im Gegensatz

---

schen Staaten oder der Niederlande, unterschied, damals jedoch atemberaubend revolutionär war.

zu anderen Popularisierern wie etwa Meng und Ferenczi keine staunenswerten (aber immerhin anstößigen!) Funde für ein geneigtes Publikum ausbreitete, sondern energisch für Neurosenprophylaxe und menschliches Lebensglück eintrat, wobei er die Aufmerksamkeit auf politisch so bedeutsame Sachverhalte wie die Verbindung zwischen Untertanengehorsam und Sexualunterdrückung lenkte. Wohl war dies an sich auch keine Neuheit; schon Freud hatte 1908 zur Illustration seiner durchaus anstößigen Theorie von der »Vorbildlichkeit des Sexuallebens für das nicht sexuelle« einen biologischen Kern der »unzweifelhaften intellektuellen Inferiorität so vieler Frauen« geleugnet und diese auf das für Frauen erziehungsbedingt stärkere sexuelle Denkverbot zurückgeführt und jenes obendrein mit dem »religiösen Denkverbot« und dem »loyalen Denkverbot des braven Untertanen« in Parallele gesetzt.[56)] Doch er hatte diese Ansicht an versteckter Stelle geäußert und ziemlich pauschal; Reich äußerte sie detailliert, populär und in möglichst erschwinglicher Aufmachung. Genau dies erregte den Zorn der staatlichen Stellen; in einer (erfolglosen) Anzeige des ›Landesjugendamts Westfalen‹ gegen die Broschüre ›Sexualerregung und Sexualbefriedigung‹ fand sich auch prompt der Vorwurf: »Die Jugendgefährdung wird dadurch noch erhöht, daß die Abhandlung wegen seines (sic) niedrigen Verkaufspreises Jugendlichen leicht zugänglich ist.«[57)] Wir sehen also wieder, daß die Animosität der I.Psa.V. gegen Reich – der in der genannten Broschüre u.a. ausdrücklich breiten Kreisen die Lektüre von Freuds ›Vorlesungen zur Einführung in die Psychoanalyse‹ und von dessen ›Drei Abhandlungen zur Sexualtheorie‹ nahelegte[58)] – kaum in der Sache, sondern der volksnahen Art ihrer Verbreitung lag. Ebenso mißfiel natürlich auch Reichs in mancher Hinsicht tragisches

---

56) GW VI 161sq.

57) Zitiert nach Reich 1929a, p. 3.

58) ibid. p. 36

Engagement für die Sowjetunion, tragisch schon deswegen, weil es erst einsetzte, als der stalinistische Kampf gegen die Psychoanalyse dort schon begonnen hatte; er hatte also keine Chance mehr gehabt, in seine Position als sozusagen gegebener Wortführer der leninistischen Psychoanalytiker hineinzuwachsen und in der sowjetischen KP Echo und Anhänger zu finden, als dies noch leicht gegangen wäre. Er hatte die SU zwar eigens bereist, um dort für die Sache der Psychoanalyse zu werben und sich unmittelbare Kenntnis ihrer Sexualreformen und sonstigen Zustände zu verschaffen, aber für sein Anliegen leider reichlich spät. Seine Erfahrungen berichtete er 1929 in der weitgehend I.Psa.V.-internen Zeitschrift ›Die psychoanalytische Bewegung‹ (1929d); er macht sich darin manche von marxistischer Seite geäußerte Kritik an den Entgleisungen einzelner Psychoanalytiker zu eigen, die er später wiederholen sollte, insbesondere an der Tendenz, nützliche Erfindungen und Tätigkeiten einfach zu Sexualsymbolen zu ernennen. »Jeder Gegenstand und jede Tätigkeit haben ihre rationale Bedeutung und können, müssen keinesfalls zu einem Symbol werden; und ihre Entstehung verdanken der Gegenstand und die Tätigkeit nicht ihrer symbolischen Bedeutung, sondern ihrem Werte als Gebrauchsartikel (...) Flugzeuge und Eisenbahnen werden nicht erzeugt, weil sie Symbole von triebhaften Vorstellungen sind, sondern weil bestimmte Produktionsverhältnisse zu ihrer Erzeugung und Entdeckung führen. Was im Unbewußten des konstruierenden Ingenieurs dabei vorgeht, ist nur wichtig, wenn er als Patient zu uns kommt. (...) Im fünften Jahrhundert hätte er gewiß mit den gleichen phallischen Vorstellungen kein Flugzeug bauen können.«[59] Ein ähnliches, sehr scharfsinniges Argument richtet er gegen eine unhistorische Analyse der Religion, da die Psychoanalyse wohl die Substanz, nicht aber die Unterschiede der Religionen nach Ort und Zeit erklären kann. Dies ist nun fast wörtlich die

---

[59] ibid. p. 336.

gleiche Kritik, die Ferenczi sechzehn Jahre früher gegen Jung gerichtet hatte[60], der wegen dieser und anderer Gefälligkeitsdienste an die öffentliche Meinung kurz danach aus der I.Psa.V. sehr zu Recht ausgeschlossen worden war. Da Reichs sonstige Kritik genau auf derselben Linie operiert, kann man nur folgern, daß seither die Zeiten sich geändert hatten und ein »Kryptojungianismus« in der I.Psa.V. zumindest auf größere Toleranz hoffen konnte als dessen Kritik, jedenfalls wenn sie sich mit Sympathie für den Marxismus verband. Denn sein zitierter Artikel fand mit der Entgegnung Wulffs (1930) eine ziemlich scharfe und vielfach ungerechte Gegenstimme. Wulff beschuldigt Reich, daß er nur die Stellung der sowjetischen KP zur Psychoanalyse schildere, nicht eigentlich ihre Lage in der Sowjetunion, und daß er dabei Gefälligkeitsabstriche am Gehalt der Psychoanalyse vornehme. Dabei unterläuft Wulff ein Zitierfehler, der etliche unhaltbare Weiterungen zur Folge hat (Storfer 1930). Insgesamt richtet sich Wulffs Artikel gegen Reichs Tendenz, die Psychoanalyse von Gebieten auszugrenzen, die nicht psychisch, sondern historisch-ökonomisch determiniert sind, oder von Handlungen, die bloß zweckrational und daher nicht analytisch erklärungsbedürftig sind. Die gleichen Ansichten hatten bei Ferenczi noch keinen Widerspruch gefunden. (Man muß dazu wissen, daß Wulff durch die Oktoberrevolution persönlich ziemlich geschädigt worden war – er hatte seine Privatpraxis verloren und war emigriert.)

Überhaupt verfestigt sich der Eindruck, daß Reich *nicht nur* in der Sowjetunion einfach zu spät gekommen war

---

[60] siehe BP I 243sqq., bes. p. 261. »Die Möglichkeit, die uns [d.h. den orthodoxen Analytikern, F.E.H.] viel wahrscheinlicher vorkommt, nämlich daß das Feuererzeugen in erster Linie nicht sexuelle, sondern reale Bedürfnisse zu befriedigen bestimmt war, wenn es auch in den Dienst der Sexualsymbolik gestellt wurde, wird von Jung im Gegensatz zu seiner sonstigen Betonung der Realitätsansprüche ganz vernachlässigt.« Auch später hält Ferenczi, diesmal einem Jung-Schüler gegenüber, diese Kritik aufrecht, indem er darauf hinweist, daß »wir nicht geneigt sind, die ganze Realität in Autosymbolismen aufzulösen«, d.h. auf der Priorität der Realität vor Ideen bestehen (BP IV 97).

und anderthalb Jahrzehnte zuvor erheblich günstigere Arbeitsbedingungen vorgefunden hätte. Nicht allein Geographie ist Schicksal, sondern, um Napoleons Diktum abzuwandeln, auch und erst recht das Geburtsjahr.

Denn Reich wurde von nun an gewissermaßen in einen Zweifrontenkrieg verwickelt. Immer weniger waren die Psychoanalytiker bereit, sich mit der entartenden SU einzulassen; vom Marxismus als der von ihr in Beschlag genommenen Lehre hatten sie sich ohnehin immer ferngehalten, die allermeisten teilten entschlossen Freuds lückenlose Ignoranz an dieser Stelle, eine Ignoranz, die einem Genie und Bahnbrecher wohl zu verzeihen ist, nicht so leicht aber dem wissenschaftlichen Gefolge in seinem Kielwasser. Und immer intoleranter gegen die Psychoanalyse wurde eben wegen ihrer Entartung die Sowjetunion. Als dort die Diskussion um die Psychoanalyse endlich auf offizieller Ebene geführt wurde – nämlich in der Zeitschrift ›Unter dem Banner des Marxismus‹ –, war es für deren vorurteilsfreie Aufnahme längst zu spät; der sogenannte Marxismus (dem Marx bekanntlich nicht hatte angehören wollen), von dogmatischen Zügen aufgrund seiner Herkunft aus der Philosophie statt der Wissenschaft nie ganz frei geworden, hatte jetzt eine doktrinäre Verhärtung vollzogen, die fast schon so massiv war wie diejenige des Popperismus/Kuhnianismus seit ca. 30 Jahren in den Ländern des US-Monopolkapitals. Reich stand auf verlorenem Posten, als ihm in dem beschworenen Jahr aufgrund seiner KPD-Mitgliedschaft als letztem – und einzigem wirklich sachkundigem – Fürsprecher der Psychoanalyse Raum in der besagten offiziellen sowjetischen Zeitschrift zur Verfügung gestellt wurde, übrigens als ihrem letzten Verteidiger. Er nutzte ihn für den Aufsatz ›Dialektischer Materialismus und Psychoanalyse‹ (1929b).

Dieser Aufsatz – eigenartigerweise nicht ›Marxismus und Psychoanalyse‹ genannt[61] – ist ein wirklich rares

---

[61] Weil nämlich jeder Marxist den dialektischen Materialismus für die immanente

Dokument, denn wer außer Reich wäre zu diesem Zeitpunkt (oder einem früheren) fähig und autorisiert gewesen, sich verbindlich zu diesem Thema zu äußern? Marx und Engels konnten schon aus zeitlichen Gründen keine Stellung zur Psychoanalyse beziehen; Lenin und Trotzki kannten sie nur sehr oberflächlich. Freud hatte Marx und Engels offensichtlich nicht gelesen; seine (einzige) Stellungnahme zum Marxismus[62] operiert in der Sache etwa vom Boden der ziemlich primitiven Dühring'schen »Gewalttheorie« aus[63] und verrät, daß Freuds anfangs eingeräumte »mangelnde Orientierung« in diesem Falle wahrlich kein Bescheidenheitstopos war.[64] Abraham und Ferenczi, letzterer ein so durch und durch unpolitischer Mensch wie selten einer, äußerten sich überhaupt nicht zum Gegenstand (obwohl er der kurzlebigen kommunistischen Ungarischen Räterepublik formal den einzigen Lehrstuhl für Psychoanalyse verdankte, den es zu Freuds Lebzeiten gab). Reichs Zeugnis kommt also schon deshalb besondere Bedeutung zu, weil er der einzige zugleich aktive Kommunist und praktizierende Psychoanalytiker war, der sich jemals zum Gegenstand geäußert hat (jedenfalls vor mir selber, ein mir äußerst unangenehmes Monopol, siehe Hoevels 1983b). Alle anderen ähnlichen Versuche kranken daran, daß ihren Verfassern entweder die analytische oder die politische Praxis fehlte,

---

geistige Substanz der Wissenschaft hält, egal ob ihren Trägern dies bewußt ist oder nicht; läßt sich daher für eine umstrittene Lehre deren dialektisch-materialistische Essenz nachweisen, so gilt sie eo ipso als wissenschaftlich und dadurch zwangsläufig als mit dem Marxismus vereinbar. Um diesen Nachweis geht es Reich in dem zitierten Artikel; manchmal führt er ihn freilich etwas gewaltsam und formelhaft, woran allerdings mehr die zeitgenössische Dogmatisierung und Formalisierung des dialektischen Materialismus zu einer Art positiven Lehre statt bloßer Denkweise schuld ist als Reich selbst.

62) GW XV 191–197. – Die anderen En-passant-Stellungnahmen, die sich nur auf die empirische Sowjetunion beziehen, nicht auf den Marxismus als wissenschaftliches System (siehe Jones 1962, III 400sqq.), sind nicht ernst zu nehmen, sondern nur – wenig originelle – persönliche Aussagen.

63) Siehe MEW XX 147–171.

64) Das ist auch anderen aufgefallen; siehe e.g. Fenichel 1998, p. 794.

was natürlich nicht heißen soll, daß ihre Bemühungen deshalb wertlos seien; es ist aber mindestens als eine ernste Einschränkung ihres diesbezüglichen Beitrags anzusehen.

Natürlich könnte man sagen, daß in einem Buch über ›Wilhelm Reichs Beitrag zur Psychoanalyse‹ die Frage, wie weit ihm die nicht gerade leichte Klärung des Verhältnisses von Marxismus und Psychoanalyse wirklich gelungen ist, keine besondere Erörterung verdiene; es geht ja neben der Würdigung seiner Originalität und der wissenschaftlichen Wertung seiner Leistung in erster Linie um die brenzlige Frage seiner »Orthodoxie« (gegen die, wie gesagt, jedenfalls bis zu diesem Zeitpunkt noch keinerlei Einwände erhoben worden waren). Aber wegen der erheblichen Bedeutung für Reichs Biographie, Werk und die Auseinandersetzung um ihn in der I.Psa.V. muß dieser Ausschnitt seines Schaffens trotzdem erörtert und vorgeführt werden, zumal er für das Interesse der Studentenbewegung an ihm, ohne welche das über Reich verhängte Anathem wirksam geblieben wäre, von ausschlaggebender Bedeutung gewesen ist. Aber für die Geschichte der Psychoanalyse auch; einerseits wäre der Ausschluß Reichs und die rigide Verwerfung seiner Werke ohne die politische Aktivität des Autors sowie in Verbindung damit die Angst vor dem aufkommenden Hitlerfaschismus vielleicht gar nicht und auf jeden Fall in anderer Form und später erfolgt, und andererseits spricht viel für die Annahme, daß der in der Reik-Reich-Kontroverse schon angeklungene wissenschaftliche Irrweg der »Todestriebhypothese«, durch den die Psychoanalyse sich gehörig diskreditierte und ihren ehrlichen Anhängern eine schwere Belastung aufbrummte, ohne diesen politisch-historischen Hintergrund niemals verbindlich eingeschlagen worden wäre; Reich diente dabei eindeutig als Katalysator. Was ich vorhin für den Marxismus »dogmatische Verhärtung« nannte, brach jetzt – **erst** jetzt, die »vier Schibboleths« waren legitime Notwehr gewesen – auch über die Psychoanalyse herein, und wenn diese heutzutage, ähnlich wie die evangelischen Kirchen der Gegenwart, ihre Dogmen durch quasselige Beliebigkeit zu ersetzen vortäuscht, freilich ohne sie in verbindlicher Form zu widerrufen, so nahm dieser unerfreuliche Zustand damals seinen Ausgang, wurde die Weiche damals gestellt.

1929 war somit das Krisenjahr, in dem Reich beginnen sollte, zwischen den Organisationen der KPD und der I.Psa.V. zerrieben zu werden. Er betonte die Priorität der Neurosenprophylaxe vor der Neurosentherapie; war aber, wie er und Freud einträchtig lehrten, die Sexualunterdrückung ausschlaggebend in der Ätiologie der Neurosen, so war eine breite Neurosenprophylaxe ohne einschneidende gesellschaftliche Veränderungen unmöglich. Reich hatte seine entsprechenden Gedanken in einem Vortrag über Neurosenprophylaxe zusammengefaßt, den er im Psychoneurologischen Institut Moskau vor russischen I.Psa.V.-Mitgliedern und jungen Ärzten hielt und im gleichen Jahr in Freuds Wohnung wiederholte.[65)] Wenn wir Reich glauben dürfen, erhob Freud keine sachlichen Einwände, sondern bemerkte nur aufgeregt: »Die Kultur geht vor!« Reich antwortete: »Es ist Ihre eigene Theorie. Ich habe nur die Konsequenzen daraus gezogen.«[66)] Ein Jahr später, als Freud und Reich sich zum letzten Mal sahen, soll Freud auf Reichs Ausführungen »man müsse die natürliche Familie, die auf Liebe gegründet ist, von der Zwangsfamilie unterscheiden (…) man müsse alles unternehmen, um Neurosen zu verhindern« geantwortet haben: »Ihr Standpunkt hat nichts mit dem mittleren Weg der Psychoanalyse zu tun. (…) Es ist nicht unser Zweck oder der Zweck unserer Existenz, die Welt zu retten.«[67)]

---

65) Reich 1929d, Anm. 3; Reich 1976, p. 36; Ollendorff-Reich 1970 p. 42. Der Wiederholungsvortrag fand am 12.12.1929 statt. Er ist nicht erhalten geblieben; inhaltlich dürfte er wohl dem Aufsatz ›Ein Widerspruch der Freud'schen Verdrängungslehre‹ (1934c) entsprechen. Einen kurzen überlieferten Augenzeugenbericht (Sterba 1978) in diesem Zusammenhang habe ich schon erwähnt.

66) Reich 1976, p. 36.

67) ibid. p. 33sq.

Wie man sieht, handelt es sich wiederum, formal betrachtet, um eine Wertungs-, nicht um eine Sachfrage; natürlich steckt eine politische Entscheidung bzw. Zwangslage dahinter. Ganz offensichtlich hat Freud Reichs Voraussetzung, der Kampf gegen die institutionalisierte Sexualunterdrückung sei die wirksamste Neurosenprophylaxe, **nicht** bestritten.[68] Diese Tatsache, nämlich das Fehlen eines überzeugenden Arguments, erklärt offenbar sein peinliches Schweigen über Reich. Setzen wir kurz einmal die Maske des wissenschaftstheoretischen Formalisten auf, so können wir sagen: Wertungsfragen können nicht argumentativ entschieden werden, denn sie werden von Interessen geleitet, nicht von der Absicht, herauszufinden, ob eine Aussage mit den unabhängig vom Betrachter bestehenden Tatsachen übereinstimmt; wissenschaftlich entschieden werden kann nur, ob ein bestimmtes Mittel für einen bestimmten Zweck mehr oder weniger geeignet ist, während der Zweck von außen gesetzt wird. Wenn der Kern des Streits zwischen Freud und Reich »wertender« Natur war, so kann eine wissenschaftliche Parteinahme nicht erfolgen. Gründet sich allerdings der Ausschluß einer Person aus einer **wissenschaftlichen** Organisation auf einer **wertenden** Parteinahme (außer einer gegen das Prinzip der Rationalität, des Beobachtungsprimats und Ockhams Rasiermesser natürlich), so ist er nicht gerechtfertigt und erzeugt bei den Ausführenden mit aller Wahrscheinlichkeit ein schlechtes Gewissen (und die hartnäckige Arbeit am Abbau kognitiver Dissonanz, psychoanalytisch Rationalisierung geheißen).

Wie wir sehen, waren die sichtbaren Streitigkeiten zwischen Reich und anderen I.Psa.V.-Mitgliedern, insbesondere aber Freud, alles andere als fachlicher Natur;

---

[68] Laut Sterba doch, aber nur sekundenlang und mit einem völlig unqualifizierten Argument: dies sei, als wolle man Verdauungsstörungen mit Nulldiät und Verstöpselung des Anus behandeln. Wir wollen hoffen, daß hier ein Erinnerungsfehler des Gewährsmanns vorliegt, denn sonst müßten wir an eine vorübergehende emotionell begründete Verstandestrübung Freuds glauben.

des Pudels Kern war die praktische Stellung zur Sexualunterdrückung, also einem gesellschaftlich abgesegneten Unrecht gewesen, lange vor jeder Verschärfung ins explizit Politische, die Frage des »schonungsvollen Rückzugs« also oder der Suche nach einem Wege, dem sogenannten Gesundheitsfanatismus, d.h. dem Bestehen auf der Eliminierung vermeidbaren persönlichen Leides, die individualistische Lächerlichkeit nehmen zu können. Lange hatte der Konflikt darum auch geschwelt und sich, wie ein Psychoanalytiker sagen müßte, »auf ein Kleinstes verschoben« – auf Streitigkeiten um Worte, auf Attacken gegen Reichs Person und derlei mehr. So hat Federn schon 1926 auf kleinliche und teilweise kindische Weise gegen Reich intrigiert, wie aus einem Protestbrief Reichs an ihn (vom 12.2.1926) hervorgeht[69]; jedoch hatte Reich, der damals noch ziemlich unpolitisch war, diese Angriffe als persönliche Querelen gewertet. 1928 sah er sich genötigt, bei Freud gegen Federn, den damaligen Vorsitzenden der Wiener Ortsgruppe, zu protestieren (Brief an Freud vom 18.4.1928)[70], da dessen Intrigen allmählich unerträglich geworden waren. Freud selber berichtete Reich (in einem unveröffentlichten Brief vom 22.11.1928), Federn habe von ihm verlangt, Reich als Direktor des Technischen Seminars zu entfernen.[71] Nun wissen wir, daß Reich in dieser Stellung unangefochten blieb und sie nur 1930 aufgrund seines Wegzugs nach Berlin notgedrungen aufgab; daß er sich in offensichtlich vertrauensvollem Ton an Freud wendet, zeigt, daß 1928 noch kein unheilbarer Bruch zwischen Lehrer und Schüler existiert haben kann. Schließlich hat Freud 1927 Reich in einem persönlichen Brief versichert, die Intrigen und Feindseligkeiten innerhalb der I.Psa.V. könnten nicht seine hohe Achtung vor Reichs Wissen

---

[69] in: Reich 1975, p. 129sqq.
[70] ibid. p. 133sqq.
[71] ibid. p. 25, Anm. 10.

verringern, die mit Recht von vielen anderen geteilt werde.[72)]

Aus diesen Dokumenten geht hervor, daß Reich schon sehr früh allerhand Angriffen ausgesetzt gewesen ist, die aber immer an der Oberfläche blieben; sie beginnen noch vor seinem Eintritt in die KPD (bzw. SPÖ), verstärken sich aber danach beträchtlich. Andererseits dürfen wir diese frühen Streitigkeiten nicht überbewerten; denn es ist bekannt, daß die gesamte Wiener Ortsgruppe der I.Psa.V. von Intrigen wimmelte, wie das unter Menschen, die heftigem Druck von außen ausgesetzt sind und dann mit Sprengstoff hantieren, gar nicht zu vermeiden ist, auch nicht durch die Psychoanalyse – sie kann niemanden vom »Gesetz der Erhaltung der psychischen Energie« befreien. Spätere Streitigkeiten konnten natürlich an frühere anknüpfen. Wir können daher festhalten, daß der Beginn einer ernsthaften Isolierung Reichs nicht vor 1929 angesetzt werden kann. Es ist erstaunlich, daß Reich in jenen Jahren von 1927 bis 1931 trotz aller Mißhelligkeiten und seiner Arbeitsbelastung als Lehr- und Kontrollanalytiker sowie seiner sozialhygienischen Aktivität die Energie fand, unermüdlich die Bausteine dieses seines *zweiten* Hauptwerks zusammenzutragen. Schon sein erstes Buch war ja, in der Nachfolge Abrahams, einer klinisch-charakterologischen Frage gewidmet gewesen. Jetzt begann Reich, seine aus Therapien und Kontrollanalysen gewachsene Theorie der analytischen Technik zu systematisieren und dabei Fragen der Verknüpfung von Charakter und Widerstandsform ins Zentrum zu rücken; zugleich brachte er die Erfahrungen des Technischen Seminars ein. So entstanden hintereinander fünf Aufsätze, die etwa die Hälfte des späteren Buches ›Charakteranalyse‹ (1933a) ausmachen.[73)]

---

72) Ebenfalls unveröffentlichter Brief vom 27.7.1927 (s. Reich 1975, p. 26, Anm. 13).

73) 1927c (zuerst vorgetragen im ›Seminar für psychoanalytische Therapie‹ im Juni 1926); 1928a (erweiterte Fassung des Vortrags vom X. Internationalen Psa. Kongreß

Da die Intrigen in Wien lästig geworden waren und vor allem, weil der politische Druck auf seine Sexualberatungsstellen außerordentlich zugenommen hatte, war Reich 1930 nach Berlin übergesiedelt. Er wurde dort von allen Analytikern mit Freude aufgenommen, außer von Eitingon, dem Vorsitzenden der Gruppe, und einem weiteren Mitglied.[74] In der ›Gesellschaft Sozialistischer Ärzte‹ hielt Reich einen gutbesuchten Vortrag über Neurosenprophylaxe, an der KP-geleiteten Berliner ›Marxistischen Arbeiterschule‹ – die durch solch illustre Dozenten wie Karl Korsch oder K. A. Wittfogel berühmt war, selbst Einstein sprach dort einmal zu lernbegierigen Arbeitern über seine Relativitätstheorie – hielt er vielbesuchte Kurse über Psychoanalyse ab.[75] Darüber hinaus gelang es ihm, die KPD zur Gründung des ›Deutschen Reichsverbandes für proletarische Sexualpolitik‹ (= ›Sexpol‹) zu bewegen, dessen Vorsitzender er wurde und der dank seiner Aktivität in drei Jahren von 20 000 auf 40 000 Mitglieder anwuchs (die wir uns allerdings als formale Ein- und Umschreibungen innerhalb der riesigen Gesamtorganisation vorstellen müssen – nie ist meines Wissens auch nur ein einziger »Überlebender« etwa in der Memoirenliteratur hervorgetreten). Da die KPD aber die Verbreitung seiner sexualpolitischen Aufklärungsschriften in ihren Massenorganisationen behinderte, weil sie ihr zu »freudianisch« waren, gründete Reich kurzerhand einen

---

in Innsbruck im September 1927); 1929c; 1930b; 1931a (leicht veränderte Fassung eines Vortrags auf der Tagung der Dt.Psa.Ges. in Dresden am 28.9.1930). Wie man sieht, war der Kernbestand der ›Charakteranalyse‹ Reichs Kollegen schon Jahre vor dem Erscheinen bekannt, ohne daß sich Widerspruch eingestellt hätte; die rechtswidrige Unterdrückung der späteren Publikation des Buches im I.Psa.-Verlag ist also offensichtlich nicht wissenschaftlichen Differenzen geschuldet, sondern politisch begründet gewesen (nämlich als Besänftigungsgeste für Hitler, wie Reich selber zu Recht festgestellt hat; siehe seinen Brief vom 17.3.1933 an die Verlagsleitung, abgedruckt in Reich 1976, p. 100–102).

[74] Reich 1976, p. 99 = Reich 1975, p. 136.

[75] Ollendorff-Reich 1970, p. 44. – Über die ›MASch‹ siehe die hervorragende, sehr lebendige und lehrreiche Darstellung Jürgen Kuczynskis (1982, vol. V, p. 285–295).

eigenen Verlag, den ›Sexpol-Verlag‹, in dem er zunächst eine – sehr erfolgreiche – populäre Schrift für kommunistische Jugendliche verlegte[76], später eine ethnologische Untersuchung, in der er die Forschungen des Völkerkundlers Malinowski über die Trobriander psychoanalytisch auswertete (und mit prähistorischen Spekulationen in der Art von ›Totem und Tabu‹ erweiterte).[77] Dieses Buch trug ihm die lebenslange Freundschaft Malinowskis ein, isolierte ihn aber in der I.Psa.V. noch weiter, weil deren Vorsitzender Jones mit Malinowski in Fehde lag, da letzterer sich weigerte, im Ödipuskomplex eine biologische (sic) Grundtatsache zu sehen, sondern ihn nur als Folge realer, gesellschaftlich organisierter oder aber fehlender Vorgänge in der Kindheit betrachten konnte.[78] Der Hauptgrund lag freilich, trotz aller Mängel des Buches, an anderer Stelle und nicht an eben diesen Mängeln – es war der nämliche wie immer, Reichs Demonstration der schädlichen Folgen der Sexualunterdrückung, diesmal von der positiven Seite des parallelen Ausbleibens her, und damit eine unausweichliche, und unausweichlich kühne, Stellungnahme zur zumindest außersowjetischen Sexualgesetzgebung bzw. dem korrelierten Zivilrecht.

In der Berliner Ortsgruppe der I.Psa.V. war Reich dennoch keineswegs isoliert (in der durch eine starke KPD ausgezeichneten, schon lange vom preußischen Rationalismus geprägten und zuverlässig entklerikalisierten Reichshauptstadt gingen die Uhren also anders als in Wien); er hatte im Gegenteil eine eigene Arbeitsgruppe ins Leben gerufen, die die Verbindung von Marxismus und Psychoanalyse vorantreiben sollte und die unter anderem aus Otto Fenichel, Barbara Lantos und Lotte Liebeck bestand. Zu Reichs Vorträgen über analytische Technik reisten Nachwuchs-Analytiker sogar aus dem Ausland an,

---

76) ›Der sexuelle Kampf der Jugend‹, 1932d.

77) 1932c. Cf. auch Reichs Rezension von Malinowskis Buch (Reich 1931d).

78) Malinowski 1962, p. 131–167 (= cap. III).

insbesondere aus Skandinavien. Dagegen verfolgte ihn Eitingon, Mitglied des ›Geheimen Komitees‹ und Financier der ganzen I.Psa.V., mit kleinlichen, heimlichen Intrigen, die aber den Erfolg hatten, Reich unter formalen Vorwänden nicht als Lehranalytiker in Berlin tätig werden zu lassen.[79)] Der einzige sachliche »Vorwurf« gegen ihn lautete – und durchaus zu Recht –, Reich habe sich der neuen »Todestriebtheorie« nicht angeschlossen. Es ist aber sehr merkwürdig, daß eine Theorie, die Freud selber als spekulativ und »künstlichen Bau von Hypothesen«[80)] bezeichnete, auf einmal zum fünften Schibboleth der Psychoanalyse werden sollte (nachdem man dem zweiten anscheinend davongelaufen war).

Tatsächlich hatte Reich diese zweifelhafte Spekulation schon immer abgelehnt und gegen sie argumentiert. Inzwischen hatte man aus ihr die Theorie vom »primären Masochismus« deduziert (siehe GW XIII 369sqq.). Reich unternahm es, sie aufgrund ausführlicher klinischer Untersuchungen aus den Angeln zu heben. Sein Aufsatz ›Der masochistische Charakter – eine sexualökonomische Widerlegung des Todestriebs und des Wiederholungszwangs‹ (1932a) hätte die Diskussion über Freuds »windige Hypothese« im Grunde beenden müssen. Statt dessen provozierte er die IZ-Redaktion dazu, ihn zusammen mit einem erschreckend unsachlichen Gegenartikel Bernfelds zu veröffentlichen, in dem Reich nur persönlich denunziert, aber mit keinem Wort sachlich widerlegt wurde.[81)]

---

79) cf. Reich 1975, p. 137 (Brief von Reich an Eitingon vom 14.10.1932); sowie ibid. p. 147–150 (Brief von Eitingon an Reich vom 19.5.1933; Brief von Reich an das Exekutivkomitee der Dt.Psa.Ges. Berlin aus Kopenhagen vom 30.5.1933).

80) GW XIII 65. Siehe insgesamt ibid. p. 63sqq.

81) Siehe zu den Vorgängen um diesen Artikel Jones 1962, vol. III, p. 200. Freud hatte dem Artikel eine redaktionelle Distanzierung der Psychoanalyse von allen politischen Zielen voranstellen wollen, womit Reich sich einverstanden erklärt hatte; Eitingon, Jekels und Bernfeld wandten sich dagegen und plädierten für einen Gegenartikel, der dann tatsächlich erheblich aggressiver ausfiel als jeder denkbare redaktionelle Vorspruch. Man bemerke, daß die zwei Berliner, die für den Gegenartikel waren, zu Reichs schärfsten lokalen Gegnern zählten.

Es ist erstaunlich, woher der blinde Haß einer Organisation stammte, die zur Erforschung des Seelenlebens angetreten war, wenn ihre sogar nach Eingeständnis ihres Urhebers allerschwächste Hypothese angegriffen wurde – und dies in einer sehr gemäßigten und wissenschaftlichen Form. Natürlich stand die Ablehnung der politischen Aktivität Reichs auch dahinter; da aber sein zitierter Aufsatz bis auf einen Satz völlig unpolitisch gehalten war, konnte dies nicht der wahre Grund sein, denn woher kamen die große Unfairneß und die wilde Emotion?

Kenner der Geschichte beliebiger Organisationen können den Grund erraten: hier hatte jemand den Prozeß der »kognitiven Dissonanzreduktion« beim Rückzug von ehemals aufrichtig vertretenen, jetzt aber durch gesellschaftliche Zuckerbrote und Peitschen verleidete Positionen gestört, also beim Sich-Einreden von Ausreden beim Verrat. Alle Menschen, die lügen wollen, reden sich ihre beabsichtigte Lüge erst einmal selber ein, und dabei verbrauchen sie erhebliche Mengen an zu standardisierenden Sätzen. Erinnert sie jemand während dieses mühseligen Prozesses an das Original, von dem sie unter Abgabe von Verbalsekret desertieren wollen – etwa die Juden die Christen an die Bibel, Markion dieselben an ihre Weltflucht, Montanus wieder dieselben an ihr Weltende, die Zeugen Jehovas die Lutheraner an ihren Sola-scriptura-Grundsatz, Liebknecht und Luxemburg die SPD an den Kommunismus oder Trotzki die regierende Kpdsu an den proklamierten Zweck ihrer Regierungsübernahme, um nur wenige Beispiele zu nennen –, dann entfesselt er den größten Haß, zu welchem Menschen überhaupt fähig sind. Genau auf diese Mine war Reich mit seiner nüchternen Widerlegung der Todestriebspekulation – wir werden sie noch im einzelnen diskutieren – getreten. Jedenfalls hatte nun in den höheren Rängen der Organisation ein Kesseltreiben gegen ihn eingesetzt, dem er nicht entrinnen konnte. Parallel dazu lief dasselbe in der KPD, die ihn 1933 wegen »Trotzkismus« ausschloß. Kaum eine Anschuldigung konnte verlogener sein, da Reich Trotzkis Schriften kaum kannte (und bei diesem sogar als stalinistischer Agent verleumdet worden war, siehe Fallend 1988, p. 187), auf jeden Fall aber niemals Bezug auf sie nahm; ›Der sexuelle Kampf der Jugend‹ (1932d) enthält sogar den Schandfleck einer durch und durch naïven Pro-Stalin-Stelle[82]. In Wahrheit hatte der »Trotzkismus«-Vorwurf der stalinistischen Welt nie eine andere Struktur bzw. Realitätsanlehnung als der katholische des »Waldensertums« – »vauderie«, wofür man lebend verbrannt wurde, bedeutete Teilnahme an Hexensabbaten, was wenig mit Waldos Kirchenkritik zu tun hat – oder der »Sekten«-Vorwurf der Gegenwart, wie er z.B. allen unmetaphorischen Ernstes dem durch und durch unreligiösen Otto Mühl angeklebt wird; sie alle sind schöne Beispiele für »Unfalsifizierbarkeiten« im Sinne Poppers und gehorchen im Reiche der Logik eisern der Devise »Anything goes«. Im Falle Reichs wurde der in dieser prächtigen historischen Reihe stehende Trotzkismusvorwurf aus seiner Leugnung des »revolutionären Aufschwungs in Deutschland« (Ende 1932!) abgeleitet. Ob primärer Masochismus und revolutionärer Aufschwung am Ende der Weimarer Republik genau denselben Realitätsgehalt haben, ist eine Frage, die sich schwer unterdrücken läßt.

Die Methoden der KPD und der I.Psa.V. waren zumindest im Falle Reich beklemmend ähnlich. Die I.Psa.V. schloß Reich, ohne ihm davon Mitteilung zu machen, schon 1933 auf einer geheimen Vorstandssitzung aus, ein Ausschluß, der formal natürlich ungültig war. Zugleich verhinderte sie unter Bruch rechtsgültiger Verträge den Abdruck seiner ›Charakteranalyse‹ im I.Psa.-Verlag, obwohl deren wesentliche Teile schon jahrelang unbeanstandet in ihrem Organ erschienen waren (s.o. p. 36, Anm. 70). Reich protestierte erfolglos und veröffentlichte sein Buch, um den Aufsatz über den ›masochistischen

---

[82] p. 121. Es wird dort vor dem »Märchen« gewarnt, »daß Stalin ein blutiger Diktator ist, der die werktätige Bevölkerung mit einer Knute unter seiner Herrschaft hält«.

Charakter‹ erweitert, im Selbstverlag, was bei dem akademischen Thema des Werks natürlich eine finanzielle Belastung bedeutete. Aber viel schwerer war die Katastrophe von 1933. Reich mußte vor Hitler fliehen (der einen Preis auf seinen Kopf gesetzt hatte) und verlor dadurch mit seinem Wohnsitz formal seine Mitgliedschaft in der Berliner Ortsgruppe. Dieses Faktum wurde 1934 vom I.Psa.V.-Vorstand ausgenutzt, um Reichs Ausschluß statutengemäß durchzusetzen; man müßte schon einer Ethikkommission angehören oder sehr fest auf dem Boden der fdGO stehen, um hier nicht einfach automatisch eine ethische Bewertung dieses Verhaltens vorzunehmen.

Zuvor war Reich nach Dänemark emigriert. Die dortigen jungen Analytiker (es gab nur solche) waren von ihm begeistert und verlangten ihn als Lehranalytiker. Auch auf einem gesamtskandinavischen Analytiker-Kongreß hatte sein Referat über Therapiefragen einen nachhaltigen Eindruck hinterlassen und die Sympathien für Reich gefördert (ZPPS I, p. 157). Als Reichs kurze Aufenthaltserlaubnis ablief, wandte sich ihr Sprecher Erik Carstens in einem verzweifelten Brief an Freud, sein eigenes Ansehen bei der dänischen Regierung in die Waagschale zu werfen, um die Ausweisung zu verhindern und ihnen den gewünschten Lehranalytiker zu erhalten; außerdem solle er den Intrigen des Vorsitzenden Jones gegen Reich ein Ende setzen. Freud aber wich aus.[83] Der von allen Behörden gehetzte Reich wurde daraufhin sowohl aus Dänemark ausgewiesen wie auch auf dem Luzerner Kongreß aus der I.Psa.V. ausgeschlossen. Er emigrierte auf Umwegen nach Oslo. –

Es ist erstaunlich, daß Reich in dieser Bedrängnis noch ein weiteres Buch verfassen konnte, in dem er in möglichst verständlicher Form die psychoanalytische Erklärung des Massenerfolges der deutschen Faschisten einem breiteren Publikum vorstellte (1933b). Er betrachtete

---

[83] Dokumente in: Reich 1975, p. 150–152.

dieses bald neu aufgelegte Buch über die ›Massenpsychologie des Faschismus‹ auch als praktischen Beitrag zum antifaschistischen Widerstand.

Es ist interessant, daß Außenstehende gerade dieses Buch als typischen Ausdruck der Psychoanalyse ansahen.[84] So schreibt Horkheimer noch 1936: »Eine theoretisch wichtige Fortführung innerhalb der Psychoanalyse stammt von W. Reich. Vgl. vor allem ›Massenpsychologie des Faschismus‹, Kopenhagen 1933. Wir stimmen in vielen Punkten mit seiner psychologischen Deutung einzelner Züge des bürgerlichen Charakters überein. Reich leitet diese allerdings, hierin ein echter Schüler Freuds, im wesentlichen aus der Sexualunterdrückung ab; der Enthemmung der genitalen Sexualität schreibt er bei der Veränderung der gegenwärtigen Zustände eine fast utopische Bedeutung zu« (1936, p. 224).

Ferner gelang es Reich, eine eigene Zeitschrift herauszugeben, die es auf 15 Nummern brachte und neben seinen eigenen Beiträgen, die zunächst vorwiegend politischer Natur waren, auch solche von Fenichel (nur vor dem Luzerner Kongreß) und dem sozialistischen Arzt und Sexualreformer Leunbach enthielt. Psychoanalytische Beiträge von Belang waren jedoch nicht mehr darunter, mit Ausnahme des kleinen Aufsatzes: ›Ein Widerspruch der Freud'schen Verdrängungslehre‹[85]. Weiterhin veröffentlichte Reich hier – umgearbeitet – seinen geplanten Luzerner Kongreßbeitrag unter dem Titel: ›Der Urgegensatz des vegetativen Lebens‹[86]. Er diskutiert dort in sehr

---

[84] I.Psa.V-Mitglieder manchmal heimlich ganz ähnlich, so der soziologisch stets interessierte Simmel; siehe Fenichel 1998 p. 106.

[85] 1934c. – Dieser Aufsatz wurde in das Vorwort der 2. Auflage des ›Einbruchs der Sexualmoral‹ (Kopenhagen 1934) integriert. Diese Ausgabe enthält auch im Nachwort eine Kritik Reichs an Róheim, die Ferenczis Jung-Kritik an Róheim wiederholt; auch sie erschien zuerst in der ZPPS (I, 1934, p. 169).

[86] ZPPS I, p. 125 (= Reich 1934i). – Der Vortrag selbst erschien in erweiterter Fassung ein Jahr später unter seinem Originaltitel ›Psychischer Kontakt und vegetative Strömung‹ als Broschüre (1935a). Es ist nicht zu leugnen, daß sein Inhalt nicht weniger spekulativ ist als Ferenczis ›Genitaltheorie‹ oder Freuds ›Jenseits des Lust-

spekulativer Weise das Verhältnis von Psychologie und Physiologie.

Damit war der Beitrag Reichs zur Psychoanalyse jedoch allmählich erschöpft. Offenbar war er der Intrigen leid und von seinen Verfolgungen zermürbt worden. Zwar hatte ihm die skandinavische Gruppe der I.Psa.V. Unterstützung zugesagt, da Reich ja nur mit der formellen Begründung ausgeschlossen worden war, daß er augenblicklich keiner Ortsgruppe angehöre; die Skandinavier hatten ihm daraufhin die Aufnahme angeboten. Aber Reich kämpfte nur noch sehr inkonsequent um seine Mitgliedschaft, zumal er neue Kabalen voraussehen mußte. Denn als Antwort auf das skandinavische Angebot hatte die I.Psa.V.-Leitung unter dem Vorsitzenden Jones die skandinavische Gruppe in Ländervereinigungen aufgelöst; Reich hätte daraufhin von der aus nur vier Personen bestehenden norwegischen Gruppe kooptiert werden müssen, denen infolgedessen einzeln der Ausschluß drohte. Obwohl Reich das Angebot ablehnte, wurde der Ausschluß an allen dennoch vollzogen – mit der Ausnahme Nic Waals, die zu demütigenden, wiederholten Distanzierungen gezwungen wurde, bis man sie schließlich in Ruhe ließ[87] – und bis 1972 (!) aufrechterhalten (Moore 1976).

Analog zu Parallelvorgängen in der zeitgenössischen Kpdsu wurde auch dieses Ausschlußverfahren zum Gegenstand von Geschichtsfälschungen der Organisationshistoriker. In Jones' offizieller Freud-Biographie – oder sollte man Hagiographie sagen? – liest sich der Ablauf so: »An diesem Kongreß (sc. in Luzern) trat Reich aus der Vereinigung aus. Freud hatte ursprünglich eine hohe Meinung über ihn gehabt, durch Reichs politischen Fana-

---

prinzips‹: auch die Stillage ist ähnlich. Den Ausdruck »vegetative Strömung« und einige Grundgedanken dieser Spekulation hatte Reich schon 1927 in einem Buch von Fr. Kraus gefunden, das er zustimmend rezensierte (Reich 1927i). Schon in dieser Rezension setzte Reich Kraus' »vegetative Strömung« mit dem psychoanalytischen Begriff der somatischen Libido gleich (ibid. p. 338).

[87] vgl. hierzu Waal 1979.

tismus war es jedoch zwischen ihnen sowohl persönlich als auch wissenschaftlich zu einer Entfremdung gekommen.«[88] Kein Wort weiter. Und so sollten auch wir auf einen Kommentar verzichten. –

Inzwischen verfügen wir über wertvolle Zeugnisse Fenichels zu den traurigen Vorgängen (Fenichel 1998, bes. Rundbriefe 1–11); ihre zahlreichen Einzelheiten sollen uns hier nicht beschäftigen, denn sie haben wenig mit der Fragestellung dieses Buches zu tun. Obwohl sie Reich selbst nicht immer im günstigsten Licht erscheinen lassen – wer je in einer ähnlichen Situation sich nie hat provozieren lassen, werfe den ersten Stein, und ansonsten ist Fenichel auch öfters ungerecht, um seine Luzerner Feigheit als »Taktik« hinstellen zu können –, bestätigen sie in allen wesentlichen Punkten die von Reich gegebene und auch mit allen Dokumenten übereinstimmende Darstellung.

Es ist nicht verwunderlich, daß Reich nach diesen Vorgängen und unter diesen Voraussetzungen kaum weiterarbeiten konnte. Von nun an widmete er sich ausschließlich psychophysiologischen Experimenten, deren Diskussion nicht in dieses Buch gehört. Zwar ist richtig, daß Reichs spekulativer Versuch, Libido und protoplasmatische Strömungen zusammenzubringen, schon seinen vorbereiteten letzten Kongreßvortrag bestimmt hat – die harmlose Anregung dazu hatte er, was Laska herausgefunden hat, schon sieben Jahre vorher durch den bedeutenden Berliner Internisten Friedrich Kraus erhalten (Laska 1981 p. 88sqq.), dessen von Reich geschätztes Buch dem wissenschaftlichen Stand seiner Zeit entspricht und nicht spekulativer ist als ähnliche andere, aber durch die Erkenntnisse der modernen Neurologie, welche das – für die Funktion der **Sinnesorgane** grundlegende – Wesen der spontanen neuroelektrischen Aktivität endgültig erklären und begreifen konnte, ganz veraltet ist. Daß Reich

---

[88] Jones 1962, vol. III, 229. Die einzige sonstige Erwähnung Reichs durch Jones haben wir schon oben (p. 78) kennengelernt.

aber in der Folge hartnäckig den unfruchtbaren, zu seiner Zeit auf keine wissenschaftliche Grundlage zu stellenden Ansatz weiterverfolgte und sich schließlich in einer Sackgasse verrannte, wäre ohne die schändliche Behandlung, die er von Fachkollegen und Parteigenossen erfahren hatte, gewiß weniger wahrscheinlich gewesen. Auf jeden Fall kann man von nun an – aber erst von nun an – eine allmähliche Abkehr Reichs von der Psychoanalyse feststellen. Er führte entfernt mit dem Autogenen Training verwandte Methoden in die Therapie ein, die er mit psychoanalytischen Überlegungen und Elementen verband und als »Vegetotherapie« bezeichnete. Als er vor dem Ansturm des deutschen Faschismus auch Norwegen verlassen mußte und in die USA floh (1939), weitete er diese immer abseitigeren Forschungen auf physikalisches Gebiet aus. Es sieht danach aus, daß er etwa 1940 unter dem enormen Druck seiner Verfolgungen zusammenbrach und eine Art Paranoia entwickelte, die zur wahnhaften Ausarbeitung seines in der Isolation fortgesetzten wissenschaftlichen Werks führte.[89)] Mit der Psychoanalyse hatte es jedenfalls nichts mehr zu tun. (Daß er von den US-Behörden schließlich extrem unfair behandelt wurde, mutmaßlich wegen seiner KPD-Vergangenheit in »Tateinheit« mit der nun wieder auf Verfolgerseite paranoiaträchtigen Unklassifizierbarkeit seiner außenseiterischen »Forschungen«, was ziemlich sicher zu seinem Tod führte, steht auf einem anderen Blatt – offiziell wurde seine Zurechnungsfähigkeit jedenfalls nie bestritten, sie spielte in dem finalen Kesseltreiben gegen ihn auch keine Rolle, und sie war auch höchstens partiell eingeschränkt.)

Natürlich belastet diese Wendung der Dinge die Beschäftigung mit Reichs wirklich wertvollem Werk; hätte

---

89) Ein unfreiwilliger Zeuge dieses bisweilen bestrittenen, aber unzweifelhaften Wahns des späten Reich ist sein Sohn, nämlich durch die in ihrer Naïvität den Stempel des Authentischen tragende Biographie seines Vaters (Peter Reich 1973). Cf. auch Ollendorff-Reich 1970, p. 193sqq. und Greenfield 1995.

Hitler sein Ziel erreicht und Reich noch in Berlin ermordet, hätten es jene Kräfte, die Reichs psychoanalytische Beiträge abwerten wollen, bedeutend schwerer. Auf jeden Fall braucht es einen erheblichen Willen zur Vorurteilslosigkeit, um sich durch die riesige darüber angehäufte Sedimentschicht von Gerüchten, Intrigen und traurigen Skurrilitäten bis zum wissenschaftlichen Teil des Reich'schen Lebenswerks, des psychoanalytischen eben, durchzukämpfen; aber es lohnt sich, denn dabei wird nichts weniger als der seither verflüchtigte Gehalt der Psychoanalyse selber freigelegt, deren Schicksal sich damals entschied. Nehmen wir diese Arbeit in vermintem Gelände also kühlen Kopfes und mit Ruhe und Sorgfalt auf!

3. Kapitel: Aktual- und Psychoneurose – Reichs Orgasmustheorie

Nur die Triebziele und deren Abkömmlinge machen den Inhalt des Psychischen aus.
Ferenczi BP IV 202

In allen seinen wissenschaftlichen Schriften ist Freud nie müde geworden zu betonen, daß alles psychische Geschehen auf dem Lustprinzip basiert; auch das Realitätsprinzip ist ja nur ein durch Datenverarbeitung und Zeitkalkül modifiziertes, allein in seiner Effizienz verbessertes Lustprinzip.[1] Mit dem Beharren auf dem Lustprinzip erweist sich Freud dagegen auch in Einklang mit dem augenscheinlich seriösesten Teil (und harten Kern) der Universitätspsychologie, der »Lerntheorie«; denn was anderes besagt deren Grundthese, daß ausschließlich aufgrund primär realer »Belohnungen« und »Bestrafungen« »gelernt« und daher gehandelt werde, wobei Belohnungen gesucht, Bestrafungen gemieden werden? – Nun ist die Lerntheorie freilich nicht in der Lage, von einem Reiz a priori anzugeben, ob er als Belohnung oder als Strafe wirken werde; sie erschließt dies vielmehr umgekehrt aus seiner Wirkung. Diese wird von den biologischen Eigenschaften des Organismus determiniert, die aus Gründen des Selektionsvorteils auf die Wahrnehmung eines Reizes in bestimmter »Wertung« programmiert sind; Fische, die einer Meeres-Salzkonzentration angepaßt sind, haben einen Selektionsvorteil davon, das Süßwasser zu meiden; sie tun dies aber nur deshalb, weil sie den Abfall der Salzkonzentration in einer Weise **empfinden**, die sie dazu bewegt, ihr

---

[1] Siehe hierzu GW VIII 230–238. – Auf den unfruchtbaren und schädlichen Versuch, »jenseits des Lustprinzips« ein schattenhaftes »Wiederholungsprinzip« einzurichten, welcher für das Schicksal Reichs einerseits, der organisierten Psychoanalyse andererseits entscheidend und fatal wurde, gehen wir später noch ausführlich ein; hier hat er noch keinen Platz, auch nicht wissenschaftsgeschichtlich.

auszuweichen. Diese Empfindung ist **unlustvoll**; Abfall der Salzkonzentration wirkt für sie daher im Sinne der Lerntheorie als »Bestrafung«, ihre Erhöhung auf Meerwasserniveau als »Belohnung« und bestimmt dadurch ihr Verhalten. Für Süßwasserfische ist es gerade umgekehrt, wie sinnreiche Versuche beweisen können. Das Verhalten aller Lebewesen, soweit sie überhaupt mobil sind, erweist sich also als Funktion des **Lustprinzips**: Lust (= »Belohnung«) suchen, Unlust (= »Bestrafung«) meiden. Ein durch Selektion entwickeltes, genetisch tradiertes und engrammatisch codiertes Programm sorgt dafür, daß Lust-Unlust-Bewertung und physische Eigenschaften des Organismus zusammenpassen. (Dazu kommen die Lust-Unlust-Bewertungen, die mit der Sexualität zusammenhängen, d.h. ein Paarungsverhalten hervorrufen bzw. stabilisieren, das die maximale Wahrscheinlichkeit der zeitlich unbegrenzten Weitergabe der eigenen Gene gewährleistet bzw. provoziert.) Dabei ist es gleichgültig, ob die programmgemäß bewerteten Reize endogener (z.B. endokriner) oder exogener Natur sind. Ihre Bewertung als Lust oder Unlust läßt sich jedesmal aus dem Selektionsprozeß ableiten. Andere »Motive« oder, im Falle bewußter Vornahme derselben, Wertungen, können Lebewesen nicht entwickeln, egal ob sie das wissen oder nicht, oder mit welchen hochtrabenden Namen sie sie im Falle der Sprachfähigkeit belegen mögen.[2)]

Diese Überlegung zeigt deutlich, daß das psychische Geschehen nur aus den genetisch programmierten Eigenschaften des Einzelwesens und ihrem Zusammenstoß mit der Umwelt ableitbar ist. Es kann nur im Rahmen dieses Tatbestands Eigengesetzlichkeit entwickeln – eine Erkenntnis, von der Freud vermutet, daß sie eine »narzißtische

---

2) Alle diese meine Ausführungen sollen nur allgemein bekannte Selbstverständlichkeiten ins Gedächtnis rufen, um das geistige Immunsystem gegen mancherlei wohlbekannte Ideologie zu stimulieren; sie sagen nichts anderes als jeder seriöse Biologe oder Hirnforscher unserer Zeit auch, cf. etwa Damasio 1997, bes. p. 254sqq.

Kränkung« der menschlichen Selbstherrlichkeit impliziert und daher mit Abwehr rechnen muß[3].

Freilich bleibt die Frage, wie weit er damit wirklich recht hat – oder wie weit er auf eine Rationalisierung hereingefallen ist, also auf ein Auftragsprodukt des von wissenschaftlicher Aufklärung (Kopernikus/Darwin/ihm selbst; Marx und Engels fehlen allerdings in seiner Reihe) bedrohten Überichs durch das in dessen Krallen befindliche Ich. Was ein KZ-Häftling im Beisein seiner Wärter einer ausnahmsweise vorbeikommenden IRK-Kommission über seine hervorragenden Haftbedingungen erzählt, braucht man diesem ebensowenig zu glauben wie einem Individuum, dessen Verstandeskräfte, also dessen Ich, von seinem gotthaltigen Überich an der Kette geführt werden, wenn es darüber lamentiert, wie einsam es auf einmal im Weltall sei, welch ungöttlich-unedle Ahnen es plötzlich aufweise und welche niederen Beweggründe man ihm von nun an als einzige zutraue. Denn jener unter dem Himmelszelt befindliche Weltmittelpunkt, den Kopernikus als Illusion erwies, fungiert bei den ausnahmslos religiös motivierten Anstoßnehmern an dem großen polnischen Wiederentdecker Aristarchs von Samos doch nur als Präsentierteller eines sehr gefährlichen und anspruchsvollen cälikolen Beobachters und Verfolgers, die angebliche Schöpfung des Menschen durch denselben als Quelle lästigster Dauerdankerei und anmaßendster Folgsamkeitsansprüche, die sogenannt »höheren« Motive bei näherer Betrachtung als nichts anderes als Gehorsamsleistungen, Heteronomien, Dienste an fremdem Willen, gewöhnlich an hypostasierten Kollektiven, bloßen Waitorekes sozusagen, um mir ein Privatwort zu gestatten. (Das muß nun nicht unbedingt der »Wille Gottes« sein, von dessen Erfüllung das »höhere Motiv«, d.h. das vom Überich gebilligte und verstärkte oder noch genauer: von einem heteronomen, also vom Überich ausgehenden Ich-Ideal getragene

---

3) cf. GW XII 7sqq. und XIV 107sqq.

Motiv, seine Rangerhöhung über die »niederen«, d.h. autonomen, erhält; es läßt sich mit dem Kulturfortschritt in der Art W. Schlamms auch säkularisieren, genauso, wie es vor der Spätantike auch noch keine gar so enge Verbindung mit einem oder mehreren Himmelsbewohnern eingegangen war. »Vaterlandsliebe« klingt heute recht »verstaubt«, so wenig es das vor hundert Jahren tat, weil der seit 1990 alleinherrschende Monoimperialismus dieses »höhere Motiv« aus naheliegenden Gründen nicht schätzen kann, so wenig wie Cäsar ein »gallisches Nationalbewußtsein«, und Liebe verlangt Uncle Sam von seinen globalen Vasallen noch nicht, er begnügt sich außer mit deren Geld völlig mit dem eifrigen Lobpreis seiner schwindelerregenden moralischen Überlegenheit über all die Schurken, die ihm nicht gehorchen wollen, seiner Freiheitlichkeit und unermüdlichen Menschenrechterei. Aber wie wäre es denn für den **ganz** modernen Menschen als »höheres Motiv«, das sich nicht restlos von den Trieben ableiten läßt, den Menschen auf dem Boden der fdGO, dessen Lebensinhalt von der Arbeit, dem Befehls- und Gefühlsempfang per Glotze, der Erzeugung von Kindern, die neuen Müll machen und machen werden, und der Mülltrennung restlos eingenommen wird, mit »Umweltbewußtsein«? Der auffälligste und zugleich wichtigste Zug des Überichs ist neben der Konstanz seiner Struktur und Funktion vor allem die **Beliebigkeit seiner Inhalte** – was aufgrund seiner Genese auch nicht anders sein kann. So kann da ein neuer Überich-Satz lauten: »Wir haben die Erde von unseren Kindern nur geborgt« – aber dagegen steht nun einmal die Ichleistung, daß ich als vernünftiger Mensch Kinder so wenig vermisse wie ein guter katholischer Pfarrer, wäre statt dessen lieber, z.B. per Genmanipulation, selber unsterblich, dazu ohne mir die Mängel des Tithonus einzuhandeln[4].) Und

---

[4] Vgl. hierzu PS II 114sq. So sind die Wünsche der Menschen, dadurch stellvertretend für alle nicht reflexionsfähigen Lebewesen, deren einfacheres Empfinden den-

so stoßen Überich und Ich naturgemäß und tausendfach zusammen, wie es gerade die biologische ebenso wie die psychoanalytische Zurückführung aller Wünsche auf ihren Ursprung zeigt.

Man sieht also, herrschaftserleichternd sind die Erkenntnisse der Psychoanalyse nicht gerade, so wenig wie die ihr kongruenten jeder ideologisch nicht verzerrten Biologie, und am wenigsten deren unverblümte und massenhafte Verbreitung, vor allem derjenigen über Entstehung und Funktion des Überichs, was die Psychoanalyse noch einmal besonders ideologieschädigend und daher anstößig, also auch verfolgungsgefährdet macht – wir werden im nächsten Kapitel sehen, wie sie damit begann, sich genau um diesen Punkt herumzumogeln, und wie Reich sie dabei gestört hat. Aber kränkt es die Eigenliebe denn wirklich nicht, wenn wir erfahren, daß alle und ausnahmslos alle unsere Wünsche durch unser Genom produziert bzw. in Auftrag gegeben werden? Wo bleiben wir denn selbst, oder, um ein ältliches Wort mit immer noch großem Klang hereinplatzen zu lassen, was macht eigentlich der »freie Wille«?

Nun, wenn es uns nicht gefällt, unseren »Trieben gehorchen zu müssen«, so ist einerseits zu bedenken, daß die »Freiheit« eines Ichs ohne diese zugleich dessen Existenz aufhöbe; es empfände keinen Schmerz und keine Furcht mehr, das ist wahr, aber auch keine Freude oder Lust, mit anderen Worten: es wäre tot, es würde einfach nicht existieren. Denn nur seine von den »Trieben«, letztlich also dem arteigenen Genom eingegebene Verwertung (und deren folgende Verrechnung mit den realen Möglichkeiten, wie die Außenwelt sie bietet oder nicht) macht

---

noch diesem haargenau entspricht, nun einmal beschaffen, und die Psychoanalyse konnte sie unter den vielen Drohungen und gewaltbedingten Deformationen herausfinden, wie sogar diese bescheidene Traumanalyse Abrahams ungrün und unchristlich und regelrecht antiislamisch (Etymologie beachten!) belegt; aber was spricht eigentlich, wenn wir nicht gerade von fremder Arbeit leben, die ja billig bleiben muß, oder massenhaften Gehorsam verlieren könnten, gegen die Wunsch**erfüllung**?

seine ganze Funktion und damit seine Existenz aus. Andererseits ist die Unannehmlichkeit der Erkenntnis, daß wir keine anderen als letztlich genetische Grundlagen für unsere sämtlichen Wünsche und daher auch unsere sämtlichen, nur dadurch im Laufe der Erdgeschichte entstandenen psychischen Prozesse haben, nur deswegen unangenehm, weil wir dadurch in Gefahr geraten, sie nicht befriedigen zu können und dadurch leiden und sterben. Gewiß ist das ärgerlich; aber, wie gezeigt, ist nur der Tod, als gesuchtes Ergebnis dieser Überlegung eine Art »Selbstmord aus Furcht vor dem Tode«, wie Lukrez das nennt, die Alternative dazu, denn das tiefste Wesen des Lebens ist und bleibt nun einmal die defizitäre autoreproduktive Homöostase, und damit können wir lebendig nicht der Gefahr entrinnen, daß das Defizit einmal nicht gedeckt werden könnte, eine Lage, in der wir (als Selektionsfolge, um nicht als Genombehälter vermeidbarerweise auszufallen [= zu sterben]) durch Leid, Schmerz u.ä. nachdrücklich gedrängt werden, dieses Defizit auszugleichen. Können wir es zu lange nicht, sei es, weil die Umwelt die benötigten Materialien nicht hergibt, sei es, weil unsere Maschine kaputt ist und auch durch Stillhalten nicht mehr heilt, dann ist es um uns geschehen, und kein Gott, Kaiser, Tribun, Arzt oder gar Philosoph kann uns helfen. Dieser Bedingung können wir nicht entgehen, aber die Kränkung liegt dabei gar nicht in unseren (»tierischen« etc., blubbert die Ideologie) Wünschen, sondern in den Mängeln der Materialien unserer Außenwelt oder unserer Maschine selbst. Unser einziger, asymptotischer Ausweg kann daher nur alloplastisch sein, in einer gemäß dieser Zielvorgaben verbesserten Außenwelt oder Maschine liegen, in einer immer kühner verbesserten Medizin und einer immer stärker in diesem Sinne veränderten Gesellschaftsordnung – aber **das** gibt nun wirklich Ärger, wenn die weniger gute vorhandene Nutznießer aufweist, welche gleichzeitig die Macht haben. Auch hier also lauert, man drehe es wie man wolle, für jede konsequente und daher echte Wissenschaft eine Tretmine und daher

Fälschungs- und Zerquasselungsversuchung, für die Psychoanalyse ganz besonders. Schon diese recht abstrakten und fundamentalen Überlegungen lehren uns also mehr über die Kräfte, welche das Schicksal Reichs und der Psychoanalyse bestimmten, als das Verständnis aller Einzelheiten, in denen es sich manifestierte und unterhalb dessen Debatten- und Kontroversengestalt annahm.

Läßt sich von der biologischen Determination aller, wirklich aller noch so verzwickt abgeleiteter Wünsche also überhaupt keine narzißtische Kränkung ableiten? Eine vielleicht, wenn man unbedingt will. Egoismus, d.h. die zielgerichtete Verfolgung eigener Wünsche, und damit ein »Ich« haben wir ja nur so weit, als uns unser Genom den seinigen, metaphorischen, leiht, d.h. gewisse Makromoleküle (etwas anderes sind Gene nicht, und deshalb können sie auch keine Wünsche bzw. einen Egoismus haben, wie ihn ihnen Dawkins scherzhaft-metaphorisch zuschreibt, was seine Leser dauernd verdrehen) chemisch-physikalische Folgen bewirken – etliche davon sind die Gesamtheit unserer »Seele« oder unseres »Willens« –, welche in der von ihnen besiedelten Hülle Reaktionen auslösen, die die Wahrscheinlichkeit ihrer Reproduktion maximiert. Dazu gehört normalerweise und naheliegenderweise alles, was dazu führt, daß diese Hülle – unser sogenannter Körper, welcher das Hirn und damit die »Seele« einschließt – nicht kaputtgeht, und zu dieser Überlegung ist oben alles wichtige schon ausgeführt. Aber der metaphorische Egoismus unserer Gene kann zum unmetaphorischen unseres Körpers (welcher nichtsdestotrotz nur aus jenem stammt) auch in Gegensatz treten, nämlich dann, wenn er in diesem Körper Reaktionen hervorruft, die zwar jener Gene Reproduktion durchschnittlich maximiert, ihre Hülle, den Körper, den Ichträger also, dagegen gefährdet oder beeinträchtigt (als schlagendstes Beispiel gelte der Paarungswille gewisser Zwerg-Spinnenmännchen; aber auch unser eigener Alterungsprozeß gehört indirekt dazu, wenn auch nur als chemischer Ablauf ohne Förderung durch zielspezifische Aktivitäten; sein Ausfall würde nämlich die

Evolutionsgeschwindigkeit der eigenen Art bzw. der Träger des eigenen Genoms herabsetzen und dadurch ihre Verdrängung durch schneller evolvierende Genomträger mit vergleichbarer Ressourcennutzung herausfordern). Dieser Zusammenhang kann uns, sobald wir ihn begriffen haben, nicht gefallen – insofern mag sich aus seiner Wahrnehmung eine »narzißtische Kränkung« ableiten lassen. Aber ein **Widerstand** im Sinne der Psychoanalyse (also gegen die Wahrnehmung selbst!) kann sich daraus nicht entwickeln, **außer** wenn die narzißtische Kränkung vom Überich genutzt wird. Das freilich wird sie gerne wie jeder objektive Mangel: »Bedenke, Mensch, zu jeder Frist, daß du ein Wurm und sterblich bist.« Auch »die allgemeinste Erniedrigung des Liebeslebens« hat hier ihre Wurzel, nicht etwa in der Überlegung, daß man sich durch dieses gefährden und schädigen kann, auch unabhängig von gesellschaftlich organisierten Störungen (denn das Objekt, von dem man ein Stück weit »abhängig« wird, kann ja z.B. unerreichbar sein oder für das Subjekt schädliche Eigenschaften besitzen, außer der komplexeren der Bosheit z.B. ansteckende Krankheiten).

So rational diese Überlegung ist, so rational ist freilich auch die andere: mit einer größeren Annehmlichkeit als dem Gewinn **aller** durch es ermöglichten Freuden (den biochemisch-hirnphysiologisch spezifisch ausgelösten »Belohnungen« der Lernpsychologie) hat uns unser Genom nun einmal nicht ausgestattet, und woandersher können wir einfach gar nichts bekommen, wir können nur aus dem auf diese Weise vorhandenen etwas für uns machen, nämlich nach der ich-syntonen Devise: »Für den egoistischen Körper – gegen das egoistische Genom!«[5] Und da heißt es auch für jene Verhaltens- und daraus folgend Erlebensformen, die den Körper als ihren Träger gefährden können, aber im Gelingensfall auch unersetzlichen Lustgewinn ermöglichen, daß es darauf ankommt,

---

[5] Siehe dazu Hoevels 1994.

seine Gefährdung so weit wie möglich herabzusetzen und seine praktischen Möglichkeiten zu optimieren. Es läuft schon wieder auf Medizin und Gesellschaftsveränderung hinaus, ganz wie oben, und mindestens letztere wird kaum in Owen'scher Weise vor sich gehen können, nämlich durch Überredungskunst und die anschließenden Anstrengungen einer harmonisch dadurch geeinten Menschheit…im Gegenteil, die Polizei und die gesellschaftlich geschützten und geförderten Schreier und Schläger grüßen schon jetzt, irgend jemand muß sie aufgebaut haben…

Daß Freud durch Festschreibung des Lustprinzips (von dem das »Realitätsprinzip« ja nur eine Erweiterung bildet) auf der biologischen Basis allen psychischen Geschehens bestand, hat ihm vermutlich nicht weniger Gegner eingetragen als seine Einführung des Unbewußten als topischer Kategorie. Denn dessen Inhalt ist ja das Verdrängte – eine dynamische Kategorie für dieselbe Sache[6) –, und verdrängt werden können ausschließlich

---

6) Der Streit, ob es primär Unbewußtes gebe – eine Idee, ohne die Jungs Mystizismus nicht hätte entstehen können – hat sowohl akademischen wie ideologischen Charakter. Unbewußt ist ein Vorstellungsinhalt nur dann, wenn er seinem Träger nicht bekannt und auch nicht zugänglich ist, aber Abkömmlinge bildet (neurotische Symptome, Fehlhandlungen, irrationale Ängste und Haßregungen, befremdliche libidinöse Objektwahlen usw.). Ist er weder bekannt noch mit Abkömmlingen versehen, dann ist seine Existenz unerweislich, d.h. dann existiert er nicht. Körperliche Vorgänge, z.B. die Tätigkeit des Kleinhirns, die niemals wahrgenommen werden und daher auch keine psychischen Abkömmlinge bilden, existieren daher **psychisch** nicht (sind keine Vorstellungsinhalte). Sie sind nicht unbewußt, sondern unbekannt (wie etwa ein noch nicht entdeckter Stern). Es ist daher äußerst fraglich, ob ein Vorstellungsinhalt seinem Träger kategorisch unzugänglich **und** mit Abkömmlingen versehen, **aber nicht** verdrängt sein sollte. Woher käme dann seine Unzugänglichkeit? Aus diesem Grunde muß das Unbewußte mit dem Verdrängten zusammenfallen. Soweit die akademische Seite. Die ideologische, die Jungs Mystik ermöglicht hat, hat den Sinn, die **Entstehung** des Unbewußten auszublenden. Es wird nicht mehr als Verdrängungsresultat angesehen. Dadurch wird es **entbiologisiert**. Vor allem aber erscheint es nicht mehr als Resultat einer (unter spezifischen Umständen, nämlich der Ich-Schwäche, eingetretenen) **Trieb**versagung und wird dadurch unerklärlich – denn die Erklärung könnte manches Erziehungswerk, manche gesellschaftlich gestützte bis erzwungene Gewohnheit als Quelle überflüssigster Leiden bloßlegen und von ihrem Sockel an den Pranger geraten lassen, könnte Empörung

Triebabkömmlinge und damit assoziierte Vorstellungsinhalte (durch Kontinuität und Generalisierung, würde der Lerntheoretiker hinzufügen, ohne Freud zu widersprechen). Der **Trieb** jedoch ist eine biologische, eine physische Größe; er ist zum Somatischen offen, ein »Grenzbegriff zwischen Seelischem und Somatischem«, wie Freud sagt[7]. Er ist auch zum Psychischen offen – bzw. konstituiert es überhaupt –, indem sein Wirken wahrgenommen wird; diese Wahrnehmung ist dann der Wunsch (wobei dieser durch Verdichtung, Verschiebung usw. bis zur Unkenntlichkeit modifiziert sein kann, ohne dadurch jedoch seinen **körperlichen** Ursprung verändern zu können). Indem die Psychoanalyse zeigen konnte, daß jede ernsthafte Psychologie nur Triebableitungen betrachten kann (primär »**Triebpsychologie** ist«), betonte sie ausdrücklich ihr **biologisches** Fundament. Darum wird Freud bis zuletzt nicht müde zu betonen, daß das »Ich« gegenüber dem »Es« sekundären Charakter besitzt.[8] Die Lernpsychologie gibt diesen Tatbestand grundsätzlich auch zu, verpackt ihn aber etwas verschämt in ihre »Organismusvariable«, deren Erforschung sie jedoch durch ihr Introspektionstabu faktisch blockiert und dieses Tabu durch ihr daraus abgeleitetes »Black-box«-Dogma ontologisiert. (Die Fortschritte der Hirnphysiologie, vielleicht auch der Verhaltensforschung, und vor allem das Verblassen der mit ihm abgewehrten Psychoanalyse haben das Dogma allerdings etwas aufweichen lassen.) Die Psychoanalyse

---

über vermeidbares Unrecht wecken. Auf diese Weise wird mit einem Stück Wissenschaftlichkeit vielleicht ein Stück narzißtischer Kränkung, auf jeden Fall aber gesellschaftlicher Anstößigkeit aus der Psychoanalyse eliminiert. Es sei nur am Rande vermerkt, daß eine solche Annahme eines – weder nachweisbaren noch erklärlichen – »nicht-verdrängten Unbewußten« jede Synthese der Psychoanalyse mit der Lerntheorie unmöglich macht (obwohl eine solche mit einer speziell über den Umweg der Lerntheorie entsprossenen »kognitiven Dissonanztheorie« sehr wohl möglich wäre) – oder, mit anderen Worten, sie aus der Wissenschaft ausschließt, also schön harmlos macht, zum Hobby für gebildete Spinner.

7) GW X 214. Cf. auch Reich 1927a, p. 61.

8) e.g. GW XIII 79 Anm.; GW XVI 203; GW XVII 85 und 129.

machte sich jedoch zur Aufgabe, »Trieben und Triebschicksalen« nachzugehen. Sie wird dadurch stets zu einer eindringlichen Demonstration der Tatsache, daß das Psychische auf dem Somatischen »aufsitzt«.

Führen wir uns diese Grundlagen vor Augen, so verwundert es uns nicht, daß die Psychoanalyse von Anfang an ein ernstes, zentrales Interesse an der Umsetzung körperlicher in psychische Vorgänge, d.h. eben am Schicksal unterdrückter Triebe nahm. Denn nur **unterdrückte** Triebe können ein »Schicksal« haben, d.h. sich verwandeln; der nicht unterdrückte Trieb wird ausgelebt (d.h. in Freuds Sprache: seine Energie wird auf dem spezifischen Wege abgeführt und interessiert von nun an nicht weiter, jedenfalls nicht den Psychologen). Aus diesem Grunde mußte der Sexualtrieb ins Zentrum der psychoanalytischen Aufmerksamkeit rücken, da er sich – im Gegensatz zum sogenannten Selbsterhaltungstrieb – erheblich leichter und vor allem länger verdrängen läßt, da diese Verdrängung nicht den Tod seines Trägers zur Folge hat. Es ist also eine biologische Eigenschaft dieses Triebes, nämlich die prinzipielle vitale Entbehrlichkeit seiner Funktion für ihren Träger, welche ihn so plastisch macht. Es stellte sich nun die Frage, ob seine Verdrängung bzw. Frustration nicht eben doch für seinen Träger schädlich ist, nur weniger grob als etwa konsequenter Nahrungs- oder Schlafentzug. Tatsächlich ließ sich eine solche Schädigung auch unter dem Zugriff der psychoanalytischen Forschung nachweisen, nämlich mancherlei Funktionseinschränkungen und Dysfunktionen des Ichs, welche für die sogenannten Neurosen anscheinend die wichtigsten Voraussetzungen abgaben. Für eine öffentliche Meinung, die die sexuelle Abstinenz aus ideologischen Gründen idealisierte und ihr am liebsten noch einen Nutzen andichtete, konnte diese frühe Erkenntnis Freuds keine Empfehlung seiner Wissenschaft sein, mochte er noch so sehr versuchen, ihr und seinen Fachkollegen die bittere Pille durch Spekulationen über einen der herrschenden Hereditätslehre entstammenden, aber an dieser Stelle wesenlosen

»konstitutionellen Faktor« (etwa: daß der eine zum Tamino, der andere nur zum Papageno geboren sei) zu versüßen. Niemand ließ sich täuschen, der Skandal war da.

Nun, heutzutage wird die sexuelle Abstinenz nicht mehr angepriesen – die moderne Gesellschaft ist sozusagen von der Stufe, die von der christlichen (oder buddhistischen) Erlösungsreligion geprägt war, zur Stufe der jüdischen (oder hinduistischen) primären Stammesreligion zurückgekehrt. Ist die Anstößigkeit der Psychoanalyse also wieder mal »veraltet«, wie es ihre Gegner auch sonst alle Nase lang heraustrompeten, und in diesem Fall auch noch mit viel geheuchelter Erleichterung?

Wer sich auskennt, weiß, daß viele gebildete Juden und Hindus ihrer jeweiligen Religion gegenüber dem Christentum viel zugute halten, weil diese die Sexualabstinenz nicht als solche glorifiziert. Sie haben dies mit vielen anderen Menschen gemeinsam, die persönlich unter dem Christentum Schreckliches gelitten haben, insbesondere unter dessen in der Tat gefährlicher antisexueller Propaganda, und darin das eigentliche »Kreuz mit der Kirche« sehen, deren z.B. vom hl. Zeno recht offen erklärten »Krieg gegen die Natur«, weswegen sie in der ehrwürdigen Tradition der Aufklärung jede auch nur schrittweise Anerkennung derselben als Verbesserung einstufen. – Allein, diese angeblich gutartigeren, vor allen angeblich »sexualbejahenden« Religionen werden durch ihre behauptete Erträglichkeit doch keineswegs an der Oktroyierung einer sexuellen Entfremdung gehindert, von deren Befreiung die eigentliche Erlösung der Erlösungsreligionen mindestens einen wichtigen Teil ihrer Attraktivität bezieht, und das ganz zu recht; es befreite ja erst die Haskala die unglücklichen Ostjuden von ihren aufgezwungenen Frühehen (deren Geist ihre Nachfahren immerhin zu einigen der besten und klügsten Witze des Menschengeschlechts inspirierte, wahrscheinlich sogar die Psychoanalyse selbst nicht unwesentlich evoziert hat – Freuds größter persönlicher Abscheu, von dem wir Kunde haben, galt lebenslang der jüdischen Trauzeremonie, und nachdem er sie erlitten hatte, setzte er keinen Fuß mehr in irgendeine Synagoge). Und was so alles in dieser Art in hinduistisch geprägten indischen Dörfern bis auf den heutigen Tag geschieht, darüber schweigt besser des Sängers Höflichkeit...die entfremdete Sexualität, die Sexualität als Pflicht oder Köder, Gewohnheit oder Gehorsam oder sonstiges Quidproquo ist bestimmt nicht besser als die fanatischste Abstinenz, die heute mit solchem Fleiß lächerlich gemacht wird. Aber die Freilegung der sexuellen **Wünsche** – und all der anderen, oft damit verknüpften, noch weitaus unheimlicheren – hat an Anstößigkeit durchaus nichts verloren, und gerade sie bildet unveränderbar das Herzstück der Psychoanalyse.

Denn soweit Freud – mit der psychoanalytischen Technik, d.h. der Auswertung sogenannter »freier Assoziationen« – empirisch vorging, zeigte sich jedesmal, daß hinter der Neurose eine charakteristische Kombination sexueller und daraus abgeleiteter aggressiver Wünsche stand – der »Ödipuskomplex« –, die **unterdrückt** worden waren und dadurch, obwohl fortbestehend, dem Bewußtsein entzogen waren und blieben. Daß diese Wünsche und ihre sog. Verdrängung in der Kindheit zu lokalisieren waren, soll im vorliegenden Zusammenhang weniger interessieren als der Tatbestand ihrer Unterdrückung. Es war nämlich auf dieser Grundlage verlockend, nach Schädigungen der psychischen Gesundheit zu suchen, die durch **aktuelle** Sexualunterdrückung entstanden waren. Als massivste, greifbarste Sexualunterdrückung mußte dabei die **direkte**, willkürliche Unterdrückung des sexuellen Ablaufs imponieren, d.h. der coitus interruptus.

Freud beobachtete nun, daß Individuen, die sich dieser Sexualpraktik bedienen, besonders leicht an einer »Angstneurose« erkranken, d.h. von einer inhaltslosen, aber quälenden »freiflottierenden« Angst befallen werden – das Wort »flottierend« deutet die Beziehungen zu Herz- und Kreislaufsensationen und -phänomenen an, die Reich später besonderer Aufmerksamkeit würdigte –, die auch bei gewissen Formen der Hysterie auftritt. Es ist dabei deutlich, daß diese Angst sich nur sekundär mit einem Inhalt verbindet, der noch dazu sehr allgemein ausfällt, z.B. »sterben zu müssen«. Freud nahm später an, daß im ungestörten Orgasmus gewisse »Sexualstoffe« abgeführt würden, die im Falle der Abstinenz und des c. i. im Körper verblieben und sich dort durch eine Art »Vergärung« in Angst umsetzten.[9]

Es fällt nun auf, daß von dieser eher an den späten Reich als den frühen Freud erinnernden Spekulation über vergärende Sexualstoffe in Freuds frühester Fassung der »Theorie der Angstneurose«[10] noch nichts zu finden ist. Freud spricht vielmehr davon, daß »im (...) Organismus – wahrscheinlich kontinuierlich – die somatische Sexualerregung produziert [wird], die periodisch zu einem Reiz für das psychische Leben wird«[11]. Nach einer gemäß dem damaligen Stande der Psychophysiologie etwas hilflosen, aber für die Gesamtargumentation unwichtigen Überlegung, wie diese »als Druck auf die mit Nervenendigungen versehene Wandung der Samenbläschen« einsetzende Erregung kortikal wird, kommt Freud zu dem bedeutsamen Schluß: »Dann aber wird die in der Psyche vorhandene sexuelle Vorstellungsgruppe mit Energie ausgestattet, und es entsteht der psychische Zustand libidinöser Spannung, welcher den Drang nach Aufhebung dieser Spannung mit sich bringt. Eine solche psychische Entlastung ist nur auf dem Wege möglich, den ich als **spezifische** oder **adäquate** Reaktion bezeichnen will. (...) Etwas anderes als die adäquate Aktion würde nichts fruchten, denn die somatische Sexualerregung setzt sich, nachdem sie einmal den Schwellenwert erreicht hat, kontinuierlich in psychische Erregung um; es muß durchaus dasjenige geschehen, was die Nervenendigungen von dem

---

[9] Siehe zu dieser Darstellung Fenichel 1931a, III a u. b = p. 57–75. Der Begriff »Vergärung« stammt von Freud (GW XIV 153).

[10] GW I 315sqq.

[11] GW I 334.

auf ihnen lastenden Druck befreit (…)« (GW I 334sq.). Ein »komplizierter spinaler Reflexakt« und »alle psychisch zu leistenden Vorbereitungen für die Auslösung dieses Reflexes« seien Inhalt dieser »spezifischen Aktion« (ibid.). Wir sehen also, wie Freuds ausführlichste Überlegungen über die Angstneurose nicht nur schon Reichs Orgasmustheorie *in nuce* vorwegnehmen, sondern auch recht gut mit unseren heutigen physiologischen Vorstellungen harmonieren. Denn es ist sicher, daß es sich beim Orgasmusreflex (wie beim Nies- und Lachreflex) um einen hochkomplizierten, genetisch programmierten polysynaptischen Reflex handelt, der aufgrund seines komplizierten Erregungsmusters eine gewisse Zeitlang »aufgeschaukelt« werden muß, um die notwendige Summation zu ermöglichen, und dadurch besonders störanfällig ist.

Freud nimmt nun an, daß die einmal hochgeschaukelte Erregung, wenn in ihrer adäquaten Abfuhr behindert, einen anderen Ausweg suche und »subkortikal« (ibid. p. 336) umgelenkt werde, wobei sie schließlich zur Angst wird. Wir dürfen uns dies, wie ich hinzufügen möchte, vielleicht so vorstellen, daß die Irritation vielleicht auf einem unbekannten Wege auf das autonome Nervensystem überspringt und dabei Phänomene hervorruft, die den »Begleiterscheinungen« der Angst entsprechen, etwa Kapillarenkontraktion, Blutdruckanstieg, Herzrhythmusbeschleunigung usw.; die Angst würde sich in diesem Falle sekundär als Korrelat dieses physiologischen Zustandes einstellen – dadurch wäre ihre anfängliche Inhaltslosigkeit gut erklärt – statt wie gewohnt umgekehrt, d.h. die physiologische Veränderung als Folge irgendeiner (als gefährlich betrachteten) Wahrnehmung, also eines psychischen Aktes.[12)] Diese Konstruktion, die recht gut mit der modernen

---

12) Die Vorstellung – freiflottierende Angst als »psychische Interpretation« eines physiologisch zuvor produzierten somatischen Zustandes – fügt sich ausgezeichnet in das Bild der in ihrer Allgemeinheit vielleicht allzu einseitigen, aber in zahlreichen Einzelfällen gut belegten, weithin anerkannten Gefühlstheorie Schachters (siehe Schachter 1964 und Schachter/Singer 1962).

Theorie der Psychosomatosen (z.B. als Folge inadäquater bzw. protrahierter Cannon'scher Notfallreaktionen) harmoniert, ist sicher unbewiesen, aber zweifellos plausibel; noch kann man ihr zwar ein mangelndes empirisch-experimentelles Fundament vorwerfen und diesen und jenen Einwand gegen sie erheben, aber man kann sie nicht als abwegig abtun. Ich erwähne dies, weil eine Versuchung dazu angesichts der veralteten Terminologie Freuds vielleicht besteht und eine ernsthafte Diskussion seiner Theorie der Angstneurose – außer eben in Reichs Werk – bis heute unterblieben ist; es wäre aber in jedem Falle kindisch, etwa angesichts hilfloser oder falscher Lokalisierung der hypothetischen Libidorezeptoren »an der Wand der Samenbläschen« die ganze Theorie vorschnell zu verwerfen.

Denn für ihre Bedeutung ist ja keineswegs entscheidend, ob die physiologischen Konstruktionen in ihren Einzelheiten belegbar und zutreffend sind. Sie dienen ja nur dazu, einen Weg aufzuzeigen, wie die Korrespondenz zwischen Psychischem und Physischem verlaufen könnte und wie die unsichtbaren Prozesse der Psychoökonomie eventuell greifbar werden. Akzeptiert man das, statt sich in kleinlicher Kritik der Einzelvorstellungen Freuds zu verausgaben, dann kann seine Theorie der Aktualangst auch heute noch Anspruch auf unser Interesse erheben. Es ist nicht einzusehen, warum die Psychoanalyse es den Vertretern der Lerntheorie wie bisher allein überlassen sollte, das seit Freud mächtig angewachsene physiologische Wissen mit der Psychologie zur Synthese zu bringen und ihrerseits der physiologischen Forschung Aufgaben zu stellen – ein Auftrag, den ihr kein geringerer als ihr Gründer selbst erteilt hat und dessen Verfolgung heute viel aussichtsreicher scheint als in jenen zurückliegenden Zeiten.

Doch nicht in der hypothetischen Rekonstruktion dieses Weges verdrängter Libido zur Angst erschöpft sich Freuds Beitrag zur Theorie der Angstneurose. Er fand für sie bekanntlich drei hauptsächliche Ausgangspunkte:

Abstinenz, frustrane Erregung und coitus interruptus.[13] Besonders interessant ist seine Ansicht über die Wirkung des coitus interruptus (oder reservatus): »Die Abstinenz ist aber auch das wirksame an der zweiten ätiologischen Gruppe, der frustranen Erregung. Der dritte Fall, der des rücksichtsvollen Coitus reservatus, wirkt dadurch, daß er die psychische Bereitschaft für den Sexualablauf stört, indem er neben der Bewältigung des Sexualaffekts eine andere, psychische Aufgabe einführt« (l.c.).

Das Bemerkenswerte an dieser Überlegung ist, daß Freud hier auf dem »ablenkenden«, d.h. störenden Charakter der psychischen Tätigkeit beim Sexualakt besteht (vgl. dazu das letzte Kapitel dieses Buches, die wütenden bis fanatischen Angriffe moderner Reich-Denunzianten auf dessen Bewertung der Phantasietätigkeit während des Koitus als Störung). Es überrascht zunächst, daß er das Störende weniger in der mechanischen Unterbrechung des programmierten Erregungsmusters sucht als in der Aufmerksamkeit, d.h. psychischen Aktivität, die diesen Erregungsablauf stört. Heute wissen wir, daß Freud intuitiv den richtigen Weg gefunden hatte. Die Aufmerksamkeit ist immer mit Desynchronisation des EEG verbunden, das »Aufmerken« sogar mit einer Arousal-Reaktion, d.h. einer kurzfristigen erheblichen Desynchronisierung.[14] Es ist anzunehmen, daß ein »gelungener« coitus interruptus mit mindestens einer Arousal-Reaktion verbunden sein muß, da ja zumindest der männliche Teil genau **beobachten** (und sofort darauf reagieren) muß, wann die Ejakulation bevorsteht, um dann eine dem natürlichen Ablauf gerade entgegengesetzte Willkürbewegung zu machen. Wir wissen jedoch inzwischen, daß der entspannende Orgasmus, die gelungene »spezifische Aktion« zur Libidoabfuhr, gerade mit einer erheblichen **Synchronisation** der Hirnaktivität (bzw. gewisser Areale derselben) verbunden ist,

---

[13] GW I 336.

[14] cf. hierzu e.g. Birbaumer 1975, cap. VI.

genauso wie erfolgreiches Lernen ein »Hippocampus-Theta« benötigt[15]. Diese Fakten waren zu Freuds und Reichs Zeiten zwar nicht bekannt, wohl aber ihre subjektiven Korrelate: Aufmerksamkeit, Phantasietätigkeit (für relative Desynchronisation), angenehme Erschlaffung (für eine spezifische Form der Synchronisation) usw. Wir werden sehen, wie die scharfsinnige Analyse dieser notgedrungen durch Introspektion erfaßten psychischen (»subjektiven«) Phänomene die interessantesten Resultate ergab. Vehikel ihrer Verwendung zur Erhellung der Interaktion somatischer und psychischer Prozesse, der Psychoökonomie, war das Konstrukt der »psychischen Energie«. Dieses Konstrukt – und das bald aufgestellte Postulat von der »Konstanz der psychischen Energie« – hat Freud niemals aufgegeben. Man darf es freilich nicht zu wörtlich verstehen.

Es erweist sich auch im vorliegenden Ansatz als fruchtbar. Die für den coitus interruptus notwendige Aufmerksamkeit läßt sich in metapsychologischer Terminologie als vom Erregungsablauf abgezogene psychische Energie beschreiben, die – gemäß dem Erhaltungsgrundsatz – für die ungestörte Mobilisierung des Erregungsablaufs **fehlt** und dadurch seine Wirksamkeit verhindert. Kein Geringerer als Ferenczi hat auf diese Weise zu erklären versucht, warum die Onanie an **psychischem** Wert hinter dem Koitus zurücksteht – eine Tatsache, die trotz des berühmten Diktums von Karl Kraus[16] gewiß niemand bezweifeln wird, die aber demjenigen, der den physischen Prozeß isoliert sehen will, unbegreiflich bleiben muß. Denn

---

[15] Zu Lernen und »Hippocampus-Theta« s. Birbaumer 1975, p. 55. – Die orgastische Synchronisation zeigt an einigen Stellen des Septums (und ein wenig auch im Okzipitallappen, was Störanfälligkeit durch visuelle Stimuli, auch innerzerebrale aus den Assoziationsfeldern, nahelegt!) regelrechte Ähnlichkeiten mit derjenigen beim epileptischen Anfall (siehe Changeux 1984, p. 145sqq.). Reichs Spekulation über einen entsprechenden Zusammenhang, sachlich abwegig, aber von niemandem beanstandet, da ganz im Rahmen zeitgenössischer psychoanalytischer Spekulation liegend (Reich 1931b), war also kausal und mechanisch unsinnig, aber sie besitzt zumindest eine phänomenale Parallele, die derzeit noch niemand erahnen konnte.

[16] Siehe Freud GW VII 163.

der motorisch-reflektorische Ablauf von Onanie und Koitus ist ja haargenau der gleiche. Ferenczi löst das Problem folgendermaßen: »Die ›Nachwehen‹ (sc. bei der Onanie) bedeuten nicht nur Gewissensbisse, sondern (nach Ablauf der Erregung) 1. die Einsicht in die **Abwesenheit** der Realität; 2. die Folge der Anstrengung (Ermüdung), die notwendig war, um das Irreale als real vorzustellen (viel **Arbeit**). (…) Koitus: die Realität ist **ohne Mühe** vorhanden und bleibt auch nach Beendigung (als zärtliches Beisammensein) bestehen.«[17)]

Es war auch Ferenczi, der in der Frage der Orgasmustheorie die Kontinuität von Freud zu Reich aufrechterhalten hat. In seinem 1908 auf ungarisch erschienenen Aufsatz ›Az ejaculatio praecox jelentöségéröl‹[18)] schreibt Ferenczi über die ›Wirkung der Potenzverkürzung des Mannes auf das Weib‹, wie die zeitgenössische Übersetzung den Titel wiedergibt: »Wer aber, den Weisungen Freuds folgend, das Ehe- oder Sexualleben der an Angsthysterien leidenden weiblichen Patienten eingehend untersucht, wird sich überzeugen, daß die Angst, Beklemmungs- und Unruhezustände fast ausnahmslos auf sexuelles Unbefriedigtsein oder unvollkommene Befriedigung zurückzuführen sind, und daß der häufigste Grund dafür die ejaculatio praecox des Mannes ist. Doch abgesehen von den ausgesprochen pathologischen Fällen der ejaculatio praecox (die mit mehreren anderen Fällen der sexualen Neurasthenie gemeinsam aufzutreten pflegen) und abgesehen davon, daß das männliche Geschlecht im Vergleich mit dem weiblichen **zumeist an relativer ejaculatio praecox** leidet, also selbst im günstigsten Falle (…) stellt sich beim Weibe der Orgasmus oft nicht ein (…)«[19)]

---

17) BP IV 279. – Da es sich um eine Niederschrift von 1932 handelt, kann freilich auch bei Ferenczi Beeinflussung durch Reich vorliegen.

18) Budapesti Orvosi Ujság 1908, Nr. 4; wiederabgedruckt in ›Lélekelemzés‹ Budapest 1910, 1914, 1918, auf deutsch aber erst 1938 in den ›Bausteinen‹; Reich dürfte den Aufsatz demnach wohl nicht gekannt haben.

19) BP II 287sq.

Wir sehen also, daß auch Ferenczi Freuds Theorie der Angstneurose mindestens noch 1908 voll teilt und bestätigt. Er untersucht aber originellerweise nicht die Folgen des freiwilligen coitus interruptus, sondern die des unfreiwilligen, der der Frau durch die ejaculatio praecox des Mannes aufgezwungen wird. Tatsächlich aber ist der Aufsatz – abgesehen von seiner Betonung der Angsthysterie, die dort fehlt – weitgehend gedankengleich mit Reichs frühem Aufsatz ›Der Koitus und die Geschlechter‹[20]. Darüber hinaus weist er aber auch schon auf die Orgasmustheorie Reichs voraus, wenn er darauf hinweist, daß »Neurasthenie« und ejaculatio praecox so oft vergesellschaftet sind. Doch hören wir weiter:

»Der sexuelle Wunsch, dem die Satisfaktion regelmäßig versagt bleibt, lebt sich in unangenehmen Charakterzügen des Weibes aus; bei dazu disponierten Individuen löst er aber auch eine Angstneurose, Hysterie oder Zwangskrankheit aus« (ibid. p. 289). Hier ist bemerkenswert, daß Ferenczi die (durch e. pr. erzwungene) Libidostauung nicht nur als Ursache der Angstneurose, sondern – bei bereitliegendem infantilem Material, wird Reich ergänzen – auch der Hysterie, Zwangs- und sogar Charakterneurose aufführt. Freuds Theorie der Angstneurose ist damit keineswegs gesprengt, sondern vielmehr in jene Richtung hin erweitert, die Reich zwanzig Jahre später zu Ende gehen sollte[21]. In seinem frühen Beitrag berücksichtigt Freud

---

[20] Reich 1922c. Siehe die nächste Anmerkung.

[21] Es existieren – außer mit Reichs Orgasmustheorie – auch noch weitere, z.T. schon angedeutete Übereinstimmungen zwischen diesem Beitrag Ferenczis und Reichs Aufsatz ›Der Koitus und die Geschlechter‹ (1922c). Man vergleiche Reichs dortigen Gedanken, daß die Natur schon aus Selektionsgründen bei einem so fundamentalen Vorgang wie dem Sexualakt keinen sinnlosen Dischronismus angelegt haben kann, dieser vielmehr Ursache massenhaft sozial erworbener Schädigung sei – nämlich endemischer e. pr., die auch Ferenczi annahm – mit der Ausführung des letzteren: »Unser teleologisch gerichtetes Denken kann sich aber schwer dareinfinden, daß in der ›besten aller möglichen Welten‹ bei einer so elementaren organischen Funktion eine solche Differenz zwischen der Zeit, die zur Befriedigung der beiden Geschlechter nötig ist, natürlich sein könne. Und die nähere Untersuchung zeigt uns auch, daß nicht so sehr die organische Verschiedenheit, als vielmehr die Verschie-

nur die Folgen der Störung des **Libidohaushalts** durch bewußten Abzug psychischer Energie beim sexuellen Erregungsablauf und der dadurch bedingten Funktionsminderung der »adäquaten Aktion«. Es ist verwunderlich, daß er ihre Störung durch **unbewußten** Energieabzug – mittels unbewußter Phantasien, Ängste usw. – nicht auf ihre triebökonomische Konsequenz hin durchdacht hat. Wenn aber seine Überlegung, daß die Störung des sexuellen Erregungsmusters **durch psychischen Energieentzug** während des »Aufschaukelns« entscheidend ist – weil dies ein inadäquates Überspringen der Erregung auf »falsche« Nervenbahnen provoziert und dadurch ihr vorgezeichnetes Abklingen verhindert –, dann ist es prinzipiell gleichgültig, ob dieser Entzug bewußt oder unbewußt, durch Aufmerksamkeit oder (bewußte oder unbewußte) Phantasie erfolgt. Daß Ferenczi diesen Gedanken ganz zwanglos weitergedacht hat, ohne ihn als besonders neu zu empfinden, beweist nur seine Selbstverständlichkeit im Rahmen der psychoanalytischen Theorie. Er ist sozusagen ein Ei des Kolumbus. Dennoch findet er sich in geordneter, voll artikulierter Form nur bei Reich, so wie eben auch nur Kolumbus die an sich selbstverständliche Konsequenz aus Martin Behaim gezogen hat. Alle Psychoanalytiker untersuchten eben nur die **Ursachen** der Orgasmusstörungen, aber höchst selten und niemals systematisch ihre psychischen Folgen. Sie wären sonst auf die psychische **Funktion des Orgasmus** gestoßen.

Diese Aufgabe blieb Reich vorbehalten. Ihre Lösung wurde aber durch Freud auch von anderer Seite aus vorbereitet, nämlich mit der Konzession, daß die gewöhnliche oder durch c. i. provozierte Libidostauung keineswegs

denheit der Lebensumstände der beiden Geschlechter, die Verschiedenheit in der Größe des kulturellen Drucks, der auf beiden lastet, diesen ›Dischronismus‹ (...) erklärt« (ibid.). – Die sehr wahrscheinliche Unabhängigkeit der beiden Aufsätze voneinander zeigt deutlich, daß die Anwendung der Psychoanalyse – bei vorurteilsloser Handhabung – auf den gleichen Gegenstand auch die gleichen Ergebnisse zeitigt.

automatisch zur Angstneurose führen muß, sondern diese oft erst nach längerer Abstinenz oder c. i.-Ausübung nach einem an sich mittelmäßigen **Trauma** ausbricht. Bezeichnenderweise führt er – immer noch in seinem besprochenen Aufsatz! – als Beleg den Fall eines Mannes in reiferem Alter an, dessen Angstneurose auf die – erwartungsgemäße und nicht außergewöhnliche – Nachricht vom Tode seines hochbetagten Vaters hin eintrat, nachdem dieser Mann elf Jahre lang den c. i. ausgeübt hatte. Freud hätte nur noch den Ödipuskomplex als infantilen »psychoneurotischen Kern« würdigen müssen, der aufgrund der Libidostauung so weit aktiviert war, daß ein verhältnismäßig geringfügiges rezentes Ereignis zur pathologischen Mobilisierung seiner Abwehr genügte – und er hätte damit Reichs Orgasmustheorie geschrieben. Aber die Erkenntnis des Ödipuskomplexes zeichnete sich damals – 1895 – erst in nebelhaften Umrissen ab, der Terminus war noch nicht geboren.

Nun wissen wir ja, daß Freud seine frühen, aber schon recht präzisen Gedanken zur Triebenergetik nicht mehr systematisch weiterverfolgte und ihre Synthese mit seinen Erkenntnissen über die unbewußten Inhalte der Neurose unterließ. Soweit er mit physiologischen Vorstellungen weiteroperierte, wurden diese sehr spekulativ. Statt mit neuronalen Erregungsmustern arbeitet er acht Jahre später mit hypothetischen »Sexualstoffen«, die im Körper angehäuft, im Falle der Organneurosen sogar an bestimmten Stellen pathogen konzentriert und als Folge der gelungenen »spezifischen Aktion« abgebaut werden. Daß Freud die allmählich entdeckten Sexualhormone – die diese postulierten Eigenschaften keineswegs haben – mit seinen hypothetischen körpereigenen Sexualstoffen identifizieren wollte, konnte ihn nicht gerade voranbringen.[22] Soweit solche sexuellen Analoga zu den als »körpereigene Schlafstoffe« ansehbaren Serotoninen existieren, sind sie

[22] GW V 116sq. – Siehe auch Jones 1960, p. 306.

ganz anderer Natur, gewöhnlich Neurotransmitter an ganz bestimmten Synapsen; die Neurophysiologie hat dazu ihr letztes Wort noch nicht gesprochen, aber schon große Fortschritte erzielt. Auf jeden Fall konnte eine Abwendung von relativ gut zugänglichen Nervenverschaltungen zu seinerzeit ungreifbaren »Stoffen« einem Fortschritt zur Synthese von Physiologie und Psychoanalyse nur abträglich sein und Freud die Lust dazu nehmen, ihn selber zu vollbringen oder seine Schüler dazu anzuhalten.

Einen weiteren Grund bildete aber auf jeden Fall die unbestreitbare Anstößigkeit des Ansatzes. Denn wenn es feststand, daß die Unterlassung oder Störung der »spezifischen Aktion« gesundheitsschädlich war, so mochte das noch hingehen, da man diese spezifische Aktion in Ehebetten oder Bordelle verweisen und kontrollieren konnte – die alten Stammesreligionen hätten nichts dagegen gehabt, so wenig wie ihre modernen Nachfahren im Geiste. Mit der Untersuchung ihrer **feineren** Störungen konnte dieser plumpe Ausweg, den Reich als »Organotherapie«[23], Freud als »wilde Psychoanalyse«[24] abqualifiziert, nicht länger gangbar erscheinen. Bestand man auf der Bedeutung eines **befriedigenden** Sexuallebens und nahm zugleich alle **Befriedigungshindernisse** ernst, wie sie aus den unbewußten Phantasien resultieren, die aber durch gesellschaftliche Einrichtungen sowohl erzeugt wie auch weiterhin gefördert werden, so riskiert man schwerste Konflikte, wie sie der Fall Gross Freud gerade demonstriert hatte und der Fall Reich später demonstrieren sollte. Es ist sehr wahrscheinlich, daß in Freuds durchaus berechtigten Ängsten vor gesellschaftlicher Verfolgung – die ihn in der Form von Spott und Ächtung jahrzehntelang gepeinigt hatte – der Grund lag, warum er seinen

---

[23] 1927a, p. 198.

[24] GW VIII 118–125. – Dies – und nicht etwa »willkürliche = wilde Deutung« oder gar »Ausübung der Psychoanalyse durch nicht von der Standesorganisation Befugte« – ist die authentische Bedeutung des viel mißhandelten Begriffs.

ursprünglichen Ansatz nicht weiterverfolgte. (Außerdem, der wohl tiefste Grund, hätte er **jetzt**, wo nach dem Sturz der Kaiserreiche praktische Schritte in Reichweite gekommen waren, keine »Narrenfreiheit« mehr gehabt.)

Von den leidvollen Erfahrungen Freuds war der junge Reich verschont geblieben, als er sich die Aufgabe stellte, die verschüttete, aber nach wie vor nicht revozierte Theorie der »Aktualneurose« mit den inzwischen angewachsenen Kenntnissen der (infantil begründeten) »Psychoneurose« zur Synthese zu bringen. Das Schicksal bzw. die Existenz seines aus weicherem Holz geschnitzten, unglücklichen Vorläufers Otto Gross war ihm ja durchaus unbekannt geblieben, und wahrscheinlich fürchtete er es als solches aufgrund der drastisch verbesserten Zeitumstände auch nicht mehr. Aus dem reichen Material seiner klinischen Erfahrungen, gestärkt durch den für seine ersten Schritte errungenen Beifall, erforschte er mit unermüdlicher Arbeitskraft und unerschrocken den »Grenzbereich zwischen Physischem und Psychischem«. Ergebnis war das Buch ›Die Funktion des Orgasmus‹ (1927a)[25].

Wie immer, war Reich von einer klinischen Beobachtung ausgegangen. Ihm war aufgefallen, daß gewisse Patienten trotz weitreichender Psychoanalyse refraktär blieben, andere jedoch, deren Störungen in Grad und Wesen ähnlich waren, bisweilen schon nach oberflächlicher Analyse gesundeten. Dabei ließ sich zeigen, daß die erste Gruppe sich durch die Abwesenheit eines befriedigenden oder auch jeden Sexuallebens auszeichnete, die

---

[25] Irreführenderweise hat Reich sein damit nicht näher verwandtes, auf jeden Fall und auch explizit nicht psychoanalytisches wichtigstes Spätwerk unter dem gleichen Titel (aber mit dem Untertitel »Die Entdeckung des Orgons«) herausgebracht. Es gibt jedoch auch eine einigermaßen leicht zugängliche Ausgabe des hier besprochenen psychoanalytischen Buches von 1927, nämlich als Fischer-Taschenbuch Nr. 6757 unter dem Titel ›Frühe Schriften 2; Genitalität in der Theorie und Therapie der Neurose‹ (Frankfurt/M. 1985). Diese Ausgabe enthält als einzige, keineswegs störende Zusätze zur Originalausgabe nur einige wenige erläuternde Fußnoten der Herausgeber und ein schon »orgonotisch« eingefärbtes Vorwort des Verfassers von 1944.

zweite aber ausnahmslos dadurch, daß sie ein solches – durch plötzliche Anstrengung der Willenskraft oder glückliche Umstände – auf einmal aufnehmen konnte.[26] Hierdurch aufmerksam geworden, sichtete er – gemeinsam mit Hitschmann – das gesamte Patientengut des ›Psychoanalytischen Ambulatoriums‹ und sein eigenes unter diesem Gesichtspunkt und fand, daß es anscheinend keine Neurose ohne mehr oder weniger starke Störungen der Sexualfunktion gibt. Dabei erwies sich, daß neben den Störungen des äußeren Ablaufs den Störungen der sexuellen **Erlebnisfähigkeit** besondere Bedeutung zukam. Reich begann daher, diese Störungen zu systematisieren, und indem er sie mit dem Normalverlauf verglich, gelangte er zu vier Grundtypen der sexuellen Funktionsstörung. Sein nächstes Interesse galt der Integration dieser Funde in die Neurosentheorie und die gesamte bisher erarbeitete Lehre der Psychoanalyse.

Dieser Entwicklung folgt auch der Aufbau seines Buches. Im Vorwort umreißt er seine Aufgabenstellung und den Entwicklungsstand der Psychoanalyse; er macht auch auf die affektiven Widerstände aufmerksam, denen die Behandlung seines so heiklen Themas in Ärzteschaft und Öffentlichkeit begegnen könne: »Ich muß aber in Anbetracht der Eigenartigkeit des behandelten Themas auch auf affektiv begründete Einwände gefaßt sein (…). Die Frage des Orgasmus und die Rolle, die er im individuellen und sozialen Leben spielt, können nicht leicht unpersönlich und affektlos diskutiert werden. Dieses Thema hat allzuviel mit dem Erleben jedes Einzelnen zu tun. – Daraus entsteht leicht die Gefahr einer subjektiven, weltanschaulichen Färbung oder Verzerrung sachlicher Urteile. Die Frage ist aber nicht, ob überhaupt eine Weltanschauung vorliegt, sondern welcher Art sie ist, ob etwa – wie speziell bei unserem Thema – eine ethisch wertende Einstellung zum

---

[26] Diese Beobachtung dokumentieren zuerst die Aufsätze 1924a und 1925d; sie gehen später in das soeben präsentierte Buch ein.

Sexualproblem von der Wahrheit wegführt oder ob eine anders geartete moralische Stellungnahme zur Erforschung der Wahrheit zwingt. Es ist ferner ein wesentlicher Unterschied, ob man die Tatsachen des sexuellen Lebens an dem willkürlichen Maßstabe des unbeweisbaren ›Gut‹ oder ›Böse‹ mißt, oder ob man in bezug auf ein anethisches Ziel wertet, etwa feststellt, daß dieses oder jenes Tun des Individuums seiner seelischen Gesundheit, d.h. seiner Liebes- und Arbeitsfähigkeit, nützt oder schadet. Ich glaube, über **diese** Art der Wertung von Sexualfragen nicht hinausgegangen zu sein« (l.c. p. 8sq.). Wir sehen also, daß Reich, obwohl er sein Buch in einer auffallend klinischen, betont wissenschaftlichen Sprache und – für Publikationen dieses Gegenstandes – außergewöhnlichen Sachlichkeit geschrieben hatte, doch die Wirksamkeit des Projektionen und Rationalisierungen erzwingenden Über-Ichs seiner Leser nicht unterschätzte. Nach dieser Kautel umreißt er sein Thema wie schon ausgeführt: das Problem der somatischen Grundlage der Neurosen.

Im ersten Kapitel – ›Der neurotische Konflikt‹ – referiert Reich zunächst die psychoanalytischen Grundannahmen über die Neurose: »Die innere Versagung der Triebbefriedigung, die wir bei Kranken immer antreffen, leitet sich aus der äußeren Einschränkung der Triebhaftigkeit ab, die der Kranke seinerzeit als Kind durch die Eltern und ihre Stellvertreter erfuhr. Der Konflikt zwischen Trieb-Ich und moralischem Ich war also ursprünglich ein solcher zwischen Trieb-Ich und Außenwelt und hat diesen Charakter bei manchen Psychosen und triebhaften Psychopathen dauernd beibehalten. Bei der Neurose hingegen hat ein wichtiger Teil der Persönlichkeit die Realitätsanpassung zustandegebracht, während ein anderer Teil eine Entwicklungshemmung auf einer frühen Stufe der seelischen Entwicklung erfuhr, so daß ein Konflikt zwischen konträren Strebungen entstehen mußte« (l.c. p. 11). Es ist nach wie vor lesenswert, mit welch klaren und knappen Worten Reich hier und auf den folgenden Seiten die Grundannahmen der Psychoanalyse entwickelt. Dabei geht er gegen Ende insbesondere auf die Bedeutung der Prägenitalität, der Fixierung und Regression ein und umreißt nun, nachdem er die bisher einzig gewürdigte Bedeutung der Partialtriebsverdrängung (bzw. -fixierung) für die neurotische Symptombildung auf prägenitaler Stufe besprochen hat, seine eigene Aufgabe: »Wir wollen nun nachweisen, daß sexuelle Konflikte im engeren Sinne, Hemmungen, Verdrängungen und Zersplitterungen der **genitalen** Tendenzen zwar nicht immer unmittelbar das neurotische Symptom und den neurotischen Konflikt verursachen, aber doch **regelmäßig eine wichtige Rolle bei der Herstellung der neurotischen Reaktionsbasis spielen, auf der sich der neurotische Konflikt abspielt**; ferner, daß ihre Beseitigung zufolge ihrer Beziehungen zum kontinuierlichen neurotischen Prozeß bei der psychoanalytischen Therapie der Neurosen, worunter wir in erster Linie Beeinflussung der neurotischen Reaktionsbasis verstehen, eine entscheidende Rolle spielt« (l.c. p. 14).

Zum ersten Mal erscheint hier an hervorgehobener Stelle ein Zentralbegriff von Reich: die »neurotische Reaktionsbasis«[27)]. Hier ist darunter die psychische Energieverteilung (Libidostauung, Bindung der sexuellen Energie an prägenitale Triebziele usw.) zu verstehen; später wird Reich den Begriff der »charakterneurotischen Reaktionsbasis« ausarbeiten, der den Akzent auf inveterierte, primär infantile Abwehrtechniken legt: neben den »psychoökonomischen« einen »psychostrukturellen« Terminus. In beiden Fällen geht es um die therapeutische Grundfrage: wo sitzt das Zentrum der Neurose, das die Behandlung zerstören muß? Wie ist ihre Wirksamkeit am nachhaltigsten garantiert? Obwohl es dem oberflächlichen Betrachter scheinen mag, daß Reich in wenigen Jahren Abstand eine völlig andere »neurotische Reaktionsbasis«

---

27) Erstmals prägt ihn Reich in seinem Buch über den ›Triebhaften Charakter‹, und zwar dort schon – erwartungsgemäß von niemandem beanstandet – als »charakterneurotische Reaktionsbasis«.

ausgemacht hätte, werden wir doch sehen, wie für ihn von Anfang an kein Widerspruch zwischen der ökonomischen und der strukturellen Betrachtungsweise bestand, sondern beide erst in der Synthese ein vollständiges Bild ergeben.

In dem augenblicklich besprochenen Buch beschränkt sich Reich absichtlich auf die ökonomische Seite der »Reaktionsbasis«. Um seine Ansicht über die Rolle der Genitalitätsstörung in der Ätiologie (und der Perseveranz) der Neurosen zu belegen, weist er auf die Tatsache hin, daß praktisch keine Neurose ohne gestörte Genitalität auftritt, und diskutiert diesen Fund auf der Basis zweier eindrucksvoller Statistiken. Da sich infolgedessen die Notwendigkeit ergibt, eine Norm aufzustellen, an der die Störungen gemessen werden können, hat Reich folgerichtig dies im nächsten Kapitel versucht. Diese Norm, nach der das 2. Kapitel auch benannt ist, heißt »die orgastische Potenz«.

»Unter der orgastischen Potenz werden wir die Fähigkeit eines Menschen verstehen, zu einer **Befriedigung** zu gelangen, die **der jeweiligen Libidostauung adäquat** ist; ferner die Fähigkeit, weit häufiger zu dieser Befriedigung gelangen zu können, als den Störungen der Genitalität unterworfen zu sein, die auch beim relativ Gesündesten den Orgasmus gelegentlich stören« (p. 18). Unüberhörbar knüpft Reich hier an Freuds Formulierungen über die »adäquate Aktion« an, verfeinert sie aber, indem er sie mit der »jeweiligen Libidostauung« verknüpft, auf längere Zeiträume ausdehnt und insbesondere nicht mit einem bloß phänomenalen Aktionsablauf, sondern mit der Fähigkeit zur Befriedigung verknüpft, die ihrerseits an einen bestimmten Erregungsablauf gebunden ist. Diesen bestimmt er nun auf zwei Wegen: einmal durch (ziemlich unsystematische) Umfragen unter »gesunden Personen« (die er seinem Kollegenkreis entnimmt!), zweitens aber, was die Beweiskraft seiner Thesen erheblich steigert, durch Beobachtungen seiner Patienten, deren Veränderungen ihres sexuellen Erregungsablaufs mit ihrer Heilung korrelieren und die er in der Therapie bespricht. Dabei ergibt sich in beiden Fällen die Konvergenz auf einen Erregungsablauf, der durch **langsamen Anstieg** und **jähen Abfall** gekennzeichnet ist und dessen Resultat eine angenehme Entspannung zur Folge hat; Reich beschreibt diesen Erregungsablauf unter ausdrücklichem Verzicht auf Physiologie sehr genau, nicht ohne dabei schon etlicher pathologischer »Bruchstellen« zu gedenken, die für bestimmte Neurosenformen charakteristisch sind, und kommt zu bedeutsamen Ergebnissen über das Wesen der genitalen Befriedigung: »Die Intensität der Endlust im Orgasmus ist also (beim angst-, unlust- und phantasiefreien Geschlechtsakt) direkt proportional der Größe der auf das Genitale konzentrierten Sexualspannung, d.h. sie ist um so intensiver, je größer und steiler das ›Gefälle‹ der Erregung ist« (p. 21). »Die Akme stellt somit den Wendepunkt vom ›genitopetalen‹ zum ›genitofugalen‹ (Ferenczi) Ablauf der Erregung dar. Nur der genitofugale macht die Befriedigung aus« (p. 25). Ein weiteres Ergebnis ist die Einteilung des ungestörten Erregungsablaufs in zwei Hauptphasen: eine längere »Phase der willkürlichen Beherrschung der Reizsteigerung«, die der Konzentration der sexuellen Energie auf das Genitale und der Erhöhung der Spannung dient, und eine erheblich kürzere »Phase der unwillkürlichen Muskelkontraktionen«, in die der Orgasmus fällt und die Spannung **plötzlich** sinkt. »Überblicken wir noch einmal die zwei Phasen des Geschlechtsaktes, so zeigt es sich, daß die erste überwiegend durch das **sensorische**, die zweite durch das **motorische** Erlebnis gekennzeichnet ist« (p. 26). Ein wichtiges Differentialdiagnostikum ist insbesondere das Verhalten und Empfinden nach dem Sexualakt, durch das der orgastisch Potente vom orgastisch Impotenten unterschieden werden kann. Angenehme körperliche und seelische Schlaffheit, Schlafbedürfnis, Erlöschen der sinnlichen Beziehungen und »gesättigte« zärtliche Beziehung zum Partner kennzeichnen den einen, bleierne Müdigkeit, Ekel, evtl. sogar Haß auf den Partner, manchmal Fortdauer der Erregung oder

Schlaflosigkeit den anderen.[28)] – Ein weiteres wichtiges Ergebnis ist die völlige Unabhängigkeit der ungestörten Erregungskurve vom Geschlecht ihres Trägers.

Als Ergebnis seiner Untersuchungen kommt Reich zu einer weiteren Definition der orgastischen Potenz: »Die Fähigkeit, sich trotz mancher Widersprüche mit der gesamten affektiven Persönlichkeit zeitweise auf das genitale Erleben einzustellen, wäre die phänomenologische Definition der orgastischen Potenz« (p. 27). Die von Freud (zunächst nur an Männern) entdeckte »Spaltung der sinnlichen und zärtlichen Strebung« ist ein bedeutsamer Störfaktor der orgastischen Potenz, da sie infolge gewisser unbewußter Phantasien das reale Objekt entwertet. Generell gelangt Reich zu dem Schluß, daß die orgastische Potenz um so schlechter erreicht wird, je enger die unbewußte Inzestbindung geblieben ist, da sie störende Phantasien nötig macht. »Ob [sc. bei orgastischer Potenz im Koitus] auch die unbewußte Phantasietätigkeit ruht, läßt sich nicht ohne weiteres entscheiden. Gewisse Anzeichen sprechen dafür. Phantasien, die nicht bewußt werden **dürfen**, können nur stören« (p. 27). Im Anschluß daran diskutiert Reich die Frage des Fortbestandes der unbewußten Inzestbindung und ihrer Wirkung auf die orgastische Potenz; er bezeichnet – ein wenig problematisch – die erfolgreiche Lösung dieser Bindung als »Fähigkeit zur echten Übertragung«, bei der keine Phantasietätigkeit während des Koitus nötig ist, um das reale Objekt dem Urobjekt anzugleichen, weil dieses jenes tatsächlich fugenlos ersetzt hat. Er kommt zu dem Ergebnis, das der späteren Notiz Ferenczis sehr ähnlich ist: »Je angestrengter

---

28) Genau diesen Ablauf bestätigt die moderne Neurophysiologie in eindrucksvoller Weise: nach dem ungestörten Orgasmus werden (opiatähnliche) Endorphine in großer Menge ausgeschüttet, welche nicht nur ein allgemein erschlaffendes Wohlbefinden auslösen, sondern auch die LHRH-Produktion abstellen, welche bekanntlich die sexuelle Erregung bewirkt. Bei der vierten von Reich beschriebenen (subjektiven) Störungsform der orgastischen Potenz ist genau dieser korrelierende (objektive) Prozeß radikal unterbrochen, l.c. p. 27.

die Phantasie, die das reale Objekt dem Urobjekt angleicht, arbeiten muß, desto mehr büßt der Sexualgenuß an Intensität und sexualökonomischem Wert ein (...). Die Herabsetzung [sc. des Sexualerlebens] wird um so eher zu einer pathogenen Störung, je stärker die Fixierung an das Urobjekt und (...) je größer der Energieaufwand ist, dessen es bedarf, um die Ablehnung des realen Objektes zu überwinden« (p. 28). Damit kommt Reich zum 3. Kapitel, den »psychischen Störungen des Orgasmus«, d.h. den »neurotischen Störungen der orgastischen Potenz«.

Gemäß seiner Definition der orgastischen Potenz bestimmt Reich die orgastische Impotenz als »innere Unfähigkeit, auch unter den besten äußeren Bedingungen und dauernd zu einer der jeweiligen Libidostauung und den sexuellen Anspruchen adäquaten Befriedigung zu gelangen« (p. 31). Diese orgastische Impotenz hat pathologische Folgen: »Da orgastisch impotente Menschen zumeist auch über relativ geringere Sublimationsfähigkeit verfügen, kommt es zu dauernden pathologischen Libidostauungen. Sie sind in dieser Hinsicht sogar schlechter daran als abstinent Lebende oder solche, die über keine genitale Erregbarkeit verfügen, weil sie sich infolge der unmittelbaren genitalen Reize ständig im Zustande relativ höherer Spannung befinden, ohne den um so notwendigeren Ausgleich erzielen zu können.«[29)]

Reich geht nun so vor, daß er zunächst den groben sexuellen Funktionsstörungen, deren Analyse das 6. Kapitel gewidmet ist – erektive Impotenz, ejaculatio praecox, Vaginismus u.a. – keine Aufmerksamkeit schenkt, sondern nur die Störungen der orgastischen Potenz untersucht[30)]. Er unterscheidet 4 Grundformen dieser Störung:

---

29) ibid. – Mit dem Hinweis, daß frustrane Erregung schlechter vertragen wird als verdrängte, befindet sich Reich wieder – zufällig oder historisch – auf den Spuren Ferenczis, der in seinem besprochenen Aufsatz ›Die Wirkung der Potenzverkürzung des Mannes auf das Weib‹ diesen Gedanken zum Angelpunkt gemacht hatte.

30) Reich hatte den Begriff 1925 erstmals eingeführt (1925d). Er bemerkt in seinem besprochenen Buch dazu: »Im Verlaufe der Untersuchungen ergab sich die Notwen-

»a) **die Herabsetzung der orgastischen Potenz**: der Orgasmus entspricht nicht den libidinösen Ansprüchen, so daß somatische und psychische Libidostauungen verbleiben (Onanie, onanistischer Koitus); b) **die Zersplitterung des Orgasmus**: Der Ablauf der Erregung wird während des Sexualaktes **unmittelbar** gestört (akute Neurasthenie); c) **die absolute Unfähigkeit, zum Orgasmus zu gelangen** (vaginale Anästhesie, Hypästhesie, genitale Asthenie); d) **die nymphomane Sexualerregung** (Nymphomanie, Satyriasis)« (l.c. p. 31).

Es würde zu weit führen, Reichs Gedankengängen zu den Einzelstörungen detailliert nachzugehen. Nur wer ihn gelesen hat, wird einen Eindruck vom Reichtum seines klinischen Materials und der Dichte seiner Verarbeitung gewinnen können. Jedenfalls gelingt es ihm, jeden seiner vier Störungstypen mit bestimmten neurotischen Erkrankungstypen zusammenzubringen und diesen Zusammenhang eingehend zu diskutieren. Besonders die Stellung der Onanie und des onanistischen Koitus erfährt eine eingehende Untersuchung, wobei Reich die Funde seiner Vorgänger, besonders Ferenczis, würdigt, eingrenzt und korrigiert. Dabei steht für die indirekte Schädlichkeit der Onanie ausschließlich das – bewußte oder unbewußte – Schuldgefühl im Vordergrund. Auch seine ausgedehnten kasuistischen Beiträge zur Nymphomanie – Reich führt hier einen komplizierten Fall, dessen Psychostruktur er

---

digkeit, dem Begriff der Potenz auch eine ökonomische Bedeutung zu geben, was durch die Aufstellung des Begriffs »orgastische Potenz« geschah. Ich darf sagen, daß sich die Aufstellung und analytische Klärung des Problems in völlig unerwarteter Weise fruchtbar für das ökonomische Problem der Neurose erwiesen hat. Dabei konnte ich mich auf die von Freud zum ersten Male ausgesprochene und bewiesene Ansicht stützen, daß der Neurotiker an seiner mangelhaften Befriedigung erkranke und daß die somatische und psychische Libidostauung den Kern der Neurose ausmache. Ich habe den Nachweis zu erbringen, daß die Sexualverdrängung überall dort, wo sie nicht schon bei der Suche nach dem Sexualobjekt (Abstinenz) oder bei den Vorlustmechanismen hemmend eingreift (erektive Impotenz, Anästhesie), die Endlust stört und dadurch den Ausgleich der libidinösen Erregungen verhindert« (l.c. p. 30).

schon im ›Triebhaften Charakter‹ besprochen hatte, unter anderer Aufgabenstellung vor – finden in der psychoanalytischen Literatur schwerlich eine gleichrangige Entsprechung.

Bevor wir nun das vierte und zentrale Kapitel des Buches ›Somatische Libidostauung und Angstaffekt‹ besprechen, scheint es ratsam, den Blick auf eine Tatsache zu lenken, die der Aufmerksamkeit der Forschung bisher anscheinend entgangen ist. Während manchem die genaue Untersuchung psychischer Energieverschiebungen, -quantitäten und somatisch-reflektorischer Abfuhr als nur peripheres Gebiet der Psychoanalyse erscheinen mag, hat doch Freud nicht nur immer und überall auf der Letztinstanzlichkeit des »ökonomischen Aspekts« und der somatischen Verankerung alles Psychischen bestanden, sondern auch ein zentrales Werk verfaßt, dessen Denkstruktur der ›Funktion des Orgasmus‹ verblüffend ähnlich ist – ›Der Witz und seine Beziehung zum Unbewußten‹ (GW VI). Dieses Buch könnte genausogut – oder sogar noch treffender – »Die Funktion des Lachens« heißen, noch treffender deswegen, weil die Beziehung des Witzes zum Unbewußten nur einen kleineren Teil des Werks ausmacht, während der prinzipiell topisch indifferenten Frage der Witztechnik der größere Raum gegeben wird (da die Frage der Beziehung zum Unbewußten im wesentlichen nur ein **quantitatives** Moment klärt, was gleich deutlicher werden wird).

Die primäre Frage der Witztheorie lautet: »Warum lacht man über einen Witz?« Man könnte sie auch anders formulieren: »Wie ist es möglich, daß verbale Mitteilungen – also rein psychische Verarbeitungsprozesse – einen somatisch-reflektorischen (also der Willkürmotorik entzogenen) Prozeß in Bewegung setzten?« Freud erklärt diesen Vorgang als »motorische Abfuhr ersparter psychischer Energie«[31]; diese **plötzlich** unverwendbar gewordene

---

[31] GW VI 133; 166 u. passim.

Energie fließt in der reflektorischen Muskelaktion – der spezifischen Aktion – des Lachens ab. Dabei stellt sich für ihn als zentrale Frage nicht der »tendenziöse« Witz – der seine Energie zum größten Teil aus erspartem **Verdrängungsaufwand** bezieht, also direkt aus dem Unbewußten –, sondern der viel problematischere »harmlose Witz«, der den gleichen Effekt ebenfalls aufgrund psychischer Energieersparnis, aber in viel geringerem Ausmaß als der tendenziöse, durch formale Mittel wie Klangähnlichkeit, bestimmte Wortwiederholungen, automatische[32] (vorbewußt ablaufende) Ergänzungen etc. erzielt. In jedem Fall ist die Aufwandsersparnis entscheidend. Dabei hat die Mechanik des »harmlosen Witzes« die Rolle der Vorlust, sie dient zum Aufbau der Spannung, deren möglichst jäher Zusammenbruch die spezifische Abfuhr der freigewordenen Energie ermöglichen soll; gelingt es dabei, verdrängtes Material anzuzapfen und die Verdrängungsenergie einzubeziehen, so ist der Lustgewinn erheblich erhöht (so wirkt der »tendenziöse Witz«). Die Analogie zur sexuellen Erregungsabfuhr geht noch weiter, wenn wir neben der Bedeutung der Stauung, der Steigerung, der Vorlustmechanik und der Plötzlichkeit des Spannungszusammenbruchs die Würdigung der Störung bedenken, die jede **Aufmerksamkeitsleistung** für diesen Prozeß bedeutet. Der damit implizierte Verbrauch »psychischer Energie« macht ihre vorübergehend notwendige Stauung zur nötigen Höhe unmöglich.[33] Wir sehen also, die Analogie von Freuds Witztheorie zu Reichs Orgasmustheorie (im engeren Sinne) ist vollkommen. Es müßte übrigens allen Verächtern Reichs unter den psychoanalytisch Gebildeten zu denken geben, daß Freud sich in der Witztheorie genau zu jenen heuristischen Prinzipien bekennt,

---

[32] GW VI 170. – Man vergleiche dazu meine Ausführungen über die literarische Form, insbesondere den Reim, dessen Verwandtschaft mit dem Witz sofort ins Auge springt, zumal er bei diesem nicht selten den Ersparniseffekt trägt (Hoevels 1996, p. 23–28).

[33] GW VI 168sqq.

die sie bei Reich glauben monieren zu dürfen: »Die Begriffe ›psychische Energie‹, ›Abfuhr‹ und die Behandlung der psychischen Energie als einer Quantität sind mir zur Denkgewohnheit geworden, seitdem ich begonnen habe, mir die Tatsachen der Psychopathologie philosophisch zurechtzulegen« (GW VI 165).

Wir können also in Reichs Grundannahmen durchaus keine Abweichung zu Freud erkennen, sondern stoßen sogar in seinem relativ originellsten Werk auf verblüffende Analogien zu früheren Werken Freuds, gerade in der Methode, die ja wichtigstes Entscheidungskriterium der »Orthodoxie« bildet. Mindestens für die Grundlagen der Orgasmustheorie gilt also: wer Reich angreifen will, muß sich auch von Freud distanzieren.

Nachdem wir uns dies vor Augen geführt haben, können wir das (im doppelten Sinne des Wortes) Herzstück der Orgasmustheorie betrachten: ›Somatische Libidostauung und Angstaffekt‹. Nach einem kurzen Referat der hier schon vorgeführten Freud'schen Theorie der Angstneurose und ihrer ein wenig kümmerlichen Diskussion durch Jones, Stekel und Seif umreißt Reich seine Fragestellung: welche Beziehungen existieren zwischen neurotischem Symptom und somatischer Libidostauung? Besteht zwischen Neurose und Libidostauung ein genereller Zusammenhang[34], statt bloß der zur »Aktualneurose« Freuds?

Reich klärt zu diesem Zweck erst einmal die drei Aspekte, die an jedem neurotischen Symptom nicht durcheinandergeworfen werden dürfen: sein psychischer **Sinn**, d.h. in ihm zur verstellten Darstellung gelangten unbewußten Inhalte; sein **Zweck**, d.h. neben der inadäquaten Libidoabfuhr u.ä. insbesondere der sekundäre Krankheitsgewinn, der gerade infolge seines späteren Eintritts nicht als **Ursache** der Neurose angesehen werden kann. Diese Ursache kann nur in der Verbindung der

---

[34] Wie dies auch Ferenczi schon vermutet hatte: siehe p. 100 dieser Arbeit.

verdrängten infantilen Vorstellungen, die im Symptom dargestellt werden, mit gestauter Triebenergie liegen. Dabei wird nach einiger Zeit regelmäßig die Genitalfunktion in Mitleidenschaft gezogen. »Auf welcher Stufe der seelischen Entwicklung immer der neurotische Konflikt einsetzen mag, die Verdrängung erfaßt, gleichgültig ob primär oder sekundär, immer auch die genitalen Strebungen, sperrt sie von der Motorik mehr oder minder ab, oder sie begnügt sich mit der Spaltung in Zärtlichkeit und Sinnlichkeit, oder sie bedient sich jener verschiedenartigen funktionshemmenden Mechanismen, die wir bei den einzelnen Neurosenformen finden. Die Hemmung der genitalen Funktion bringt wieder eine somatische Libidostauung mit sich, die sich zur psychischen hinzufügt und so den neurotischen Konflikt sekundär beträchtlich verschärft, festigt und kompliziert. Man überzeugt sich, daß der seelische Konflikt, der ursprünglich nichts Pathologisches an sich zu haben braucht, zu einem neurotischen mit allen seinen Konsequenzen erst dann wird, wenn die somatische Libidostauung hinzukommt, d.h. sobald die **Energiequelle für die Symptombildung** geschaffen wird« (p. 62). Mit anderen Worten: die Neurose schafft sich ihre Energiequelle selbst. In diesem Satz liegt einer der wichtigsten Beiträge Reichs zur Synthese der bisher unverbundenen Erkenntnisse seiner Wissenschaft vor. Topik, Dynamik und Ökonomie der psychischen Prozesse erscheinen von nun an nicht mehr als m.o.w. unverbundene Ebenen, sondern ihre Beziehungen werden ernsthaft und detailliert erforscht. Dieses Ziel läßt sich noch in der ›Charakteranalyse‹ als zentral erkennen.[35)]

Nun unterscheidet Reich zwischen körperlichen Symptomen mit und ohne unbewußtem Sinn, er bespricht die Umlenkung genitaler Erregung auf das vasovegetative System, diskutiert den Zusammenhang von Angst und Herzneurose. Dabei gelangt er zu der These, die an die

---

[35)] cf. dort (Reich 1933a) II, 1.2.

modernen Gefühlstheorien Schachters erinnert, daß – durch Umleitung der Erregung – die vegetative Innervation des kardialen Systems bei der neurotischen Angst primär, die dazu gehörende Angstempfindung jedoch sekundär sei.[36]

Indem er auf diese Weise den Zusammenhang von körperlichen Erregungsabläufen, Affekten und psychischen Vorstellungen aufzeigt, gelangt er zu Erklärungen, die die traditionellen Dualismen der Psychologie, wie sie sogar Reichs psychoanalytischen Vorläufern und Zeitgenossen noch manche Inkonsequenz beschert haben, energisch hinter sich lassen.

Am interessantesten ist jedoch seine Überwindung des Gegensatzes von »Aktual- und Psychoneurose«. Anhand ausführlicher Fallgeschichten weist Reich nach, daß dieser Gegensatz nur scheinbar besteht. Er kommt zu dem Schluß: »Der Unterschied in der Entstehung der Aktual- und Psychoneurose im Beginne des Prozesses ist ein durchgreifender: dort wird zuerst somatische Energie gestaut, die bei längerem Bestande auch psychische Stauungen (unerfüllte [sc. infantile] Sehnsucht) und Regressionen bedingt; hier werden aufgrund aktueller Anlässe, Enttäuschungen an Liebesobjekten oder narzißtischer

---

[36] Reich 1927a: »Man kann nun sagen, daß die Sexualerregung bei der Erwartungslust (analog wie bei der Erwartungsangst) zunächst das kardiale System auf dem Wege vegetativer Innervation erfaßt, sich aber im weiteren Verlaufe, sofern keine Hemmungen vorliegen, auf das genitale Organsystem verschiebt und dadurch das kardiale entlastet« (p. 69). »Jetzt verstehen wir besser, worauf die Angstneurose Freuds beruht: wird der Sexualerregung durch irgendeine Hemmung die Überleitung (…) zum Genitale verwehrt, so verbleibt die Erregung gespannt im vasovegetativen System und produziert alle Erscheinungen, die die vasomotorische Neurose kennzeichnen« (p. 71). »Die Angst bei der Herzneurose ist Begleiterscheinung einer spezifischen Irritation der Herztätigkeit und tritt erst sekundär mit den Inhalten der Realangst in Verbindung« (p. 89). »Sowohl bei der Sexualerregung als auch bei der Wut bedingt die motorische Hemmung und die Stauung der Erregung im vasovegetativen System den Affekt, während die motorische Aktion ihn durch Entlastung des autonomen Nervensystems aufhebt. Wir kommen somit zu dem Schluß, daß der Affekt die psychische Manifestation einer Erregung des vasovegetativen Systems ist und daß die psychische Vorstellung allein ohne die somatische Erregung keinen Affekt erzeugen kann« (p. 95).

Kränkungen, alte Wünsche und kindliche Phantasien angeregt, die sekundär die pathogene Stauung der somatischen Sexualenergie bedingen. (...) Es kann somit keine Aktualneurose ohne psychische Hemmungen oder Störungen der Genitalfunktion und keine Psychoneurose ohne gestaute somatische Libido zustandekommen. (...) Der psychoneurotische Anteil der Neurose entspricht der **historischen** Ätiologie (Ödipus-Komplex), der aktualneurotische der **aktuellen** Ätiologie (Libidostauung)« (p. 78sq.). Reich hat hier einen Gedanken zu Ende gedacht und auf den Begriff gebracht, vor dem Freud, wie oben gezeigt, 1895 schon dicht angelangt war, aber angehalten hatte.

Auf diese Weise gelingt Reich ein weiterer Ausbau der Psychoanalyse; er bestimmt das Verhältnis von Infantilität und Aktualität, etabliert zwischen beiden eine Ergänzungsreihe, wie sie Freud zwischen Erbanlagen (»somatisches Entgegenkommen«) und Infantilität aufgestellt hatte. Einseitige Streitereien zwischen Psychologen und dogmatischen Psychoanalytikern über die »alles entscheidende« Rolle von Aktualität und Infantiltraumen hätten ab jetzt unterbleiben können; denn mit Reichs Formel wurden beide Anteile nicht etwa aneinander relativiert, sondern ein Schema aufgebaut, das die jeweilige Bestimmung ihres tatsächlichen Anteils erlaubte und ihm seinen Platz anwies. So kann die gleiche Frustrationssituation immer nur bestimmte Infantilstrukturen beleben, während diese ihrerseits mit m.o.w. zwingender Kraft die Wirksamkeit aktueller Traumen und die Art ihrer Folgen determinieren. (All dies paßt gut zu der modernen, aus der Verhaltensforschung stammenden und neurophysiologisch seither hervorragend untermauerten Theorie »sensibler Phasen«.) Das bedeutet freilich eine doppelte Gesellschaftskritik: sowohl bestimmte Erziehungsformen wie auch bestimmte aktuelle Situationen können **beide** mit Notwendigkeit pathogen werden, wobei jedoch die Wirkung des einen Faktors durch den anderen bestimmt wird, ohne durch ihn aber aufgehoben werden zu können. Auf diese Weise wird es schwieriger als zuvor, gesellschaftliche Organisation oder Erziehungsformen in apologetischer Absicht gegeneinander auszuspielen. Die Notwendigkeit einer **realen** adäquaten Abfuhr psychischer (sexueller oder aggressiver) Stauung vereitelt jede Apologie einer Gesellschaftsordnung, die ihr strukturelle Hindernisse in den Weg legt. Dies scheint mir der tiefste Grund für die seit ca. 1920 allmählich um sich greifende Verdrängung des energetischen (= »ökonomischen«) Aspekts aus der Psychoanalyse gewesen zu sein – ein Grund also, der vor dem Richterstuhl der »wertfreien«, nur der Wahrheit und keinen Herrschaftsinteressen verpflichteten Wissenschaft, die doch sonst so gerne beschworen wird, keinen Bestand haben kann.

Deshalb hat auch Reichs Orgasmustheorie so erbitterten Widerspruch gefunden – bis heute. Er scheint nicht sehr fundiert zu sein. Denn der logisch einwandfreie Falsifizierungsversuch, welcher immer wieder vorgenommen wird, nämlich der Nachweis neurotischer, aber in ihrem genitalen Erleben (sic!!! – wie häufig muß eigentlich noch auf den Unterschied zwischen erektiver/tumeszenter und orgastischer Potenz hingewiesen werden?!) unbehinderter Patienten erweist sich jedesmal als Ergebnis mangelhafter Befragung bzw. Materialauswertung. Ein Opfer dieses sekundären (also überichgesteuerten bzw. apologetischen) Wunschdenkens gewisser I.Psa.V.-Mitglieder hat uns eine authentische und plastische Schilderung dieser ideologiebedingten Realitätsleugnung und der damit kontrastierenden praktisch-psychoanalytischen Kompetenz Reichs hinterlassen (Waal 1979); wir können aus diesem Dokument eine wohl realistische Modellvorstellung entnehmen, wie die von reichfeindlichen I.Psa.V.-Mitgliedern angeblich gesichteten »orgastisch potenten Neurotiker« zustandegekommen sein dürften. Das in der Sprache jener plötzlich so unbegabten Beobachter so gerne »Skotom« genannte Phänomen mag gewiß unmittelbar bei ihnen persönlich bedingt sein, aber in tieferer Schicht ist es, jedenfalls normalerweise, erkennbar gesellschaftlichen Ursprungs.

Denn es dürfte überhaupt für die Anstößigkeit des psychoenergetischen Ansatzes verantwortlich sein, daß er den Blick unausweichlich auf die Tatsache der **Unterdrückung** (und die entgegengesetzte des Glücks) lenkt. **Außer Trieben** – bzw. ihren Abkömmlingen, den Wünschen – **läßt sich nichts nun einmal unterdrücken**. Zur Unterdrückung gehört immer ein **Subjekt**; dieses ist, wie oben ausgeführt, durch seine Wünsche konstituiert. Niemand wird das Wasser »unterdrückt« nennen, das man »zwingt«, ein Mühlrad zu treiben; denn es hat keine, und daher keine entgegengesetzten, Wünsche. Dagegen läßt sich schon eher von der Unterdrückung eines Esels reden, den man zwingt, den Mühlstein zu drehen (denn er **will** es nicht). Erkennt man Freuds Gesetz der »Erhaltung der psychischen Energie« ernsthaft an, so wird einem schmerzlich bewußt, welches Elend, welche Glücksverschüttung, welches ungelebte Leben sich in den »nicht adäquat abgeführten« psychischen Energien verbirgt, deren adäquate Abfuhr durch keine (topische) Erkenntnis, durch keinerlei noch so kluge Worte und Gedanken ersetzt werden kann. Der wissenschaftlich betriebenen Psychoanalyse ist durch diese Einsicht der Weg zur klügelnden Versöhnung mit einer strukturell repressiven, dem Glück nur sehr weniger auf Kosten aller anderen, und das himmelschreiend unökonomisch, dienenden Gesellschaft versperrt. Es bleibt übrigens Freuds Verdienst, diese Tatsache durch seinen sogenannten Pessimismus zumindest negativ anerkannt zu haben; denn seine Wissenschaft verhindert eben aufgrund ihrer psychoenergetischen Erkenntnisse die Ideologie, wir lebten eigentlich in der besten aller möglichen Welten, was aufgrund unglücklicher Kindheitseinflüsse gewisse Neurotiker bloß nicht einsehen könnten.[37] Indem es die Degeneration der Psy-

[37] vgl. hierzu sein schon sehr früh an pointierter Stelle plaziertes Diktum: »Sie werden sich überzeugen, daß viel damit gewonnen ist, wenn es uns gelingt, Ihr hysterisches Elend in gemeines Unglück zu verwandeln« (GW I 312). Daß die Gesellschaftsord-

choanalyse zur Anpassungstechnik (und damit ihre heiß ersehnte »gesellschaftliche Anerkennung«) erschwert, dürfte Reichs Ernstnehmen **aller** drei Ebenen des psychischen Geschehens der bei weitem bedeutsamste Grund für seinen Ketzerprozeß (und dessen verschämte Form) gewesen zu sein, viel stärker als sein »standeswidriges« politisches Engagement in einer oppositionellen und verfolgten, aber noch keineswegs historisch völlig chancenlosen Partei.

Nach diesem Exkurs wenden wir uns wieder Reichs klinisch-theoretischen Überlegungen zu. Nicht anders als gleichzeitig Freud fragt sich Reich nach dem Verhältnis der (stauungsbedingten) Aktualangst zur (vorstellungsbedingten) Kastrationsangst, dem nachweislichen Kernstück der neurotischen Angst aus dem Ödipuskomplex. Er kommt zu folgenden Ergebnissen: »Unsere Untersuchung der Angstneurose hat ergeben, daß die Aktualangst nicht, wie ursprünglich angenommen wurde, unmittelbar aus der gestauten Libido durch Umwandlung hervorgeht, sondern sich als eines der vielen Symptome einer Irritation des vasovegetativen Systems entwickelt. (...) Dessenungeachtet ist die gestaute Libido die eigentliche Quelle der Aktualangst, und der Ausdruck ›libidinöse Angst‹ besteht mit Rücksicht auf die Quelle weiter zurecht. Die Besprechung des Falles mit den vasomotorischen Symptomen hat gezeigt, daß die charakterologische Sexualablehnung infolge **Kastrationsangst** die Libidostauung und dadurch die Aktualangst bedingt hat. Die Kastrationsangst ist das Vorbild der neurotischen Angst (...). Aus der Analyse beider Fälle [sc. Reichs Fallbeispiele p. 80–87] ging hervor, daß die **Angst vor den Gefahren**, die mit einer Triebbefriedigung (der infantilen Ansicht oder Erfahrung

---

nung – »die Beziehungen der Menschen zueinander« – zumindest eine der drei Quellen des »gemeinen Unglücks« ausmachen, hat sogar der angeblich alterspessimistische Freud noch einmal festgeschrieben (GW XIV 444). Daß die Erforschung – und somit Beurteilung – **dieser** Quelle über die Psychoanalyse hinausgeht und zu ganz polizeiwidrigen Ergebnissen führen kann, muß kaum betont werden.

nach: Kastrationsdrohung wegen Onanie!) verbunden sind, der **Motor der Verdrängung ist**« (p. 87sq.).

Wie ist aber die Zwieschlächtigkeit der neurotischen Angst zu erklären, die einmal Folge, einmal Ursache der Verdrängung eines sexuellen Triebanspruchs ist?

»Daß die Angstaffekte verschwinden, sobald die Patienten in der Analyse genitale Sensationen bekommen; daß dies möglich ist, lange bevor die Kastrationsangst überhaupt zur Aussprache kam, geschweige denn erledigt wurde, zwingt den Schluß auf, daß die Kastrationsbefürchtung die affektive Färbung der Angst erst durch die somatische Libidostauung erlangt« (p. 93). Die psychische Vorstellung **allein** ist in jedem Falle unzureichend, um einen Affekt zu erzeugen; dies zeigt uns übrigens jeder moderne Polygraph. Wer kann darum Reichs Aussage bestreiten: »Man kann umgekehrt sagen, daß der Affekt, der die Befürchtung zur echten Angst macht, eine Folge der somatischen Irritation ist« (p. 94)? Diesen Satz untermauert Reich nicht nur durch scharfsinnige logische Überlegungen, sondern auch durch empirische Hinweise. So ist nach erfolgreicher genitaler Befriedigung die gleiche sexuelle Vorstellung, die zuvor lebhafte Affekte und physiologische Wirkungen hervorrufen konnte, ohne sonderliche affektive Tönung, da die somatische Quelle der Affekte erloschen ist. (Chemismus und Neurobiologie des Ablaufs kennen wir ja heute einigermaßen, siehe oben.) »Die sexuelle Empfindung (Organsensation) ist also das primäre, der Sexualaffekt das von ihr abhängige sekundäre Erleben. Das gleiche gilt für den Zornaffekt, der um so stärker ausfällt, je mehr die motorische Aktion unterdrückt wird« (p. 95). »Wir kommen somit zu dem Schlusse, daß der Affekt die psychische Manifestation einer Erregung des vasovegetativen Systems ist und daß die psychische Vorstellung allein ohne die somatische Erregung keinen Affekt erzeugen kann« (ibid.). Schließlich erklärt sich die neurotische Angst als Folge der Sperrung der Motorik: »Es ergibt sich somit der Schluß, daß der vegetativ bedingte psychische Affekt an sich unspezifisch ist und immer nur dann als Angstaffekt erscheint, wenn weder die libidinöse noch die destruktive Motorik frei ist. In Anbetracht dieser Tatbestände erscheint die seelische Angst als eine komplexe Bildung, deren zwei Grundelemente die Erwartung einer Gefahr (Erwartungsangst – Furcht) und eine körperliche Sensation (Angstaffekt) sind. Die Furcht vor einer Gefahr setzt narzißtische Besetzung des Ichs, der Angstaffekt gesperrte libidinöse und destruktive Motorik voraus« (p. 96sq.). Wie wir sehen, vertritt Reich also recht moderne Ansichten, denen sich die gegenwärtige Psychophysiologie auf anderem Wege durchaus angenähert hat. Es gelingt ihm dadurch eine überzeugende Synthese zwischen den zwei Aspekten und Genesen der neurotischen Angst, die einerseits eine tragfähige Brücke von der Psychologie zur Physiologie schlägt, andererseits niemals den Boden der eigentlichen Psychoanalyse verläßt und keinen der dabei gewonnenen Aspekte vernachlässigt. Aus der Verfolgung eines frühen Fundes Freuds, den die psychoanalytische Bewegung einschließlich ihres Gründers aus gewissen uneingestandenen, aber berechtigten Ängsten heraus scheinbar achtlos liegengelassen hatte, gelang Reich ein wesentlicher Ausbau und eine Vereinheitlichung ihres Lehrgebäudes.

Fast gleichzeitig mit Reich veröffentlichte nun Freud ein Werk, das sich ebenfalls mit dem Problem der neurotischen Angst auseinandersetzt, nämlich ›Hemmung, Symptom und Angst‹ (GW XIV 113–205). Diese Schrift ist wie keine andere des Verfassers von Selbstzweifeln und Resignationsformeln durchsetzt; fast jede Seite der ziemlich langen Abhandlung enthält irgendwelche Klagen über die Dunkelheit des Gegenstands oder den geringen Erfolg der bisherigen Leistung. Freud kann sich bei der Niederschrift nicht wohlgefühlt haben. Absicht des Werkes ist es, die bisherige Theorie von der neurotischen Angst mit dem Hinweis zu entwerten, der Prozeß der Umwandlung verdrängter Libido in Angst sei schwer vorstellbar, der Kern jeder psychoneurotischen Angst die Kastrationsangst und damit eine ursprüngliche Realangst (ibid. p. 137; cf. auch p. 153).

Dennoch gibt Freud seine – noch kurz zuvor bekräftigte[38] – Theorie der Aktualneurose nicht preis. »Ich fand, daß bestimmte sexuelle Praktiken wie Coitus interruptus, frustrane Erregung, erzwungene Abstinenz Angstausbrüche und eine allgemeine Angstbereitschaft erzeugen, also immer, wenn die Sexualerregung in ihrem Ablauf zur Befriedigung gehemmt, aufgehalten oder abgelenkt wird. Da die Sexualerregung der Ausdruck libidinöser Triebregungen ist, schien es nicht gewagt anzunehmen, daß die Libido sich durch die Einwirkung solcher Störungen in Angst verwandelt. Nun ist diese Beobachtung auch heute noch gültig [!, F.E.H.]; andererseits ist nicht abzuweisen, daß die Libido durch die Anregung der Verdrängung eine Störung erfährt; es kann also immer noch richtig sein, daß sich bei der Verdrängung Angst aus der Libidobesetzung der Triebregungen bildet« (ibid. p. 138). Wir sehen also, daß Freud trotz seiner neuen Ansicht über die Kastrationsangst als Kern der neurotischen Angst seine früheren Beobachtungen nicht widerruft, sondern bekräftigt. Er stellt sich nur anschließend das Problem: »Aber wie soll man dieses Ergebnis mit dem anderen zusammenbringen, daß die Angst der Phobien eine Ich-Angst ist, im Ich entsteht, nicht aus der Verdrängung hervorgeht, sondern die Verdrängung hervorruft? Das scheint ein Widerspruch – und nicht einfach zu lösen« (ibid.).

Wir haben gesehen, wie Reich diesen Widerspruch sehr wohl gelöst hat, indem er einen an unterschiedlichen Stellen störbaren Regelkreis konstruierte (Abb. 1927a, p. 79); er gelangte so zur Aufhebung der Trennung zwischen Aktualneurose und Psychoneurose, jede Neurose wurde – bei individuell unterschiedlichen Maßverhältnissen – eine »Aktualneurose mit psychoneurotischem Kern« (ibid.). Freuds Angstproblem läßt sich dadurch auflösen. Denn daß die Kastrationsangst als Produkt des Ödipuskomplexes historisch hinter jeder neurotischen Angst steht – entweder

---

[38] GW XIV 49sq.

durch aktuelle Libidostauung auf dem beschriebenen Wege allmählich wiederbelebt oder umgekehrt durch abgeleitetes Sexualtabu (bzw. -störung) diese erst erzeugend – hat Reich ja nicht weniger als Freud hervorgehoben. Reich kann auf der von ihm entwickelten Basis ohne weiteres jenen Satz von Freud in der besprochenen Abhandlung unterschreiben, der sich – nebenbei – wie eine Warnung vor den späteren Wälder'schen Verdrehungen des Ursprungs der Triebangst liest: »Der Triebanspruch ist ja nicht an sich eine Gefahr, sondern nur darum, weil er eine richtige äußere Gefahr, die der Kastration, mit sich bringt« (ibid. p. 157)[39]. Damit ist nur völlig zutreffend festgestellt, daß es eine »primäre Angst des Ichs vor dem Trieb« und ähnliche Phantasmata der Nachfreudianer nicht gibt; daß »das Ich die Angststätte« sei, besagt nur, daß mit der Angst ein Vorstellungsinhalt (nämlich von einer drohenden Schädigung) verknüpft ist, aber keineswegs, daß das Ich aufgrund der üblen Laune eines unfähigen Weltschöpfers dazu verdammt sei, auf die Regungen eines Triebes, zu dessen und seiner »Kollegen« gesicherter Befriedigung es doch überhaupt nur da bzw. entstanden ist, mit Angst zu reagieren. Tatsächlich entspräche eine solche Vorstellung entschieden mehr dem platonischen oder dem mittelalterlichen als dem wissenschaftlichen Weltbild.

Dennoch läßt sich mit dieser Feststellung die Möglichkeit nicht ausschalten, daß sich das Schwungrad Psycho-

---

[39] Auch die Erklärung der »unerklärlichen« Kastrationsangst als anti-ödipalen Präventivschlag auf Talionsbasis deutet Freud – geradezu vorsorglich – später an, wenn er schreibt: »Der Wolf würde uns wahrscheinlich anfallen, gleichgültig, wie wir uns gegen ihn benehmen; die geliebte Person würde uns aber nicht ihre Liebe entziehen, die Kastration uns nicht angedroht werden, wenn wir nicht bestimmte Gefühle und Absichten in unserem Inneren nähren würden« (ibid. p. 177). – Meiner Erfahrung nach werden I.Psa.V.-Mitglieder richtig böse, wenn sie an die Erklärbarkeit dieses zentralen Phänomens erinnert werden, aus dem sie so gerne eine Mystik hervorzaubern würden wie ein zweiter Jung und zu demselben Zweck – denn sie stellt die Familiensituation in kein gutes Licht und legt auf jeden Fall präventive und kompensatorische Maßnahmen nahe, die allesamt im Gelingensfall der Untertanenproduktion ihr billigstes und effektivstes Werkzeug nähmen.

neurose – Aktualneurose (bzw. Kastrationsangst – Libidostauung) nicht auch an anderer Stelle als der Kastrationsangst in Bewegung setzen läßt. Freud ist ganz einfach nicht auf diese Idee gekommen. Da er nichts gegen Reichs alle seine diesbezüglichen Probleme lösenden Theorie vorbringt – bzw. nichts, was gegen sie spricht –, können wir sagen, daß sie ihm auch nicht widerspricht, sondern vielmehr über seine Aporien hinausführt. Vielmehr berührt sich Freud an nicht wenigen Stellen mit Reichs glücklicherer Angsttheorie sogar in seinem Aufsatz, etwa wenn er auf die Bedeutung der Herzsensationen und »motorischen Innervationen, also Abfuhrvorgänge« für die Angst hinweist (p. 163), oder wenn er »übergroße Bedürfnisspannung« und Angst in Verbindung bringt (falls diese Spannung nicht abgeführt werden kann) (p. 172). Ebenso weist er darauf hin, »daß sich auf dem Boden dieser Aktualneurosen besonders leicht Psychoneurosen entwickeln« (ibid.).

Dies kann freilich nicht darüber hinwegtäuschen, daß Freud nicht zu Reichs ausgefeilter Theorie der neurotischen Angst gekommen ist. Vielmehr bleibt er in seiner Aporie stecken oder gelangt zu sehr nebelhaften und spekulativen Gedanken über das Geburtstrauma als Angstvorlage – eine Theorie auf der Grundlage Ranks, deren Irrelevanz Reich schon vor Kenntnisnahme dieser Freud'schen Theorie dargetan hat und die auch Freud unter Hinweis auf die ja ebenfalls geborenen, aber von neurotischer Angst freien restlichen Säugetiere ebenfalls nicht ganz geheuer ist (l.c. p. 164; cf. auch seine Rank-Einschränkungen p. 166sq. u. a.a.O.). Freuds weitere Ausführungen über frühinfantile »Trennungserlebnisse« als mögliche Modelle der Kastrationsangst sind weit hergeholt und klären das in Angriff genommene Problem doch nicht. Seine resignierten Schlußworte sollten nicht als Pose oder Ausdruck einer biographisch bedingten Depression Freuds gewertet werden, sondern sind auf dem Hintergrund der disparaten, ergebnisarmen Gedanken des Aufsatzes durchaus berechtigt.

Warum soll nun Reich ein Problem der Psychoanalyse nicht besser gelöst haben als ihr Erfinder? Falls die Psychoanalyse »Orthodoxie« davon abhängig macht, daß ihre Grenzen mit denen ihres Gründers zusammenfallen, dann gibt sie ihren wissenschaftlichen Anspruch auf und wird zur Religion. Dann aber verlöre sie jedes Interesse und könnte von der psychologischen Wissenschaft höchstens noch als Untersuchungsgegenstand ernstgenommen werden, genauso wie die Religion von der Psychoanalyse. Aber sie hat, gerade durch den Mund ihres Gründers, immer wieder den Anspruch erhoben, »empirische Wissenschaft«[40] zu sein, gebunden an die wissenschaftliche Weltanschauung[41]. Es ist geradezu peinlich, diese Selbstverständlichkeit erwähnen zu müssen; aber die, wie oben erläutert, aufgezwungene Sektenstruktur der Psychoanalyse macht es ratsam.

Infolgedessen kann »Orthodoxie« nur an zwei Kriterien gemessen werden, an einem allgemeinen und einem besonderen, nämlich 1) ob jemand, der den Anspruch erhebt, Psychoanalytiker zu sein, selber auf dem Boden der Empirie bzw. der »wissenschaftlichen Weltanschauung« steht und 2) ob er die für sein Fach verbindlichen Methoden anwendet und nicht im Widerspruch zu den bisher mit ihnen erzielten Ergebnissen steht oder aber diesen Widerspruch unter Hinweis auf neue Ergebnisse oder logische Erwägungen verteidigt (so wie sich etwa Freud gegen seine eigene Angsttheorie gestellt hat). Tatsächlich aber haben wir in Reichs Orgasmustheorie nichts dergleichen entdecken können; weder befindet sie sich im Widerspruch zu den bisherigen psychoanalytischen Funden, im Gegenteil, sie bestätigt sie sogar und führt viele bisher versprengte Details zur Synthese; noch stößt sie auf den geäußerten Widerspruch Freuds oder widerspricht selbst seinen zur Zeit ihrer Abfassung vorliegenden Publikationen;

---

[40] e.g. GW XIII 229.
[41] GW XV 170sq.

sie befindet sich dagegen in Übereinstimmung mit den Beobachtungen auch anderer Wissenschaften und insbesondere der modernen Psychophysiologie, schlägt also auch an dieser Stelle eine Brücke und befindet sich schon dadurch auf dem Boden der »wissenschaftlichen Weltanschauung«; kurzum, es gibt keinen wie auch immer gearteten Grund, **die freudianische Orthodoxie des ersten wissenschaftlichen Hauptwerks von Reich zu bestreiten**. Mir scheint darüberhinaus, daß sich auch kein Anhaltspunkt findet, seinen Aussagegehalt zu bezweifeln; vielleicht findet sich einmal jemand mit breiteren neurophysiologischen Kenntnissen als ich, aber auch ohne antipsychoanalytische Vorurteile, der ihn systematisch modernisiert und von zeitbedingten Irrtümern reinigt. Groß sind sie vermutlich nicht.

Nachdem Reich im besprochenen vierten Kapitel der Orgasmustheorie die Grundlagen entwickelt hat, bemüht er sich in der zweiten Hälfte des Buchs um ihre Anwendungen. Unter dem Titel ›Psychoneurotische Schicksale der Genitallibido‹ versucht er, die charakteristischen Störungen der Genitalität mit einzelnen Neurosenformen zu verknüpfen. Er engt dabei zunächst den Begriff des eigentlichen neurotischen Symptoms auf »Plusfunktionen im dynamischen Sinne Freuds« ein, d.h. »Neubildungen, die als Kompromiß aus dem Konflikte zwischen verdrängtem Trieb und verdrängender moralischer Instanz, also als eine **pathologische Konfliktlösung** hervorgegangen« sind (p. 98). Diese neurotischen Symptome im engeren Sinne grenzt er – übrigens nicht anders als Freud in seinem oben diskutierten Aufsatz – von der Aktualangst und der Kastrationsbefürchtung des Ichs ab. »Solange im Bilde der Neurose die Angst überwiegt, ist keine Konfliktlösung gefunden worden. Das ist erst dann der Fall, wenn umschriebene konversionshysterische oder zwangsneurotische Symptome auftreten, die die Angst ablösen oder zumindest verringern« (ibid.). Einen empirischen Beleg für diese These findet Reich in der Beobachtung, daß Analysanden, deren Symptome in der Analyse aufgelöst werden, ohne daß die in ihnen gebundene Libido unmittelbar befriedigt oder sublimiert wird, spontan Angst entwickeln. »Die freiwerdende Angst hat immer sowohl den Charakter der Triebabwehr als auch den des aktualneurotischen Angstaffekts« (ibid.).

Aber nicht nur diese Ängste treten neben die neurotischen »Plusfunktionen«, sondern – aufgrund des Freud'schen (bzw. Fechner'schen) »Gesetzes von der Erhaltung der psychischen Energie« – sie treten neben Minusfunktionen, von denen Reich die genitalen einer genaueren Untersuchung unterzieht. Dabei weist er darauf hin, daß diese »Minusfunktionen« einen entscheidenden Unterschied zu den neurotischen Symptomen im engeren Sinn aufweisen: »Die Störungen der Genitalfunktion stellen sämtlich Funktionshemmungen dar; sie sind (mit Ausnahme des Vaginismus) nicht Symptome im dynamischen Sinn, d.h. sie entsprechen nicht der verstellten Befriedigung einer libidinösen Triebregung« (p. 99).

Nachdem diese Unterscheidung getroffen ist, behandelt Reich die Zusammenhänge zwischen den spezifischen Plus- und Minusfunktionen. Die Konversionshysterie ist gekennzeichnet durch genitofugale Libidoverteilung; dem entspricht sowohl die Lokalisation der vielfältigen Symptome wie auch die genitalen Störungen, nämlich extragenitale Hypersensibilität (an den verschiedensten erogenen Zonen, oft auch der Klitoris) bei gleichzeitiger genitaler Hyposensibilität – wobei aber zu beachten ist, daß Hysterikerinnen im Gegensatz zu Zwangsneurotikerinnen niemals gänzlich unerregbar sind – sowie fakultative oder partielle erektive Impotenz, daneben auch die leichtere Form der ejaculatio praecox (s.u.). Außerdem findet sich natürlich neurotische Abstinenz und in jedem Falle orgastische Impotenz.

Für die Zwangskranken ist nach Reich dagegen die destruktive Färbung der Genitalität charakteristisch; »die Genitalität ist in den Dienst der Destruktionstriebe getreten« (p. 108). Die Minusfunktionen sind denen der Hysteriker ähnlich, aber anders determiniert: Abstinenz wird z.B. mit analen oder sadistischen Rationalisierungen verknüpft (»tierisch«, »schmutzig«, »lenkt von der Arbeit ab« usw.); erektive Impotenz gilt weniger der Abwehr von Kastrationsangst als derjenigen destruktiver Phantasien, die mit dem Koitus verlötet sind; die häufigste und charakteristischste Form ist jedoch, anders als bei Hysterien, die »stark herabgesetzte orgastische Potenz bei guter erektiver und ejakulativer Potenz«. Diese Fälle waren es laut Reich auch, die man zunächst als Gegenbeweis gegen seine These anführte, jede Neurose verknüpfe sich mit einer Störung der Genitalfunktion; über der erektiven Potenz dieser Fälle wird leicht ihre »psychische An- oder Hypästhesie« übersehen, die Reich an Beispielen beschreibt. Schließlich erwähnt er noch die ejaculatio retardata der sparsamen Zwangskranken sowie die bekannte, eng mit dem weiblichen Zwangscharakter verknüpfte zwangsneurotische Form der Frigidität. All diese Forschungsergebnisse haben niemals den Widerspruch auch nur eines einzigen namhaften Freud-Schülers hervorgerufen.

Schließlich diskutiert Reich anhand der von ihm aufgestellten »chronischen hypochondrischen Neurasthenie« anhand eines längeren Fallbeispiels die »genitale Asthenie« und ihre Stellung in der entsprechenden Neurosenstruktur. In deren Nähe rückt er auch die ejaculatio praecox, deren Aufklärung durch Abraham (PS I 43sqq.) er ausführlich referiert; er selber unterscheidet zwei prognostisch unterschiedliche Formen von ihr, je nachdem, ob urethral-anale Fixierung oder Regression von einer urethral gefärbten Genitalität vorliegt. Diese zwei Formen führt er von unterschiedlichen Aspekten aus vor. Dabei stellt er bei der Diskussion der schwereren (fixierten) Form diese als prägenitale Besetzung des Genitales der hysterischen Genitalisierung prägenitaler Strukturen bzw. erogener Zonen gegenüber. »Die genitale Asthenie ist das Resultat der Überflutung des Genitales mit prägenitaler Libido. (…) Die unbewußte Grundformel des Impotenten mit genitaler Asthenie lautet: ›Ich will nicht geschlechtlich verkehren, sondern mein Genitale so oder so benützen‹;

die des einfach Impotenten: ›Ich will verkehren, aber ich tue es nicht, weil ich eine Gefahr fürchte‹« (p. 131). Von diesem Krankheitsbild aus zieht Reich dann Verbindungslinien zur Hypochondrie, die durch die unabgeführten Erregungsmengen bei ständiger sexueller Reizung durch Organlibidinisierung entstehen soll. Es kann kein Zweifel bestehen, daß Reich sich intensiv um die Klärung des Verhältnisses von Prägenitalität zu Genitalität gekümmert hat und daß ihm dabei etliche schärfere Abgrenzungen und genauere Erklärungen gelungen sind als seinen Vorgängern; insgesamt bewegen sich seine diesbezüglichen Untersuchungen jedoch eng und durchaus unauffällig im Rahmen der klassischen psychoanalytischen Sexualtheorie. Um deren Verteidigung und präzisere Formulierung bemüht sich Reich im nächsten, dem sechsten, Kapitel.

Reich untersucht die Libidoentwicklung nacheinander unter zwei Aspekten: den Triebzielen und den Triebobjekten. Er referiert zunächst Freuds Theorie vom Erreichen des Genitalprimats und den Besonderheiten der weiblichen Sexualentwicklung und geht dann auf Ranks Versuch ein, die »Genese der Genitalität« (1925) zu erklären. Rank will nämlich diese aus der Verschiebung prägenitaler Triebziele auf dic Genitalien erklären; so soll der Penis auf einem komplizierten Wege die Brust der Mutter **ersetzen**, der Same die Milch usw. Reich bemerkt dazu: »Meine eigenen Untersuchungen der Libidoverschiebung bei der chronischen Neurasthenie haben ergeben, daß gerade dann die schwersten Defekte der männlichen Potenz zustandekommen, wenn der Penis voller Ersatz der begehrten Mutterbrust, der Samen ein solcher der Milch geworden ist« (p. 136sq.). »Für die normale Sexualentwicklung muß die Frage lauten, wieviel libidinöses Interesse den prägenitalen Zonen entzogen und der genitalen Zone zugewendet wurde; ferner unter welchen Bedingungen sich die genitale Libido relativ rein von Beimischungen prägenitaler Tendenzen entfalten kann. Wir sehen bereits den Unterschied in der Problemstellung selbst; Rank fragt, wie die Genitalität aus den prägenitalen Zonen entsteht, wir fragen, wie sich die Genitallibido ungestört von den Einflüssen der prägenitalen Libido entfalten kann« (p. 137). Gegen Ranks seltsame Auffassung, »die phallische Erotik sei reduzibel und nicht etwas psychologisch letztes«, die Erektion z.B. ein »passagères Konversionssymptom« etc., betont Reich: »Es ist nicht klar ersichtlich, warum die genitale Erotik einer psychogenetischen Erklärung eher bedarf als z.B. die orale oder anale Erotik, für die ein solches Problem auch noch nie aufgestellt wurde« (p. 138). Durchaus aktuell sind auch seine folgenden Ausführungen, die er für alle, die ihre pseudofreudianischen Pappenheimer kennen, gegen Rank, Ferenczi (sic! – 1924), Deutsch (1925) und andere richtet: »Ganz dieselben Einwände müssen den Versuchen mancher Analytiker, den **Sexualakt** zu deuten, entgegengehalten werden. (...) Sollte der normale Sexualakt wirklich nur ein Ersatz und eine Rachetat sein? Es geht auch nicht an, den Sexualgenuß des Weibes im Sexualakt als Höhepunkt masochistischen Erlebens hinzustellen, wie es von anderer Seite geschah. Und wenn ferner behauptet wird, daß der Höhepunkt des weiblichen Sexualgenusses im Geburtsakt liege, so liegt (...) eine durch keinerlei klinische Tatsache zu rechtfertigende Annahme vor, denn die vaginal-masochistischen Patientinnen sind ausnahmslos in hohem Grade sexualscheu und anästhetisch, wenn es zum Akt kommt, und wir meinen doch, daß der Höhepunkt des Sexualgenusses auch für das Weib im Sexualakt (im vaginalen Orgasmus) liegt« (p. 138sq.). In ähnlicher Weise erledigt Reich auch Ferenczis unglücklichen Versuch, den Koitus als »Amphimixis der Erotismen«, nämlich der Analität (Friktion – Zurückziehen) und Urethralität (Ejakulation): »Dem muß entgegengehalten werden, daß sich die Ejakulation restlos aus dem reflektorischen Vorgang am spinalen Zentrum erklärt, der durch Friktion als sensiblen Reiz in Gang gesetzt wird. Und die Friktion selbst kann psychologisch ebensowenig erklärt werden wie das Kratzen einer juckenden Hautstelle, wenn man nicht Physiologisches psychologisch erklären will« (p. 140).

Wir wundern uns heute vielleicht, wieso Reich es überhaupt nötig haben konnte, diese vielen bizarren Theorien zurückzuweisen, deren phantastische Haltlosigkeit manifest zu sein scheint. Ich vermute, daß sie durch ihre ideologische Brauchbarkeit entstanden sind, mit anderen Worten, daß sie Rationalisierungen gesellschaftlicher Anpassungstendenzen sogar sonst recht orthodoxer und fähiger Psychoanalytiker sind. Für die Ontologisierung eines »weiblichen Masochismus« oder »Geburtsakt als höchsten Sexualgenuß« ist das offenkundig. (Wir finden diesen heute feministisch drapierten Galimatias durchaus und aggressiv auch in der Gegenwart; siehe etwa die Anti-Reich-Delirien einer gewissen Bergmann im letzten Kapitel dieses Buches.) Aber auch die Psychologisierung der Normal Physiologie scheint mir diesen Sinn zu haben, da sie die körperliche Grundlage alles Psychischen verschleiert oder leugnet und dadurch erschwert, ihre Deformationen als (psychisch vermittelte) Schädigungs- oder Unterdrückungsresultate zu erkennen und anzuerkennen. Anders wäre die absichtlichem Ignorieren gleichkommende geringe Resonanz auf Reichs beinahe selbstverständliche Kritik dieser psychologisierenden Absurditäten kaum verständlich.

Nach dieser Diskussion wendet sich Reich der ernsteren Frage zu, was aus den prägenitalen Triebzielen bei der Errichtung des Genitalprimats eigentlich wird. Er beantwortet sie im Sinne der klassischen freudianischen Sexualtheorie, daß sie in Vor- und Endlust mitbefriedigt und dabei auf die genitale Stufe gehoben und entsprechend transformiert werden (z.B. Saugen zum Küssen). Ihre Verdrängung dagegen statt genitaler Integration schaffe die Einbruchstellen späterer Neurosen.

Hierauf nimmt Reich Stellung zu der verwickelten Frage der Objektbeziehungen, besonders zur weiblichen Objektwahl. Er stellt hier die Ansicht von Freud und Deutsch, diese Objektwahl entwickle sich reaktiv, gegen die von Horney und ihm selber, die Versagung eines infantilen Kindeswunsches spiele in der Genese des weiblichen Kastrationskomplexes eine entscheidende Rolle.

Jedoch räumt Reich ebenso wie Freud ein, daß die Frage nicht abschließend geklärt sei; er schreibt außerdem der weiblichen Vateridentifikation eine bedeutende Stellung bei der Genese des »weiblichen Männlichkeitskomplexes« zu, die eine Folge früher Liebesversagungen vom ursprünglichen Inzestobjekt sein könne. (Auf die andere Möglichkeit, daß die Identifikation **beider** Geschlechter mit dem Vater die verständliche Folge seiner **tatsächlich** besseren Position sein könne, geht Reich ebensowenig ein wie Freud.) Immerhin gelingt Reich ein recht überzeugendes Modell der weiblichen Kastrationsangst, dieser scheinbar so paradoxen Vorstellung der Psychoanalyse: »Das Verständnis der Angst vor dem Verlust des Penis begegnet hier keinen Schwierigkeiten, denn nach der Herstellung der Vateridentifizierung verwandelte sich der **Wunsch**, einen Penis zu besitzen, in die unbewußte Phantasie, einen solchen **wirklich** zu besitzen. (…) Was man aber zu besitzen glaubt, muß man auch zu verlieren fürchten. Schwieriger ist das Verständnis der Kastrationsangst **vor** der Herstellung der Vateridentifizierung. Damals bestand doch nur ein Peniswunsch. Das schließt wohl die Kastrationsangst im engeren Sinne aus, nicht aber die Angst, an dem bereits beschädigten Genitale noch weiter beschädigt zu werden; denn ein Rest verblieb: die Klitoris, von der manche Mädchen glauben, daß sie noch nachwachsen werde, und die doch auch Lust verschafft« (p. 146). Hier unterscheidet Reich zwar klarer als Freud zwischen weiblicher Kastrationsangst und Klitorisexzisionsangst; wie der höchst aktiv und blutig ausgelebte (weibliche) Kronoskomplex zahlreicher afrikanischer und arabischer Völker bis auf den heutigen Tag zeigt, ist diese letztere Angst der kleinen Mädchen durchaus keine nebelhafte und abwegige Spekulation müßiger Psychoanalytiker. Ungeklärt bleibt jedoch bei Reich (wie auch nur unbefriedigend geklärt beim späten Freud), woher die weibliche Kastrationsangst beider Formen im einzelnen kommt. Jedoch hat der frühe Freud eine besonders für die **frühe** Form völlig überzeugende Konstruktion erstellt, nämlich die Idee des anti-ödipalen Präventivschlags der **Mutter**[42]; dies stimmt auch mit dem ethnologischen Befund überein, daß die reale Kastration der eingeborenen Mädchen gewöhnlich von **alten Frauen** vollzogen wird[43]. Von Reich stammt die von Freud noch unterlassene Differenzierung zwischen der Bedrohung der Klitoris und der des Phantompenis; was bei ihm aber merkwürdigerweise nur pauschal abgehandelt wird, ist die klassische Freud'sche Theorie von der (Mädchen wie Knaben gemeinsamen) Phantasie von der Vagina als Kastrationswunde, die das Ergebnis einer Strafe für (mit der Onanie verknüpfte) Inzestwünsche darstellt. Mir erscheint es schade, daß Reich an dieser Stelle die Synthese und Korrektur zweier einander ablösender und widersprechender Theorien Freuds nicht geglückt ist, die ihm bei den »zwei Angsttheorien« so glänzend gelungen war. Mit seiner vagen Theorie von der Verschiebung analer und oraler Qualitäten auf die Vagina als Voraussetzung zur Herstellung des weiblichen Genitalprimats (p. 149sq.) befindet sich Reich genau im Bereich jener Kritik, die er betreffs des männlichen Genitalprimats gerade gegen Rank und Ferenczi erhoben hatte. Aber wie leicht fällt doch die Korrektur dieses mitgeschleppten Ideologems – und welchen Fortschritt für die Psychoanalyse stellt Reichs Orgasmustheorie insgesamt dar!

Aber ihre Vertreter blieben für dieses erste Hauptwerk noch undankbarer, blieben über es noch schweigsamer als für bzw. über das von ihnen im Gegensatz zu jenem offen unterdrückte zweite.

---

[42] GW II/III 262–266; dazu nun GW V 96, Anm. 1.

[43] cf. Winterstein 1928. Aktuelle Berichte zeigen, daß diese Praxis heute noch Millionen von Opfern in der 3. Welt findet und von dort aus auch in die klassischen Industrieländer diffundiert; ein Beleg dieser Atrozitäten ist wohl nicht nötig.

4. Kapitel: Von der ungeplanten Inhaltsdeutung zur geordneten Widerstandsanalyse

In seiner Orgasmustheorie hatte Reich die Frage des Verhältnisses der psychoökonomischen zur psychodynamischen und zur topischen Ebene des psychischen Geschehens untersucht; im Zentrum stand dabei die Theorie der neurotischen Angst. Seine Funde lassen sich abgekürzt in dem Satz zusammenfassen, daß »die Neurose ihre eigene Energiequelle schafft«, nämlich die Libidostauung. Von diesem Punkt aus versuchte Reich eine neue Vereinheitlichung und Korrektur der psychoanalytischen Nosologie und Sexualtheorie, ging jedoch auf die Frage der therapeutischen Praxis nur wenig ein. Eine grundsätzliche Folgerung freilich ergab sich auch auf diesem Gebiet: um die Energiequelle der Neurose versiegen zu lassen, mußte die (neurotogene) Libidostauung beseitigt, der ungestörte Ablauf der »spezifischen oder adäquaten Aktion« in der Terminologie Freuds, mit anderen Worten: die orgastische Potenz des Patienten und deren reale Verwertung wiederhergestellt werden. Darin besteht in Kürze Reichs Ansicht über ›Die therapeutische Bedeutung der Genitallibido‹, die er schon zuvor unter allgemeinem und besonders Abrahams und Ferenczis Beifall öffentlich entwickelt hatte.[1] Auch Freud hatte ja in seiner Theorie

---

[1] s.o. p. 49sq. – Diese einhellige Anerkennung einer Aussage, die nach meinen obigen Ausführungen über eine Gesellschaft, deren ideologischer Überbau auf der Matrize einer Erlösungsreligion geprägt wurde, eigentlich am anstößigsten wirken und daher, wenn jemals eine, dann jetzt eine unfaire Opposition gegen Reich in der I.Psa.V. hätte mobilisieren müssen, erstaunt nur denjenigen, der die organisationsimmanenten Möglichkeiten des Zwiedenkens (= der »kognitiven Dissonanzreduktion« sensu Festinger) unterschätzt. Einmal ist keinmal, einmal kann man auch die Wahrheit sagen, zerquatschen läßt sie sich immer noch, und dann sogar mit größerer Autorität, als wenn man von Anfang an nur ängstlich geschwiegen oder häßlich gedruckst hätte. Außerdem darf man sich auch die unfaire Reaktion nicht bewußt und geplant vorstellen, so als hätte es innerhalb der I.Psa.V. eine geheime Absprache gegeben, wie weit man im Aussprechen der Wahrheit gehen dürfe und wo dann aber Schluß sei; vielmehr muß man sich ihren harten

der Aktualneurose, wenn auch auf diese beschränkt, denselben Ansatz vertreten, wenn er die verblüffende therapeutische Wirksamkeit einer »Abstellung schädlicher Sexualpraktiken« (d.h. insbesondere des coitus interruptus) herausgestellt hatte.[2] Jedoch besagte Reichs prinzipielle Formel nichts unmittelbar brauchbares für die erdrückende Mehrzahl all jener Fälle, bei denen der adäquate Erregungsablauf aus **inneren** Gründen gestört war (also alle psychoanalytisch behandelbaren Patienten). Es nützte nichts oder wenig, wie Freud und Reich übereinstimmend feststellten, wenn man diesen Patienten etwa im Falle neurotischer Abstinenz einfach nahelegte, doch irgendeinen Geschlechtsverkehr aufzunehmen; denn, wie Freud einleuchtend feststellte, wären ohne ihre als direktes Agens einzig pathogenen Widerstände die Patienten längst von selbst auf diese Idee gekommen.[3] Ein solch grobes Verfahren, das nicht den Abbau der unbewußten Widerstände ins Zentrum rückte (und das von vielen Ärzten

---

Kern sehr wohl als eine Ansammlung von neugierigen Jägern verbotener Wahrheiten vorstellen, auf diese begierig und nur ihnen verpflichtet (dabei gedeckt vom damals noch hochangesehenen Wissenschaftsethos, nicht anders als von Zensur bedrohte Schriftsteller wie Joyce oder Arno Schmidt vom ebenfalls noch hochangesehenen, ähnlich strukturierten »Künstlerethos« des Realismus, auf das sie sich dann auch berufen), wenn auch jederzeit bereit, in »volkstümlichen Darstellungen« an den kitzeligen Stellen zu Zweideutigkeiten und Masken Zuflucht zu nehmen (cf. auch Ferenczi 1922), da dies ja den internen Kern nicht berühre (und nur für diesen war ja Reichs gefeierter und nur ganz unerwartet zentral bleibender Aufsatz geschrieben gewesen). Die unfaire Reaktion – und dann schließlich und unvermeidlich, wie wir besonders im 11. Kapitel sehen werden, auch die Verleugnung der Wahrheit – kam erst dann zustande, als der sozusagen feiertäglich und intern zugegebene Punkt persistierte (»gar nicht mehr weg ging«) und schließlich die Öffentlichkeit so weit zu erreichen drohte, nicht zuletzt durch Reichs praktisch-politische Aktivitäten, daß eine ehrliche und öffentlich verbindliche Stellungnahme nicht mehr zu vermeiden war.

2) GW I 330 u. passim; cf. auch GW I 355sqq.

3) GW VIII 121: »Wer auf diesen zweiten Faktor [sc. die Verdrängung] (...) nicht vergißt, wird nie glauben können, daß Sexualbefriedigung an sich ein allgemein verläßliches Heilmittel gegen die Beschwerden der Nervösen sei. Ein guter Teil dieser Menschen ist ja der Befriedigung unter den gegebenen Umständen oder überhaupt nicht fähig. Wären sie dazu fähig, hätten sie nicht ihre inneren Widerstände, so würde die Stärke des Triebes ihnen den Weg zur Befriedigung weisen, auch wenn der Arzt nicht dazu raten würde.«

recht gerne getrieben wurde), verdammte ja Freud als »wilde Psychoanalyse«, Reich als »Organotherapie« (nämlich am Schluß der ›Funktion des Orgasmus‹, p. 198sq.). Über den Umgang mit diesen Widerständen, ihrem Verhältnis zum sonstigen unbewußten Material, ihre genauere Stellung im psychoanalytischen Prozeß war damit freilich noch wenig ausgesagt, praktisch verwertbare Hinweise für die Arbeit des Analytikers noch nicht gewonnen.[4)] Tatsächlich existierte, wie Reich schon sehr früh festgestellt hatte, außer wenigen von Freud aufgestellten Grundsätzen keine verbindliche Theorie der psychoanalytischen Technik; vielmehr war diese auf weite Strecken der Willkür des einzelnen Analytikers überlassen. So sahen dann auch die Resultate aus.

Wieder war es ein klinischer Sachverhalt, von dem Reich ausging. Begann er bei der Orgasmustheorie mit der Beobachtung, wie sexuelle Befriedigungsfähigkeit (bzw. reale Sexualbefriedigung) und Neurosen-Heilung zusammenhängen, so ging er jetzt von der auch schon von Freud herausgestellten Tatsache aus, daß offensichtlich nicht jede psychoanalytische Deutung therapeutische Effekte erzielt, und zwar unabhängig von ihrer sachlichen Richtigkeit[5)]. Es stellte sich darum jetzt die Frage: wann, unter welchen Voraussetzungen, in welcher Reihenfolge sind die Deutungen zu applizieren, um wirksam zu werden? Was heißt »Handhabung der Übertragung« praktisch? Und wie bringt man die Patienten zur Befolgung der »analytischen Grundregel«?

Zur Beantwortung dieser und vieler anderer Fragen schrieb Reich – nach den im ersten Kapitel dieser Arbeit

---

4) Dennoch hatte Freud den wesentlichen Gedanken der ›Charakteranalyse‹ schon vorweggenommen, als er schrieb: »Nicht dies Nichtwissen an sich ist das pathogene Moment, sondern die Begründung des Nichtwissens in inneren Widerständen, welche das Nichtwissen zuerst hervorgerufen haben und es jetzt noch unterhalten. In der Bekämpfung dieser Widerstände liegt die Aufgabe der Therapie« (GW VIII 123).

5) vgl. GW XI 290sq.

beschriebenen Vorarbeiten – das Buch ›Charakteranalyse‹, das als sein zweites Hauptwerk gelten muß. Es wäre ein vergebliches Unterfangen, den Reichtum dieses Buches im Rahmen einer notgedrungen raffenden Untersuchung ausbreiten zu wollen; er erschließt sich erst nach mehrfacher Originallektüre, und auch das nur für den in psychoanalytischer Praxis erfahrenen Leser. Ich werde darum nur versuchen, die Grundgedanken Reichs unter dem Aspekt ihrer Neuheit oder des Fortschritts über den bisher erreichten Stand der Analysentechnik hinaus darzustellen und entsprechend zu gewichten.

Die ›Charakteranalyse‹ (1933a) zerfällt in zwei etwa gleichstarke Teile, einen über Probleme der Behandlungstechnik, einen über die aus den dabei gewonnenen Erfahrungen abgeleitete psychoanalytische Charakterologie. Beide Teile streben Übersicht, aber keine Vollständigkeit an. Am Anfang beschreibt Reich noch einmal kurz die gesicherten Grundannahmen der analytischen Psychotherapie und betont dabei die zentrale und fundamentale Bedeutung der analytischen Grundregel[6)] als »strengste, unerläßlichste Maßnahme der analytischen Technik« (p. 19). Das Problem ist aber, daß nur ein kleiner Teil der Patienten einigermaßen früh oder überhaupt fähig ist, sie zu befolgen: »Würden unsere Patienten von Anbeginn die Grundregel auch nur annähernd befolgen, es bestünde kein Grund, ein Buch über Charakteranalyse zu schreiben. Leider ist es so, daß die wenigsten unserer Patienten von Anbeginn analysefähig sind; sie befolgen die Grundregel erst nach gelungener Auflockerung der Widerstände« (p. 24). Die Fragen, die sich ergeben, wenn man dieses Ziel ernsthaft verfolgt, stellt Reich im ersten Kapitel; ich habe

---

6) Ein für allemal: GW VIII 454–478. – Ich streiche den Punkt deshalb so kategorisch heraus, weil er potentiellen Psychoanalysepatienten einen guten »Warentest« ermöglicht: bekommen sie die Grundregel und deren wesentlichen Sinn nicht verbindlich und ernst am Beginn der Behandlung mitgeteilt, so sind sie, welche Titel er auch tragen mag, einem Scharlatan aufgesessen und sollten unter Schonung ihrer Zeit und Finanzen nicht mehr wiederkommen.

sie schon referiert. Er kommt zunächst zu dem Ergebnis, daß es darauf ankomme, »aus der jeweiligen analytischen Situation selbst durch genaue Zerlegung ihrer Details die Situationstechnik hervorgehen zu lassen« (p. 21). Nach welchen Prinzipien dies zu geschehen hat, entwickelt Reich in den folgenden Kapiteln.

Zunächst faßt er kurz die wesentlichen seitherigen Fortschritte der psychoanalytischen Therapie zusammen. Nachdem Freud gemerkt hatte, daß die bloße Mitteilung des erschlossenen unbewußten Gehaltes eines Symptoms oder einer pathogenen Vorstellung nur selten eine nützliche Wirkung erzielte, da diese von der Bereitschaft des Patienten abhing, sie zu akzeptieren und zu verarbeiten, änderte er seine Technik und begann, die Beseitigung der gegen das Verdrängte gerichteten Widerstände ins Zentrum zu rücken, also indirekt statt direkt vorzugehen. Einige abgefallene Schüler, insbesondere Rank (und später auch die Schule Melanie Kleins) reagierte darauf mit der forcierten Rückkehr zur alten Symptomdeutung, aber drastisch verschärft, indem sie auf logisch zwingende falsifizierbare Ableitung ihrer »Deutungen« verzichteten, und statt dessen den Patienten methodisch mit »tiefen« Deutungen bombardierten.[7] Reich dagegen will den entgegengesetzten Weg beschreiten, nämlich den Ausbau der Widerstandsanalyse: »Der vorliegende Versuch bedeutet nicht mehr, als die konsequente Anwendung der neuen Methode der Widerstandstechnik auch auf die Analyse des Charakters, ganz im Sinne des Fortschritts der analytischen Therapie von der Symptomanalyse zur Analyse der

---

[7] Auch heute, und schon länger, ist dieser unerquickliche Brauch DPV- (bzw. I.Psa.V.-) typisch geworden, wenngleich unehrlicherweise weniger systematisch als bei Rank und Klein. Wenn ein Tilmann Moser damit kokettieren kann, daß er – es soll Selbstironie sein – mit seinem »Deutungsdreck um sich wirft«, dann zeichnet das in Wahrheit ein ebenso treffendes wie trauriges Bild vom verkommenen Zustand der organisierten Psychoanalyse bald nach dem Tode Freuds bzw. dem Ausschluß Reichs, welche aus durchsichtigen Selbstschutzgründen ihre Wissenschaftlichkeit ebenso geopfert hat wie Juden und Parsen ihr zuvor so ausdauerndes bis heroisches Missionieren.

Gesamtpersönlichkeit« (p. 25). Wie Freud nach etlichen negativen Erfahrungen betonte, hatte sich herausgestellt: »Das Bewußtmachen des Verdrängten blieb also **die** unerläßliche Voraussetzung, ohne sie jedoch spezifisch zu begründen. (…) Das Übersetzen einer Vorstellung aus dem Unbewußten ins Bewußte allein genügt nicht zur Heilung« (p. 26). Aber was mußte dann hinzukommen, wenn sich der »topische« Aspekt als unzureichend erwies? Diese Frage blieb offen. Denn auch die Lösung vom »dynamischen« Standpunkt, wie sie Ferenczi und Rank betrieben hatten[8)], brachte zwar einen Fortschritt, aber nicht den entscheidenden Durchbruch; denn die Besserungen nach der Abreaktion des Vorstellungsaffekts in der Analyse hielten selten an. So blieb nur noch der »ökonomische« Gesichtspunkt: die Triebstruktur des Patienten mußte so geändert werden, daß er einen geordneten Libidohaushalt herstellen konnte, er mußte durch die Analyse zu einem einigermaßen reichen und befriedigenden Sexualleben gelangen, wenn er gesund werden und bleiben sollte. Aber ganz abgesehen von den gesellschaftlichen Schwierigkeiten stellte sich jetzt die Frage, wie die Analyse derlei bewerkstelligen sollte. Reich erläutert nun seine libidoökonomische Theorie, die wir schon kennen, und setzt daraus abgeleitet für das therapeutische Vorgehen folgende Richtlinie: »Die Therapie geht den umgekehrten Weg [sc. der Neurose], indem sie zuerst die

---

8) Kap. I, III und V von Ferenczi und daher abgedruckt in BP III 220–244. Es ist offensichtlich, wie sehr insbesondere Ferenczi Reich vorgearbeitet hatte, als er die Wertlosigkeit einer undynamischen »deskriptiven Analyse« und des »Deutungsfanatismus« beklagte (p. 225sq.), eine Erweiterung der »Symptomanalyse« zur Analyse der Gesamtpersönlichkeit forderte (p. 226) und eine zunehmende Desorientiertheit der Analytiker in praktisch-technischen Fragen beklagte (p. 22sqq.). Vgl. auch seine Ausführungen zur Charakteranalyse von 1921 (BP II 80sq.). Ebenfalls wie eine Vorankündigung Reichs klingt der zentrale Satz seines Resümees: »Die bis jetzt vernachlässigte wissenschaftliche Bedeutsamkeit der richtig gehandhabten Technik muß die ihr gebührende Würdigung finden. Es sollen also weniger als bisher theoretische Resultate mechanisch auf die Technik rückangewendet werden, vielmehr muß eine stetige Korrektur der Theorie durch die in der Praxis gewonnenen neuen Einsichten erfolgen« (BP III 243).

Psychoneurose durch Bewußtmachen der unbewußten Hemmungen und Fixierungen zersetzt und so den Weg zur Behebung die Libidostauung freilegt; ist diese einmal behoben, so ist, wieder in einer Zirkelwirkung, auch die Verdrängung und die Psychoneurose unnötig, ja mehr: unmöglich geworden. (...) Daß aber dieses Ziel nicht durch Erziehung, ›Synthese‹ oder Suggestion, sondern nur durch gründliche Analyse der **charakterlichen** Sexualhemmungen erreicht wird, werden die folgenden technischen Ausführungen zu zeigen haben« (p. 30).

Diese Ausführungen eröffnet Reich mit einem warnenden Beispiel, nämlich den Ratschlägen Nunbergs[9], die Widerstände nicht direkt anzugehen, sondern die positive Übertragung gegen sie zu mobilisieren; der Analytiker solle sich auf diesem Wege ins Ich des Patienten einschleichen und zu ihm eine ähnliche Beziehung aufbauen wie der Hypnotiseur zum Hypnotisierten. Dagegen wendet Reich ein, daß dieses infantilisierende Vorgehen die Gefahr einer oberflächlichen, gefügigen Annahme von Deutungen, eine gefällige Maskierung von Widerständen heraufbeschwört; zudem überschätze es die Tragfähigkeit einer positiven Übertragung am Anfange einer Analyse. Welch unerfreuliche Folgen ein Vorgehen im Sinne Nunbergs provoziert, belegt Reich an einem von dessen eigenen Fallberichten; er räumt freimütig ein, daß ihm früher ähnliche Mißgeschicke auf der gleichen Grundlage auch selber begegnet seien, aber verhindert werden müßten.

---

[9] Ein solches Vorgehen hatte schon 1928 die schärfste Kritik Ferenczis herausgefordert: »Ich leugne nicht, daß dieser Prozeß [sc. die Errichtung eines ›analytischen Über-Ichs‹] in allen Fällen wirklich vor sich geht, (...) möchte aber hinzufügen, daß eine wirkliche Charakteranalyse (...) mit jeder Art von Über-Ich, also auch mit dem des Analytikers, aufzuräumen hat. Schließlich muß ja der Patient von aller gefühlsmäßigen Bindung, soweit sie über die Vernunft und die eigenen libidinösen Tendenzen hinausgeht, frei werden. Nur diese Art Abbau des Über-Ichs überhaupt kann eine radikale Heilung herbeiführen; Erfolge, die nur in der Substitution des einen Über-Ichs durch ein anderes bestehen, müssen noch als Übertragungserfolge gewertet werden; dem Endzweck der Therapie, auch die Übertragung loszuwerden, werden sie gewiß nicht gerecht« (BP III 394sq.).

Nun kommt Reich auf einige typische Fehler der Deutungstechnik zu sprechen, wie sie besonders in der Einleitungsphase der Behandlung verhängnisvoll werden und »chaotische Situationen« heraufbeschwören. Es handelt sich insbesondere um **verfrühte Deutungen** – Ferenczi würde sagen: ein Hereinfallen auf »Materialopfer« des Patienten – , um die Vernachlässigung der geheimen negativen Übertragung, um Mißachtung der Mitteilungsform über dem Mitteilungsinhalt und hierbei insbesondere um das Fehlen des Affekts bei der Inhaltserinnerung. Dabei stellt Reich klar, daß diese natürlich nach wie vor entscheidend bleibt: »Dieses Beispiel [sc. einer wirkungslos erinnerten Urszene] wird manchen Gelegenheit geben, zu triumphieren: Endlich das Zugeständnis, daß die Aufdeckung der Urszene nichts nützt! Die Betreffenden irren. Ohne Analyse der frühesten Erlebnisse gibt es keine wirkliche Heilung. Es kommt nur darauf an, daß mit den dazugehörigen Affekten erinnert wird« (p. 38).

Als besonders abschreckendes Beispiel zitiert Reich den Fall eines multiplen Perversen, den er von einem Kollegen übernommen hatte. Dieser Patient konnte Reich reichlichstes Material bieten und die vermutlich richtigen Deutungen dazu; er glaubte aber kein Wort davon, bewahrte ein inneres Lächeln und blieb dementsprechend unheilbar. (Viele anti-psychoanalytische Witze beziehen ihre Pointe aus ähnlichen Fällen – leider sind diese, durch fehlerhafte Anwendung der Psychoanalyse eben, gar nicht so selten.)

Hieraus zieht Reich den Schluß, daß die Deutung der Widerstände den Vorzug vor Inhaltsdeutungen haben und konsequent erfolgen müsse, da der einmal gedeutete Widerstand keineswegs sofort seine Kraft verliere, sondern zunächst nur maskiert fortlebe.

Im dritten Kapitel bespricht Reich »einige typische Fehler in der Deutungstechnik«, wie sie besonders in der Einleitungsphase der Behandlung verhängnisvoll werden und »chaotische Situationen« heraufbeschwören können. Diese Fehler sind insbesondere zu frühe (und unsystematische) Sinndeutung, aber auch unsystematische oder inkonsequente Widerstandsdeutung. Reich stellt den Grundsatz auf: »Keine Sinndeutung, wenn eine Widerstandsdeutung notwendig ist« (p. 43). Welche Ergebnisse man durch Sinndeutungen vor Widerstandsdeutungen erzielt, belegt Reich mit vielen Beispielen, am eindrucksvollsten an jenem multiplen Perversen, der Unmengen an Material produzierte, dieses sogar treffend deutete, aber von alledem kein Wort glaubte und jenes innere Lächeln mit sich herumtrug; natürlich blieb die Analyse wirkungslos.

Schon der Hinweis auf die reichliche Materialproduktion als Widerstandsmittel verrät uns schon wieder, wem Reich offensichtlich am meisten verdankt. Denn schon Ferenczi hatte das Materialopfer, den »Mißbrauch der Assoziationsfreiheit« als Widerstandsform gewürdigt.[10)] Es ist auch Ferenczi, der gleichzeitig mit Reich auf die Bedeutung des »formalen« Faktors, d.h. der Sprechweise, Mimik, Gesichtsausdruck usw. der Patienten für Therapie und Psychostruktur hinwies, was Reich auch ausdrücklich erwähnt.[11)] Wir sehen also, daß der Zentralgedanke der ›Charakteranalyse‹ längst von Reichs Vorläufern in der I.Psa.V. geäußert worden war; Reich blieb nur die Aufgabe, der sich freilich noch niemand unterzogen hatte, ihn zu Ende zu denken und zu systematisieren.

Doch nicht nur die verfrühte Sinndeutung kann die Analyse ruinieren; ebenso schädlich ist die verspätete oder nicht durchgehaltene Widerstandsdeutung. Es ist darum konsequent, wenn Reich fordert, schon zu Anfang der Analyse auf alle Anzeichen der negativen Übertragung zu achten, wie sie besonders bei »braven« (= »passiv-femininen«, wie sie ideologischerweise in der Literatur heißen, sowie gewissen hysterischen), konventionell-korrekten (zwanghaften), affektlahmen (ebenfalls oft zwanghaften) sowie depersonalisierten Patienten vorkommen. Insbesondere ist bei Patienten

---

10) BP II 38sqq. (cap. I); BP II 74; Reich verwendet den Terminus öfters; cf. l.c. p. 54; 105; 111.

11) l.c. p. 45. Cf. dazu BP III 119sqq.

des narzißtischen Typs auf das »innere Lächeln« zu achten. Der Analytiker muß der Versuchung widerstehen, auf die Angebote dieser scheinbar bequemen Patienten einzugehen; er darf bei der Aufmerksamkeit auf die »negative Übertragung« aber auch nicht den umgekehrten Fehler begehen, jede berechtigte Kritik oder kränkende Offenheit der Patienten – besonders zu Anfang der Analyse – als Übertragungswiderstand deuten zu wollen.[12)]

Schließlich weist Reich noch darauf hin, daß der Patient die Neigung hat, vor einer einmal akzeptierten Widerstandsdeutung zu fliehen, die alten Widerstandstechniken bei passender Gelegenheit wiederaufleben zu lassen und sich unangenehmen Punkten je nach Gelegenheit durch Flucht ins Infantile oder Aktuelle zu entziehen. In beiden Fällen muß der Analytiker auf den Fluchtcharakter der Bewegung viel mehr achtgeben als auf ihren Inhalt.

All diese Überlegungen führen zu der Frage nach der **Herkunft**, der **Schichtung** und dem **Umgang** mit den Widerständen. Reich behandelt sie im vierten Kapitel, dem Kernstück der ›Charakteranalyse‹.

Nachdem Reich dort den Grundsatz aufgestellt hat, die Deutung habe sich nicht an die Linie des inhaltlichen Materials, sondern die Linie der aufeinanderfolgenden Widerstände zu halten (p. 57), kommt er auf die Hauptschwierigkeit bei der Einleitung der Behandlung zu sprechen, nämlich die Unfähigkeit der meisten Patienten zur

---

12) Auch hier spüren wir Ferenczi hinter Reich. Ferenczi wies nämlich ausdrücklich darauf hin, wie oft Patienten gegenüber dem Analytiker – auch sachlich – recht haben können, was dieser, wenn er es eingesehen hat, offen und ehrlich zugeben muß (BP III 389sq.). Denn die Psychoanalyse unterscheidet sich von der Religion vorteilhaft durch die Einsicht (oder sollte es wenigstens), daß nicht jede Opposition Widerstand ist, sondern nur eine sachlich unrichtige oder affektiv übertriebene Opposition, was im Einzelfall zu belegen ist. Eine Vernachlässigung dieser Überprüfung schadet übrigens nicht nur dem Erfolg, sondern – und mit Recht – auch dem Ruf der Psychoanalyse, welche damit auf das Niveau der Religion herunterpurzelt: »Wenn Du dieses glaubst, hat Dich Gott erleuchtet, wenn nicht, hat Dich Satan verblendet«, oder kürzer »Tails you lose, heads I win«. Siehe Freud GW XVI 41sqq., bes. 43.

Befolgung der Grundregel. Er warnt davor, »erzieherische«, suggestive Mittel oder Übertragungsmanöver einzusetzen, um diese Schranke zu überwinden, sondern vielmehr auch hier **analytische** Mittel einzusetzen, nämlich zu **verstehen**, »welchen aktuellen Sinn das Benehmen des Kranken hat«, seine sich als »Charakterwiderstände« auswirkenden Eigenheiten ebenso als Rückstände und Niederschläge seiner Kindheitstraumen und -situationen zu begreifen und zu behandeln wie sein sonstiges Material (p. 58sq.).

Allein diese Einsicht in die prinzipiell gleiche Infantilgenese der Symptome wie des Charakters sollte nach Reich davor warnen, eine starre Trennung von Charakter- und Symptomneurosen vorzunehmen, wie dies Glover und Alexander versucht haben; in Wahrheit gibt es kein neurotisches Symptom ohne »charakterneurotische Reaktionsbasis«. »Der Unterschied zwischen Charakter- und Symptomneurosen ist nur der, daß bei diesen der neurotische Charakter auch noch Symptome produzierte, sich sozusagen in solchen konzentriert hat« (p. 59). Unter diesen Umständen ist die »Charakteranalyse« in **allen** Fällen angezeigt – geringfügige Ausnahmen und Einschränkungen diskutiert Reich im V. Kapitel –, sie ist nicht eine zusätzliche Variante der bisherigen Technik zum Spezialgebrauch, sondern ihre verbesserte Ausgabe, ein wichtiger Fortschritt über den anfänglichen Stand hinaus.

Wieder sehen wir, wie Reich den schon in der Orgasmustheorie gewählten Weg der **Vermittlung von Aktualität und Historizität** erneut einschlägt, diesmal auf dem Felde der Neurosentherapie und Strukturanalyse. Durch sein ganzes psychoanalytisches Werk zieht sich wie ein roter Faden dieser Anspruch und verknüpft seine scheinbar so unterschiedlichen Teile. Diese Grundlinie ist im Gegensatz zu der bisher – fast immer in polemischer Absicht – einseitig hervorgehobenen energetisch-monistischen Grundhaltung Reichs als Gemeinsamkeit seines Werks noch nicht gewürdigt worden. Aber sie ist mindestens ebenso dominant, nur eben polemisch unbrauchbar. Auch

Reichs Versuch, Psychoanalyse und Gesellschaftslehre zur Synthese zu bringen (was die Mehrheit der Zeitgenossen eher aktiv vermied), muß letztlich unter diesem Aspekt gesehen werden. Dieses Bestreben, die zwei Seiten eines Vorgangs oder einer Sache nicht metaphysisch zu trennen, nur weil man sie verschiedenen – menschengemachten – Disziplinen und daher in letzter Instanz **Worten** zuschlagen kann, sondern in ihrer die Organisationsebenen durchdringenden Wechselwirkung zu begreifen, **ohne sie dadurch zu relativieren**, ist genau das, was in klassisch marxistischer Terminologie als »Dialektik« bezeichnet wird.[13] Wir sehen zunächst, gerade an diesem »interdisziplinären« Prinzip, wie sich der marxistische Wortgebrauch, den heute nur noch wenige Menschen überhaupt kennen, vom aristotelischen, aber auch vom vulgären, unterscheidet, welcher darunter nur »Sackgassen vermeidende Diskussionstechnik« versteht (in Abgrenzung von der »Logik«, welche Sackgassen des Monologs vermeiden soll), welcher gerade entgegengesetzterweise zum klassischen, sowohl aristotelischen wie marxistischen Sinn unter »Dialektik« ein Relativierungsmittel verstehen will – wenn seine Bedeutung nicht einfach zu »zwar-aber-förmiger Opportunismusrechtfertigung« oder »spitzfindiger Widerspruchsapologetik« heruntergekommen ist. Reich jedoch hat sich – jedenfalls in dem von mir behandelten Abschnitt seines Schaffens – stets bemüht, den umstrittenen Begriff im klassisch marxistischen Sinne anzuwenden. Wir werden bei der Diskussion der Frage, wie weit es

---

[13] Siehe Engels MEW XX 111–133 (= Anti-Dühring cap. XII u. XIII). Es wäre äußerst wünschenswert, wenn diese wenigen und so klar geschriebenen Seiten häufiger gelesen würden; sie schützen vor der Verachtung des so tausendfach zerquatschten und vom Gähnreflex stigmatisierten Wortes, hinter welchem bei Marx und vor allem Engels nichtsdestoweniger ein geistiger Gehalt steckt, der ebenso gespreizt und akademisch wie verleugnet und verstümmelt in der »modernen« »Chaostheorie« wiederauferstanden ist wie vor allem als einziger geeignet ist, bei der Betrachtung hochkomplexer Phänomene wie besonders des Lebens oder der Subjektivitätsfunktion hochvernetzter Neuronensysteme zuverlässig vor Mystik und Pfaffengeraun zu schützen.

ihm möglich war, das Verhältnis von Psychoanalyse und Marxismus zu bestimmen, noch darauf zurückkommen, ob es ihm gelungen ist.

Jedenfalls erkennen wir Reichs Grundprinzip, welches er »dialektisch« nannte, nämlich die Vermittlung – diesmal individueller – von Aktualität und Historizität, sowohl an der ›Orgasmustheorie‹ wie an der ›Charakteranalyse‹. In beiden Fällen hat die Betonung der aktuellen Situation – hier der gegenwärtigen Libidostauung, dort des gegenwärtigen »Charakters« – mitnichten zu einer Relativierung des Historischen (= Infantilen) geführt, **obwohl** Reich ebenso unnachsichtig auf der Bedeutung des Aktuellen besteht. Denn es ist auf einem infantilen Fundament errichtet, so sehr es sich verselbständigt haben mag und nun das Haupthindernis zum Zugang zur Infantilität bildet. **Gerade deshalb** aber ist es so bedeutungsvoll. »Die Form der Reaktionen des Ichs, die je nach dem Charakter bei gleichbleibenden Erlebnisinhalten verschieden ist, läßt sich ebenso auf kindliche Erlebnisse zurückführen wie der Inhalt der Symptome und Phantasien«, behauptet Reich[14] (und weist es im 2. Teil des Werkes auch nach). Schon bei der Unterstreichung des dynamischen Faktors für die Wirksamkeit der Deutungen hatte er Anlaß gehabt, vor einer Relativierung des infantilen Gehaltes ausdrücklich zu warnen – ich zitiere also nochmals: »Dieses Beispiel [sc. einer effektlos entwickelten Urszene] wird manchem Gelegenheit geben, zu triumphieren: Endlich das Zugeständnis, daß die Aufdeckung der Urszene therapeutisch nichts nützt! Die Betreffenden irren. Ohne Analyse der frühesten Erlebnisse gibt es keine wirkliche Heilung. Es kommt nur darauf an, daß mit den dazugehörigen Affekten erinnert wird.«

Der »Charakter« ist also ein System geronnener Abwehr[15]; es hat im gewöhnlichen Leben die neurotische

---

[14] op. cit. p. 58sq.; cf. auch p. 67sq.

[15] »Aus diesem Gesichtspunkte betrachtet, muß man allerdings die ganze Charakterbil-

Angst zu binden, Durchbrüche der Verdrängung zu verhüten, das (neurotische) Gleichgewicht zu verteidigen; er ist ein Schutzmechanismus, ein »Panzer«. Er diente diesen bzw. analogen Zielen schon bei seiner Entstehung – die auch nur aus damals aktuellen Zielen zu erklären ist – und dient ihnen weiter in der Analyse; der Charakter, der vormals als (symptom-)neurotische Reaktionsbasis fungiert hatte, dient jetzt als Charakterwiderstand. »Die Verfolgung der Charakterbildung bis in die frühe Kindheit ergibt, daß sie seinerzeit aus den gleichen Gründen und zu demselben Zwecke erfolgte, denen der Charakterwiderstand in der aktuellen analytischen Situation dient. Das Hervortreten des Charakters als Widerstand in der Analyse spiegelt seine infantile Genese wider. (...) So kombiniert sich auch im Charakterwiderstand die Abwehrfunktion mit der Übertragung infantiler Beziehungen zur Umwelt« (p. 66).

Die Analyse der Charakterwiderstände wird also aus der aktuellen Situation entwickelt, wobei dem »narzißtischen Schutzapparat« besondere Aufmerksamkeit gewidmet werden muß. Diese »Situationstechnik«, wie Reich sie nennt, steht keineswegs im Gegensatz zum nächsten Ziel, nämlich das Infantile **wirkungsvoll** zu erschließen, sondern dient ihm vielmehr: »Ich habe bereits früher den Einwand zu widerlegen versucht, daß man Widerstände nicht angehen könne, ehe man ihre **infantile** Determinierung kenne. Wesentlich ist, daß man zunächst den **aktuellen** Sinn des Charakterwiderstandes durchschaut, wozu man das infantile Material nicht immer benötigt. Dieses brauchen wir zur **Auflösung** des Widerstandes. Begnügt man sich zunächst damit, den Widerstand dem Patienten vorzuführen und seinen aktuellen Sinn zu deuten, so stellt sich sehr bald auch das infantile Material dazu ein, mit

dung des Menschen, die ja bei der Triebverdrängung als schützender Automatismus entstanden ist, in der Analyse in regressiver Richtung bis zu ihren Triebgrundlagen zurückverfolgen, soll die Analyse eine wirkliche Reedukation des Menschenkindes werden« (BP III 371).

dessen Hilfe wir den Widerstand auch beseitigen können« (p. 69).

Auf diese Weise wird die Analyse systematischer: »Dort [sc. in der herkömmlichen Analyse] sagen wir sofort, **was** der Analysand abwehrt; hier aber machen wir ihm zuerst klar, **daß** er ›etwas‹ abwehrt, dann, **wie** er es tut, welcher Mittel er sich dabei bedient, und erst zuletzt, wenn die Analyse des Widerstandes genügend weit fortgeschritten ist, erfährt oder findet er selbst, wogegen sich die Abwehr richtet« (p. 84). So wird der Zugang zum psychoneurotischen Kern auf indirektem Wege am wirkungsvollsten erschlossen. »Die analytische Auflockerung des charakterlichen Panzers und die Störung des narzißtischen Schutzapparates hat unmittelbar zweierlei zur Folge: Erstens die Lösung der Affekte aus ihren reaktiven Verankerungen und Verschleierungen, zweitens die Schaffung einer Einbruchspforte in die zentralen Gebiete der infantilen Konflikte, in den Ödipuskomplex und die Kastrationsangst. (...) Ist doch in vielen Fällen die Affektbesetzung der kindlichen Erlebnisse charakterlich in Abwehrmechanismen aufgearbeitet worden, so daß man bei einfacher Deutung der Inhalte wohl die Erinnerungen, aber nicht die Affekte bekommt. In solchen Fällen ist die Deutung des infantilen Materials ohne **vorherige** Lösung der im Charakter verankerten Affekte geradezu ein Kunstfehler« (p. 94).

Der Anschluß des Infantilen an das Aktuelle, die adäquate Verknüpfung beider Seiten des psychischen Geschehens, des Historischen wie des Aktuellen, bleibt oder wird vielmehr Ziel der Analyse; das Aktuelle ist kein uninteressanter, beliebiger Aufsatz auf das determinierend historische, sondern eine Seite erschließt die andere zugunsten der endlich möglichen Selbstbestimmung des Patienten, der dadurch erstmals aufhören kann, Sklave und Produkt eines schlechten historischen Zufalls zu sein.[16] Nur dadurch, durch das Therapieziel eines höhe-

---

[16] cf. p. 98: »Die Widerstandstechnik hat also zwei Seiten: erstens die Erfassung des

ren als zuvor gegebenen **Freiheitsgrades**, gelangt die Psychoanalyse zu ihrer Überlegenheit über alle anderen Psychotherapien, was sie auch oft genug aussprach und was ihre dressurbejahenden und erkenntnishassenden Gegner bis heute erbost. Das Infantile wird durch Analyse des Aktuellen gerade als dessen Grundlage und Kern erkannt; dieses wird ja gerade deshalb so eingehend zersetzt, **weil** es den Zugang zum Infantilen versperrt. Und nur aus dieser Verknüpfung heraus erhält die Forderung nach der Charakteranalyse als psychoanalytischer Norm ihrer Berechtigung: »Man erfährt nur die wichtigen Ereignisse der Kindheit später als sonst; das wird aber reichlich wettgemacht durch die affektive Frische, mit der das infantile Material **nach** der analytischen Bearbeitung der Charakterwiderstände hervorquillt« (p. 84).

Wir sehen also, daß auch hier Reich wieder die Erklärung des Aktuellen durch das Historische, das kausale Prinzip der Psychoanalyse, in jeder Hinsicht hochhielt; bei seiner Technik, das Aktuelle zu würdigen und von der Oberfläche auszugehen, verfiel er keineswegs dem schalen Aktualismus und der systematischen Seichtigkeit etwa einer Karen Horney oder eines späten Erich Fromm, die mit ähnlichen Bemühungen begonnen hatten, aber dann an der Vermittlung von Aktualität und Historizität gescheitert waren.[17] Dementsprechend zaghaft fiel der einzige grundsätzliche Kritikversuch an Reichs Technik aus, den Fenichel (der später noch vor Marcuse der zielsicherste Fromm-Horney-Kritiker geworden ist) ein wenig indirekt zwei Jahre später unternahm (1935b). Neben einem etwas abstrakten Aktualismusvorwurf bringt er gegen Reichs Technik den Fall eines Patienten, der durch Artikulation seiner aktuellen Verhaltensweisen durch den

---

Widerstandes aus der aktuellen Situation durch Deutung seines aktuellen Sinnes, zweitens die Auflösung des Widerstandes durch Verknüpfung des nachströmenden infantilen Materials mit dem Aktuellen.«

17) Eine treffende Kritik Horneys und Fromms findet sich bei Marcuse 1966, p. 243–268.

Analytiker gerade in den Übertragungswiderstand hineingetrieben wurde, da dessen Vater sich ihm gegenüber ähnlich verhalten hatte. Nun mag derlei gewiß vorkommen, ist aber sowohl reichlich speziell wie auch der Analyse ohne allzu schwere Probleme gesondert zugänglich.

Etwas ausführlicher äußert sich Reichs zweiter namhafter Kritiker, Theodor Reik. Er wirft Reich »Aggressivität« im Umgang mit den Widerständen – und dadurch auch mit den Patienten – vor und ironisiert ihn mit den Worten: »Mehr Strenge gegen die Armen!«[18] Darauf läßt sich nur in Abwandlung eines Spinoza-Wortes sagen: Ironia non est argumentum. Denn Reiks Einwand wäre ja nur dann berechtigt, wenn Reich tatsächlich »aggressiv«, d.h. suggestiv, ermahnend, pädagogisch u.ä. vorginge; es geht Reich aber gerade nicht um aktive Beeinflussung des Patienten, sondern um **dessen** Selbsterkenntnis. Reichs Verfahren bleibt prinzipiell im Rahmen falsifizierbarer Deutungen. Es versucht ja gerade nicht, »Widerstände« u.ä. durch Dekret zu etikettieren (cf. hierzu wiederum GW XVI 41sqq.), sondern aus der analytischen Situation belegbar zu entwickeln. Freilich ist bei falscher Handhabung auch in Reichs Verfahren die Suggestionsmöglichkeit nicht völlig ausgeschaltet, da ja ein Analytiker irrtümlich einen aktuellen Widerstand diagnostizieren und diese Ansicht dann suggerieren kann; doch ist eine derartige Feststellung vom Patienten erheblich leichter überprüfbar (und weniger geheimnisvoll) als eine suggestive Inhaltsdeutung, eben weil sie oberflächlicher ist. Und gegen Irrtum an sich ist noch nie ein Kraut gewachsen.

Allerdings ist ein Zug an Reichs Verfahren tatsächlich »aggressiv«, und das ist wohl auch der wahre Grund für den Ärger seiner Kritiker: es eröffnet den Zugang zum Neurosenkern besser als das ältere. Aber **diese** Art von »Aggressivität« ist ja das Wesen der ganzen Psychoanalyse. Wollte man von ihr fordern, sie dürfe die Vorstellun-

---

[18] Reik 1976, p. 487–495; hier p. 491.

gen des Patienten über sich nicht »angreifen«, so wäre das identisch mit einer Forderung nach ihrer Selbstaufgabe, weil sie in der Tat die Neurose – wie eine Säure Kalk – angreift und (wie ihr Name sagt) zersetzt. Daß Reichs Verfahren diesen Prozeß intensiviert und verbreitert, zeigt eben nur, daß es eine Verbesserung, eine **konsequente Fortentwicklung** der Psychoanalyse ist. Wollte man diese Entwicklungsrichtung umkehren, so käme man eben zu einer **Rückentwicklung**, die etwa unter dem Zeichen »Mehr Achtung vor der Zwangsneurose!« stünde. Sie liefe folgerichtig darauf hinaus, die Grenzen ihrer Wirksamkeit vom Patienten selbst kontrollieren zu lassen, dessen faktische Fremdbestimmung also zur Freude ihrer Verursacher und Nutznießer feige zu leugnen. Dies würde aber, da der Patient ja selber wiederum von der neurotogenen Instanz kontrolliert wird (und im Falle von Genesungsfortschritten **deren** Aggression ertragen muß), darauf hinauslaufen, daß man die Kontrolle der Analysenfortschritte eben jener Instanz übertrüge, mit anderen Worten: daß man auf die Psychoanalyse verzichtete. Erlaubt wäre dann nur noch ein suggestives Verfahren, das auf die Illusionen des Patienten Rücksicht nähme – z.B. auf die, sein subjektiv lästiges Symptom habe nichts mit seinem Charakter zu tun, vor allem aber, und das ist des Pudels Kern, er glaube oder wolle **selbst**, was man ihm nur mit List und Gewalt **eingetrichtert** hat – und das sich der neurotogenen Instanz, soweit sie das Ich des Patienten beherrscht, auf Gnade und Ungnade ausliefert. Es wäre praktisch die Wiedererrichtung der von der Psychoanalyse zerstörten Illusion vom freien Willen (des unfreien Menschen). Damit würde sich aber die Psychoanalyse selbst ad absurdum führen. Freilich, **eine** weitere Wahrheit ist noch in Reiks Aggressivitätsverdikt enthalten: da jeder erfolgreiche Analysenschritt die Aggression jener Instanz auslöst, von der die pathogene Verdrängung ausging, läßt Reichs Verfahren, wenn es hält, was er verspricht, den Patienten auch mehr Aggression von Seiten des Introjekts erdulden als eine weniger konsequente und daher weniger erfolgreiche Analyse. Aber diese innere Aggression ist eben nicht eine des Analytikers. Wollte man jedoch die Bedingung für die Analyse stellen, diese dürfe die Quellen des Widerstands, die ja identisch mit den inneren Quellen der Neurose sind[19)], nicht antasten, dann wäre das die Forderung, den Pelz zu waschen, ohne ihn naßzumachen. Marx sagte einmal mit Recht, der Historiker müsse sich davor hüten, die Illusionen der von ihm behandelten Epoche zu teilen; der Analytiker, dürfen wir hinzufügen, wird sich dessen enthalten müssen, die Illusionen des Patienten zu teilen – gerade wenn und gerade weil dieser es wünscht.

Darüberhinaus sind einige der Vorwürfe Reiks gegen Reich ganz unhaltbar. Wenn Reik behauptet: »Bei Reich wird psychologisches Vermuten, das auf unserem unbewußten Wissen gründet, fast gänzlich ausgeschlossen und als ›Intuition‹ gebrandmarkt, bei Stekel wird es allmächtig« (l.c. p. 498) (und Reik repräsentiert natürlich die goldene Mitte), so kann ein Leser der ›Charakteranalyse‹ (besonders p. 43sq.; 133; 158) darüber nur verwundert den Kopf schütteln. Ebenso seltsam klingt Reiks hartnäckig ausgewalzter Vorwurf des »Schematismus« gegen Reichs ›Charakteranalyse‹. Er weist diesen auch keineswegs nach, zeigt uns nicht etwa an Reichs Fallbeispielen das unheilvolle Wirken dieses Schematismus, nicht, wo Reich durch das angebliche Schema zum Übersehen von Material oder anderen Mißgriffen verleitet wurde, sondern weiß nichts zu entgegnen als die Behauptung, Reich hätte die falschen Gründe für den Eintritt der »chaotischen Situation« angegeben; die wahren seien deshalb unbekannt, weil die ganze Psychoanalyse eine Reise durch unbekanntes Gelände sei.

Nun, abgesehen davon, daß diese Pauschalbehauptung eine starke Übertreibung darstellt, oder, weniger höflich

---

19) »Der Widerstand in der Kur geht von denselben höheren Schichten und Systemen des Seelenlebens aus, die seinerzeit die Verdrängung durchgeführt haben« (GW XIII 17).

ausgedrückt, sehr wohlfeile Mystik und Schaumschlägerei ist, wird sie auf jeden Fall mit dem Originalargument des holländischen Aufklärers zurückgewiesen werden müssen: ignorantia non est argumentum. Andere Anschuldigungen Reiks gegen Reich, die übrigens allesamt in der dick angerührten Soße einer ziemlich peinlichen Ironie serviert werden, in der der magere Sachinhalt ertrinkt, verraten bei ihm eine auffällig oberflächliche Kenntnis des von ihm kritisierten Gegenstandes. Wenn er behauptet, Reich bringe nur Selbstverständlichkeiten, die jedem Analytiker schon immer bekannt waren **und deshalb** noch nie geäußert worden sind, so ist diese Behauptung nicht falsifizierbar – wo Popper recht hat, hat er recht. Wenn der wortreiche Reik aber sagt: »Es liegt so wenig Neues darin, Nachdruck auf die Form der Mitteilung zu legen, so wenig Originelles, daß Reich nicht einmal den kurzen Schritt weitergeht und erklärt, daß Form nichts ist als Inhalt, der zur äußeren Hülle geworden ist, Kern, der sich in Schale verwandelt hat« (l.c. p. 495) – dann fragt man sich, ob er die ›Charakteranalyse‹ überhaupt gelesen hat oder nur darauf setzt, daß seine eigenen Leser sie nicht lesen.[20] Wenn er schließlich als Essenz seiner Kritik hervorhebt, »daß in der Analyse die geschickte Technik weniger zählt als die innere Aufrichtigkeit, nein, daß diese innere Aufrichtigkeit das eigentlich Wesentliche an der analytischen Technik ist« (l.c. p. 493), dann kann er sicher sein, für **diesen** Satz nicht nur Ferenczis, sondern auch Reichs volle Zustimmung voraussetzen zu können[21] – aber als Argument gegen die von Freud geforderte, von Reich gelieferte

---

[20] cf. bes. IV 2b und 2g. Cf. schließlich p. 212. »Es ist also offenbar ein und dasselbe Stück unbewußter, infantiler Struktur doppelt erhalten und doppelt zum Ausdruck gebracht: in dem **was** das Individuum tut, spricht, denkt, und in der Art, **wie** es tut, spricht, denkt. Es ist interessant genug, um sehr genau vermerkt zu werden, daß die Analyse des ›Was‹, trotz der Einheit von Inhalt und Form, das ›Wie‹ unberührt läßt, daß sich dieses ›Wie‹ als Schlupfwinkel der gleichen seelischen Inhalte entpuppt, die im ›Was‹ bereits aufgelöst oder bewußt gemacht schienen.«

[21] cf. BP III 371; BP III 514sq.; Reich 1933a, p. 4.

»Systematisierung der psychoanalytischen Technik« taugt das gar nichts, und so treffend die Aussage abstrakt auch ist, so lächerlich wandelt sie sich bei diesem ihrem Einsatz zu den allerbilligsten »goldenen Worten«, zur Apologie unkontrollierter Mystik.

Tatsächlich hat es außer den zwei zitierten Ausführungen sowie der Rezension Sterbas (s.u.) keinerlei Kritik an Reichs charakteranalytischer Technik gegeben – im Gegenteil, sie ist derjenige Teil seines Werkes, der am ehesten bis heute in der psychoanalytischen Literatur erwähnt wird[22]. Dies wäre sachlich kaum verwunderlich, setzt Reich doch, wie wir gesehen haben, nur die Tradition der Psychoanalyse fort, besonders diejenige Ferenczis, und entwickelt sie zur Konsequenz. Der wahre Grund freilich dürfte, nachdem sich der Pulverdampf des Luzerner Kongresses und seiner Vorspiele verflüchtigt hatte, allerdings vor allem in der großen praktischen Brauchbarkeit dieser Leistung Reichs liegen. Doch sachliche wie therapiepraktische Aspekte zählten für die zitierten, direkt oder indirekt beauftragten Reich-Kritiker nicht; wir sind bei der Diskussion ihrer Argumente nur aus technischen Gründen von der entgegengesetzten Fiktion ausgegangen, um jeden Vorwurf der Parteilichkeit ausschalten zu können. Die Unterdrückung des Abdrucks der ›Charakteranalyse‹ im I.Psa.-Verlag hatte in Wahrheit nur politische Gründe, und die inhaltliche Animosität richtete sich in erster Linie gegen den Schluß des zweiten Teils, wie wir erst noch sehen werden. Reiks ablehnende Stellungnahme dürfte ein Echo des Streites zwischen ihm und Reich persönlich sein, den wir noch genauer kennenlernen werden, und spätere Versuche, auch diesen Teil von Reichs Werk abzuwerten, werden am besten aus apologetischem Systemzwang zu erklären sein, wie man ja auch in der Sowjetunion bis zu ihrem Ende auch solche Werke Trotzkis unter Verschluß hielt, die seine Verteidigung der

[22] so z.B. Hau 1964 oder Hoffmann 1979.

Lenin'schen Zielsetzung gegen Stalin überhaupt nicht berühren.

Eine einzige sozusagen zwangsweise Ausnahme bildet hier die Rezension der ›Charakteranalyse‹ durch R. Sterba (1934). Es handelt sich hier – trotz ihrer relativen Sachlichkeit – schon deshalb um einen merkwürdigen Vorgang, weil nicht – wie zuvor ausnahmslos – der angesehene und wohlwollende Fenichel die Rezension zu schreiben hatte, sondern der jüngere und damals noch wenig bekannte Sterba, der erst erheblich später als Reich ordentliches Mitglied der I.Psa.V. geworden war, wie die IZ-Mitgliederlisten beweisen. In verstärktem Ausmaß gilt dies natürlich für den gänzlich unbekannten Sperling (1934), dem die Rezension des besonders heiklen Kapitels über den masochistischen Charakter überlassen wurde, und noch dazu aus dem eher fiesen Grund, weil er mit Reich und Fenichel zusammen studiert hatte und als deren persönlicher Freund galt. Wir werden später sehen, wie Sperling mit dieser Pflichtaufgabe fertig wurde. Sterba nun geht verhältnismäßig geschickt vor. Er beginnt mit einem Vorwurf: Reich leugne die primäre Ambivalenz, halte diese vielmehr für erworben durch Versagungserlebnisse[23]. Deshalb setze er den analytischen Abbau der (erworbenen) negativen Einstellung ins Zentrum seiner therapeutischen Technik.

Diese Feststellung ist sicher zutreffend – fraglich ist nur, ob sie gegen Reich spricht. Auch ist nicht einzusehen, daß es ein »kühner Schluß« sei, den Charakter – wegen der Verankerung der Widerstände in ihm – insgesamt als »Schutzmechanismus« zu deuten.

Ansonsten gibt Sterba die zentralen Gedanken des Buches zwar sehr verkürzt, aber treffend wieder und kritisiert ziemlich lange (sprachlich) Reichs Vergleich des Charakters mit einem Panzer. Schließlich leugnet Sterba

---

[23] Derselben Ansicht hatte sich übrigens kurz zuvor schon Ferenczi schuldig (?) gemacht. Siehe BP III 524sq. Sie ist völlig richtig, ihr Gegenteil üble Metaphysik.

die enge Verankerung der Abwehr im Charakter, wozu er ein ursprünglich auf etwas anderes, nämlich **Inhalte**, bezogenes Freud-Zitat auf seine Habenseite bucht, spricht Reich die Berücksichtigung der Triebpsychologie ab (sic), da er nur die Abwehr sehe, findet seine Feststellung, der Männlichkeitskomplex sei eine charakterologische Ich-Veränderung, »grotesk« und schließt endlich mit der wiederholten Versicherung, daß Reichs klinische Beobachtungen »glänzend« und seine Krankengeschichten »trefflich« seien.

Seither ist Reichs Werk lange Zeit verschwiegen worden. Jedoch in der neueren Zeit ist, wie wir schon gesehen haben, eine scheinbare Besserung eingetreten, da von Reich keine Ansteckungsgefahr mehr ausgeht, und besonders hinsichtlich der ›Charakteranalyse‹ ist die zähe Ablehnung Reichs durch die I.Psa.V. deutlich zurückgegangen. Es sieht ganz so aus, als ob dies nicht nur an den trefflichen Krankengeschichten, sondern auch an den noch viel trefflicheren technischen (und, weniger beliebt, auch theoretischen) Schlüssen läge, die Reich aus ihnen zog.

Die weiteren Inhalte seines Buchs sind rasch zusammengefaßt. Nachdem Reich kurz davor gewarnt hat, die Charakteranalyse auch bei akuten Angstzuständen einzusetzen, da in diesem Falle Suizidgefahr besteht, und ferner die Grenzen ihrer Wirksamkeit diskutiert hat, bespricht er schließlich im 6. Kapitel die ›Handhabung der Übertragung‹. Er führt hier wenig an, was erheblich über seine Vorgänger hinausreichen würde; insbesondere besteht er auf dem »Herauskristallisieren der genitalen Objektlibido«, das durch die Analyse geleistet werden sollte, und von der Notwendigkeit, die Übertragung am Ende der Analyse zu lösen. Dabei stellt er die Notwendigkeit heraus, der Deutung prägenitaler Äußerungen besondere Aufmerksamkeit zu widmen, da dies der einzige Weg sei, ihnen zugunsten der Genitalität Libido zu entziehen; an dieser dagegen gibt es nichts zu deuten, soweit sie nicht inzestuös bzw. infolgedessen sekundär auf den Analytiker fixiert ist; diese Deutungen sollten dagegen erst am Ende der Analyse entfaltet werden, wo die Genitalität des Patienten genügend erstarkt sein sollte. Natürlich setzen Alter des Patienten und der Neurose diesem Ziele etliche Schranken, aber es muß im Auge behalten werden. Schließlich entwickelt Reich noch einige bemerkenswerte Gedanken zur Gegenübertragung und zur »zweiten psychoanalytischen Grundregel«: auch die Charakteranalyse erfordert »gleichschwebende Aufmerksamkeit« und mitnichten mechanisches Nachdenken über den Fall. »Angestrengtes Nachdenken über Struktur und technische Notwendigkeiten ist immer ein Zeichen dafür, daß der Fall einen besonders neuen und ungewohnten Typus darstellt, oder daß das Unbewußte des Analytikers in irgendeiner Hinsicht gegen das gebotene Material gesperrt ist« (p. 158) (oder, anders gesagt, Reiks maliziöses Munkeln ist haltlos). Interessant ist auch Reichs Warnung vor einem neurotisch determinierten Mißbrauch des Infantilitätsverdikts – interessant nicht nur wegen seiner praktischen Wichtigkeit, sondern auch wegen seiner Verwurzelung in Reichs steter Verteidigung der Freud'schen Theorie vom Genitalprimat: »Der Analytiker mag selbst leben, wie er es für richtig hält: wenn er **unbewußt** starre moralische Prinzipien vertritt, die der Patient immer spürt, also etwa polygames Verhalten oder gewisse Liebesspiele selbst abgewehrt hat, ohne es zu wissen, wird er den wenigsten Patienten voll gewachsen und leicht geneigt sein, dem Patienten irgend ein Verhalten als ›infantil‹ vorzuhalten, das es an sich durchaus nicht zu sein braucht« (p. 160). –

Wir haben nun Reichs Beitrag zur therapeutischen Technik der Psychoanalyse in den Grundzügen besprochen; eine solche Zusammenfassung ist aber, abstrahierend wie sie sein muß, leicht geeignet, ein farbloses Bild aufkommen zu lassen. Will man dagegen ein lebendigeres und plastischeres erhalten, so wird man sich am besten Reichs in diesem Buch enthaltene **Fallberichte** vor Augen führen, die ja sogar den Pflichtrezensenten beeindruckten, Fallberichte, von denen der ausführlichste ›Ein Fall von passiv-femininem Charakter‹ (p. 100–133) in seiner Anschaulichkeit, Sachlichkeit und seiner Vermeidung jeder Willkürdeutung – also seinem Bemühen um Falsifizierbarkeit der Argumentation – den berühmtesten Fallstudien Freuds zur Seite gestellt werden kann.

5. Kapitel: Reichs Beitrag zur speziellen Charakterologie

Während Reich im ersten Teil der ›Charakteranalyse‹ seine Therapietheorie darlegt, d.h. die Analyse des Charakterwiderstands und dessen Stellung im Gesamtprozeß der analytischen Psychotherapie, führt er in ihrem zweiten Teil, vom anderen Ende herkommend, die verschiedenen empirisch feststellbaren Charaktertypen und ihre analytisch-kausale Erklärung vor. Dabei ist nur Beispielhaftigkeit und nicht Vollständigkeit angestrebt.

Trotzdem gelang Reich hier auf Anhieb die Beschreibung wenigstens zweier Charaktertypen, deren Aufstellung und Analyse als sein geistiges Eigentum gelten muß: der phallisch-narzißtische[1] und der passiv-feminine Charakter (lassen wir ihm, gemeinsam mit seinen Zeitgenossen, von denen er es hat, das unglückliche zweite Wort durchgehen). Diese beiden Konzepte sind von der psychoanalytischen Tradition voll übernommen worden. Davor hatte Reich in seinem ersten Buch gleichen Namens auch noch den »triebhaften Charakter« beschrieben (1925a), der heute, allerdings unter anderen, wechselnden Namen, als eine Variante des »Borderline-Syndroms« oder der »Soziopathie« rubriziert wird. Auch hier war Reich Pionier. Schließlich hat Reich auch die Analyse des hysterischen und des Zwangscharakters sowie insbesondere – und nur da gab es Ärger, aus später vorgeführten Gründen – des masochistischen Charakters erheblich vervollkommnet. **Dieser** Teil seines Werkes wird darum inzwischen von der I.Psa.V. auch am ehesten wieder anerkannt (ich erinnere an Hoffmann 1979) – oder, um es mit den Worten zu sagen, die der Romancier Feuchtwanger dem Kaiser Vespasian in den Mund legt: »So lange nach dem

---

[1] Am 6. Oktober 1926 hatte ihn Reich zum ersten Mal in einem Vortrag vorgestellt, damals noch unter dem weniger geschickten Namen des »genital narzißtischen« Charakters (IZ XIII 1927, p. 268).

Sieg können wir uns wieder etwas mehr Objektivität gestatten.« Versuchen wir, indem wir diese, nicht als billige Maske, sondern als teure Substanz, **ganz** durchhalten, also in allen Kapiteln, diesen Sieg etwas zu untergraben.

Ich werde im folgenden, gemäß der verkündeten Zielsetzung dieses Buches, aber auch, weil nur dies für die Beurteilung seiner »Orthodoxie«, also der Berechtigung seines Ausschlusses bzw. seiner Trennung von der Psychoanalyse im seither hergestellten öffentlichen Bewußtsein von Bedeutung sein kann, Reichs Beiträge zur psychoanalytischen Charakterologie nur so weit referieren, wie sie über seine Vorgänger hinausweisen, und verweise zur Geschichte des psychoanalytischen Charakterbegriffs bzw. der Charaktertheorie auf Hoffmanns zitiertes Werk. Darüber hinaus werde ich noch einige Punkte der Reich'schen Charakterlehre hervorheben, die nur Anregungen für weiterführende, aber bisher nicht ausgearbeitete Konzepte der psychoanalytischen Charaktertheorie zu enthalten scheinen und die bisher wenig beachtet geworden sind.

Schon 1922(c) hatte Reich in seinem kurzen, aber gedankenreichen Aufsatz über ›Zwei narzißtische Typen‹ den Grundstein zu seiner späteren Charaktertheorie gelegt. Er antwortet dort auf einen Aufsatz Alexanders (1922), den er an mehreren Stellen scharf kritisiert. So behauptet Reich – was manches Vorurteil seiner Gegner erschüttern sollte –, nicht die absolute Stärke der Libidostauung bzw. Verdrängung entscheide über die Form und Prognose des neurotischen Charakters oder der Neurose, sondern vielmehr das Ausmaß der Einbeziehung von Ich- oder Objektlibido in das Symptom. Je mehr Objektlibido darin enthalten sei, um so umgrenzter sei die Störung (Symptomneurose); je mehr Ichlibido, um so diffuser (Charakterneurose). Dabei sei im Gegensatz zu Alexanders Meinung die Prognose der Charakterneurose viel ungünstiger als die der Symptomneurose; es sei schon ein therapeutischer Erfolg, wenn es gelinge, die Charakterneurose in eine Symptomneurose zu verwandeln. (Man glaubt kaum, wieviel geheimer Zündstoff schon in dieser Erkenntnis steckt: die Charakterneurosen sind zwar tatsächlich schwerer heilbar, weil sie nur mit wenig subjektivem Leiden und daher Krankheitseinsicht verbunden sind – die Umgebung des Patienten leidet unter ihnen gewöhnlich mehr als dieser selber; vor allem aber sind sie gesellschaftlich unauffälliger als die stets »unangepaßt« wirkenden Symptomneurosen. Letztere enthalten immer ein sichtbares Stück noch so verquerer Selbstbehauptung, noch so verschobener Anklage gegen erlittenes Unrecht, haben daher die wertvolleren Dichter aller Zeiten auch immer wieder interessiert, erstere nicht. Dementsprechend beweisen die Charakterneurosen, als mögliche Diagnose einmal ernstgenommen, die von der Psychonanalyse so hartnäckig behauptete Vorherrschaft einer beinahe universellen Pathologie, wie sie die repressiven und irrationalen Verhältnisse nun einmal hervorrufen, nicht nur bei ein paar Außenseitern mit kämpfendem Ichrest, die umschriebene und daher befremdliche Symptome entwickeln können, sondern auch bei denjenigen, deren Ich schon aufgegeben und sich in der Folge verformt hat.) Von Interesse ist auch Reichs schon hier beiläufig entwickelter Gedanke, in Wahrheit seien beide Störungen nur quantitativ verschieden und die Symptomneurose baue auf einer »narzißtischen Störung«, d.h. Charakterpathologie, auf; hier kündigt sich schon die spätere Theorie der »charakterneurotischen Reaktionsbasis« an.

Die »zwei narzißtischen Typen«, die Reich im Anschluß an diese Darlegungen vorstellt, weisen ebenfalls in die Zukunft. Im ersten von beiden, dem »Charakter mit manifestem Minderwertigkeitsgefühl und latentem Narzißmus«, erkennen wir leicht den späteren »passiv-femininen«, in einer seiner Varianten sogar den »masochistischen Charakter«. Der zweite Typ »mit manifestem – wie die Analyse ergibt, kompensierendem – Narzißmus und latentem Minderwertigkeitsgefühl« kann als Vorwegnahme des später fester umrissenen »phallisch-narzißtischen«

Charakters gelten.[2] Es ist übrigens bemerkenswert, daß sich Reich über die sozialen Hintergründe beider Formationen Gedanken macht, die er später leider nicht mehr aufnahm. Denn er mutmaßt Zusammenhänge zwischen der häufigen gehobenen Herkunft der Passiv-Femininen (die in seinem Patientengut niemals Einzelkinder waren) und der bescheidenen der meisten Phalliker, die es auffallend oft zu sozialem Aufstieg brachten. Soweit mir bekannt ist, hat bis heute noch niemand diese Spur wieder aufgenommen; ich konnte unter meinen eigenen Patienten diesen Zusammenhang übrigens auch auffällig oft beobachten, habe aber keine Statistik hergestellt.

Auch ›Der triebhafte Charakter‹ knüpft an Alexander an, wie schon der Titel nahelegt. Dieser hatte nämlich in dem zitierten Aufsatz thesenhaft einen »triebgehemmten« (gleich neurotischen) und einen ebenfalls pathologischen triebhaften Charakter unterschieden. Heimlich wird damit unterstellt, der triebhafte Charakter sei gar nicht gestört, sondern nur sozial störend. Was das ideologisch bedeutet, braucht kaum ausgemalt zu werden – wäre es wahr, müßten wir es natürlich mit allen Konsequenzen anerkennen, genauso wie etwa angeborene Minderwertigkeiten von Rassen oder Geschlechtern, falls es sie geben sollte – aber ist es das auch? Wohl genau aus diesem Grund widmete Reich diesem triebhaften, scheinbar ungehemmten Charakter seine Aufmerksamkeit in der erklärten Absicht, durch die Analyse solch grober Defekte den Fortschritt der psychoanalytischen Charakterologie voranzutreiben. Sein »Krankengut« entnahm er dem ›Psychoanalytischen Ambulatorium‹; daneben machte er noch zahlreiche Beobachtungen an den »Psychopathen« der Klinikabteilung Wagner-Jaureggs.

Obwohl dieses erste größere Werk Reichs schon einen ziemlich umfassenden Ansatz und ein hochgestecktes Ziel

---

[2] Eine andeutende Skizze dieses Typus hatte, worauf auch Reich hinweist, Abraham schon 1919 gegeben (PS II 254sqq.); er hatte dort eine besondere Form des narzißtischen Charakterwiderstands unter technischem Aspekt analysiert.

verfolgt, ist es doch – im Rahmen der bisherigen Psychoanalyse – völlig konventionell und enthält auf weite Strecken im Vergleich zu später wenig einschneidend Neues. (Es fand einhelligen Beifall und wurde wegen seiner soliden klinischen Fundierung nur gelobt.[3])

Reich referiert darin ziemlich ausführlich die bisherige psychoanalytische Charaktertheorie und ihre Fortschritte, beschreibt die sogenannte Normalentwicklung, Varianten der Identifizierung und sogar die kümmerlichen Psychopathie-»Theorien« der Psychiatrie – alles Dinge, die nicht weiter auffallen. Weiter führt dagegen seine Diskussion des Verhältnisses von neurotischem Symptom und neurotischem Charakter, das seine spätere Theorie schon recht ausgeprägt vorwegnimmt (op. cit. p. 258–260). Kernstück ist die Aussage: »Eine Fixierung (…) würde also immer gleichzeitig zwei Ausdrucksweisen finden: das dieser Fixierung speziell entsprechende **neurotische Symptom** (…) und den **neurotischen Charakter**, der jener Störung entspräche, welche durch die Teilfixierung der Gesamtpersönlichkeit hervorgerufen wurde. (…) So baut sich jedes neurotische Symptom über einem neurotischen Charakter auf. Wir dürfen dann von einem hysterischen und zwangsneurotischen (eventuell schizoïden) Charakter sprechen, dem die Symptome aufsitzen wie die Gipfel einem Bergmassiv« (l.c. p. 259). Als triebhaften Charakter definiert Reich dann »eine spezielle Form des neurotischen Charakters, nämlich eine Störung der Gesamtpersönlichkeit, welche gekennzeichnet ist durch mehr oder weniger ungehemmtes Agieren«. Ihre Aktionen werden im Gegensatz zu den Zwangsimpulsen und -handlungen des Zwangsneurotikers nicht als ichfremd und störend empfunden; sie sind auch von den äußeren Umständen erheblich abhängiger und plastischer.

Wie wir sehen, ähnelt der »triebhafte Charakter« in mancher Hinsicht durchaus dem hysterischen, in anderer

---

[3] Siehe Fenichel 1925b und E. Glover 1926.

dem psychotischen.[4)] Tatsächlich bestehen auch fließende Übergänge zu all diesen Formenkreisen, um deren Abgrenzung sich Reich auf den folgenden Seiten – nicht ganz erfolgreich – bemüht. Vielleicht hat gerade diese Unschärfe die Übernahme des Begriffs in das gängige Vokabular der Psychoanalyse behindert. Man darf daher sagen, daß der gegenwärtig in Mode gekommene Begriff des »Borderline-Syndroms«, der auch nichts wesentlich anderes meint und schon gar nicht schärfer gefaßt ist, einen überflüssigen Anglizismus darstellt und zugunsten des älteren zurückgedrängt werden sollte (man kann ihn ja latinisieren oder gräzisieren, wenn er unschön klingen sollte), zumal mit dem neuen in der Praxis arg viel Mißbrauch getrieben worden ist.

Reichs frühe psychostrukturelle Hauptentdeckung war, daß der triebhafte Charakter keineswegs an einem schwachen Über-Ich »leidet«, sondern an einem »defektuösen« bzw. »isolierten« und widersprüchlichen. Beispielsweise stehen in ihm ein triebverneinendes Ichideal und triebbejahende Über-Ich-Elemente kraß und unvermittelt einander gegenüber (p. 289). Weder ist das Ich ganz in den Dienst des Über-Ichs getreten wie beim triebgehemmten Neurotiker, noch beherrscht es seine Aufgabe bei der Vermittlung von Triebansprüchen und Außenweltshindernissen. Dagegen ist es, schwach wie es geblieben ist, wiederum recht oft im Dienste des Es zu finden und wehrt sich dort gegen das Über-Ich, worin es sich dann erschöpft. »Der psychische Konflikt spielt sich hier zwischen den drei Instanzen ab, das Ich erwehrt sich einerseits im Dienste des Über-Ich gegen das Es (wie bei triebgehemmten Neurotikern), andererseits im Dienste des Es gegen das Über-Ich. Dieser doppelte Kampf (doppelte Gegenbesetzung) macht die hervorragende Zerrissenheit des Triebmenschen aus« (p. 319sq.).

[4)] cf. dazu Hoffmanns Anm. 151 (1979, p. 292) über Hysterie und »Soziopathie«.

Es ist einleuchtend, daß ein solcherart überfordertes Ich keine stabilen Grenzen aufbauen und zu einer Einheit zusammenwachsen konnte. Seine Introjekte sind, wie Reich an zwei eindrucksvollen Fällen demonstrieren konnte, ihres Objektcharakters noch nicht ausreichend verlustig gegangen; dementsprechend schwankt ihr Platz zwischen Innen und Außen, mit anderen Worten, desto leichter erscheinen sie halluzinatorisch als Verfolger wieder, oftmals gemeinsam mit den von ihnen verfolgten Triebregungen. Von da aus eröffnet sich ein Weg vom »triebhaften Charakter« zur Paranoia: »Es ist daher nur eine folgerichtige Annahme, wenn wir sagen, daß jene Stücke der Persönlichkeit, jene Ichideale am ehesten und leichtesten das Schicksal der paranoiden Verlegung aus dem Ich in die Außenwelt erfahren werden, die seinerzeit nicht innig mit der ganzen Persönlichkeit verschmolzen, sondern als isolierte Bestandteile derselben bestehen blieben. Daß der Inhalt der wahnhaften Projektion (…) auch die vom Ichideal verurteilte Triebregung (meist die homosexuelle) enthält, widerspricht jener Auffassung nicht« (p. 326). Durch ein »lockeres Stück im Ich« ist der triebhafte Charakter durch diese Tendenz gefährdet: »Wir dürfen jetzt annehmen, daß die Projektion ermöglicht wird durch ein lockeres Stück im Ich, welches der verpönten Regung gerade diesen spezifischen Weg der Erledigung weist. Ein Defekt in der Entwicklung des Ich im Sinne mangelhafter Verschmelzung der der Außenwelt entlehnten Ichideale würde somit die Disposition zur wahnhaften Projektion in die Außenwelt abgeben« (p. 327). Doch die typischen »Triebhaften« gehen diesen Weg in die Psychose nur in Ausnahmefällen; daneben steht ihnen noch die aus den beschriebenen Ursachen für sie typische Spaltung der Persönlichkeit im Sinne alternierender Identifikation zur Verfügung. »Hier erfolgt nicht die Projektion, der Hinauswurf der Gegner aus dem Ich (…) sondern das Ich identifiziert sich bald mit dem einen, bald mit dem anderen Gegner« (p. 329). Schließlich grenzt Reich die vorherrschenden Formen der Ich-Spaltung bei Schizophrenie,

Hysterie, Triebhaftigkeit und schließlich bei triebgehemmtem Charakter bzw. Symptomneurotiker thesenhaft voneinander ab (p. 330sq.).

Die wichtige Frage, woher diese schwere Störung kommt, hat Reich ebenfalls erforscht. Seine Antwort lautet, daß die wichtigste Entstehungsbedingung für den triebhaften Charakter ein sehr weitgehendes Fehlen der Triebversagung in der Frühzeit, dann aber eine brutale und plötzliche, oft isolierte Versagung etwa zur Blütezeit des Ödipuskomplexes ist. Daraus erklärt sich nicht nur die Isolation des, soweit wirksam, sehr grausamen Über-Ichs – dies bewirkt den floriden Masochismus vieler Triebhafter –, sondern auch die häufige, wenn nicht fast ausschließliche Herkunft der Opfer dieser auffälligen und ruinösen Charakterstörung aus den »unteren Sozialschichten«, wo die Aufsicht über die Kinder schwach, die Formen der Triebunterdrückung hingegen roh sind. So läßt sich auch der triebhafte Charakter als »erstarrter soziologischer Prozeß einer bestimmten Epoche« begreifen.

Es sei hier noch angemerkt, daß Reichs Konzept von dieser Entstehung lange vor dem neuen Begriff wegen der Betonung der brutalen pädagogischen Inkonsequenz eine unverkennbare Verwandtschaft mit der späteren »double-bind-Theorie« der Schizophreniegenese aufweist; Reich kommt die Priorität in der Sache zu. Der berühmte Psychiater Laing erkennt das ebenfalls an. –

Trotz der vielversprechenden Ansätze seines Frühwerks kam Reich nie wieder systematisch auf den triebhaften Charakter zurück. Er hatte ihn auch mehr zu Forschungszwecken als aus praktischen Beweggründen untersucht, da er aus mancherlei Ursachen im psychoanalytischen Alltag nur eine randständige Rolle spielen kann. In der ›Charakteranalyse‹ (1933a) wendet er sich vielmehr jenen Charakterformationen zu, die das Gros der Patienten für die psychoanalytische Praxis darstellen.

Zwei davon waren schon längere Zeit bekannt und auch einigermaßen ausführlich beschrieben worden: der hysterische und der zwanghafte Charakter. Dabei war Reich nach Wittels (1931), der noch eine verhältnismäßig impressionistische Darstellung liefert, der erste, der den »hysterischen Charakter« ausdrücklich beschrieben hat. Das von ihm gezeichnete Bild (1933a, II, 4.1) ist bis heute in der psychoanalytischen Literatur weitgehend unverändert tradiert worden – außer bei Fenichel natürlich meist ohne Namensnennung Reichs – und braucht daher hier nicht ausgebreitet zu werden.[5] Interessant ist Reichs Ableitung all der hysterischen Charakterzüge – einschließlich ihrer regressiv hergestellten oralen, somit depressiven – aus einem Zentrum, nämlich der inzestuösen Fixierung, die dem durchaus erreichten Genitalprimat anhaftet. Die Hysteriker befinden sich stets auf der unbewußten Suche nach dem Inzestobjekt (daher ihre sexuelle Hyperagilität), »erkennen« es aber im »Erfolgsfalle« sofort und reagieren deshalb mit Angst (vor Inzeststrafe) und Abwertung des Objekts (wer sexuell erreichbar **ist**, ist eben nicht das großartige und wesensmäßig unerreichbare Ur-Objekt, an das die Hysteriker fixiert sind). Von daher breitet sich eine generelle Angstbereitschaft im Hysteriker aus, der »sich immer Gefahren ausgesetzt fühlt, die seinen infantilen Vorstellungen entsprechen; die ursprüngliche genitale Strebung wird nunmehr dazu verwendet, die Gefahrenquellen und die Größe und Nähe der drohenden Gefahren sozusagen abzutasten« (p. 216). »Was hier als Sexualstrebung imponiert, ist im Grunde Sexualität im Dienste der Abwehr« (ibid.). Alles, auch und gerade Prägenitales, wird genitalisiert.

Indem der Hysteriker entsprechend seiner Fixierung sich vorzugsweise als ohnmächtiges Kind gegenüber phantasierten übermächtigen Objekten erleben muß, ist er nicht nur ängstlich, sondern auch suggestibel und, wegen der Serie der Objektentwertungen, unbeständig. Seine Überzeugungen sind unecht, da sie allzusehr vom noch dazu an der Oberfläche stets wechselnden Objekt abhängen, ebenso

---

[5] Zusammenfassende Darstellung bei Hoffmann 1979, p. 250sqq.

wie seine Emotionen, da sie diesem ständig »präsentiert«, also vorgespielt werden müssen. Die stetige Angstbereitschaft und die Objektabhängigkeit sind der Entwicklung von Sublimation und Intelligenz nicht günstig. Die ständige unbefriedigte Sexualspannung, die eher frustraner als verdrängter Erregung entspricht, ist nicht in Reaktionsbildungen gebunden, verzehrt noch mehr Energie als diese und läßt sie dann den Sublimationen fehlen. Die charakteristische Deformation des Hysterikers ist weitaus weniger einem Panzer zu vergleichen (ein Bild, bei dem offensichtlich der Zwangscharakter Pate gestanden hat) als vielmehr eine Art lückenhaftes Ich. (Schon dadurch ergibt sich eine Verwandtschaft mit dem »triebhaften Charakter«.) Schließlich neigt der Hysteriker, vielleicht weil dies der radikalste Rückgang von der quälenden Genitalität ist, zur Regression bis zur Oralität. Die Frage einer Spezifität der oralen Fixierung für den hysterischen Charakter, die später manchen Psychoanalytiker beschäftigen sollte, diskutiert Reich nicht. Er vermutet dagegen ein Kontinuum zwischen »reiner Melancholie« und »reiner Hysterie«.

Schließlich fragt sich Reich, warum der Hysteriker seine genitale Stauung so schlecht umsetzen kann, was den anderen pathologischen Charakteren mit ihrer fixierten Prägenitalität doch so eindrucksvoll gelingt. Er kommt zu der Antwort, daß dies an den Besonderheiten der Genitallibido liege, die wegen ihrer orgastischen Abfuhrmöglichkeit stärker als die prägenitalen Partialtriebe zur Befriedigung dränge (und daher die dicht vor ihrer Wahrnehmung stehenden Hysteriker so umtriebig macht) und deshalb auch quantitativ viel stärker für Erregung sorge als andere Libidomodalitäten.

Wie weit eine geschlechtsspezifische Verteilung des hysterischen Charakters existiert, wie man beim Lesen der psychoanalytischen (und erst recht der vulgär-psychoanalytischen, d.h. gewöhnlichen medizinischen und psychologischen) Literatur annehmen möchte, hat Reich nicht erörtert. Offenbar hielt er den von ihm als »passiv-feminin«

benannten Charakter für die männliche Unterart des hysterischen. »Verhüllte oder unverhüllte Koketterie in Gang, Blick, Sprache verrät vor allem bei Frauen den hysterischen Charakter. Bei Männern tritt dagegen Weichheit und Überhöflichkeit sowie femininer Gesichtsausdruck und feminines Gehaben hervor. Wir haben im ersten Teil einen solchen Fall ausführlich dargestellt« (p. 211). Dieser Fall war ein von Reich so genannter »passiv-femininer Charakter« (p. 100sqq.). Er hatte ihn als »hysterischen Charakter mit hypochondrischer Angsthysterie« diagnostiziert, wobei diese Diagnose aus der psychoanalytischen Theorie abgeleitet war; unter »passiv-feminin« verstand Reich eine »phänomenologische« Kategorie (p. 102). Zu dieser Phänomenologie gehörten Züge, die sich mit der eigentlich hysterischen nicht decken, nämlich Unbeholfenheit, Schüchternheit und demütige Überfreundlichkeit, die sich in einer Entschuldigungssucht niederschlug. Das spezifische dieser Variante des hysterischen Charakters ist die »passiv-homosexuelle Abwehr der Kastrationsangst« (p. 123; cf. auch p. 224), also etwa das, was auch den »Wolfsmann« auszeichnete. Die passiv-feminine Haltung ist eine lückenlos durchgeführte Reaktionsbildung gegen die verdrängte (ödipale) Aggressivität (p. 133).

Einen entgegengesetzten Weg der Abwehr gehen die »phallisch-narzißtischen Charaktere«, denen Reich als erster zusammenhängende Aufmerksamkeit gewidmet hat (II, 4.3). Obwohl er in erster Linie – aber nicht nur – Männer im Auge hatte, scheinen seine Nachfolger das Bild mit Vorliebe an Frauen zu diagnostizieren, wo es sich oft mit Abrahams »Rachetypus«[6)] verquickt.

Auch beim Phalliker steht die Abwehr der Kastrationsangst im Zentrum (während es beim echten Hysteriker der Inzestwunsch selber ist), aber ganz im Gegensatz zum Passiv-Femininen tritt er die Flucht nach vorn an, er

---

6) PS II 85sqq.

verdrängt gerade die passiven Tendenzen und sichert diese Verdrängung durch protzige Reaktionsbildungen, insbesondere auch aggressiver Natur. Orgastisch ebenso schwach potent wie die anderen pathologischen Charaktere, ist er dagegen (soweit ein Mann) erektiv oft auffällig potent; jedoch hat diese Potenz unbewußt sadistischen Gehalt, was die orgastische Schwäche erklärt. Insbesondere aber dient sie dem Schutz vor analer Regression, von der der Phalliker aufgrund der Zwischenposition seiner libidinösen Fixierungsstelle ja stärker gefährdet ist als der Hysteriker. Die geringfügigere Entwicklung seiner Objektbindung und zugleich die dominierende Besetzung der lustintensivsten und -ergiebigsten erogenen Zone erklären die Möglichkeit seines intensiven Narzißmus.

Ähnlich wie beim masochistischen Charakter ist für den Phalliker die Versagung auf der genitalen Stufe, insbesondere des exhibitionistischen Partialtriebs, konstituierend. Weil diese Versagung von der Mutter ausgehen soll, soll die Identifizierung mit ihr die auffällige Neigung des männlichen Phallikers zur Homosexualität begründen, die wegen seiner speziellen Abwehr der Kastrationsangst aktiven Charakter hat; dieser Punkt wird leider von Reich nicht ausgeführt. (Die nicht selten manifeste Homosexualität phallischer **Frauen** leitet sich, was nicht eigens erörtert zu werden braucht, ja ganz geradlinig aus ihrer Phantasie-Phallik ab.) Mir scheint dagegen die mangelhafte **Objektbindung** (die durch exhibitionistische Frustration mit Rachewünschen aufgegeben wurde) und die daraus resultierende narzißtische, aber aufgrund der Abwehr-Aggressivität dennoch »weltzugewandte« Position der Phalliker geradezu automatisch zur Objektwahl nach dem narzißtischen Typus führen zu müssen; doch das ist nicht Thema dieses Buches. (Von dieser Diskussion soll die von der Psychoanalyse ungelöste Frage übrigens abgetrennt werden, wie weit es eine **angeborene** – eventuell embryonal erworbene – Homosexualität gibt. Es genügt zu wissen, daß eine angeborene Heterosexualität durch infantile Erlebnisse und **davon unabhängige** Dispositionen

indirekt homosexuell überformt werden kann; das Gegenteil ist natürlich genausogut möglich, eine »Zwangsheterosexualität« war schon Ferenczi aufgefallen.)

Schließlich wurde der Phalliker für Reich auch noch interessant durch die Vielfalt seiner sozialen Erscheinungen, die ihn von anderen Charaktertypen unterscheidet; er ist leistungsfähiger als diese, was Reich besonders an Frauen aufgefallen ist. Prinzipiell gilt, daß die »Flucht nach vorn«, der sublimierte Exhibitionismus und die Aggressivität den relativ gesunden Vertretern dieser Formation allerhand gute Leistungen und soziale Erfolge ermöglichen; allerdings sind diese Leistungen oft, im Gegensatz zu denen der Analen, zwar durch Großzügigkeit, aber auch durch mangelnde Gründlichkeit gekennzeichnet. (Um ein Beispiel zu geben: man kann die Malerei des Expressionismus mit allen ihren Stärken und Schwächen für die klassische Sublimationsform des phallischen Narziß in einem bestimmten Kulturbereich halten, welche historische Umstände begünstigt haben; für den »Fauvismus«, sein extremes französisches Gegenstück, gilt das noch mehr. Am reinsten dürfte Beckmann diesen Typus verkörpern, am wenigsten Otto Müller.)

Doch nicht nur hervorragende, wenn auch nicht gründliche, »geniale« Leistungen können in günstigen Fällen vom Phalliker hervorgebracht werden; am anderen Ende der Skala steht nach Reich – wegen der aufdringlichen Aggressivität – der Massenmörder als extremer Pol in der Bandbreite. Die seit altersher behauptete Affinität von Verbrecher und Genie soll nach Reich hier begründet sein. Aber auch zum psychotischen Ende hin ist der Phalliker offen, nämlich zur Paranoia, in der abgewehrte Homosexualität ja bekanntlich eine zentrale Rolle spielt; die imposanten, oft sehr intelligenten Wahnsysteme der Paranoiker treten an die Stelle der glänzenden sozialen Leistungen. Wie diese aber werden sie dem Publikum exhibitionistisch aufgedrängt.

Schließlich gehört, wiederum wegen des hier allerdings stärker reaktiv abgewehrten Exhibitionismus, die Erythrophobie in diesen Umkreis; von ihr führt schließlich ein Weg zum masochistischen Charakter, der in mancher Hinsicht als ein unglücklicher Phalliker gelten muß.[7] Seine durch Reich so glänzend geleistete Analyse soll uns wegen ihres besonderen Zusammenhangs später, im 6. Kapitel, interessieren und muß daher hier entfallen.

Schließlich hat Reich auch dem Zwangscharakter ein Kapitel gewidmet (II, 4.2), in dem wegen der langen Zeit, die die Psychoanalyse dieser ihrer ersten charakterologischen Entdeckung seither gewidmet hatte, naturgemäß weniger neues stehen kann. Reichs besonderer, auch therapeutisch-technisch relevanter Beitrag zur Lehre vom Zwangscharakter war seine Betonung von dessen Affektsperre, die er als einen »Krampf des Ichs« charakterisiert (p. 223sq.). Interessant ist seine Nachzeichnung der Libidoschicksale des Zwangscharakters von der ersten frühkindlich-ödipalen Regression von der Genitalität auf die Analität bis in die Pubertät (p. 221sq.). Was der »Krampf des Ichs« abwehrt, ist nicht nur die Defäkationslust, sondern vor allem der Sadismus. Dabei unterscheidet Reich zwei Schichten desselben, die bei geordneter Widerstandsanalyse (der Affektsperre) **nacheinander** auftreten: erst der anale, dann der phallische Sadismus; genitale Tendenzen haben die allerstärkste Verdrängung erlitten und sollten erst am Schluß besprochen werden, um diese Besprechung nicht durch die anfänglich unüberwindbare Affektsperre zu entwerten. Auch die Kastrationsangst ist beim Zwangscharakter nach Reich am tiefsten verborgen; sie taucht erst nach der Analyse des analen Sadismus mit affektiver Färbung auf.

Wir haben nun alle Beiträge Reichs zur speziellen psychoanalytischen Charakterologie kennengelernt, soweit sie gegenüber seinen Vorgängern Neues brachten; nur die Arbeit über den masochistischen Charakter habe ich hier aus den angedeuteten Gründen noch ausgelassen. Einen

---

[7] Insofern ist er wiederum dem Passiv-Femininen verwandt; cf. Reich l.c. p. 174.

wesentlichen Punkt der Diskussion können wir uns diesmal sparen, nämlich den der Orthodoxie. Es ist ganz offensichtlich, daß Reich sich hier unzweifelhaft im Rahmen der klassischen Psychoanalyse bewegt, und tatsächlich hat ihm wegen seiner speziellen Charakterologie noch niemand (außer Sterba 1934) den geringsten diesbezüglichen Vorwurf gemacht. Andere Autoren haben gerade auf diesem Felde – später als Reich allerdings – das essentiell triebtheoretische Konzept der Psychoanalyse in geradezu provokanter Weise verlassen, ohne dafür in ihrer Organisation Schwierigkeiten bekommen zu haben, im Gegenteil. Vielmehr hat man eher bei den »konservativen« Verteidigern des orthodoxen Konzepts, z.B. Fenichel, den Eindruck, daß sie bei ihrer Kritik der »ichpsychologischen« Neuerungen auf verlorenem Posten kämpfen. Tatsächlich hat Reich auch gerade wegen seines Beharrens auf der Originalbasis auch in neuerer Zeit Kritik einstecken müssen.[8)] Nun hat es keinen Zweck, Reichs nicht gerade seltenen Äußerungen, der Charakter sei nicht vom Abgewehrten (= dem Trieb), sondern der Art der Abwehr her zu verstehen, dagegen ins Feld zu führen. Daß er die Triebgrundlage trotz der ausgiebigen Diskussion ihrer Abwehr und sozialen Schicksale nie verlassen hat und auch nicht verlassen wollte, steht außer Zweifel, und genau das Gegenteil, die Flucht vor dem »zweiten Schibboleth« (= der sexuellen Ätiologie der Neurosen), das nun einmal so peinlich ist, weil es das Wegdiskutieren von geraubtem, in sachlich nie zu rechtfertigender Weise vorenthaltenem Lebensglück erschwert, kennzeichnet den gesamten Weg der Psychoanalyse allerspätestens seit dem Tode Freuds. (Man muß einmal die Eitelkeit führender I.Psa.V.-Mitglieder erlebt haben, mit der sie sich selbst für diese Flucht loben, d.h. den unsäglichen »Fortschritt der Psychoanalyse von der Triebtheorie zur

---

8) Nämlich bei Hoffmann 1979 passim. Zu den Gründen, die Reich und Fenichel veranlaßten, die Libidotheorie so hartnäckig zu verteidigen, cf. Rapaport 1973, p. 67sq.

Ichpsychologie« anpreisen, um zu ermessen, welch explosive Energie hinter dieser kollektiven Verdrängungsleistung steckt.)

Ein weiterer, noch nie angemessen gewürdigter Bestandteil von Reichs Theorie der Triebgrundlage des Charakters, die ihn in überraschende Nähe zu gewissen modernen Theoretikern stellt, ist seine Narzißmustheorie, von der aus sich alles zur Ichpsychologie herleiten läßt, was ohne deren ideologische Überbetonung zu ihr zu sagen ist. Dieser Teil seiner Theorie ist noch ausbaufähig, schon allein um die sexualflüchtigen, höchst einseitigen »Narzißmußtheoretiker« (z.B. Kohut), die eine Zeitlang einmal Mode waren, wieder »vom Kopf auf die Füße zu stellen«. Reichs in einem späteren Kapitel besprochene Sublimationstheorie enthält viele Fingerzeige dazu. Doch machen wir uns schon an dieser Stelle ein paar Grundmechanismen klar:

Nach Freud bildet das »Lust-Ich« den eigentlichen Ichkern.[9] Es ist daher naheliegend, daß die zentral besetzte erogene Zone durch die spezifische Art des Lusterlebens (bzw. der Unlustabwehr) die Ichstruktur entscheidend bestimmt. Nun ist die Grundlage jedes neurotischen (d.h. in der Terminologie der ›Charakteranalyse‹: jedes anderen als des »genitalen«) Charakters nach Reich eine narzißtische Störung: »Es muß zu denken geben, daß man in **allen** Fällen neurotischen Charakters (…) regelmäßig auf eine auffallend narzißtische Konstellation stößt, die sich letzten Endes als Resultat einer konstitutionellen Überbetontheit der wichtigsten erogenen Zonen (…) darstellt« (1922b, p. 144). Diese Überbesetzung einer (entwicklungsspezifisch prädeterminierten, aber tatsächlich durch Gewalteinwirkung bzw. Strafangst regressiv belebten oder

---

[9] GW XIV 13. – Cf. auch GW XIII 79; GW XVI 203 und GW XVII 129; sowie BP III 89: »Mit Bestimmtheit können wir annehmen, daß zwischen dem Genitale und dem narzißtischen Ich (Freud) zeitlebens die allerintimsten Beziehungen bestehen bleiben, ja daß das Genitale vielleicht überhaupt der Kristallisationskern der narzißtischen Ichbildung ist.«

fixierten) erogenen Zone ist nun für die Besetzung des Ichs von entscheidender Bedeutung. Hat sie autoerotischen Charakter, so erwarten wir eine stabile, aber auch abgesperrte Ichstruktur; ist sie objektgerichtet, so wird diese Struktur verschieblicher sein, um im Falle einer massiven Objektbezogenheit schließlich – wenn diese von einem unerfahrenen Ich ausgeht – lückenhaft und, wie die extreme Projektionsneigung der Hysteriker anzeigt, grenzinstabil zu werden. Man kann sagen, daß die imponierende Autonomie des trotzigen Analen dadurch bestimmt wird, daß sein Ichzentrum gewissermaßen im Anus liegt; für diesen fürchtet er weit weniger als der Phalliker für seine expansive Penisspitze bzw. Klitoris (die das Modell seines aggressiven, aber die Angst um das gefährdete, relativ peripher liegende Organ ebenfalls enthaltenden Verhaltens abgibt). Der Hysteriker findet sein Ichzentrum gewissermaßen in der Außenwelt, im übermächtigen Objekt, auf dessen kleinste Veränderungen er sensibel, aber unbewußt und mit unscharfer Ichgrenze, reagiert. Gerade Reichs Nutzung der Narzißmustheorie schafft also die entscheidende Übersicht über die Typologie der Ich-Deformationen (»Charaktere«); hätte er in Ruhe weiterforschen können, hätte er sie sicherlich noch um viele Einzelheiten bereichert. Aber schon so stellt sie einen erheblichen Fortschritt über den bis dahin gegebenen, zu keiner Übersicht gelangten psychoanalytischen Forschungsstand dar.

Nun hat Reich nie einen Zweifel darüber gelassen, daß er von allen Kräften, die zur späteren Charakter(de)formation führen, die Fixierungsstelle der Libido (aufgrund von Versagungen bzw. Kombinationen von Reizung und Versagung) für die vermutlich wichtigste hielt.[10)] Hier befindet er sich in voller Übereinstimmung mit allen seinen damaligen Kollegen. Daneben erscheint ihm fast gleich

---

[10)] Siehe schon 1925a, p. 259.

bedeutsam – wegen der Identifizierungen[11] – der Charakter der Erziehungspersonen, insbesondere natürlich desjenigen Elternteils, von dem die Hauptversagung ausging[12]. Schließlich unterscheidet er insgesamt sechs Quellen der Charakterformation, nämlich neben den beiden genannten den Zeitpunkt der Versagung, seine Häufigkeit und Stärke, das Geschlecht der hauptsächlich versagenden Person sowie das Verhältnis zwischen Gewährung und Versagung und schließlich – was für den triebhaften und den hysterischen Charakter so bedeutsam wird – die Widersprüche zwischen den Versagungen selbst (1933a, p. 171; cf. auch ibid. p. 173sqq.). Es leuchtet nun ein, daß diese Elemente je nach dem vorherrschenden Erziehungsstil **historisch** (und sozial) quantitativ unterschiedlich verteilt sind und infolgedessen der Durchschnittscharakter zu verschiedenen Zeiten und in verschiedenen Gesellschaftsklassen unterschiedlich und zugleich typisch ausfallen wird. Fromm hat dies, bevor er den Boden der Psychoanalyse verließ, in einer glänzenden Studie über den hysterischen Charakter als typisch feudalistischen (hochmittelalterlichen), den zwanghaften als typisch frühkapitalistischen (früh- und mittel-neuzeitlichen) Charakter demonstriert (1932). Ich weise zur Ergänzung auf den phallisch-narzißtischen Charakter berittener Eroberervölker wie insbesondere der islamischen Araber sowie auf das unverkennbar hysterische Moment des Katholizismus als der klassischen Feudalreligion, das ebenso unverkennbar zwanghafte der protestantischen, besonders der calvinistischen, Religion hin, die seit Max Weber mit Recht als der typische ideologische Ausdruck des Frühkapitalismus gilt[13]. Es ist keine Schwierigkeit nachzuweisen, wie diesen historisch-ökonomischen bzw.

---

[11] GW XIII 257.

[12] 1933a, p. 213.

[13] Siehe dazu Hoevels 1986b (leichter zugänglich in englischer Übersetzung, Hoevels 1993b, p. 155sqq.).

ideologischen Wandlungen auch die Einführung bestimmter Erziehungsstile parallel ging, deren Propagierung und Einsatz das jeweils erforderliche Resultat begünstigte. Rigider Reinlichkeitsdrill und Prügelpädagogik, wie sie besonders in den kleinbürgerlichen Schichten der Hexenverbrennungsepoche einsetzten, schufen zweifellos ein riesiges Heer grausamer und pedantischer Zwangscharaktere, ebenso wie die verhältnismäßige Verwahrlosung und zugleich genital-sexuell ziemlich wenig »versagende« Rudimentär-Erziehung des mittelalterlichen Fronbauern eine noch viel breitere Masse leicht entflammbarer, aber energieloser, suggestibler und intellektuell defizienter Leibeigener hervorbrachte. Diese Zusammenhänge können hier nur angedeutet werden[14], belegen aber recht gut, was Reich mit seinem berühmten Satz meinte: »Die charakterliche Struktur ist erstarrter soziologischer Prozeß einer bestimmten Epoche« (1933a, p. 16). Er hat ja auch zu seinen sechs Bedingungen der Charakterbildung hinzugefügt: »Die Bedingungen sind sämtlich durch die jeweilige soziale Ordnung der Erziehung, Moral und Bedürfnisbefriedigung, also letzten Endes durch die jeweilige ökonomische Struktur der Gesellschaft bestimmt« (ibid. p. 172).

An dieser Stelle wird die psychoanalytische Charakterologie unversehens politisch, d.h. gesellschaftskritisch. Denn wie auch immer man die unterschiedlichen Charakterformationen bewerten mag, es ist doch schwer zu leugnen, daß in den analysierbaren historisch-sozialen Massenerscheinungen ein hohes Maß an **Pathologie** steckt, an Defizienz, an vergeudetem, vernichtetem, geopfertem menschlichen Potential. Völlig zu Recht scheint Freud die ganze Menschheit zum Patienten beansprucht zu haben – ein

---

[14] Eine genaue Beschreibung des mittelalterlichen Durchschnittscharakters, der Erziehung und der Sexualgewohnheiten liefert Elias 1939; Duerrs ausführliche Kritik (1988) entwertet mindestens diesen Teil seiner Analyse nicht so gründlich, wie er es behauptet. Siehe Hoevels 1991b.

unlösbares Dilemma für die Krankenkassen übrigens, aus dem nur höchst gewundene Wege herausführen. Die arg ketzerische Schlußfolgerung Reichs, die sich freilich jedem Unbefangenen aufdrängt, lautete naturgemäß, daß das Ziel nur die Neurosen- (auch Charakterneurosen-) **Prophylaxe** sein könne[15], wobei »das Ziel einer künftigen Prophylaxe der Neurosen nur sein kann, Charaktere zu schaffen, die einerseits dem Ich gegen Außen und Innen genügend Halt geben, andererseits aber auch die für die seelische Ökonomie notwendige sexuelle und soziale Bewegungsfreiheit lassen« (1933a, p. 172). Wie er sich diesen Zustand im einzelnen vorgestellt hat, wird im nächsten Kapitel dieser Arbeit erläutert werden; ernstgenommen ist diese Forderung jedoch ein höchst gefährlicher Stich ins Wespennest. Denn nähere politisch-historische Betrachtung lehrt uns unausweichlich, daß die epochentypischen Pathologien mitnichten blinde Fehlentwicklungen und bedauerliche Unfälle waren, die niemandem nützten, sondern im Gegenteil teils direkt gewissen gesellschaftlichen Nutznießern zugute kamen, teils unvermeidliche Nebenwirkung anderer Mechanismen waren, die ihnen Herrschaft und relatives Wohlleben sicherten. Die Rekonstruktion dieser Mechanismen, deren Leugnung nur einer geradezu athletischen Abwehr gelingen dürfte, ist allerdings nicht mehr Aufgabe der Psychoanalyse, sondern der Geschichts- und Gesellschaftswissenschaft.

Einen gewissen wohlfeilen Ausweg, der freilich fatal an die Verleugnung erinnert[16], bietet die Relativierung des Pathologiebegriffs. Man beklagt nicht mehr die Defizienz eines Pedanten, der die großen Zusammenhänge isolieren

---

[15] cf. Reich 1929e und 1934c.

[16] Eine Form der Verleugnung ist bekanntlich die viele Verdrängungen begleitende Trennung des Affekts vom Vorstellungsinhalt oder auch, nach Laplanche/Pontalis (1973 s.v.), »die Weigerung des Subjekts, die Realität einer traumatisierenden Wahrnehmung anzuerkennen«. Hier fließt beides zusammen, wenn man sich die Etymologie des Wortes »Pathologie« vergegenwärtigt.

muß bzw. nicht begreifen kann, eines heroisch-angstbindenden Frauenhelden und -verächters, der nichts gründlich erarbeiten kann, einer koketten, frigiden und dämlichen (sic) Repräsentations-Hausfrau und was dergleichen historisch-soziale Menschenkarikaturen noch mehr sein mögen, sondern sagt, so seien sie halt, entstanden auf einer gesellschaftlichen »Matrize« (was gewiß niemand bestreitet). Das Urteil über Pathologie und Normalität wird dann nicht mehr dem deduzierenden Verstand anheimgestellt, der Minusvarianten einer Optimalnorm feststellt, sondern der Mehrheit (bzw. der Statistik) zur Abstimmung übergeben. Dies ist, hymnisch gepriesen von vielen, der Weg Eriksons (1966). Eine ins einzelne gehende Kritik seines Werkes – und insbesondere seiner berühmten Tabelle der altersspezifischen »Konflikte« – soll hier nicht geleistet werden; er sollte hier nur soweit interessieren, wie er eine Antwort auf Reich darstellt. Tatsächlich ist er wohl dessen entschlossenster Antipode. Der Parteinahme des wenigstens in seiner Blütezeit bekennenden Kommunisten Reich, der kein Diener historisch zufälliger und als ungerecht erkannter Gesellschaftsstrukturen sein will, steht hier die Parteinahme des entschlossenen Militaristen und zeitweiligen Pentagon-Angestellten Erikson gegenüber[17]. Es

---

[17] Folgende Zitate mögen ihn meinen Lesern näherbringen. An einer U-Boot-Mannschaft begeistert ihn folgendes: »Mit erstaunlichem Takt und ungelernter Weisheit werden stillschweigend Anordnungen getroffen, durch welche der Kapitän zum Sinnesapparat, Gehirn und Gewissen (sic) für den ganzen unter Wasser lebenden Organismus der bis ins kleinste aufeinander abgestimmten Maschinerie und Menschengruppe wird« (p. 20sq.). Dieser Zustand der »Unterseebootmatrosen an Bord« »entspricht jenem ›Mittelzustand‹, den wir unseren Kindern wünschen möchten, wenn sie älter werden« (ibid.). Welche wahrhaft segensvollen Eigenschaften dieser beispielhafte Zustand haben soll, möge jeder an Ort und Stelle nachlesen. – Seine Ziele verrät Erikson etwas später noch deutlicher, wenn er »die Imago des Militärs« zu »einer der wenigen durch und durch deutschen und hochentwickelten Identitäten« (p. 24) erhebt und **zugleich** den »Umerziehern« »›schlechter‹ Nationen« den Rat gibt: »Nur ein Sieger, der das historisch Unausweichliche übernationaler Ziele demonstrieren kann und der es versteht, **sie auf die festgelegten örtlichen Identitäten aufzubauen**, wird aus alten Nationen neue Menschen machen« (ibid. Anm. 5), nämlich, sein eigenes Beispiel, aus verhinderten Hitlerjungen praktizierende Ledernacken. – O welch ein Fortschritt!, wird man ironisch ausrufen wollen; aber das

sollte nachdenklich stimmen, daß Reichs freiheitsorientierte Parteinahme so viele Kritiker auf den Plan gerufen hat (cf. das 12. Kapitel dieser Arbeit), diejenige des vielgerühmten Erikson aber explizit nicht einen einzigen (implizit trifft ihn allerdings Herbert Marcuse sehr gut, s.u.). Was bei Reich die »charakterneurotische Reaktionsbasis« ist, heißt bei Erikson »Identität«. Dies merken wir insbesondere dann, wenn uns Erikson seine Identitäten vorführt. Ist die »Südstaatendame« (1966, p. 35sqq.) nicht ein klassischer hysterischer Charakter, in Einzelheiten modifiziert durch die Traditionen einer ländlichen Sklavenhalterklasse, zum Verwechseln ähnlich ihren spanischen Schwestern aus dem 17.–18. Jahrhundert, deren Väter, Brüder und Ehemänner über Scharen indolenter und sklavenähnlicher Leibeigener geboten? Ist nicht umgekehrt der »Großvater aus dem Westen« (p. 33sq.) ein typischer Phalliker mit ganz leicht triebhaftem Einschlag? Es ist nicht schwer zu erkennen, daß alle diese »Identitäten« nur historisch-geographisch angefärbte bzw. provozierte Pathologien und Defizienzen sind. Folgerichtig entwickelt Erikson auch kein deduzierendes Gesundheitsmodell, sondern unterscheidet »wünschenswertere« von »unerwünschten« Identitäten (ibid. p. 22sq.), wobei der Psychoanalyse dann die Knechts- und Büttelsaufgabe zugesprochen wird, so gut sie kann, letztere in erstere zu verwandeln. Über die Erwünschtheit bzw. Unerwünschtheit entscheiden dann solch ephemere historische Zufälle wie Sieg oder Niederlage in Kriegen. So rühmt sich Erikson z.B., die »unerwünschte«, da infolge des Zusammenbruchs des 3. Reiches unrealisierbare Identität – man bemerke hier die praktisch fehlende Grenze zur Identifikation[18] – eines »Hitlerjungen« in die »erwünschte« eines

---

Finstere sind nicht diese offen ausgesprochenen Konsequenzen, die ein schleimigerer, leisetreterischerer Mensch als Erikson mühelos verschwiegen hätte, sondern die zutiefst menschenfeindliche, heteronomistische, klassisch reaktionäre Grundüberlegung und -wertung.

18) cf. ibid. p. 138; dort erörtert Erikson, ob Identität die Summe früherer, d.h. infanti-

Ledernacken bzw. amerikanischen Kadetten verwandelt zu haben.[19] Wie affirmativ, wie konformistisch, wie **unwissenschaftlich** ist eine solche Psychologie! Denn ihr Entscheidungsmaßstab ist irrational, er folgt bloß den stärkeren Bataillonen. Was dem Indianer mit seiner »Büffeljäger-Identität« vorgeworfen wird (p. 15sqq.), ist nicht ein kognitiver Defekt, eine mangelhafte Ausprägung bzw. Einschränkung gewisser Kapazitäten seiner humanen Existenz (z.B. Intellektualität und Sublimationsfähigkeit), sondern nur, daß er in die (»weiße«, kapitalistische usw.) amerikanische Gesellschaft nicht hineinpaßt. Wäre es den Rothäuten gelungen, sich die Pilgerväter rechtzeitig vom Leib zu halten, so hätte Erikson an ihrer »Identität« folgerichtig nichts auszusetzen, gleichgültig, wie weit diese von der vollen Entfaltung der menschlichen Potenzen entfernt gewesen sein mag. Seine Betrachtungsweise ist eben, in krassem Gegensatz zu Reich, die eines äußerst affirmativen, willig fremdbestimmten Relativismus.

Dies zeigt sich auch an seiner Parteinahme gegen die klassische Psychoanalyse (und ihre, wie er das natürlich mit dem bewährten Mantra exorzisierend nennt, »einseitige« Triebtheorie). »Statt zu unterstreichen, was die Gesellschaft dem Kinde alles versagt, möchten wir klären, was sie zunächst einmal dem Kinde gibt« (p. 14). Was sie ihm »gibt«, heißt natürlich nicht »Charakterpanzer«, sondern »Identität«. Auch in dieser Wortwahl zeigt sich die Tendenz. Der »Panzer«, der die Trieb- und Außenweltswahrnehmung absperrt, läßt sich abbauen – und dies ist auch Reichs Ziel; die Identität läßt sich höchstens austauschen,

---

ler, Identifikationen, oder auch noch späterer sei; die Idee, daß der Kern der Identität das Lust-Ich sein könnte, das durch Lernen erweitert, durch Identifikationen besten- oder schlechtenfalls modifiziert werden könnte, bleibt ihm überall fremd, es sei denn negativ in Gestalt des Biologismus-Vorwurfs an die klassische Psychoanalyse (p. 192sq.). Wir lernen hieraus umgekehrt, wie wertvoll für die **Freiheit**, von der Wahrheit ganz abgesehen, das Festhalten an der biologischen Grundlage alles Psychischen also ist – und welche Motive hinter der Flucht vor ihr stehen.

19) ibid. p. 23sq.

aber sie kommt von außen, ähnlich wie eine Brandmarke, die zweifellos auch unverwechselbare Identität stiftet – wie ein Paß, eine »identity card« – und als solche auch ihr gebranntes Substrat »verändert«.

Dennoch ist es nicht zu bezweifeln, daß die Individuen, so wie sie hinterher sind, auf gesellschaftlichen »Matrizen« hergestellt werden. Daß Erikson eine Ergänzungsreihe zwischen Gesellschaftsmustern und Individualerleben herstellt, ähnlich wie Freud eine solche zwischen »Konstitution« (= somatisches Entgegenkommen) und Individualerleben, ist sicher richtig. Sie läßt sich aber mühelos in das Konzept einer Charakterpathologie einordnen. In diesem Fall läuft die Vermittlung zwischen Individuum und je historischer, wie auch immer beschaffener Gesellschaft über den institutionell präfabrizierten »sekundären Krankheitsgewinn«[20].

Immer wieder hat Reich darauf hingewiesen, daß zwischen Charakterneurose und neurotischem Symptom ein Kontinuum besteht, daß eine scharfe begriffliche Trennung zwischen beiden nur der Bequemlichkeit dient. Gerade der sekundäre Krankheitsgewinn kann einem (pathologischen) Charakterzug ebenso zufallen wie einem Symptom. In einer patriarchalischen Gesellschaft ist dies z.B. für den hysterischen Charakter offenkundig, wenn er an Frauen haftet und nicht ganz extrem ausgeprägt ist. Die außerordentliche Schwierigkeit hysterischer Männer, diesen Gewinn, z.B. Freispruch von Verantwortlichkeit, Bestätigung der Eitelkeit usw., mit den gleichen Charaktersymptomen einzubringen, erklärt zur Genüge ihre faktische Seltenheit. Zugleich darf man nicht übersehen, daß auch das Fehlen gewisser »Strafen« als negative Belohnung, d.h. als (sekundärer Krankheits-) Gewinn fungieren kann. Unsere Südstaatendame würde z.B. durch sexuelle Mißachtung und den Spott ihrer Standesgenossen gestraft, wenn sie **gar keine** hysterischen Deformationen aufwiese – sie hat

---

[20] Siehe dazu ausführlich Hoevels 1983b, cap. 3.

von denselben also einen unzweifelhaften, wenngleich vorwiegend negativen sekundären Krankheitsgewinn. Ganze Triebrichtungen lassen sich bei nicht überstarker Infantildetermination auf diese Weise bestimmen. »Ob jemand seine infantile Sexualneugier als Inquisitor in anderen projizierend bekämpft oder als Forscher sublimiert, hängt mit dem historisch unterschiedlichen Bedarf an Inquisitoren und Naturforschern zusammen«, habe ich im Fazit meines Apuleiusbuches geschrieben, in dem eine entsprechende Individualentwicklung diskutiert wird.[21] Ich glaube nicht, daß jemand diesen Satz in Zweifel ziehen wird; wem er nicht paßt, wird verschweigen vorziehen. Stimmt er aber, dann läßt sich der Charakter ebensogut als auf einer gesellschaftlichen Matrize geprägte, allerdings sekundäre Identität verstehen wie als eine bis zur massenhaften Herstellung eines Optimums meistens defizitäre Struktur, die im allgemeinen den national, historisch, sozial und sogar geschlechtsgebunden verschiedenen Bahnen eines sekundären Krankheitsgewinns folgen wird, nachdem infantile Versagungen schon für die schwer verrückbaren libidinösen Fixierungen und Identifikationen gesorgt haben. Daß dabei der Charakter als spezifische Form der »Überwindung«, sozusagen Endlagerung des Ödipuskomplexes erkennbar wird, wird mit Reich derjenige erwarten, der ihm jene zentrale Rolle im Seelenleben zuweist, die Freud behauptet hat. Ob diese Erwartung zutrifft, kann nur empirisch entschieden werden. Daß Reichs spezielle Charakterologie dagegen Pathologie statt Identitäten erforscht, wird der Heteronomiefan, der mit dem bewährten Reaktionär Gehlen beklagen mag, daß die Menschen sich bisweilen nicht mehr »von den Institutionen konsumieren lassen«, dagegen *a limine* ungern zugeben. Aber aller beider Forschungen, Freuds wie Reichs, wird er nicht mögen; denn heimlich fürchtet er, daß sie recht haben.

---

[21] Hoevels 1979, p. 305.

6. Kapitel: Reichs Sublimationstheorie

1905 taucht ein neuer Begriff in Freuds Sexualtheorie auf: die Sublimierung. Der Begriff scheint nicht von ihm selbst geprägt worden zu sein, ebensowenig die Vorstellung: »Die Kulturhistoriker scheinen einig in der Annahme, daß durch solche Ablenkung [sc. den Abzug der Energiebesetzung von den ›infantilen Sexualregungen‹ auf gewisse ›Konstruktionen‹ der Erziehung] sexueller Triebkräfte von sexuellen Zielen und Hinlenkung auf neue Ziele, ein Prozeß, der den Namen **Sublimierung** verdient, mächtige Komponenten für alle kulturellen Leistungen gewonnen werden« (GW V 79).[1)] Mit diesen Worten führt Freud den neuen Terminus ein. Er betrachtet diesen zunächst ziemlich unscharf umrissenen Vorgang also als einen Spezialfall der **Verschiebung** – hier offenbar der Verschiebung eines Triebziels. Um so merkwürdiger berührt aber die Tatsache, daß er diese Sublimierung zunächst und noch lange Zeit später mit der **Reaktionsbildung** verknüpft, die wir doch viel eher dem Begriff der »Verkehrung ins Gegenteil« als dem der »Verschiebung« unterordnen würden.[2)] Freud selbst hat zuvor ein Beispiel für Sublimierung gegeben – dort taucht der Begriff noch definitionslos in Anführungszeichen auf – ,

---

1) Woher Freud das Wort wirklich hat, wird auch durch die neuerlich gern kolportierte Geschichte vom kleinen Jungen, der Hunden die Schwänze abschnitt und später ein guter Chirurg geworden sein soll, welche Freud zu jenem Begriff angeregt habe (Jb. d. Psa. X 219), keineswegs klar. Eigentlich stammt es aus der Chemie und bezeichnet das selbsttätige Absetzen einer Substanz in einem dünnen Film an einer weit höheren Stelle des Reagenzglases (lat. sublimis: wörtl. »über der Schwelle«, erhaben); »Quecksilbersublimat« etc. war Freud mit Sicherheit geläufig. Die Gemeinsamkeit des chemischen Vorgangs mit dem von Freud benannten psychischen besteht darin, daß sich **die gleiche Substanz** an **höherer Stelle**, auf unbeobachtbarem Weg dorthin gelangend, **in feiner Form** niederschlägt.

2) cf. Anna Freud 1959 (1936) p. 138: »Die Absicht des Ichs, das Triebziel vom rein Sexuellen weg auf ein höher gewertetes Ziel zu lenken, kann sich zum Beispiel mit Hilfe der leichten **Verschiebbarkeit** der Triebvorgänge im **Sublimierungs**mechanismus durchsetzen. Die Sicherung der Verdrängung durch **Reaktionsbildung** bedient sich der Neigung der Triebe, sich **ins Gegenteil zu verkehren**.«

dessen fundamentalen Gegensatz zur Reaktionsbildung wir geradezu mit Händen greifen können; er entwickelt es am Beispiel des sexuellen Tast- und Schautriebs, der folgendermaßen sublimiert werden kann. »Die mit der Kultur fortschreitende Verhüllung des Körpers hält die sexuelle Neugierde wach, welche danach strebt, sich das Sexualobjekt durch Enthüllung der verborgenen Teile zu ergänzen, die aber ins Künstlerische abgelenkt (›sublimiert‹) werden kann, wenn man ihr Interesse von den Genitalien weg auf die Körperbildung im ganzen zu lenken vermag« (GW V 55). Diese Sublimierung grenzt Freud gegen die **Fixierung** des infantilen Sexualziels beim **Perversen** ab, bei dem es sich an die Stelle des »normale(n) Sexualziel(s)« setzt oder mit anderen, z.B. analen (koprophilen) prägenitalen Zielen, wie beim klassischen Voyeur, amalgamiert (ibid. p. 56).

Während Freud nun diese Gegenüberstellung sehr klar und treffend vollzieht – ich werde sie weiter unten noch genauer diskutieren –, unterläßt er sie merkwürdigerweise bei Sublimierung vs. Reaktionsbildung, obwohl sie dort viel schärfer möglich zu sein scheint. Der Aktmaler, -bildhauer oder -photograph, dessen Sublimationsprodukte vielleicht noch den begründeten Beifall der Jahrhunderte finden, unterscheidet sich zutiefst von dem Reaktionsbildner, der »nichts Unkeusches sehen« will und dessen einziger zweifelhafter Beitrag zum gesellschaftlichen Leben auf den Spuren von Adolf Hitler, Adolf Süsterhenn und Alice Schwarzer vielleicht aus Schmierereien an Werbeflächen, Polizeianzeigen oder tätlichen Angriffen auf seine »schamlosen« Mitmenschen besteht. Wir merken übrigens an diesem letzten Beispiel, wie eng in der Realität übrigens **Projektion** und Reaktionsbildung vergesellschaftet sind; der Vergleich ihrer sehr ähnlichen Mechanik läßt dies auch erwarten (bei der Reaktionsbildung wird eine verdrängte Triebregung **in der eigenen Person** durch eine ihr spiegelbildlich konträre Neubildung ersetzt und in Schach, d.h. unbewußt gehalten (**niedergehalten**); bei der Projektion wird die gleiche Regung **in**

anderen Personen erkannt bzw. hineinphantasiert und in bzw. an diesen **bekämpft**, falls man sich stark genug dazu fühlt – sonst tritt Flucht ein. Sie ist also **immer**, latent oder offen, aggressiv, das gehört zu ihrem Wesen). Die Reaktionsbildung ist demgemäß unvermeidlich unfruchtbar, ja störend. Sie ist auch eher eine Negation als eine Verschiebung des Triebziels.

Tatsächlich hat Freud auch später die Reaktionsbildung der Verschiebung gegenübergestellt und beide als ebenbürtige Alternativen »bei der Erledigung des Ambivalenzkonflikts« voneinander abgehoben.[3)] Damit sollte es ihm unmöglich geworden sein, Sublimierung und Reaktionsbildung fast unterschiedslos in einem Atemzug zu nennen, wie er es noch 1913 tut.[4)] Eine eigentliche Theorie der Sublimation, die ja ein Sonderfall der Verschiebung ist, hat er dagegen nicht geliefert. Kaum je wird die Frage angeschnitten, wie sie sich von anderen Verschiebungen, von Symptom und Perversion genau unterscheidet. Die Auskunft, die Symptome stellten »Ersatzbefriedigungen des Verdrängten«[5)] dar, kann nicht ganz zufriedenstellen. **Erstens** gilt sie im wesentlichen nur für die hysterischen Symptome und Verwandtes – für viele Zwangssymptome gilt sie dagegen nur unter der nicht immer eingetretenen Bedingung der »Wiederkehr des Verdrängten im Verdrängenden«[6)], für die ihnen nahestehenden Phobien versagt sie ganz (es ist aber unschwer festzustellen, daß diese wiederum Ähnlichkeiten mit projektiv angereicherten Reaktionsbildungen haben, wobei die Aggression weitgehend durch die Flucht ersetzt ist[7)]). **Zweitens** ist

---

3) GW XIV 131.

4) z.B. GW VIII 449.

5) GW XIV 303.

6) Ein instruktives Beispiel liefert Ferenczis kurzer Aufsatz ›Waschzwang und Masturbation‹ (BP III 56).

7) »Weitgehend« mag verwundern und der Phobiedefinition scheinbar diametral widersprechen. Der Widerspruch wird geringer, wenn wir uns gewisse konkrete Phobiefälle ansehen. Der Versicherungsmagnat Gerling leidet z.B. laut Wallraff an einer Fahrradphobie; er kann keinen Weg benutzen, an dem Fahrräder abgestellt sind,

damit noch nicht gesagt, ob die Sublimierung nicht auch ein Symptom sein könnte, nämlich die Ersatzbefriedigung eines Verdrängten, die nur zufällig und glücklicherweise nützlich ist.[8] Tatsächlich gewinnt man nicht selten diesen Eindruck, z.B. wenn Ferenczi den Fall eines freiwilligen Feuerwehrmannes anführt, der sein schon in seiner Kindheit auffällig starkes Urethralinteresse in seiner Freizeitbeschäftigung »sublimiert« hatte.[9] Von solchen Feuerwehrmännern zu Brandstiftern ist aber, wie die typische Fallgeschichte der Pyromanen zeigt, oft nur ein Schritt. Tatsächlich ist ja auch die Pyromanie schon als ein »archaischer Sublimierungsversuch« beschrieben worden (Pfister 1915). Scheut man vor dieser Begriffsausweitung zurück, so verliert der Terminus »Sublimation« aber seine Spezifität und wird zur willkürlichen Wertung, nicht zur Spezialform einer Triebumsetzung.

Man hat nicht den Eindruck, daß Freud jemals aus dieser Schwierigkeit herausgekommen wäre.[10] Auch seine Schüler verwenden den Begriff sehr ungenau; Abraham beispielsweise scheint darunter tatsächlich in erster Linie Reaktionsbildungen und reaktive Charakterveränderungen zu verstehen – ein Erbe jener unglücklichen Nachbarschaft, in die Freud den neuen Begriff von Anfang an gestellt hatte.[11] Und so bleibt nicht nur die Theorie, sondern sogar der Begriff der Sublimierung in der Psychoanalyse unklar, im Grunde hybrid; so können auch Laplanche und Pontalis

---

benutzt statt dessen lieber einen umständlichen Tunnelweg usw. Infolgedessen läßt er nun, so weit es in seiner nicht geringen Macht steht, alle Fahrräder in der Nähe seiner Gebäude wegtragen, läßt Angestellte verfolgen, die sie doch abgestellt haben, usw.

8) »Wie geht's denn Ihrem Sohn mit seiner Kleptomanie?« – »Viel besser, er bringt nur noch Sachen, die wir gebrauchen können!«

9) Nr. 8 in ›Mischgebilde von erotischen und Charakterzügen‹ (BP II 235).

10) Noch 1933 scheint sich Freud geradezu zu dieser subjektiven Definition zu bekennen, wenn er schreibt: »Eine gewisse Art von Modifikation des Ziels und Wechsels des Objekts, bei dem unsere soziale Wertung in Betracht kommt, zeichnen wir als **Sublimierung** aus« (GW XV 103).

11) cf. e.g. PS II 23sqq.

in ihrem ›Vokabular der Psychoanalyse‹ die Besprechung des Stichworts zu Recht mit dem Satz abschließen: »Das Fehlen einer zusammenhängenden Theorie der Sublimierung bleibt eine der Lücken im psychoanalytischen Denken.«[12] Wir werden sehen, daß diese Lücke nicht bestehen müßte; Reich hat sie im wesentlichen geschlossen, und hätte man ihn nicht parareligiös oder parastalinistisch im Sinne des Namenstabus zur Unperson gemacht, hätte man seine Klärung problemlos übernehmen können. Doch der aus dem Anathem folgende Systemzwang ließ nur die unvollkommenen Ansätze seiner Vorgänger übrig, und zu deren realitätsgerechter Fortentwicklung war die impotent gewordene, nur noch gefällige Verbalsekrete absondernde Psychoanalyse nicht mehr fähig, von wahrscheinlich hinzukommenden ideologischen Gründen ganz abgesehen.

Die Schwierigkeit ergibt sich, wenn Reichs Leistung nicht wahrgenommen werden darf – das eitle Wort dafür lautet übrigens »Skotom« – , aus Freuds schwankender Beurteilung des Verhältnisses von Sublimierung und Verdrängung. Während die Reaktionsbildung eindeutig mit letzterer verknüpft ist – sie soll sie sichern – und daher als ihre Folge verstanden werden muß, ist dies bei der Sublimierung doch sehr zweifelhaft. Dennoch hat Freud bisweilen eine solche Verbindung auch für die Sublimierung angedeutet, z.B. wenn er schreibt: »Bei der Charakterbildung tritt die Verdrängung entweder nicht in Aktion oder sie erreicht glatt ihr Ziel, das **Verdrängte** durch Reaktionsbildungen **und Sublimierungen** zu ersetzen«[13] (Hervorheb. von mir). Auch wieder werden unglücklicherweise die beiden grundverschiedenen Prozesse der Reaktionsbildung und der Sublimierung in einem Atemzug genannt, bezeichnenderweise im Zusammenhang mit der Verdrängung. Der Grund dafür kann nur sein – es ist eben jener ideologische, auf den ich gerade angespielt

---

[12] Laplanche/Pontalis 1973 vol. II, p. 481.
[13] GW VIII 449.

habe – , daß diese Verlötung für Freuds Gedanken über die »Kultur« von größter Bedeutung gewesen ist. Denn wenn die Sublimierung tatsächlich ebenso wie die Reaktionsbildung die Verdrängung voraussetzt, dann ist die Sexualunterdrückung wirklich eine Voraussetzung der Kultur.

Andererseits entging auch Freud nicht die Tatsache, daß die wenigsten Menschen auf diese Sexualunterdrückung in kulturell produktiver Weise reagieren, sondern ganz im Gegensatz zu Leonardo da Vinci bloß arme und sterile Neurotiker werden. Freud übersah auch keineswegs die auffälligen Schäden an Intelligenz und Neugier, die die Sexualunterdrückung gewöhnlich anrichtet und die für den Prozeß der Sublimation so überaus schlechte Voraussetzungen hinterlassen.[14] Er behalf sich an dieser Stelle mit der Hypothese, es gebe eben ein angeborenes (»konstitutionelles«) Maß an Sublimationsfähigkeit, das nur bei wenigen hoch genug sei, um trotz (oder wegen?) der Sexualunterdrückung kulturschöpferisch wirken zu können, während der Rest der Menschen aufgrund seiner minderwertigen Konstitution dieses Maß »nicht vertrage«.[15] Aber sogar beim sublimierungsfähigen Menschen κατ' ἐξοχήν, dem Künstler, ist Freud zu einer Abschwächung des Gedankens genötigt, sublimiert werde eigentlich das Verdrängte: »Wahrscheinlich enthält ihre [sc. der Künstler] Konstitution eine starke Fähigkeit zur Sublimierung und eine gewisse **Lockerheit** der den Konflikt entscheidenden Verdrängungen« (Hervorheb. von mir, GW

---

[14] GW V 64; GW VII 25; GW VII 162; GW XIV 244; vgl. auch GW XIV 370. »Kann der Anthropologe den Schädelindex eines Volkes bestimmen, das die Sitte pflegt, die Köpfchen seiner Kinder von früh an durch Bandagen zu deformieren? Denken Sie an den betrübenden Kontrast zwischen der strahlenden Intelligenz eines gesunden Kindes und der Denkschwäche des durchschnittlichen Erwachsenen. Wäre es so ganz unmöglich, daß gerade die religiöse Erziehung ein großes Teil Schuld an dieser relativen Verkümmerung trägt?« Diese religiöse Erziehung ist aber von der Sexualunterdrückung nicht zu trennen, ohne sie wohl auch nicht sehr wirksam.

[15] So am ausführlichsten in ›Die 'kulturelle Sexualmoral' und die moderne Nervosität‹ (GW VII 143–167).

XI 390sq.). Wenige Zeilen weiter oben sagt Freud, dem Künstler fehlten die **Mittel**, seine Triebbedürfnisse zu befriedigen, keineswegs aber, daß er sie verdrängt habe, und in der ›kulturellen Sexualmoral‹ sagt er sogar, ein (sexuell) abstinenter Künstler sei »kaum recht möglich« (GW VII 160). Sexualunterdrückung scheint weniger die Sublimierung zu begünstigen als die Entstehung von Untertanen (Fromms »autoritären Charakteren«): »Im allgemeinen habe ich nicht den Eindruck gewonnen, daß die sexuelle Abstinenz energische, selbständige Männer der Tat oder originelle Denker, kühne Befreier und Reformer heranbilden helfe, weit häufiger brave Schwächlinge, welche später in der Masse eintauchen, die den von starken Individuen gegebenen Impulsen widerstrebend zu folgen pflegt« (ibid.).

Das Problem der Beziehungen von Verdrängung und Sublimation bleibt also ungelöst. Auch wenn der späte Freud, wahrscheinlich von Reich einerseits, dem gerade deshalb von außen auf die Psychoanalyse ausgeübten Druck andererseits provoziert, eher dazu neigte, Sublimierung und Verdrängung auf dem Boden seiner fatalen »Kulturtheorie« zu verknüpfen, besser gesagt, diesen Zusammenhang entgegen seinen zitierten früheren Einsichten zu insinuieren, so hat er ihn doch wohlweislich niemals systematisch diskutiert, freilich auch nicht die früher aufgeworfenen Fragen, aber sich auch gescheut, ihn festzuschreiben. Unter seinen Nachfolgern – wenn sie dem Problem nicht durch Aufgabe der Libidotheorie auswichen – wird er jedoch apodiktisch behauptet; Anna Freud ernennt die Sublimierung sogar zum zehnten Abwehrmechanismus, wenn auch anscheinend mit Unbehagen, denn sie läßt ihn ihren restlichen neun – als eine zehnte Muse, sozusagen – erst in gemessenem Abstand folgen[16]. Später knüpft sie ihn bzw. sie sogar an das verdrängende Introjekt: »Die Sublimierung, d.h. die Verschiebung des

---

16) 1959 (1936) p. 36.

Triebziels im Sinne der höheren sozialen Wertung, setzt die Anerkennung oder wenigstens die Kenntnis solcher Wertungen voraus, also das Vorhandensein des Über-Ichs. Verdrängung und Sublimierung wären danach Abwehrmechanismen, die erst verhältnismäßig spät in Gebrauch kommen können.«[17] Hier gerät nun alles durcheinander. Erstens bleibt immer noch zu beweisen, daß die Sublimierung ein Abwehrmechanismus ist; wäre sie wirklich nur eine Verschiebung (die unzweifelhaft einer ist), so wäre sie genausowenig, nur weil sie zufällig vom Ergebnis her geschätzt wird, genausowenig ein neuer Abwehrmechanismus wie ein rotes Auto ein neues Fortbewegungsmittel zu Schiffen, Zügen, Fahrrädern und anders als rot lackierten Autos. Zweitens ist es sehr zweifelhaft, daß die höhere Wertung einer Statue vor einem Kothaufen oder einer wissenschaftlichen Entdeckung vor einer sexuellen Schlüssellochguckerei wirklich vom Überich ausgeht, d.h. eine bloße Heteronomie, gewöhnliche Gehorsamsleistung ist – wir werden genau diesen Punkt noch diskutieren –; und drittens waren wir von S. Freud her immer gewöhnt, wie ich meine sehr zu Recht, die Entstehung des Überichs als Verdrängungsfolge, als Ergebnis des verdrängungsbedingten »Untergangs des Ödipuskomplexes«, anzusehen, das erst sekundär die Richtung weiterer Verdrängungen hervorbringt. Welch einen Galimatias, vulgo Bockmist, kann doch gesellschaftlicher Anpassungs- und Gefälligkeitswille zur Folge haben!

Was hat nun die Sublimation mit der Verdrängung eventuell wirklich zu tun – ist sie tatsächlich nur eine Verschiebung sensu Freud, die zufällig gesellschaftlich gut ankommt? Ferenczi hat in seiner Untersuchung ›Zur Ontogenie des Geldinteresses‹ (BP I 109) ein Beispiel für einen Sublimationsprozeß geliefert, der sicherlich nicht als Verdrängungsfolge oder gar Gebotserfüllung aufgefaßt werden kann. Auch beim Künstler – die Geschichte der

---

17) l.c. p. 42.

Kunst ist auch eine Geschichte der Zensur – , der nicht selten Anstoß erregt, gerade als sogenannter »genialer« Künstler (z.B. Michelangelo, Baudelaire, Joyce), hat man eher den Eindruck, daß er **gegen** sein Über-Ich »sublimiert«. Jene Auftragswerke des Über-Ichs und seiner weltlichen Statthalter, die es in der Kunstgeschichte von Augustus bis zu Hitler und Stalin so überreichlich gibt und gegeben hat – diese Produkte »braver Schwächlinge«, um mit Freud zu reden – , sind weitaus eher der Reaktionsbildung als der Sublimierung benachbart und wirken auf uns ganz spontan gerade deshalb »langweilig«, »öde« und eben **nicht** als **Kunstwerke**. Das Wesen der Sublimierung scheint nicht an die Verinnerlichung der »sozialen Wertung« gebunden zu sein, sondern sie vielmehr – im Erfolgsfalle – seinerseits zu **erzwingen** (falls sie nicht freiwillig gewährt wird – doch scheint mir jede Biographie großer »Sublimatoren« in die Richtung dieser Erzwingung zu weisen, was auch sehr gut mit Freuds Ausführungen über den sozialen Weg des Künstlers übereinstimmt).

Vielleicht finden wir das gesuchte Spezifikum der Sublimation bei genauerer Betrachtung des zitierten Aufsatzes von Ferenczi. Dieser stellt fest, wie das ursprüngliche koprophile Interesse des Kleinkindes über Schlamm und Knete (cf. übrigens das Vulgärwort »Knete haben«) zu Kieseln und schließlich zu Gold und Geld findet. Sehen wir davon ab, daß zu diesem Sublimationsweg – wie zu jedem längeren sonstigen übrigens auch – gewisse gesellschaftliche Voraussetzungen gegeben sein müssen, die durch individuelle Sublimationsprozesse nicht geschaffen werden können; sehen wir ferner davon ab, daß hier keineswegs nur einfache Sublimation, sondern auch antianale Reaktionsbildung und sonstige Motivation mit ins Spiel kommen können. Dann bleibt Geld als »geruchloser, entwässerter und glänzend gemachter Kot« (l.c. p. 116) übrig. Wer Gelegenheit hatte, das kolumbianische Nationalmuseum in Bogotá zu besichtigen (oder eine der vielen internationalen Ausstellungen aus seinen Beständen), wird schwerlich leugnen können, daß bei der Produktion dieser manchmal nicht sehr durchgeformten, aber wunderbar glänzenden Massen mehr und anderes im Spiel war als der rationale Wille zum Speichern von Wert – aber auch mehr als die Leugnung von Schmutz durch Glanz. Schon das Bestreben der »Entwässerung« und Konsistenzerhöhung zeigt uns an, was bei der Sublimation entscheidend zu sein scheint: das Streben nach **Dauer**[18)]. Bedenken wir Ferenczis Hinweis, am Anfang der langen Sublimierungsreihe stehe »eine Art Objektliebe«, »indem das Interesse von der intransitiven Sensation gewisser Organempfindungen auf die Materie selbst verschoben wird, die diese Empfindungen verursachte; die Fäzes werden also ›introjiziert‹ und gelten (...) als wertvolles Spielzeug« (l.c. p. 111)! Dann können wir es wagen, diese von Ferenczi als Introjektion bezeichnete (relativ) **dauerhafte Selbsterweiterung** (Marx würde sie »produktive Selbstentäußerung« nennen, Stirner »Verbrauch der Welt durch das Ich«) zum Grundzug der Sublimierung zu erheben, der sie von allen anderen Arten der Verschiebung (des Triebziels) unterscheidet. Ihre Verbindung mit der Verdrängung ist dadurch mindestens gelockert (cf. Freuds Formulierung der »Lockerheit der Verdrängungen« beim Künstler), im Grunde sogar aufgehoben; die Sublimation als relativ dauerhafte Ichausweitung am Modell eines Triebziels steht zur Verdrängung im Widerspruch, kann sich aber u.U. gegen sie durchsetzen und in seltenen Fällen – Freuds günstigen »Konstitutionen« – sogar von ihr zunächst provoziert, meist aber durch sie schon im Ansatz geschädigt werden. Wer will, mag sich hier an Freuds »Eros, der immer größere Einheiten schafft« erinnert fühlen – nur daß dieser sublimierende Eros ein

---

[18)] cf. Bonaparte 1934, vol. III, p. 321 am Beispiel des sublimierten Sadismus: »Und wenn schließlich der Sadismus der Phantasie, der in uns durch das Kunstwerk befreit wird, auch weniger intensiv ist als der Sadismus der Aktion (...) so gewinnt dieser literarische Sadismus doch durch die **Dauer** und Qualität des Genusses, was er an Intensität verloren hat« (Hervorheb. F.E.H.).

ziemlich narzißtischer wäre. Das Element der Ichausweitung und der mit ihr verknüpften Dauerhaftigkeit eignet jedenfalls tendenziell jeder Sublimierung, auch der scheinbar flüchtigen des Tänzers oder Schauspielers. Denn erstens müssen diese beiden ihre Auftritte **üben**, also »formen«, Zeit für sie aufwenden; zweitens wollen sie ihrem Publikum möglichst lange im **Gedächtnis** bleiben, am liebsten gefilmt werden. Die Gedächtnisspur ihres Publikums – ihr Ruhm – bildet also das materielle Substrat ihrer Sublimation, sobald die flüchtige Aktion vorüber ist. Das gilt schließlich in primitiven Gesellschaften für alle Sublimationen. Auch der Dichter mußte sich vor Erfindung der Schrift mit demselben Substrat begnügen wie der Sänger oder Tänzer, mit dem er als Schamane ohnehin zusammenfiel. Aber dennoch scheint mir die Idee des »Weiterlebens«, der »Dauer«, eben der wie auch immer bewerkstelligten Introjektion (im Sinne Ferenczis) wachsender Außenweltteile das unverzichtbare Charakteristikum der Sublimation zu sein – der am Triebmodell gelernten, vom Partialtrieb ausgehenden und in Krisenzeiten zu ihm zurückkehrenden Ichausweitung in Raum und Zeit. Man möge in Erinnerung an die Goldausstellung bedenken, daß die alten Kolumbianer mit ihrem glänzenden Kunsthandwerk, auch wenn dessen Produkte nur etwa die gleichen Kubikzentimeter ausfüllten, doch wegen deren Dauerhaftigkeit mit ihrer nicht bloß räumlichen, sondern auch zeitlichen Ichausweitung einen besseren Tausch gemacht haben, als wenn sie nur stumpfsinnig weitergeschissen hätten. Es ist sehr unwahrscheinlich, daß hier nur bloßer Triebverzicht am Werk war; man hat eher den Eindruck, daß der Trieb unter dem Schutze eines lernend erstarkenden Ichs sich über seine Basis »hinauswagt«, aber nicht eigentlich unterdrückt wird.

Meine eigene Definition der Sublimation, mit der wir nun an Reichs empirisch fundiertes Werk herangehen können, das die begriffliche Konfusion Freuds noch mitschleppt, aber sachlich überwindet, als – relativ zur Ur-Aktion – dauerhafter Ichausweitung auf Partialtriebbasis ist nicht besonders neu oder originell; sie hat aber in dieser klaren Form sowohl den Vorteil einer präziseren »Konzeptualisierung« wie auch vor allem den, dynamisch spezifiziert zu sein und sich nicht arbiträr an »Kulturwerte« zu knüpfen. Sie fällt inhaltlich in den allermeisten Fällen mit dem traditionellen Terminus zusammen, erlaubt aber sicher eine wirklichkeitsnähere Entscheidung der Frage des Zusammenhangs zwischen ihr und der Verdrängung und kann sich daher auch bei der Würdigung Reichs nützlich machen.

Unter diesen Prämissen können wir nun die weitere Geschichte der Sublimationstheorie in Angriff nehmen. Obwohl das strittige Verhältnis zwischen Sublimierung und Verdrängung weiterhin offenblieb, herrschte doch bei allen Psychoanalytikern Einigkeit über die Frage, daß die Sublimation eine der wünschenswertesten, »gesündesten« Verwendungen der Libido war; unklar blieben allerdings die Grenzen und Möglichkeiten dieser Triebumsetzung. Denn daß diese Grenzen existierten, war ebenso unstrittig; Freud selber hatte ja die Hypothese von der konstitutionell unterschiedlichen Sublimationsfähigkeit der Individuen aufgestellt. Aber nicht minder unzweifelhaft mußte auch die – allerdings seltener ausgesprochene – Erkenntnis sein, daß die Sublimierung als **einzige** Triebumsetzung erst recht nicht wünschenswert, wahrscheinlich auch gar nicht möglich sein konnte; generell durchgeführt, müßte die alternativlose Sublimierung ja auch das Aussterben der Menschheit bewirken (wenn man nicht, die künstliche Plazenta lag damals noch nicht in Reichweite, bedurfte katholischer- und feministischerseits nicht einmal der Unterdrückung und Gegenpropaganda, zur künstlichen Besamung schreiten wollte). Es gab aber mindestens Anzeichen dafür, daß dies in einer »gesunden« Population wohl auch gar nicht eintreten würde, daß ein gesundes und sublimationsfähiges Individuum auf die unsublimierte **Befriedigung** seiner Triebe auch keineswegs verzichtet, ja, daß dieser Verzicht sogar die Sublimationsfähigkeit selber gefährden würde. Der Ausweg aus diesem Dilemma wurde weder von Freud noch von seinen Schülern jemals systematisch diskutiert – außer von Reich.

Denn das scheinbar so theoretische Problem hatte ja auch eine unmittelbar praktische Bedeutung, noch vor seiner gesellschaftlichen. Was sollten die Patienten der Psychoanalytiker machen, wenn die Kur ihre sexuellen Wünsche aus der Verdrängung befreit hatte? Mit Freuds teilweise richtiger, aber einseitiger Auskunft der »Verurteilung« (besser doch wohl: realitätsgerechter Beurteilung) war das Problem gewiß nicht aus der Welt geschafft, ebensowenig mit dem idiotischen »Ratschlag« der Sublimierung – wie hätte dieser übrigens auch psychoanalytisch aussehen sollen? Denn man kann psychische Prozesse ja nicht anordnen. Ein solcher Anordnungsversuch, ob er nun Befriedigung oder sonst eine Triebumsetzung zum Gegenstand hatte, war ja **das** Kriterium der »wilden« Psychoanalyse. Ein psychoanalytisch aufgeklärter Therapeut, der bei Troste ist, kann gewiß nicht sagen: »Nun befriedigen / sublimieren / übertragen / verdrängen / projizieren (usw.) Sie mal schön!« – gleichgültig, welche elaborierte Gestalt er diesem Satz verleihen möchte. Wieder einmal stellt sich das unangenehme Problem der »therapeutischen Bedeutung der Genitallibido«, das die leidige Reibungsfläche zwischen Psychoanalyse und (irrational organisierter) Gesellschaft bildet.

So weit er es nicht – auf der Grundlage seiner Orgasmustheorie – schon in der ›Charakteranalyse‹ diskutiert hat, beleuchtet Reich das Problem in seinem Aufsatz ›Ein Widerspruch in der Freud'schen Verdrängungslehre‹ (1934c; auch in der 2. Aufl. von 1932c, Vorwort). Er stellt dort heraus, daß der Analytiker keinen **therapeutischen** Grund hat, die Sublimierung oder gar Verurteilung über die Befriedigung eines Wunsches zu stellen. Wie weit ein Wunsch befriedigt werden kann, entscheidet die Realität – und seine eventuelle Konkurrenz zu anderen Wünschen. Entscheidend ist es aber, die prägenitalen Wünsche aus ihren infantilen Fixierungen zu lösen, damit sich auf diese Weise der Genitalprimat wenigstens postinfantil herstellen kann. Was mit der aus den Fesseln der prägenitalen Fixierung befreiten Sexualität zu geschehen hat, darf nicht durch analysenexterne Wertung entschieden oder gar gemäß einem willkürlichen, gesellschaftlich-arbiträr aufgedrängten Schema beeinflußt werden. Es geht vielmehr darum, daß gerade solche Schemata der Kritik durch freiwerdende »Ichleistungen« des genesenden Patienten unterworfen werden können.

Doch damit ist die Frage der Sublimation und deren Verhältnis zur Triebbefriedigung in der nicht-neurotischen Person noch nicht gelöst. Dabei hat schon Freud einen zentralen Hinweis für die Lösung dieses Problems geliefert, wenn er schreibt: »Die für die Kulturarbeit verwertbaren Kräfte werden so zum großen Teile durch die Unterdrückung der sogenannt **perversen** Anteile der Sexualerregung gewonnen« (GW VII 151). Wir können diesen Gedanken sehr schön an Freuds Beispiel der künstlerischen Sublimierung des sexuellen Schau- und Tasttriebs exemplifizieren. Während sich zwischen dessen Sublimation und Reaktionsbildung keine Übergänge konstruieren ließen, ist dies doch von der Perversion zur Sublimation ohne Schwierigkeiten möglich. Mir ist z.B. der Fall eines (alkoholismusgefährdeten) Kunstlehrers bekannt, der von dem Zwang beherrscht wurde, eine Unmasse weiblicher Aktaufnahmen herzustellen, bei denen das Genitale sehr ins Zentrum rückte, bis es schließlich zum ausschließlichen, stark vergrößerten Bildinhalt wurde. Um dieses durchaus zwingende Bedürfnis zu befriedigen, mußte er ziemlich große Opfer bringen, die seine Lebensführung zu absorbieren drohten. Zugleich malte er etliche Bilder, die interessanterweise auffällig schlecht und zugleich manifest asexuell waren (Reaktionsbildung). Wir sehen also, wie die perverse Fixierung eines Partialtriebs bzw. das Fehlen des Genitalprimats die Sublimierung behindert, obwohl – wie auch die »künstlerischen« Rationalisierungen in diesem Fall bewiesen – bei der Verfolgung des Triebziels die Richtung zur Sublimierung eingeschlagen worden, aber **auf halbem Wege stehengeblieben** war. Für andere

Produktionen fehlte dagegen der »libidinöse Zuschuß«, und so blieben sie öde und wertlos. Für unsere Zwecke ist es interessant zu beobachten, daß es zwischen Perversion und Sublimation alle möglichen Übergänge geben kann; schließlich bewirkt selbst bei wirklich bedeutenden Künstlern, etwa Maillol, eine letzte »Perversionsnähe« ihrer Sublimierungen nicht selten eine tatsächliche thematische Verarmung und daher Minderung ihres Œuvres.

Diesen Gedanken von der vorwiegenden Sublimierung prägenitaler Triebe hat Reich im Sinne der Freud'schen Theorie vom Genitalprimat aufgenommen und ausgebaut. Es scheint am besten zu sein, diese Theorie im Rahmen von Reichs Gesundheitsbegriff, d.h. seiner idealtypischen Beschreibung des »genitalen Charakters«, vorzuführen. Aufgestellt hat den Begriff schon Abraham (PS I 217), wobei er aus denselben Gründen wie Reich die Erreichung des Genitalprimats zur Voraussetzung eines unneurotischen Charakters macht: »Betonen wir immer wieder die Herkunft der menschlichen Charakterzüge aus bestimmten Quellgebieten des Trieblebens, so werden wir von vornherein erwarten, daß der Abschluß der Charakterbildung erst dann wird erfolgen können, wenn die Libido zu ihrer höchsten Organisationsstufe und zur Aufrichtung der Objektliebe fortgeschritten ist. (...) Bereits in dem ersten der drei vorliegenden Aufsätze wurde eingehend erwiesen, daß eine vollkommene Einordnung des Individuums in den Interessenkreis der Gesamtheit nur möglich sei, wenn die genitale Stufe der Libidoentwicklung erreicht wurde« (l.c. p. 218). So stellt auch Abraham für den genitalen Charakter schließlich als Hauptzug nur eine Negativdefinition quantitativer Art auf, nämlich daß er »nicht durch besondere, extreme Ausprägung bestimmter Charakterzüge daran gehindert wird, sich den Interessen der Gesamtheit anzupassen« (p. 222sq.). Sehen wir von der Kritiklosigkeit der Formel »Interessen der Gesamtheit« ab (man kann sie durch »Soziabilität« substituieren, das klingt gleich viel netter), so stimmt er mit Reich recht gut überein. Wenn die Psychoanalyse nicht die Libidotheorie aufgeben will, dann kann sie – nicht anders als die Medizin – Gesundheit nur negativ, als Abwesenheit von Krankheit, definieren. Dies ist auch der Grund, warum in jeder psychoanalytischen Charakterologie stets »Pathologie« dominierte – jedenfalls bis Reich und noch lange danach. Die englische Redensart »He is quite a character« mag dies illustrieren. Die Besonderheiten der – notgedrungen ohnehin nur relativ – »gesunden« Individuen können im Grunde nicht psychoanalytisch, sondern viel eher aufgrund ihrer m.o.w. **bewußten** Lern- und Lebensgeschichte begriffen werden. Rationale Handlungen und Einstellungen sind kein Gegenstand der Psychoanalyse, wie auch Reich immer wieder betont hat. Will man sie intrapsychisch erklären, so ist man auf Sinnesphysiologie, Informatik, Denkpsychologie usw. verwiesen. Natürlich steht dem nichts im Wege, diese »Normalfunktions-Disziplinen« mit der Psychoanalyse zu einer umfassenden psychoanalytisch aufgeklärten Psychologie zu integrieren. Nur sollte man nicht vergessen, daß diese dann mehr ist als jene Wissenschaft von der Auswertung der freien Assoziationen, die Freud gegründet hat.

Bleiben wir aber weiter »eng« im Rahmen dieser Wissenschaft, so scheint mir, daß Reichs Konstruktion des »genitalen Charakters«, d.h. seines Gesundheitskonzepts, sehr genau deren Voraussetzungen entspricht. Man mag ja ruhig bei den »Gesunden« die gewohnte pathologische Buntheit vermissen – die reichen und vielfältigeren Sublimationen dieser »Gesunden«, deren breiterer Zugang zur Außenwelt sie ein reicheres Material derselben verarbeiten läßt als die »characters«, kann ja für **deren** Differenzen entschädigen. Denn wenn Reich recht hat, dann ist die **Sublimierungsfähigkeit** ebenso dessen Hauptcharakteristikum wie seine – durch die Stabilität seines Genitalprimats erreichte – orgastische Potenz, während prägenitale Fixierung und **Reaktionsbildung** jeden neurotischen Charakter kennzeichnen[19)] (Reich begreift jede andere

---

[19)] Siehe 1933a, p. 187 u. p. 197: »So wie die orgastische Befriedigung ist auch die

als die »genitale« Charakterformation ebenso als neurotisch, wie alle seine Vorgänger es auch tun). Der neurotische Charakter hat einen dysfunktionalen Libidohaushalt, was sich gerade gegen seine Sublimierungsfähigkeit auswirkt: »Die infantile Sexualfixierung stört die orgastische Funktion des genitalen Primats, diese Störung wiederum schafft die Libidostauung, die gestaute Libido verstärkt ihrerseits die prägenitalen Fixierungen und so fort. Durch diese Überbesetzung und Hochgespanntheit der prägenitalen Systeme schleichen sich libidinöse Regungen in jede kulturelle und soziale Leistung ein, was natürlich nur eine Störung zur Folge haben kann, weil dann die Leistung in assoziative Verbindung mit Verdrängtem, Verbotenem tritt« (p. 190).

Sexualverdrängung und Kulturarbeit[20] – bzw. Sublimierung – geraten also in einen Gegensatz. »Die Psychoanalyse der Arbeitsstörungen lehrt, daß die Sublimierungen der prägenitalen Libido um so mehr leiden, je größer die Stauung der Gesamtlibido ist. Sexuelle Phantasien absorbieren die seelischen Interessen, lenken von der Arbeit ab, oder die kulturellen Leistungen werden selbst sexualisiert und geraten so in den Bereich der Verdrängungsarbeit. (…) Wir sehen ferner bei gelungenen Analysen, daß die Leistungsfähigkeit erst dann besonders stark wird, wenn der Analysand zur vollen Befriedigung gelangt. Auch die Haltbarkeit der Sublimierungen ist abhängig von der Regelung des Libidohaushalts« (p. 197sq.).

Schließlich nützt der Reaktionsbildner im Gegensatz zum Sublimator seine Energie bei der Arbeit nur viel

---

Sublimierung eine spezifische Leistung des genitalen Charakters, die Reaktionsbildung die Arbeitsweise des neurotischen Charakters. Das will natürlich nicht heißen, daß nicht auch der Neurotische sublimiert und der Gesunde keine Reaktionsbildungen hat.«

[20] Da das Wort »Kultur« inzwischen eine schleichende Bedeutungsverschiebung zu »Tradition« mitgemacht hat, weise ich darauf hin, daß ich hier natürlich nur die problemlos »gute« Seite derselben im Auge habe, alles also, was das Leben durch kollektive »Pflege«, so die lateinische Urbedeutung, leichter, angenehmer und reicher macht; näheres zum Problem siehe Hoevels 2001.

geringer aus, da er ja zugleich die Reaktionsbildung unterhalten muß und daher sich nicht im gleichen Maße um sein (Arbeits-)Material kümmern kann. Denn er hat sein Triebziel nicht verschoben, sondern beibehalten und zugleich mit einer Gegenbesetzung versehen. So gleicht er jemandem, der gleichzeitig Gas gibt und bremst (bzw. dessen Handbremse angezogen ist). Es ist einleuchtend, daß er nur langsam vorwärts kommt. Schließlich gilt dieser Mechanismus auch für die Sublimierung der Sexualneugier, deren Unterdrückung Freud indirekt für die »Denkschwäche des durchschnittlichen Erwachsenen« verantwortlich machte. Reich stellt fest: »Wenn der Primat des Intellekts [cf. Freuds ›Diktatur der Vernunft‹, F.E.H.] eine Forderung der gesellschaftlichen Entwicklung und ihr Ziel ist, so ist er ohne den genitalen Primat undenkbar« (p. 193). Hatte nicht auch Abraham in einem ähnlichen Zusammenhang festgestellt: »Und wirklich finden wir Freuds Lehre, das sexuelle Verhalten des Individuums sei für sein gesamtes psychisches Verhalten vorbildlich, auch hier durch alle Tatsachen bestätigt« (PS I 218)?!

Wenn der »genitale Charakter« bzw. der gesunde Mensch sowohl orgastisch potent wie auch sublimationsfähig ist, dann stellt sich die Frage nach seiner Triebstruktur. Wir hatten schon gesehen, daß diese nach einhelliger psychoanalytischer Auffassung durch den Genitalprimat charakterisiert ist. Aber wie kommt dieser zustande? Nach Freud handelt es sich um eine bei ungestörter kindlicher Entwicklung schon im Vorschulalter von selbst eintretende **Vereinheitlichung** der bisher absolut oder ziemlich selbständigen sexuellen Partialtriebe, die, soweit möglich, als Vorlustakte in den Ablauf der genitalen Sexualbefriedigung integriert oder aber sublimiert werden. Man bemerke dabei, daß hier von irgendeiner Unterdrückung nirgends die Rede ist; »primatus« oder Vorrang bedeutet ja auch keineswegs Einzigkeit! (Dies den im letzten Kapitel exemplarisch auftretenden Verdrehern ins Stammbuch.)

Diesen bei Freud noch skizzenhaften Gedanken hat Reich ausgebaut.[21)] Die genitale Integration der Partialtriebe setzt nach ihm gerade **nicht** ihre Verdrängung voraus, sondern steht zu ihr im Widerspruch; diese Verdrängung wäre vielmehr ganz im Sinne der Freud'schen Sexualtheorie mit ihrer **Fixierung** und daher der Neurose(-neigung) vergesellschaftet. Integration und Verdrängung der Partialtriebe sind also folglich Gegensätze. Entsteht nicht – durch Trauma, Verwöhnung, Unterdrückung der folgenden Stufe oder eine Kombination daraus – eine entsprechende prägenitale Fixierung, so erledigt sich die für den Erwachsenen (oder das ältere Kind) pathogene übergroße Libidobesetzung prägenitaler erogener Zonen und die gebieterische Verfolgung entsprechender Triebziele durch **Energieentzug** auf dem Wege natürlicher Reifung. Dieser Reifungsprozeß ist aber, wie wir sehen, mitnichten automatisch oder gesichert, sondern den genannten Störungsmöglichkeiten vielfältig ausgesetzt. Der wichtigste Grund der fortschreitenden Inadäquatheit prägenitaler Triebziele für das fortschreitende Individuum liegt in deren begrenzten Abfuhrmöglichkeiten; es gibt keinen prägenitalen Orgasmus.[22)] Andererseits ist der genitale Orgasmus aber auch beeinträchtigt, wenn die Prägenitalität von seiner Vorbereitung (durch Verdrängung) abgesperrt, statt unter dem Genitalprimat integriert ist.

Diese Gedankengänge entwickelt Reich schon 1927, in der ›Funktion des Orgasmus‹, besonders im letzten Kapitel. Er hat die Theorie der Prägenitalität also keineswegs vernachlässigt, wie gewisse Lohn-Dummsteller blöken, sondern vielmehr ausgebaut, wobei mindestens sein Gedanke von den unterschiedlichen Abfuhrmöglichkeiten der Partialtriebe als sein Eigentum gelten muß. Aber darin erschöpft sich seine Prägenitalitätslehre noch nicht.

---

21) Siehe insbesondere 1927a, p. 187.

22) Zur Diskussion dieser Frage cf. bes. op. cit. p. 195sq. und p. 189sq.

Denn die prägenitalen Partialtriebe können nicht nur unter dem Genitalprimat integriert, sondern auch sublimiert werden. Für die in den Vorlustakten nicht oder nur schwer integrablen Partialtriebe erscheint dies sogar – nach dem Energieentzug, den sie bei ungestörter Sexualentwicklung erleiden – als das normale Triebschicksal (das zugleich ein wünschenswertes ist). Reich unterscheidet hier drei Bereiche mit unterschiedlichen Schicksalen: Aggressivität, die von der Objektzerstörung abgelenkt wird (→Sublimation); prägenitale Antriebe, die von den autoerotischen Zielen abgelenkt werden (→Sublimation); genitales Interesse, das in Objektbeziehungen zugleich »zielgehemmt« wie »zielgerichtet« gebunden wird (→Befriedigung)[23]. Damit kommen wir zu einem entscheidenden Punkt in den Beziehungen von Triebstruktur und Ichfunktion, die schon von Ferenczi beschrieben wurden.

1913 beschreibt Ferenczi ›Stufen des Wirklichkeitssinns‹, die bestimmten Stufen der psychosexuellen Entwicklung und den durch diese hervorgerufenen Erfahrungen zugeordnet bzw. durch sie verursacht sind.[24] Er zeigt dort auf, wie die langwährende Autoerotik die Beziehungen der Sexualität zur Außenwelt weniger innig gestaltet als die zum Ich; erst in späteren Stadien, deren Abschluß prinzipiell erst mit der Errichtung des Genitalprimats erreicht sein kann, ist ein entscheidender Fortschritt »auf der Entwicklungslinie der ›erotischen Realität‹, der Nötigung zur Objektfindung« möglich[25]. So etabliert sich auf der Stufe der Genitalität (und dadurch Objektalität) der »erotische Wirklichkeitssinn«, der das magische Denken ablöst.

Diesen Gedanken führt Reich unter ausdrücklicher Bezugnahme auf Ferenczi fort. »Unter sämtlichen Trieben

---

23) 1927a, p. 189. – Die beiden zitierten Ausdrücke stammen von Freud; sie sind nicht sehr glücklich.

24) BP I 62–83.

25) ibid. 79; cf. auch Ferenczi 1924, p. 28sq. u. 93.

kann den psychologischen, physiologischen, sozialen und biologischen Lebensbedingungen zufolge nur die Genitalität die Funktion des erotischen Wirklichkeitssinns erfüllen« (1927a, p. 187). »Der Gesunde, d.h. der arbeits- und liebesfähige Mensch, hat seine Genitalität hauptsächlich sexuellen, seinen Destruktionstrieb und die prägenitalen Ansprüche sozialen und kulturellen Zielen zugewendet. Beim Kranken verhält es sich umgekehrt« (ibid. p. 188). Diese Verbindung von Genitalprimat und erotischem Wirklichkeitssinn erklärt auch seine Folge des »Primats des Intellekts«; denn »Realitätssinn« heißt eben ein Erstarken der Ichfunktionen, deren vornehmste eben die Realitätsprüfung ist, die sich der magischen Regression (und ihren prägenitalen Korrelaten) entgegenstemmt.

Wenn Reich schließlich für den »genitalen Charakter« behauptet: »Die genitale Libido ist, da sie direkt befriedigt wird, nicht in den Ich-Ideal-Strebungen versteckt; daher sind die sozialen Leistungen nicht in erster Linie Potenzbeweise wie beim neurotischen Charakter, sondern gewähren eine natürliche, nicht kompensierende **narzißtische** Befriedigung«[26] – dann hat er mit wenig Worten genau jene Sublimationstheorie vorweggenommen, die ich oben in Anlehnung an Ferenczis »Introjektionstheorie« ausführlicher entwickelt habe. Sublimation, Realitätsfunktion, Genitalprimat und orgastische Potenz bilden eben – sicher auch im empirischen Durchschnitt belegbar – eine Einheit; Neurose, Unproduktivität, magisches Denken, Prägenitalität und jede der vielfältigen Formen orgastischer Impotenz ebenfalls. Ausnahmen mögen die Regel beweisen – in der Regel aber selber einfach mangelhaft durchschaute Defektstrukturen sein.

Die angenommenen Zusammenhänge sah Reich in den Berichten des mit der Psychoanalyse sympathisierenden Malinowski über die Trobriander bestätigt, die er ähnlich wie Freud, Frazer und Robertson-Smith für seine Theorie

---

[26] 1933a, p. 190, Hervorheb. F.E.H.

auswertete (Reich 1931d und 1932c). Wie weit diese Auswertung korrekt war, kann ich mangels ethnologischer Kenntnisse nicht kompetent diskutieren. Róheims Kritik des Werkes (1933) ist sicherlich aus kompetenter Feder geflossen und, besonders was die z.T. unvollständigen bzw. fehlerhaften Annahmen Reichs über prähistorische Prozesse angeht, wohl berechtigt (Reich war z.B. der Import der Häuptlingsinstitution von Poly- nach Melanesien unbekannt geblieben). Allerdings handelt es sich da auch nicht um eigentlich psychoanalytische Fragestellungen. Dagegen wird der Kern der Róheim'schen Argumentation durch massive ideologische Voreingenommenheiten beeinträchtigt, die Reich im Nachwort der Neuauflage des ›Einbruchs‹ (1934j) glänzend und elegant bloßgelegt hat. Daß aber – wie dies ja auch den von der Todestriebhypothese noch nicht verdunkelten Grundannahmen der Psychoanalyse entspricht – eine Population mit gleichmäßig (!) geringer bzw. fehlender Sexualunterdrückung weniger bzw. keine Neurosen und Perversionen entwickelt, scheint auch mir durch Malinowskis Berichte gut belegt. Ebenso scheint, worauf auch Reich hinweist, die durchschnittliche Sublimationsfähigkeit der Trobriander deutlich höher zu sein als die ihrer **auf gleicher Kulturstufe stehenden**, aber patriarchalisch-repressiv organisierten Nachbarn auf den Amphlett-Inseln.[27] Daß zwischen Sublimationsfähigkeit und Kulturhöhe, ganz allgemein: zwischen Psychostruktur und Kulturorganisation ein linearer Zusammenhang bestehe, daß, mit anderen Worten, die gesellschaftliche Organisation oder gar Geschichte Ergebnis bzw. Projektion einer immanenten psychischen Menschheitsentwicklung sei, ist eine Naïvität, die in dieser Form auch bei Freud nicht zu finden ist, der, allerdings roh und inkonsequent, die Eigenständigkeit der Entwicklung der Produktivkräfte für Geschichte und

---

[27] Malinowski 1927, p. 86.

Gesellschaft sehr wohl anerkannt hat[28]. Reich dagegen hat diese bei vielen Analytikern, z.B. Róheim[29], feststellbare Blindheit immer kritisiert und selber gewiß am allerwenigsten geteilt. Wie der Gesamtprozeß der Kulturentwicklung zu erklären ist, kann mit Sicherheit nicht von der Psychoanalyse beantwortet werden. Das heißt aber nicht, daß der Kulturvergleich unter gewissen methodischen Voraussetzungen nicht als eine Art Experimentersatz zur Verifizierung oder Falsifizierung psychoanalytischer Theorien beitragen kann. Reichs Sublimationstheorie – die im Grunde nur eine Fortentwicklung und Konsequenzerhöhung derjenigen Freuds ist, welcher aber in manchen Punkten schwankte – wird auf dieser Basis jedenfalls gestützt.

Das Verhältnis von Aktual- und Psychoneurose, Angstentstehung, Masochismustheorie und Sublimationslehre: dies scheinen die wichtigsten Beiträge Reichs zur Psychoanalyse zu sein, an denen er einen von Freud unvernünftigerweise verlassenen Ansatz aufnahm und über den bisherigen Stand mit größerem Erfolg (und mehr »Konzeptualisierung«) als der hier eher destruktiv operierende Gründer der Psychoanalyse weiterführte.

Wir haben jetzt Reichs Beitrag zur eigentlichen Psychoanalyse im großen und ganzen vorführen und würdigen können. Natürlich ist der Beitrag keines einzigen Schülers von Freud etwas anderes als eine Ergänzung dessen eigener Leistung, genauso, wie auch der bedeutendste Biologe außerhalb der reinen Physiologie nur Ergänzungen zu

---

[28] GW XV 192sq.

[29] »Es ist aber nicht so wie Reich es meint, daß die Zivilisation (= der Kapitalismus) aus irgendwelchen wirtschaftlichen Gründen entsteht und dann die Neurose erzeugt, sondern umgekehrt; die kollektive Neurose erklärt, bedingt, schafft soziale Organisation, Religion, Wirtschaft, Recht und alles andere« (Róheim 1933, p. 558). Cf. dagegen Freud: »Warum haben sie die Inzestschranke errichtet? Meine Erklärung war eine historische und soziale, phylogenetische. Ich leitete die Inzestschranke von der Urgeschichte der Menschheit her und sah dann in dem wirklichen Vater das eigentliche Hindernis, das die Inzestschranke wieder neu aufrichtet« (zit. n. Jones 1962, vol. III p. 81).

Darwin bringen kann. Dennoch konnte jeder leicht erkennen, wie unsäglich töricht ein Diktum wie dasjenige Jean Amérys ist: »Was Reich der Psychoanalyse theoretisch beigebracht hat, ist eine quantité négligeable; man darf ihn auf diesem Feld nicht vergleichen mit Theodor Reik oder Otto Rank, zu schweigen von Abraham, Federn, Ferenczi« (1971). Diese schlichte Ausnutzung von Unwissenheit des Lesers zur Verbreitung simpler Unwahrheit wird durch Französisch so wenig besser wie ein katholisches Dogma durch Latein glaubwürdiger. Dieses Buch hat die verbreitete Unwissenheit geduldig zu stören versucht, und hoffentlich ist es ihm etwas gelungen; Reichs Beitrag zur Psychoanalyse kann nur mit demjenigen Abrahams und Ferenczis verglichen werden, auf dem er im übrigen auch aufbaut.[30] Dagegen haben sowohl Rank wie Reik zwar mancherlei **Anwendungen** der Psychoanalyse auf mancherlei Gebieten erbracht, darunter ganz hervorragende, jedenfalls Reik; sein unübertreffliches Werk ›Über die Pubertätsriten der Wilden‹ verdient dringend eine Neuauflage. Ihre einzig originellen Beiträge zur psychoanalytischen Theorie selbst blieben aber ihre Irrtümer; die Widerlegung eines Irrtums von Rank durch Reich haben wir schon im 3. Kapitel dieses Buches kennengelernt (seine weiteren Irrtümer widerlegte Freud selbst sowie andere seiner Mitarbeiter), und mit der Widerlegung des einzigen, aber noch weit tendenziöseren Irrtums Reiks, wenn es denn nun einer war und nicht Absicht, durch Reich werden wir uns im nächsten Kapitel beschäftigen.

---

[30] Federn verdankt seine Erwähnung an so prominenter Stelle nur der Bosheit des Autors, da er eine herausragende Stelle im Kesseltreiben gegen Reich einnahm und dessen frechster und frühester Verleumder wurde; seine historische Bedeutung entspringt seiner Aktivität als Apparatschik, seine schriftlichen Beiträge zur psychoanalytischen Lehre waren so unbedeutend wie etwa diejenigen Kaganowitschs zur theoretischen Ausarbeitung des Stalinismus oder Torquemadas zur katholischen Dogmatik.

7. Kapitel: Die Reik-Reich-Kontroverse oder: die Psychoanalyse am Scheideweg

Schon bei seinen ersten originellen Untersuchungen, die der eigentlichen Psychoanalyse vorausgingen, stieß Freud auf ein Phänomen, das er vorläufig den »Gegenwillen« nannte (GW I 3–17). Eine junge Frau hatte die feste Absicht, ihre (drei) Kinder selber zu stillen, schaffte das aber nie, sondern begann bei jedem Versuch bzw. Kind, sich zu erbrechen, Widerwillen gegen jede eigene Nahrungsaufnahme zu entwickeln und nicht mehr schlafen zu können.

Der Fall als solcher braucht uns kaum zu interessieren, auch nicht die ein wenig schnurrige Art, wie Freud mit ihm fertigwurde; von Bedeutung ist das erstmals an ihm entwickelte Theoriegerüst. Es ging offensichtlich darum, daß eine Person durch eine innere Triebkraft daran gehindert wurde, einen bewußten Vorsatz auszuführen. Das Phänomen war uraltbekannt, und im Mittelalter schrieb man es dem Teufel – oder mehreren Teufeln – zu: die sogenannte dämonische Besessenheit.[1] In seiner Reinform besteht es darin, daß eine ihrer Behauptung und sogar meistens Überzeugung nach gläubige Person gewisse von ihrer Religion geforderte Handlungen, insbesondere Ritualhandlungen, ausführen will, aber durch eine innere Kraft dazu gezwungen wird, gerade das Gegenteil zu tun, häufig genug auch noch die Ritualhandlungen der anderen zu stören oder im weitesten Sinne, z.B. durch Schmähungen, zu beeinträchtigen.[2] Diese innere Kraft

---

[1] Es bleibt ein anhaltendes Verdienst von Uta Ranke-Heinemann, die heute so gerne versteckten Bücher von Joseph Görres herausgegeben (1989) zu haben, die hier das unverfälschteste Anschauungsmaterial liefern.

[2] Vgl. dazu Freuds eigene Formulierung im zitierten Fall: »...daß sie [sc. die »peinlichen Kontrastvorstellungen«, d.h. der Wille, das jeweilige Kind verhungern zu lassen resp. wieder loszuwerden] aufbewahrt werden, in einer Art von Schattenreich eine ungeahnte Existenz fristen, bis sie als Spuk hervortreten und sich des Körpers bemächtigen, der sonst dem herrschenden Ichbewußtsein gedient hat« (ibid. p. 15).

wird mit einem oder mehreren Teufeln identifiziert, welche von außen in die »besessene« Person »gefahren« seien und nun von besonders befähigten Mitgliedern der Geistlichkeit wieder herausgeholt (»exorzisiert«) werden müssen. Auch aus dem Pädagogischen Wörterbuch des Unmenschen kennen wir eine Parallele: es handelt sich um den in kleinen oder mittelgroßen Kindern steckenden »Bock«, welcher diesen »ausgetrieben« werden müsse. Kehrt er nun bei Erwachsenen in nicht-mittelalterlicher Umgebung unversehens wieder, so nennt er sich »neurotisches Symptom«. Vergegenwärtigen wir uns kurz das Beispiel eines solchen, welches auf unser fundamentales Modell von Willen und Gegenwillen unkompliziert paßt:

Ein Patient Theodor Reiks, von bescheidener und provinzieller jüdischer Herkunft, aber inzwischen gesellschaftlich aufgestiegen, wurde zu seinem nicht geringen Schrecken in der Wiener Oper während einer Parzifal-Aufführung an den feierlichsten Stellen von dem fast unwiderstehlichen Drang gepackt, so laut wie möglich »Mazzesknödel!« dazwischenzurufen. Der Unglückliche konnte sich gerade noch beherrschen, aber da ähnliche Anwandlungen wiederkehrten, begab er sich zu Reik in Behandlung, die beste Idee, die er haben konnte, und so wurde er nicht nur seine unkontrollierbaren Impulse los, sondern wir kennen auch seinen Fall (Reik 1976, cap. 25). Natürlich war die aufdringliche Nutzung der christlichen Mythologie und Ideologie durch Wagner in der besagten Oper der Auslöser gewesen, und ähnliche Situationen erwiesen sich als ähnlich strukturiert; der eigentliche Stein des Anstoßes war gewesen, daß die christliche Ideologie als gesellschaftliche »Matrix« – den Ausdruck kennen wir ja schon –, als **vorausgesetzt**, als **selbstverständlich** empfunden werden und dadurch einen **Sog** ausüben sollte, dem Reiks Patient bewußt und absichtlich nichts entgegengestellt hatte; daß das Christentum aber gar nicht selbstverständlich ist, hatte er aufgrund seiner Herkunft längst erlebt, und diese Erkenntnis (an deren Äußerung ihn sein assimilationswilliger Vater, der zu allem Unglück im Opernhaus auch noch neben ihm saß, stets energisch gehindert hatte) verteidigte er – durch sein Symptom – sozusagen automatisch. Eine Erkenntnis ist immer der Niederschlag einer Wahrnehmung und die Frucht eines Vergleichs, also eine Ichleistung; ihre Unterdrückung, die Behinderung ihrer Wahrnehmung (z.B. durch Erinnerung) bedeutet in jedem Fall eine Einschränkung, eine Verstümmelung des Ichs, und dementsprechend ist alles, was diese behindern oder rückgängig machen kann, auch im Falle des unwillkürlichen Ablaufs eine Art Selbstschutzmaßnahme. Aber in diesem Fall **ist es keine Ichleistung**, und genau das unterscheidet die Äußerungen des »Gegenwillens« als »neurotische Symptome« von den Wirkungen der (in diesem Bereich vorzugsweise psychoanalytisch gewonnenen) Einsicht.

Wo bleibt bei allen unseren Fällen nun eigentlich das Subjekt, was »will« es wirklich, seinen »Willen« oder seinen »Gegenwillen«? Niemand will tatsächlich einen lebensfähigen Säugling, der sich ja nicht beim Klapperstorch hatte bestellen können und insofern ein wahrhaft unschuldiges Kind ist, verhungern lassen oder töten, Entkleidungen oder Tierstimmenimitationen während öffentlicher Kulthandlungen vornehmen oder stundenlang mythologische Personen schmähen oder eben in Opernaufführungen dem Publikum unverständliche Beiträge hineinbrüllen. Aber sehr wohl möchten viele einen lästigen Säugling vermeiden oder loswerden – oder sich um die Teilnahme an den Kulthandlungen einer Religion drücken, der sie einen großen Teil ihrer persönlichen Leiden und Mängel verdanken; sehr wohl lehnen viele jede Religion ab oder empfinden, davon unabhängig oder zusätzlich, die Vorherrschaft einer bestimmten als Zumutung und Bedrohung.

Offensichtlich also harmoniert der sogenannte Gegenwille ganz vorzüglich mit dem wirklichen Willen der Person, ist nur durch Zwang von dieser abgespalten und deformiert, aber in seiner Tendenz unverändert belassen worden; das Individuum, das uns sagt, was es »will« oder

»nicht will«, tut das mindestens in diesen Fällen mit einer unsichtbaren Pistole an der Schläfe. Wir dürfen ihm nicht glauben, so sehr es sich unter dem unsichtbaren Unterdrücker selbst dazu zwingen mag. Aber wer hält die Pistole, wer übt den Zwang unmittelbar aus? Es ist ja niemand sonst zu sehen!

Derjenige Teil, der die vom Zwang unbeeinflußte, also authentische Tendenz des Individuums enthält, wenngleich in der Form des wahrgenommenen, aber abgelehnten Wunsches hilflos und verstümmelt, wird vom Individuum nicht als eigen wahrgenommen, sondern als fremd betrachtet – als von außen kommend wie der hineinfahrende Teufel, obwohl er oder es doch gerade das Eigene ist, die eigene Tendenz und echte Identität verläßlicher bewahrt hat als das in wirklich fremdem, nämlich durch äußeren Zwang entstandenem Gewahrsam befindliche, sozusagen offizielle Ich. (Darum wird dieser authentizitätswahrende abgespaltene, aber sekundär als besonders fremd verschriene oder wahrgenommene Teil des Ichs auch in späterer psychoanalytischer Terminologie, wegen seiner solcherart empfundenen Unpersönlichkeit, bzw. scheinbaren und sekundären Persönlichkeitsfremdheit, als »Es« bezeichnet.) Es ist der gleiche Vorgang, wie wenn ein in den Händen einer Besatzungsmacht befindlicher König seinem Volke die Verdammung einer Befreiungsbewegung verkündet, die nichts anderes als seine Souveränität wiederherstellen will – denken wir am einfachsten an Moctezuma (oder Ferdinand VII.). Moctezuma will natürlich gerne befreit werden, obwohl er den Befehl gegeben hat, ihn **nicht** zu befreien, weil er sich vor seinen spanischen Bewachern fürchtet; seine treuen Untertanen, die ihn befreien wollen, werden dadurch seine ungetreuen Untertanen, weil sie ihm nicht gehorchen. Trotzdem sind sie aber seine **treuen** Untertanen und wären andernfalls nur einer fremden Macht gehorsam!

Nun erteilt das Ich hier weniger Befehle, als daß es Wahrnehmungen macht; als Folge äußeren Zwanges kann es seinen eigenen Kern nicht mehr wahrnehmen (wie oben beschrieben). Wie kann man dem Ich dessen Wahrnehmung wieder ermöglichen, damit also die volle Wahrnehmung seiner selbst? – Das eben war die **praktische** Frage, vor die Freud als Psychotherapeut gestellt war. Das neurotische Symptom selbst enthält den von der Wahrnehmung abgesperrten eigenen Wunsch ja nur in verkrüppelter, verkümmerter, entstellter und vom Realitätsabgleich abgeschnittener Form, genauso, wie eine Befreiungsfront, die kümmerlich in Wäldern oder Gebirgen operieren muß, die Funktionen eines leidlich unbeeinträchtigten Staates nur in sehr rudimentärer Form erfüllen kann. Und so stellt sich auch noch die **theoretische** Frage, worin die vom Individuum mit der unsichtbaren Pistole an der Schläfe so hartnäckig geleugneten eigenen Wünsche denn **ohne** Entstellung bestehen; so einfach wie in meinen Demonstrationsbeispielen lassen sie sich aus dem Symptom gewöhnlich nicht rekonstruieren.

Nicht nur meine Leser wissen, daß Freud in diesem Zusammenhang auf die »freie Assoziation« kam, wodurch die eigentliche Psychoanalyse entstand; die Geschichte ist zu bekannt, um hier erzählt werden zu müssen. Für unsere Fragestellung – wir werden Sprengstoff und Entschärfungsversuch bald genug kennenlernen – ist bedeutsam, daß er gerade deshalb auf die Anwendung der vorher schon so ergebnisreichen Methode auf die **Träume** verfiel – denn selbst wenn seine auf diese Weise gewonnene Feststellung: »Der Traum ist eine Wunscherfüllung« auf der Basis der neueren Psychophysiologie nicht in dieser Ausschließlichkeit aufrechterhalten werden kann, so leidet es gar keinen Zweifel, daß seine Untersuchung mit dem von Freud erfundenen Mittel uns einen größeren Einblick in die emotionale Struktur des Individuums, seine darin gespeicherte persönliche Geschichte und eben seine verleugneten und aus der Wahrnehmung gedrifteten **Wünsche** ermöglicht als irgendeine andere Methode. Sowohl die praktische wie die theoretische Frage lassen sich dadurch viel besser lösen; denn der sogenannte Patient erkennt in seinen Träumen und den dazu heraufsteigenden

Einfällen viel eher sein eigenes Produkt oder Eigentum wieder als in dem »ichfremden« Symptom, und der Beobachter, der sogenannte Analytiker eben, gewinnt größere Sicherheit und Klarheit über den Originalwillen seines Untersuchungsobjekts.

Das erste freilich, was dabei auffiel, war die enorme Entstellung des im Traum zum Ausdruck kommenden Inhalts, darunter eben der »fremd« gewordenen Wünsche; diese Entstellung, egal welche physiologisch gegebenen Mechanismen sie nutzen mag, hat immer die gleiche Tendenz, und diese fällt mit jener zusammen, die den im Symptom wiederkehrenden unterdrückten Wunsch sowohl von der Wahrnehmung abgetrennt wie auch seinerseits entstellt hat. Da die Unkenntlichmachung des geträumten Inhalts die Tendenz, und dadurch, wenn man die Metapher gestattet, das Ziel jener auf die Traumproduktion einwirkenden Kraft ist, nannte Freud sie, in Analogie zu der ebenso wirkenden staatlichen Einrichtung, die **Zensur**. Und da die Zensur eine staatliche Instanz ist, der die zur Weiterverbreitung bestimmte Information vorgelegt werden muß, bekam die Traumzensur auch hin und wieder den Namen der Zensur»instanz«. Als sich nun immer mehr abzeichnete, daß die gleiche Kraft kontinuierlich im Seelenleben wirksam ist, für Traumentstellung wie neurotische Symptome wie für Wahrnehmungseinschränkungen, die Terminologie vom »Ich« und dem »Es« (letzteres eine Anregung Groddecks) schon gebräuchlich war, schuf Freud für sie die Bezeichnung »Über-Ich« (oder eingeschliffener: »Überich«). Vor der »Zensurinstanz« schleppen diese Aspekte oder Bestandteile des psychischen Apparats die nicht sehr glückliche Bezeichnung »Instanzen« mit; was soll etwa dem Es »vorgelegt« werden, um dann »entschieden« zu werden? Und wer ist die höchste Instanz, Moctezuma oder Cortez?

Mit der letzten Frage betreten wir unversehens ideologisches Gebiet, vermintes Gelände. Das Überich ist der Nachhall erlittenen Zwangs in der Situation extremer Schwäche (nämlich der frühen Kindheit), noch dazu in später unvorstellbar großer emotionaler Abhängigkeit; es ist der verlängerte Arm der frühkindlich erlebten Eltern und wirkt aufgrund dieser Genese weit über deren Lebenszeit und seine Ursprünge hinaus, gegenüber denen es sich bald verselbständigt hat, als sogenanntes »psychisches Introjekt«. Es kann sich aufgrund dieses Ursprungs in wirklichen externen Personen leicht selber personalisieren (als »lieber Gott« in den Gläubigen[3)], als »Verfolger« – oder ganze Verfolgerorganisation – in den Paranoikern); an der scheinbaren Personalität von Freuds etwas unglücklich benannten »psychischen Instanzen« ist also überhaupt nichts mystisches oder lächerliches dran. Sie erklärt ausreichend, wer da wohl unsichtbar dem »Patienten«, d.h. jedem Menschen die Pistole an die Schläfe hält, wenn er sich über seine Wünsche und Wahrnehmungen (übrigens sind auch Wünsche nur – innere – Wahrnehmungen) klarwerden will und über gewisse Impulse befremdet ist; die frühe Gewalt, der frühe Zwang persistiert in permanenter Form, deformiert seinen Träger.

Das Überich besteht hauptsächlich aus Sätzen; sie sind wie gesagt, in tiefer Schwäche und emotionaler Abhängigkeit erlebt worden und hallen in ihm lebenslang wider – »du sollst...«, »du darfst...«, das und das »ist so«. Derlei gibt es noch mehr, und trotz aller Einförmigkeit durch gesellschaftliche Selektion ist es individuell verschieden und spezifisch; die Psychoanalyse hat die therapeutische Aufgabe, diese in den »Stimmen« vieler Paranoiker oft nur wenig verzerrt wiederkehrenden Sätze akustisch zu verstärken und zu fixieren, den inneren

---

3) Das Geschlecht eines gesellschaftlich standardisierten Phantasmas, das auf einem je individuellen Introjekt aufbaut, ist seinerseits gesellschaftlich standardisiert und spiegelt nicht notwendigerweise das Geschlecht der wichtigsten ursprünglichen Introjektvorlage wieder. Mag sein, daß manchen KatholikInnen die Mutter Gottes eifriger auf den Fersen ist als Gottvater (cf. dazu Grimms Märchen ›Marienkind‹); doch aufgrund der fast nur städtischen Herkunft aller meiner bisherigen Patienten entzieht sich diese mögliche Auswirkung des faktischen Polytheïsmus so vieler Europäer meiner Kenntnis.

Feindsender abzuhören, sie durch ihren genauen Wortlaut und womöglich ihre **Stimmfärbung**, ihren **Klang** wieder erkennbar zu machen; dadurch verlieren sie ihre Kraft. (Die intelligentesten und freiheitswilligsten meiner Leser können das auch ohne Psychoanalytiker versuchen: ruhig abhören, genau hinhören; sicher und deutlich, aber spontan, identifizieren, UND DANN EINS IN DIE FRESSE! Das nützt tatsächlich.[4)])

---

4) In ›1001 Nacht‹ findet sich eine hervorragende Illustration dieses Vorgangs. Drei Geschwister, zwei Brüder und die Schwester, haben nacheinander die Aufgabe zu lösen, vom Gipfel eines Berges bestimmte Dinge, u.a. einen sprachfähigen Vogel, zu holen; daran hängt sehr viel. Bedingung dabei ist, daß sie bis dahin nichts sagen. Sie wissen, daß sie beim Aufstieg von drohenden und schimpfenden, aber körperlosen (!) Stimmen belästigt werden; das hat ihnen ein mysteriöser Fakir am Fuße des Berges verraten. »...Einige riefen: ›Wer ist der Narr dort? (...) Laßt ihn nicht vorüber!‹ Andere schrieen: ›Fallt über ihn her! Packt diesen Hanswurst und schlagt ihn tot!‹ Und der Lärm ward immer lauter und lauter gleichwie Donnergebrüll, und viele Stimmen gellten: ›Räuber! Meuchler! Mörder!‹ (...)« (Littmann 1953, V 180). Das bekommt der erste Prinz bzw. Bruder zu hören; er läßt sich verhängnisvollerweise ebenso provozieren wie der nächste, der »neben sich eine Stimme hörte, die ihn in grober Sprache bedrohte und schrie: ›Du Unglücksjüngling, steh still, damit ich dich für deine Frechheit verprügle!‹« (ibid. p. 185). Klüger ist die Schwester, welche, vom Einsiedler am Fuße des Berges mit genau denselben Worten aufgeklärt wie ihre weniger intelligenten Brüder, diesem erwidert: »›Nach dem, was du mir sagst, scheint es klar zu sein, daß diese Stimmen nichts anderes zu tun vermögen, als zu drohen und durch ihr furchtbares Getöse zu schrecken; ferner, daß sonst nichts vorhanden ist, was am Besteigen des Hügels hindern kann, und daß man dort keinen Überfall zu befürchten braucht; was man tun muß, ist nur dies, daß man auf keinen Fall hinter sich blickt! (...)‹ Der Fakir war aufs höchste erstaunt und rief sogleich: ›Meine Herrin, mich deucht, du bist dazu bestimmt, die Dinge zu gewinnen, die du suchst‹« (p. 188). Er hat sich nicht getäuscht; nach eingetretenem Erfolg ist er tot. Zuvor geschieht ihr erwartungsgemäß dies: »Dann erschollen scheußliche Schreie mit furchtbarem Lärm, aber sie hörte nicht auf sie; und schließlich schwollen sie an zu einem Sturm von schrillen Schreien und stöhnenden Seufzern, untermischt mit eklen Worten, wie schamlose Frauen sie gebrauchen, wenn sie einander beschimpfen. (...) Wie sie sich aber dem Ziele näherte, wurde der Weg immer gefährlicher, und die Luft war so erfüllt von höllischem Lärm und grauenhaften Tönen, daß selbst Rustem vor ihnen gebebt und Asfandijârs kühner Mut vor Schrecken gezittert haben würden. Die Prinzessin jedoch schritt in größter Eile und mit unverzagtem Herzen weiter, bis sie dem Gipfel ganz nahe war und schon über sich den Käfig sah, in dem der sprechende Vogel seine melodischen Weisen sang. Doch wie er die Prinzessin nahen sah, brach er, trotz seiner winzigen Gestalt, in Donnertöne aus und rief: ›Zurück, du Närrin! Hinweg von hier, wage nicht näher zu kommen!‹ Die Prinzessin kümmerte sich nicht im geringsten um sein Geschrei, sondern erklomm beherzt den Gipfel, eilte über die ebene Fläche auf den Käfig zu

Natürlich ist neben dieser speziellen Detektivarbeit noch eine riesige Menge weiterer individualhistorischer Rekonstruktion zur dauerhaften Entneurotisierung nötig, und auch die direkte Ichstärkung durch Erwerb gegenstandsneutralen Übersichtswissens (»Bildung« im weitesten Sinn – erinnern wir uns an das letzte Kapitel!) wirkt als mindestens sehr förderliches Stützelement dieses Prozesses. Aber Herz- und Kernstück der psychoanalytischen Therapie bleibt sie eben doch.[5]

---

und ergriff ihn« (ibid. p. 190). Damit ist der Zauber ein für allemal gebrochen. – Eine bessere Beschreibung des Überichs gibt es nicht, und die Prinzessin hat mehr kapiert, als ihr die meisten I.Psa.V.-Mitglieder beibringen wollen. Denn das Überich besteht vor allem aus **Sätzen**, Nachhall-Effekten aus terrorisierter Kindheit, die jetzt objektiv vorbei ist und nach der man sich nicht schwindelgefährdet umdrehen soll, wenn man die Macht dieses akustisch-semantischen Drecks brechen will; jede weitere, durchaus erschließbare Nebendetermination unserer gegenüber dem antiken Original lehrreich mutierten Sirenenphantasie ist dabei nebensächlich. Die praktische Erkenntnis unserer unfreiwillig allegorischen »Prinzessin« enthält wahrlich das Gesetz und die Propheten aller auf die eigene Person angewandten Psychoanalyse. (Und man denke ein bißchen über die Tendenzen unserer Schimpf-, Schrei- und Donnerstimmen nach: »Du Idiot! Du Sau! Du Flittchen!«…und was sonst noch »schamlose Frauen an eklen Worten gebrauchen, wenn sie einander [hm, hm!] beschimpfen«.)

5) Da die Psychoanalyse sich schon ausreichend mit dem Immoralitätsvorwurf abzuplagen hatte (soweit unter »Moral« u.ä. etwas autonom Existierendes zu verstehen ist, das nicht restlos aus einem rationalen Kosten-Nutzen-Kalkül abgeleitet werden kann, bleibt dieser Vorwurf unrelativierbar zutreffend), drückten sich ihre Vertreter an dieser Stelle gewöhnlich vorsichtig bis zweideutig aus; einen Verrat an der Rationalität bzw. der individuellen Autonomie als höchstem Wert kann man aber keinem einzigen authentischen Vertreter nachweisen, vor allem Freud nicht. Belassen wir es als Richtschnur psychotherapeutischer Aktivität darum ein für allemal bei den zurückhaltenden, aber eindeutigen Worten Ferenczis: »An vielen Orten wurde, unter anderem auch von mir, darauf hingewiesen, daß der Heilungsvorgang zu einem großen Teil darin besteht, daß der Patient den Analytiker (den neuen Vater) an die Stelle des in seinem Über-Ich so breiten Raum einnehmenden wirklichen Vaters setzt und nunmehr mit diesem analytischen Über-Ich weiterlebt. Ich leugne nun nicht, daß dieser Prozeß in allen Fällen wirklich vor sich geht, gebe auch zu, daß diese Substitution bedeutende therapeutische Erfolge mit sich bringen kann, möchte aber hinzufügen, daß eine wirkliche Charakteranalyse mit jeder Art von Über-Ich, also auch mit dem des Analytikers, aufzuräumen hat. Schließlich muß ja der Patient von aller gefühlsmäßigen Bindung, soweit sie über die Vernunft und die eigenen libidinösen Tendenzen hinausgeht, frei werden. Nur diese Art Abbau des Über-Ichs überhaupt kann eine radikale Heilung herbeiführen; Erfolge, die nur in der Substitution des einen Über-Ichs durch ein anderes bestehen, müssen noch als Übertragungserfolge bezeichnet werden; dem Endzweck der Therapie, auch die

»Dem Überich eins in die Fresse! (und allen seinen Abkömmlingen selbstverständlich dazu)« – diese Parole klingt nicht gerade akademisch, aber nichtsdestoweniger ist sie die treffendste Wiedergabe des Wirkzentrums der psychoanalytischen Therapie, die mit so wenigen Worten möglich ist, und wer der in diesem zentralen Sätzlein gebundenen Emotionshöhe davonsaust, macht sein zages und gehorsam zwar-abernd gartenzwergiges Therapieren ziemlich wirkungslos – kein Wunder, daß nach dem Luzerner Kongreß die Wirksamkeit der Psychoanalysen dramatisch abgesackt ist, während ihre Länge zunahm! Selbstverständlich ist die Formel nicht geeignet für die Kathederroutine, so würde sie lächerlich – aber die in ihr kristallisierte Haltung bleibt unabdingbar für jeden psychoanalytischen Therapieerfolg (und enthält das Körnchen Wahrheit des »Aggressivitäts«-Vorwurfs gegen Reichs charakteranalytische Technik, weil es ihm ja um eine **effiziente** analytische Therapie geht, bei welcher nun einmal das Überich auf der Strecke bleibt bzw. schwer angeschlagen wird – das weiß jeder Kenner, auch wenn es nicht immer ausgesprochen wird). Natürlich könnte auch ein Arzt, der Infektionskrankheiten mit Antibiotika heilt, als sein Therapieprinzip angeben: »Den Erregern eins in die Fresse!«; aber das klänge erstens viel weniger anstößig, fast lustig sogar, was dadurch verständlich wird, daß es zweitens keine Tiefendimension und dadurch keinen heimlichen Erklärungswert hat. Denn krankheitserregende Prokaryoten haben keinerlei persönlichen Aspekt, sie sind keineswegs Nachhallwirkungen gefürchteter und geliebter Personen, und vor allem genießen sie, jedenfalls noch, meist keine Unterstützung der gesellschaftlichen Machtträger. Für das Überich ist das ganz anders, und jeder kann es fühlen; im Durchschnitt enthält es genau, was sie auch wollen, es macht ihre Herrschaft fast so

---

Übertragung loszuwerden, werden sie gewiß nicht gerecht« (BP III 394sq.). (Für eine ausführlichere Argumentation siehe Eder 1929.)

bequem wie Ichschwäche bzw. Unwissenheit und Übersichtsmangel, es ist der wichtigste und stabilste Kanal ihres Willens in dem einzelnen Untertan (oder heutzutage, lächerlicherweise, »Staatsbürger«), der feste individuelle Anker ihrer Macht.[6] Die Vertreter einer Therapie, die ihre Wirksamkeit hauptsächlich daraus bezieht, es zu untergraben, haben allen Grund, diesen Punkt nicht herauszutrompeten, und **das** kann man ihnen nicht verübeln – gegenüber der Gewalt ist die Lüge erlaubt, ja geboten. Deshalb haben Freud und Ferenczi diesen Gedanken tief in ihrem Werk versteckt und zwar deutlich, aber nur diskret ausgesprochen; daß sie sich andernorts, genau wie im schon besprochenen Beispiel der ökonomisch abhängigen Ehefrau und des »Gesundheitsfanatismus«, durchaus zweideutig ausdrücken, wenn man sie in böser Absicht festnageln will, ist ihr gutes Notwehrrecht und keineswegs zu kritisieren (cf. Matth. 22,17). Denn gefährdet sind und bleiben sie, man spürt es schon beim Lesen, beim Lesen auch dieses Kapitels und erst recht für die Gegenwart; die unverfälschte Psychoanalyse ist nichts für Leute, die nach der Duldung der »kompakten Majorität« schielen, sie bleibt in einer weder rationalen noch maximal selbstbestimmten Gesellschaft stets bestenfalls ein »kalkuliertes Risiko«.

Aber deshalb muß man sie noch nicht aktiv verfälschen, so groß die eigene brenzlige Position diese Versuchung auch wachsen läßt! Diesmal läßt sich durchaus kein »Teil opfern, um das Ganze zu behalten«, sondern wegen des Wissenschaftsprinzips einerseits, der Unersättlichkeit der

---

[6] Historisch wechselt der Akzent der Herrschaftsmittel: erfordern Aufstiegszeiten und militärisch-ökonomische Konkurrenz eine weite Verbreitung von Ichstärke, so geht die Hauptmasse der Erziehungsenergie in Aufbau und Festigung des Überichs, wie zu Freuds und Reichs Zeit; im Falle des Niedergangs und Monopols – oder des Herrschaftsparasitismus, etwa im Kirchenstaat der ›Tosca‹-Zeit oder des heutigen Kuwait – steht die Ichschwächung bzw. -verwahrlosung im Vordergrund: panem et circenses; Orgeln, Lieder, Prozessionen; Sport, speed, Glotze. Dennoch bleibt der Überich-Aufbau auch im zweiten Fall nie gleichgültig.

Bedrücker andererseits gilt viel mehr der Vergleich vom Teufel, dem Finger und der ganzen Hand, wie das Freud für Jung im Analogiefall ja auch äußerst treffend vorausgesagt hatte. Die unschöne Pionierarbeit der Verfälschung der Psychoanalyse, nämlich die Vernebelung ihrer Analyse des Überichs als erworbenem und schädlich folgenreichem Fremdkörper in der Person, leistete, zunächst noch sehr diskret, Theodor Reik. Dabei ertappte ihn Wilhelm Reich. Was war geschehen?

1925 veröffentlichte Theodor Reik als 28. Band der ›Internationalen Psychoanalytischen Bibliothek‹ die Abhandlung ›Geständniszwang und Strafbedürfnis‹ (im I.Psa.-Verlag Leipzig/Wien/Zürich). Ausgehend von der unbestreitbaren Tatsache des ›Geständniszwangs‹, d.h. des schwer oder gar nicht zu unterdrückenden Dranges nicht nur, aber auch von Verbrechern im Sinne der Strafgesetze, ihre Verfehlungen zuzugeben oder zu verraten, auch wenn dies für sie zu sehr schädlichen Folgen, also Strafen, führen muß, macht Reik dafür das Überich als auslösende innere Kraft dingfest, womit er zweifellos recht hat. Aber er beginnt diese heimlich zu verabsolutieren, ihrer Entstehung zu berauben, als letzte Ursache und selbständige Kraft hinzustellen, gerade als wäre das Überich ein genuiner Bestandteil der Person und kein durch Angst und Schwäche erworbener Fremdkörper, und genau das ist des Pudels Kern. So kommt er zu solch seltsamen Schlußfolgerungen wie einem **genuinen**, nicht weiter auflösbaren Strafbedürfnis, das der entscheidende Motor jeder Neurose sein soll; sie sei »im wesentlichen auf einem Konflikt zwischen Triebanspruch und Strafbedürfnis aufgebaut«. In gleicher Weise werden **alle** Verbrechen auf »präexistentes Schuldgefühl« zurückgeführt (um nämlich die begehrte Strafe erlangen zu können), also keines mehr auf die Befriedigung eines Wunsches, die das Verbrechen und daher das Strafrisiko in Kauf nehmen läßt. Kurzum: für primäre, biologisch bedingte Wünsche und entsprechende Realangst bleibt kein Raum, der Fremdkörper Überich wird unter der Hand quasi-biologisch, das von ihm produzierte Strafbedürfnis, in Wahrheit doch nur eine Folge von Überichaktivität bzw. Überichaggression, wirkt auf einmal wie angeboren, der selektionstheoretisch so unsinnige »primäre Masochismus« erschleicht sich ein theoretisches Fundament. Und genau das ist der geheime Sinn des Buches.

Bald nach dessen Erscheinen meldete sich Reich in einer ausführlichen, sehr maßvollen und vorsichtigen, aber in der Sache vernichtenden Kritik zu Wort; er rezensierte es in der ›Imago‹ (1925e). Ein Nachdruck dieser hervorragenden Arbeit wäre sehr wünschenswert.

Nachdem Reich Grundthesen und Gliederung von Reiks Werk vorgestellt hat, beginnt er mit der kritischen Würdigung der Einzelheiten. »Wie bekommt er [sc. der Äußerungsdrang des unbewußten = verpönten Materials] aber diesen Charakter [sc. als Geständnis]? Eine klare Ableitung [sc. Reiks] belehrt uns nun darüber, daß das ›unbewußte Geständnis eine infolge Triebunterdrückung modifizierte Triebäußerung‹ ist. (…) Die Unterdrückung ist **die** Voraussetzung für die Umwandlung einer Triebäußerung in ein Geständnis; dieses stellt somit ein Kompromiß dar zwischen Trieb und Verbot, genau so wie das neurotische Symptom. Hier wird zum ersten Mal der Begriff des Geständnisses gedehnt. Indem sich nämlich das Symptom ebenfalls aus Trieb und abwehrender Regung konstituiert und eine unter Zensur stehende Triebäußerung ist, muß es – meint Reik – ein ›Geständnis‹ genannt werden. Ein Geständnis kann man, wie der Autor selbst ausführt, nur ›eine Aussage über eine Triebregung nennen, die als verboten gefühlt oder erkannt wird‹. Der Autor bleibt uns den Nachweis dieses Tatbestands für jedes Symptom schuldig. Daß es ebenso wie ein Geständnis zustande kommt, beweist noch nicht, daß es demselben Zwecke dient« (p. 468).

Später wird Reich noch deutlicher: »Man darf gegen die Reik'schen Ausführungen einwenden, daß sie, im Kern [damit meint Reich: im Spezialfall, F.E.H.] richtig und bedeutsam, soweit sie verallgemeinern, auf zwei falschen Voraussetzungen beruhen: 1) auf der Annahme, daß jede unter Verdrängungsdruck stehende Triebäußerung ein Geständnis genannt werden dürfe, und 2) auf der konsequenten **Gleichsetzung von Strafangst und Strafbedürfnis**« (p. 470). – Da nicht alle meine Leser mit der Psychoanalyse vertraut sein werden (wie es Reich für die ›Imago‹-Leser voraussetzen konnte), wird ein Beispiel nützlich sein: nehmen wir an, jemand hat eine irrationale Angst davor, durch eine gewisse Straße zu gehen (weil er sie unbewußt, z.B. über Wortklänge oder ein bestimmtes Fassadenornament, mit der Vorstellung der Onanie zusammenbringt) oder eine große Brücke zu überqueren (weil er diese Handlung unbewußt mit einer Störung des elterlichen Koitus gleichsetzt). Er kann auf dieser Grundlage gar nicht anders, als diese Symptome zu entwickeln; er entwickelt sie nach Verdrängung des Wunsches nach Onanie bzw. Störung des elterlichen Koitus, weil diese Wünsche weiterhin fortbestehen, aber nicht bewußt werden dürfen, was durch gewisse Zwischenglieder der Wahrnehmung – Namen, Formen, Strukturanalogien – gewisser Orte provoziert werden könnte, die darum zwanghaft, d.h. ohne Kenntnis des eigenen Motivs, gemieden werden; sie werden es aber nur aus diesem Grund und keineswegs deshalb, weil der Symptomträger durch die Auffälligkeit seines Verhaltens andere auf dessen verborgene und anstößige Hintergründe aufmerksam machen will – er hätte damit auch nur selten Erfolg. Und so ist es mit hunderttausenden neurotischer Symptome – nur eine recht kleine Gruppe dient wirklich auch dem Selbstverrat bzw. der Selbstbestrafung, da diese, ein äußerst ernstzunehmendes und gefährliches, durchaus häufiges Phänomen übrigens, wesentlich öfter isoliert vom eigentlichen Symptom auftritt oder, mal blitzartig, mal chronisch, ein eigenes bildet (z.B. »versaut sich« der Patient durch unnachvollziehbar ungeschicktes Verhalten die berufliche Karriere, bürgt für Bankrotteure, unterschreibt Erbverzichte, vergißt eine Antibabypille, stiehlt unter den Augen eines auffällig herumstehenden Ladendetektivs usw.). Darum führt Reich ganz zu Recht aus:

»Zum Begriff des Geständnisses gehört zweifellos, daß wenigstens ein Stück der Persönlichkeit einer anderen etwas eingestehen wolle. Reik zitiert den Satz Freuds, der Selbstverrat dringe den Menschen aus allen Poren. Aber Selbstverrat ist noch nicht einmal ein unbewußtes Geständnis. Es muß doch unterschieden werden, ob sich objektiv dem geschulten Beobachter etwas verrät oder ob subjektiv der Drang besteht, etwas zu gestehen. Was oder wem gesteht der an Ejaculatio praecox Erkrankte? Wem gesteht die Frau mit Einbrecherangst, daß sie vergewaltigt werden will, wenn sie allein ist?« (p. 470).

Stück für Stück widerlegt Reich die Verzerrungen und Haltlosigkeiten Reiks, wendet er Ockhams Rasiermesser an. »Eine der gesichertsten Urthesen Freuds besagt, daß der verdrängte Trieb andauernd gegen die verdrängenden Kräfte ankämpfe, bis es ihm gelinge, sich in irgendeiner verstellten Form durchzusetzen (Symptom) und zu einer – wenn auch qualitativ und quantitativ inadäquaten – Befriedigung zu gelangen. Am hysterischen Erbrechen kommt die abwehrende Tendenz des Ichs besonders zum Ausdruck. Was hat hier die Wiederkehr des Verdrängten bewirkt? Doch zweifellos das Weiterwirken des verdrängten oralerotischen Triebanspruchs. An dieser Situation ist kaum noch etwas Problematisches zu finden. Eine neue Erklärungshypothese ist überflüssig, wenn sie bereits Erklärtes nur noch komplizierter aufgreift« (ibid.). Genau diese unnötige und gewaltsame Verkomplizierung, deren Sinn wir inzwischen kennen, demonstriert Reich noch an etlichen anderen Beispielen Reiks; z.B. soll der Fall eines Patienten Reiks, der von der Idee geplagt wurde, Gottvater ohrfeigen zu müssen, was er sich gewöhnlich an der Zimmerdecke phantasierte, worauf er die Zwangsbefürchtung entwickelte, daß diese einstürze und ihn zerschmettere, ein »gutes Beispiel des Strafcharakters der Angst« gewesen sein. Reich sticht geduldig auch diese Reik'sche Seifenblase auf: »Dieses alltägliche Beispiel besagt nichts anderes, als daß einer (...) gegen den Vater gerichteten Tendenz die Angst vor Strafe folgte. Warum hier der Autor eine Tendenz, sich zu bestrafen, annimmt, ist unergründlich. Strafangst und Strafwunsch sind nicht nur ihrem Wesen nach, sondern auch ihrer Herkunft nach Gegensätze: jene entstammt dem Lust-Ich, dieser dem moralischen Über-Ich« (p. 472). Kurz: »Die zweite Schwierigkeit an den Ausführungen Reiks [ist] die Unterschätzung der Angst vor Strafe, beziehungsweise die Gleichsetzung von Strafangst und Strafwunsch« (p. 471).

Und so kritisiert Reich noch weiter geduldig den sachlich verfehlten, ideologisch aber so brauchbaren Ansatz Reiks, unter steter Würdigung seiner eventuell nützlich verwertbaren Einzelfunde; es lohnt sich einfach, das ganze Referat im Original zu lesen und mit dem so treffend und gerecht kritisierten Ausgangswerk zusammenzuhalten. Schließlich endet Reich mit den, bedenkt man die spätere Entwicklung der Psychoanalyse (und den Lieblingsgegenstand ihrer eitelsten offiziellen Schwätzer heutzutage), so prophetischen Worten: »Dem aufmerksamen Beobachter kann nun eine Tendenz, die sich seit ›Das Ich und das Es‹ innerhalb der Psychoanalyse breit macht, die Sexualtheorie in die Sprache der Ichpsychologie zu übersetzen, nicht entgehen. Man darf sich über die möglichen Gründe dieser Vorliebe für die Ichpsychologie Rechenschaft ablegen. Sollte sie nicht ein Ausdruck des ständigen Verdrängungsdrucks sein, der ja auch auf dem Psychoanalytiker lastet? (...) Der letzte Passus des Werkes, das die Ichpsychologie eigentlich begründete lautet: ›Aber wir besorgen, dabei doch die Rolle des Eros zu unterschätzen.‹ Ob das nicht eine Mahnung zur Vorsicht war? Und eine Aufforderung, nicht zu vergessen, daß das Neue an der Psychoanalyse – auch an ihrer Ichpsychologie – die Sexualtheorie ist?« (p. 477sq.).

Wie recht hatte Reich! Er war es, der die Psychoanalyse in gerader Linie weitervertrat, als nahezu alle ihre sonstigen Vertreter begannen, sich von ihr davonzustehlen. Und nicht anders hat ihn auch die gebildete Öffentlichkeit empfunden, als ihren typischen und kompromißlosen Vertreter, was nicht nur unser anfangs vorgeführtes Horkheimer-Zitat belegen mag. Sein soeben besprochenes Reik-Referat legte den tiefsten Grund zum unbändigen, verdrängungswilligen Haß der I.Psa.V. auf ihn, der in praktischer Niedertracht und im Namenstabu gipfelte: er hatte sie beim Desertieren gestellt. –

Wir könnten nun die Fortsetzung dieser Diskussion anhand von Franz Alexanders ›Neurose und Gesamtpersönlichkeit‹ und Reichs Kritik daran weiterspinnen, aber sehr viel Neues taucht darin nicht mehr auf, nur der Ton ist gereizter geworden. Sinnvoller erscheint mir, ein Verständnis der Lage der Psychoanalyse zu diesem Zeitpunkt herbeizuführen, da sie sich an einem Scheideweg befand. Hätte sich Reich durchsetzen können – und hätte er lange genug gelebt, um seine Position zu halten, hätte genügend Organisationstalent besessen, um fähige Anhänger um sich zu scharen, und wäre dazu noch, last not least, nicht unter den mörderischen Bedingungen einer Flucht um den halben Erdball intellektuell auf Abwege geraten –, dann könnte es die Psychoanalyse vielleicht heute noch als wissenschaftlich ernst zu nehmende Disziplin geben, ein Schrecken und Haßmagnet den Religionen, Reaktionären und Regierungen, aber ein Leuchtturm und Hoffnungsanker deren nicht völlig zerstörten oder gelähmten Opfern. Mindestens hätte sie bis in die Zeit der »Studentenbewegung« so überleben können, Hitlers Niederlage hätte dieses ihr Überleben erleichtert, wenn auch nicht gerade großartig (vielleicht analog zu den KP's in Frankreich und Italien, man darf ja die Rechnung nicht ohne den gierigen und brutalen Uncle Sam machen), aber dann hätte sich der Würgegriff um sie ein paar wertvolle Jahre lang gelockert; die »Freudianer-Reichisten« hätten genauso auf Kosten der »Freudianer-Thanatisten« von dem plötzlich unter den Jungakademikern vorübergehend ausgebrochenen Freiheits- und Wahrheitswillen profitiert wie die als einzige überlebenden »Mainstream-Freudianer«, also »Freudianer-Thanatisten« zu diesem Zeitpunkt auf

Kosten der entweder allzuleicht als Feiglinge oder Reaktionäre erkennbaren oder sogar direkt durch ihre NS-Verbindung kompromittierten Jungianer (und, weniger bösartig, doch langweilig auf verlorenem Posten, Adlerianer): Indem die »Freudianer-Thanatisten« aber durch Zusammenbruch bzw. Nachfolgelosigkeit Reichs den Ruch der Authentizität usurpieren konnten, ohne ihn im geringsten zu verdienen, richteten sie ausschließlich Schaden an, verdienten sich damit vorübergehend eine goldene Nasenspitze und werden jetzt nach Gebrauch weggeworfen oder jedenfalls ins finanzielle Tiefkühlfach gesteckt. Kontinuierlich überlebende »Freudianer-Reichisten«, d.h. echte, nicht mit dem ganzen Todestriebzeug kontaminierte, ohne Wenn und Aber und bewußt das Überich zersetzende, das Ich auf dessen Kosten stärkende Freudianer, d.h. eben Leute, die in gerader Linie organisiert und systematisch das vertreten, was aus Freuds Lehre mindestens bis 1920 unzweideutig hervorging und Reich zur Zeit der »Reik-Reich-Kontroverse« und auf jeden Fall bis zu seinem dänischen Exil vertrat, hätten dagegen wirklichen Nutzen stiften können und die ihnen plötzlich zuströmenden Patienten ernsthaft geheilt und gefestigt.[7)] Aber dazu kam es leider nicht. Reichs Position in der kritischen Zeit von 1925 bis zu Hitlers Machtergreifung war zu schwach dafür, wohl auch sein fraktionelles Organisationstalent zu gering.

[7)] Eine solche Fraktion, freilich ohne Reich, der durch Fenichels Umfall in Luzern aus der Organisation und in der Folge auf Abwege gedrängt worden war, hat – mit persönlich höchst aufwendigen und absolut ungeeigneten Mitteln, nämlich geheimen Rundbriefen an mehr phantasierte als reale Sympathisanten (Fenichel 1998) – eben jener Fenichel zusammenzuhalten versucht, bald nachdem er sich jede Autorität dazu gründlich zerstört hatte. Seine beharrliche Mißachtung des über Reich verhängten Namenstabus dürfte ebenso wie diese absehbar wirkungslose, aber anstrengende Aktivität als Bußübung für sein am bequemsten mit dem billig gewordenen Wort »ambivalent« bezeichnetes Verhalten gegenüber Reich zu verstehen sein. Es ehrt ihn aber, daß er sein monumentales Lebenswerk unzweideutig mit dem Satz beendete, der auf den Kern der alle Weichen stellenden Kontroverse von 1925 zurückführt: »›Wo Es war, soll Ich werden‹, schrieb Freud. Diese Forderung soll ergänzt werden durch den Satz: ›Wo Über-Ich war, soll Ich werden‹« (1977, p. 198).

Das Haupthindernis bei der Bekämpfung der Flucht vor dem »zweiten Schibboleth« mittels des »thanatistischen« Aberwitzes (worunter hier das ganze eng verwobene Konglomerat aus Todestrieb, primärem Masochismus, primärem Strafbedürfnis, unangreifbarem bzw. nicht letztlich als Störung gewertetem Überich usw. verstanden werden soll) war natürlich Freuds fortwirkende persönliche Autorität bei voller Zweideutigkeit seines Vorgehens. Sowohl die Verteidiger seiner schleichend aufgegebenen Position konnten sich, wie Reich und Fenichel, auf ihn berufen, denn er war von ihr nie verbindlich abgerückt und hatte andererseits nie die Charakterisierung der »Todestriebhypothese« als »Spekulation« offen zurückgenommen, aber ihre Zerstörer – wie Alexander zumindest tendenziell – durchaus auch, denn viele neuere Äußerungen des Meisters waren für sie verwertbar, und vor allem deckte sie ein täglich wachsendes schweigendes Einverständnis (dessen makrohistorische Hintergründe ich oben angerissen habe). Die Fortsetzung der Reik-Reich-Kontroverse an Franz Alexander wird dadurch recht unerquicklich; aber der weitere Verlauf des Schicksals der Psychoanalyse, ihr unaufhaltsamer Niedergang belegt in jedem Fall, daß Reich auch bei seiner Alexander-Kritik nicht irgendwelches Gras hatte wachsen hören, sondern die erste Fäulnis eines beginnenden Zersetzungsprozesses gerochen hatte: »Das Strafbedürfnis ist immer eine Folge des ersten großen neuroseerzeugenden Verdrängungsprozesses, es ist selbst bereits neurotisches Symptom und kommt daher als primäre Ursache nicht in Betracht« (1927, p. 43). Und für die Errichtung des Überichs, jener Standardfolge der ödipalen Verdrängung, gilt logischerweise das gleiche (ibid. p. 39).

Es ist deshalb nicht überflüssig gewesen, daß Reich in der ›Charakteranalyse‹ diese Selbstverständlichkeiten noch einmal formulierte – denn schon hatte ein großer Teil der I.Psa.V. sich immer weiter von dem kompromißlosen, naturwissenschaftlich-minimalistischen Ansatz der Psychoanalyse hin zu gefällig blubberndem, seichten »Tiefsinn« entfernt. »Freud hat uns in klarer und einleuchtender Weise den Kampf geschildert, den das Ich als Puffer zwischen Es und Außenwelt (bzw. Es und Überich) zu kämpfen hat. Das Wesentliche an diesem Kampf ist, daß das Ich bei seinem Versuche, im Interesse der Selbstbehauptung zwischen den feindlichen Parteien zu vermitteln, die versagenden Objekte der Außenwelt, und zwar gerade diejenigen, die sich dem Lustprinzip in den Weg stellen, in sich aufnimmt und als moralische Instanz, als Über-Ich festhält. Die Moral des Ichs ist somit kein aus dem Es hervorgegangener, also nicht ein im narzißtisch-libidinösen Organismus gewachsener, sondern ein fremder, der drängenden und drohenden Außenwelt entlehnter Bestandteil« (1933a, p. 181sq.).

Wer hätte gedacht, daß diese unbezweifelbare Feststellung einmal den giftigsten Haß nachfreudianischer Reaktionäre auslösen sollte, die dieses Zitat als Beweismittel einer antifreudianischen Tendenz ausschreien! Dazu tun sie so, als ob es die »versagenden Objekte dcr Außenwelt«, also gewöhnlich doch wohl die Eltern, nicht erwähnen und darum den Ödipuskomplex leugnen würde, setzen ihm aber noch dazu ein mißverständliches Zitat aus Freuds problematischem Aufsatz ›Das Ich und das Es‹ entgegen, wo Freud sagt: »Während das Ich wesentlich Repräsentant der Außenwelt, der Realität ist, tritt ihm das Über-Ich als Anwalt der Innenwelt, das Es, gegenüber« (GW XIII 264). Natürlich vertritt das Überich nicht das Es gegenüber dem Ich (obwohl sich hinter dessen Rücken beide sehr wohl, wie so oft bei der Religion, aber nicht nur dort, gegen das Ich verbünden können), sondern sperrt dieses vielmehr von der Wahrnehmung durch das Ich gegen jenes ab; es hat aber im Gegensatz zu dem Ich mit dem Es gemeinsam, daß es **unbewußt** ist, und nur so ergibt der vielleicht nicht lange genug durchdachte Satz Freuds einen Sinn; er hatte einfach flüchtigerweise »Es« für »Unbewußtes« gesetzt, was nicht ganz korrekt, aber verzeihlich ist.[8] Genau in diesem Sinne ist das Überich auch »Erbe des Es«, wie es bei Freud ebenda etwas später heißt. Für das Ich ist damit nicht viel gewonnen, eher im Gegenteil – wenigstens nur ist es inzwischen etwas stärker geworden.

Es ist nun an der Zeit, vom Streit der Schüler um die Worte des Meisters zu diesem selbst und Reichs Antwort auf sie überzugehen. Schließlich hatte Freud die Schleusen zur Verwässerung seiner wissenschaftlichen Leistung, seiner säkularen geistigen Befreiungstat befremdlicherweise selber geöffnet.

---

8) Ausgenutzt bei B. Grunberger/J. Chasseguet-Smirgel 1979, p. 93 bzw. 172.

8. Kapitel: Reichs Widerlegung der Todestriebhypothese

Im Jahre 1920 entschloß sich Freud zu einem folgenschweren Schritt: er begann, von den Grundlagen seiner bisherigen Lehre abzurücken und statt des klassischen Triebpaares: Sexualität – Selbsterhaltung einen dunklen und seltsamen Trieb des Individuums zur Selbstzerstörung einzuführen, den er »Todestrieb« nannte. Über die Hintergründe dieses Schrittes können wir nur rätseln. Denn im Gegensatz zu allen früheren Revisionen seiner Lehre – z.B. der vom realen Inzesttrauma zur pathogenen Inzestphantasie, von der Frage nach der Kinderentstehung zur Frage nach Herkunft und Wesen der Sexuallust als Zentrum der infantilen Sexualneugier u.ä. – sogar der Einführung des Narzißmus – , hatte diesmal weder eine Beobachtung noch ein Widerspruch in der Lehre den Anstoß zu den neuen Gedanken gegeben. Im Gegenteil: diese Gedanken sind derart spekulativ, werden derart unsicher vorgetragen, daß man befremdet fragt, warum Freud sie überhaupt geäußert hat. Diese Frage ist ihm auch selbst gekommen, und er beantwortet sie mit dem unbezweifelbaren, aber inhaltsleeren Hinweis, daß es neben der Pflicht zur systematischen Forschung auch noch ein Recht auf ungebundene Spekulation geben müsse.[1)] Aber damit ist wenig ausgesagt. Was äußert Freud wirklich?

In seiner Schrift ›Jenseits des Lustprinzips‹ (GW XIII 3–69) versucht Freud, ein dieses übergreifendes »Wiederholungsprinzip« zu etablieren, aus dem sich ein ominöser »Todestrieb« ableiten soll. Die Grundlagen, auf die Freud sich stützt, sind äußerst heterogen:

---

1) »Man kann sich doch einem Gedankengang hingeben, ihn verfolgen, soweit er führt, nur aus wissenschaftlicher Neugierde oder, wenn man will, als advocatus diaboli, der sich darum doch nicht dem Teufel selbst verschreibt« (GW XIII 64).

1) Eine Überlegung des Psychophysiologen Fechner, jede psychische Bewegung strebe letztlich nach Stabilität (Reizlosigkeit) (cap. I);
2) Die Wiederkehr des Traumas in den Träumen der Opfer sog. »traumatischer Neurosen« (z.B. Kriegsneurosen) (cap. II);
3) Ein Spiel eines Kindes, das in symbolischer Form eine ursprünglich unangenehme Situation wiederaufleben ließ (cap. II);
4) Die biographischen Wiederholungen in Leben und Kur der Neurotiker (cap. III);
5) Die Lage des Bewußtseins in der Hirnrinde (sic) (cap. IV);
6) Die Untersuchungen Weismanns und anderer Biologen über Leben und Tod der Protozoen (cap. VI).

Es fällt sofort auf, daß die Hälfte der Argumentationsgrundlagen Freuds nicht aus seinem eigenen Gebiet stammt, sondern aus der Biologie und Physiologie (Nr. 1, 5, 6); dabei nehmen diese biologisch-physiologischen Überlegungen, besonders die Spekulationen über die Protozoen, weit mehr als die Hälfte des ganzen Raumes ein, also erheblich mehr als jemals etwa bei Reich, solange er als Psychoanalytiker tätig war. Klinisch-empirische Untersuchungen fehlen dagegen fast gänzlich, wie Freud auch mehrfach selber einräumt; das einzige halbwegs eingehend zergliederte und konkrete Beispiel, Nr. 3, läßt, wiederum nach Freuds eigenem Eingeständnis, eine einfache und zufriedenstellende Deutung auf dem Boden der klassischen Psychoanalyse und somit des Lustprinzips mühelos zu (nämlich Identifikation mit dem Aggressor u.ä.). Die anderen Argumente sind von sehr unterschiedlichem Wert. Das beste wird sein, wenn wir Freuds verwickeltem Gedankengang selbst folgen.

Zunächst geht Freud von der Überlegung aus, daß Lust und Unlust an bestimmte Erregungsquantitäten gebunden sind; er vermutet eine Beziehung zwischen Lustempfindung und Raschheit des Spannungsabfalls (was Reich übrigens später viel konkreter demonstriert hat, s.o.) und verspricht sich weitere Klärung vom psychophysiologischen Experiment. Dann zitiert er eine Überlegung Fechners, daß Lust immer dann auftrete, wenn Erregung abgebaut und Spannung beseitigt werde, im entgegengesetzten Falle dagegen Unlust eintrete. Daraus folgert nun Freud, das Lustprinzip leite sich aus dem »Konstanzprinzip« ab. Nun ist diese Folgerung sehr gewagt, und auf dem Hintergrund der seither tatsächlich geleisteten psychophysiologischen Forschung auch nicht haltbar. Das von Freud später entwickelte Theorem, das »System Bewußtsein« bzw. die Hirnrinde diene prinzipiell dem »Reizschutz«, wobei das dahinterstehende »Nirwanaprinzip« der absoluten Reizlosigkeit das Ziel setze, ist nicht nur einseitig, sondern falsch. Nimmt man Freuds Forderung ernst, daß psychophysiologische Experimente die Entscheidung zu bringen hätten, wodurch leicht eine solche eintreten könne, »durch die unser ganzer künstlicher Bau von Hypothesen umgeblasen wird« (l.c. p. 65), dann ist das bereits geschehen, nämlich durch die Aktivationsforschung. Wie sich gezeigt hat, ist keineswegs der Wegfall aller Reize lustvoll, seine Aufrechterhaltung angenehm oder wenigstens neutral; im Gegenteil, die längerfristige sensorische Deprivation erweist sich als äußerst unangenehm, ja sogar als eine der wirksamsten und grausamsten Foltermethoden. »Belohnend«, d.h. lustvoll, erweist sich vielmehr, wie Berlynes Kurve zeigt, ein »mittleres Aktivierungsniveau«[2]. Damit ist genau auf dem Wege, den Freud vorhergesehen hat, das Kartenhaus seines »Konstanzprinzips«, »Nirwanaprinzips« und somit auch »Todestriebes« in der Tat umgeblasen.[3]

Damit könnte an sich die Debatte schon geschlossen werden; schließlich war sich auch Freud des zweifelhaften

---

[2] Siehe dazu Birbaumer 1975, p. 59sqq.

[3] Zur Haltlosigkeit der Todestriebhypothese siehe ausführlich Köhler 1993, 5.4., bes. 5.4.3., einen Freud ganz gewiß nicht feindseligen und überaus sorgfältigen und kompetenten Autor.

Wertes seiner Spekulationen durchaus bewußt, grenzte sie von seinen wirklich wertvollen Leistungen ab[4] und räumte sogar nach Besprechung des Fechner-Argumentes ein: »Die meiste Unlust, die wir verspüren, ist ja Wahrnehmungsunlust, entweder Wahrnehmung des Drängens unbefriedigter Triebe oder äußere Wahrnehmung, sei es, daß diese an sich peinlich ist, oder daß sie unlustvolle Erwartungen im seelischen Apparat erregt, von ihm als ›Gefahr‹ erkannt wird. Die Reaktion auf diese Triebansprüche und Gefahrdrohungen, in der sich die eigentliche Tätigkeit des seelischen Apparates äußert, kann dann in korrekter Weise vom Lustprinzip oder dem es modifizierenden Realitätsprinzip abgeleitet werden« (p. 7sq.). Damit ist dem folgenden im Grunde schon der Boden entzogen, zumal Freud es versäumt, uns den **Rest** der Unlustquellen zu nennen, wenn er nur die »meiste« Unlust auf die genannte Weise ableiten will. Aber er setzt seine Gedanken trotzdem fort, und diesmal mit anscheinend besseren Argumenten.

Es ließ sich beobachten, daß Personen, die plötzlichem Schreck sei es mit, sei es ohne körperliche Traumen ausgesetzt waren, dazu neigen, die traumatische Situation im Traum zu wiederholen. Die »traumatischen Träume« lassen sich nicht als Wunscherfüllungen deuten; sie können nur der Versuch sein, das Trauma »abzuarbeiten«, seiner Besetzung Stück für Stück psychische Energie zu entziehen. Ebenso lassen nun viele Neurotiker in Leben und Kur infantile Situationen wiederaufleben, auch wenn diese sehr unangenehm waren, und provozieren immer wieder den gleichen unglücklichen Ausgang. Aus diesen Tatsachen leitet Freud die Existenz eines »Wiederholungszwangs« ab, der auf der Basis eines »Wiederholungsprinzips« dem Lustprinzip widersprechen soll.[5]

---

[4] »Ich verkenne nicht, daß der dritte Schritt in der Trieblehre, den ich hier unternehme, nicht dieselbe Sicherheit beanspruchen kann wie die beiden früheren (...). Diese Neuerungen waren direkte Übersetzungen der Beobachtung in die Theorie, mit nicht größeren Fehlerquellen behaftet, als in all solchen Fällen unvermeidlich« (op. cit. p. 64).

[5] Zum rationellen Kern eines »Wiederholungsprinzips« im Rahmen des Lustprinzips

Ist nun schon diese Ableitung ziemlich voreilig, so wird es die nächste erst recht: auch die Triebe sollen im Dienste des Wiederholungsprinzips stehen. »Ein Trieb wäre also ein dem belebten Organischen innewohnender Drang zur Wiederherstellung eines früheren Zustandes«, hebt Freud seine Schlußfolgerung hervor (p. 38), und da der früheste Zustand der Anorganische ist, soll der Tod das letzte Triebziel sein (p. 40). Man bemerke übrigens, daß dieser befremdliche Gedankengang über »die konservative Natur der Triebe« mit einer Spekulation über die Tatsache beginnt, daß das Bewußtsein in der Hirnrinde sitzt und nicht »wohlverwahrt« im Innern – »die Hirnanatomie braucht sich keine Gedanken darüber zu machen« (p. 23). Sie kann dies aber doch, und zwar sehr rasch und gründlich: die Assoziationsfelder (und damit der Sitz des Bewußtseins) müssen am äußersten Ende der Nervenbahnen liegen, weil diese sonst unnötig verlängert würden, vor allem aber, weil sie auf einer **Fläche** untergebracht werden müssen, um unter ihnen die nötigen Verbindungskabel zwischen den einzelnen Arealen und auch die zahlreichen Efferenzen verlegen zu können, neben denen die Afferenzen schließlich auch noch Platz haben müssen. Aus diesem Grunde benötigte die Natur eine Fläche statt einer Kugel, und wir wissen, wie sehr sie sie im Laufe der Evolution durch Faltungen vor allem bei uns noch vergrößert hat. Allen Spekulationen über die Rinde bzw. sogar das Ektoderm als »Reizschutz« ist durch diese einfache »konstruktionsmorphologische« (Gutmann/Mollenhauer) Begründung jeder Boden entzogen.

Überhaupt ist Freuds Auffassung des Reizschutzes sehr kritisierbar, denn auf den Organismus wirken ja gar keine Reize, sondern bloß Kräfte ein; hätte er keine Wahrnehmungsorgane entwickelt, um ihnen auszuweichen oder sie aufzusuchen (!), so würde er zwar vielleicht vernichtet oder ausgehungert – hätte also einen erheblichen Evolu-

---

siehe Reich 1933a, p. 241sq.

tionsnachteil –, würde aber keineswegs irritiert, so wenig wie ein Stein. Erst durch eigens für diesen Zweck geschaffene Organe resp. Organellen wird eine Kraft für ihn zum Reiz. Wie fundamental der damit verbundene Evolutionsvorteil ist, beweisen schon die Tropismen der Einzeller und der Pflanzen, in denen wir sicherlich die Vorläufer und Parallelen der Triebe erblicken dürfen.

Diese Widerlegung auf der biologischen Ebene war schon deshalb nötig, weil Freud selber sie hier – im Gegensatz zu seinen psychoanalytischen Schriften – fast nie verläßt. Andererseits ist im Falle der umgeblasenen und daher windigen Todestriebhypothese ein kritisches statt ein bloß deskriptives Referat notwendig, weil nur eine Beurteilung dieser Lehre die ihr entgegengesetzte, dem Minimalismusgebot unendlich besser entsprechende und daher auch psychoanalytisch »orthodoxere« Reichs einer angemessenen Wertung zugänglich macht. Freud dagegen verharrt in diesem Aufsatz hartnäckig in einer sehr pauschalen Biologie bis Pseudobiologie, die psychoanalytische Methode spielt fast keine Rolle mehr. Wir könnten sein mißglücktes Werkchen vergessen, hätte es nicht so weitreichende Folgen gehabt. Betrachten wir noch ihr Schlußstück, bevor wir wieder zur eigentlichen Psychoanalyse zurückkehren.

Wenn die Triebe nur einen früheren Zustand, letztlich den Tod, wiederherstellen, also »den artgemäßen Umweg zum Tode« sichern sollen, insofern also sowohl unter der Herrschaft eines Konstanz- wie eines Wiederholungsprinzips stehen, welchen Wert haben dann die Sexualtriebe? Was ist bei ihnen der frühere Zustand? Hier begibt sich Freud, unzufrieden mit der »nüchternen Darwin'schen Denkungsart« (p. 61) des Selektionsvorteils durch Evolutionsbeschleunigung, wie sie sich in der Folge genetischen Neukombinationszwangs einstellt (diesen Selektionsvorteil hat der durch programmierten Zelltod, nicht durch spezifische Aktionen des Gesamtorganismus hervorgerufene Tod der mehrzelligen Individuen schon), in die Nebelregion platonischer und altindischer Spekulation, nach der die

Lebewesen ursprünglich eine bisexuelle Einheit gebild hätten, die sie seit deren Zerstörung leidvoll wiederherzu stellen trachteten. Es fällt schwer, auf diesen Gedanke etwas Wissenschaftliches zu erwidern. Jedenfalls en spricht ihm keine paläontologische Realität und kein biologische Notwendigkeit. Die moderne Biochemie ha die Entstehung des Lebens einigermaßen geklärt, und fü seine Fortentwicklung einschließlich der Entstehung de Sexualität gilt nach einstimmigem Urteil aller Berufene gemäß »nüchterne(r) Darwin'sche(r) Denkungsart« de Selektionsvorteil als völlig ausreichend. –

Das für die »blutigen Laien« unter meinen Lesern zu Einführung; es ist wohltuend, biologische Grundkenn nisse zu erwerben und zu besitzen. Wer sie schon au weist, kann über ein Konstrukt wie »artgemäßer Umwe zum Tod« nur den Kopf schütteln; denn der Tod kan schon deshalb kein **Ziel** sein, weil er **als solcher** keine Selektionsvorteil bringt. Wohl aber ist die artgemäß Durchschnittslebenszeit sehr genau das Ergebnis eine ganzen Reihe von Selektionsvorteilen, über die hinau keine Minute verschenkt wird. Lange artspezifische Le benszeiten müssen übrigens durch andere Selektionsvo teile, deren Folge sie sind, ausgeglichen werden, wenn si nicht durch Verlangsamung der Evolutionsgeschwindig keit zum Nachteil werden – die Eltern blockieren di Planstellen der Kinder, und schon dadurch werden all Inselarten, die aufgrund des insulären Selektionsdruck musters ja zum Methusalismus neigen, evolutionäre Sack gassen. Es kann schon lange keinen seriösen Biologe mehr geben, der nicht diese beiden Sätze ausnahmslo anerkennt: »Durchschnittslebenszeit der Arten und de spezifische Verlauf des Alterungsprozesses sind Selek tionsvorteilsfolgen« sowie, traurig für uns, »Natura no facit luxum« (bzw. »fugit sumptum«). Siehe dazu zu Einführung Dawkins 1996, cap. 4 (besonders das Forc Beispiel).

Es ist erleichternd, daß auch Freud nicht allzuviel vo seiner abwegigen Todestrieblehre gehalten hat; e bezeichnet sie nicht nur oftmals als Spekulation, sondern äußert sogar direkt: »Man könnte mich fragen, ob und inwieweit ich selbst von den hier entwickelten Annahmen überzeugt bin. Meine Antwort würde lauten, daß ich weder selbst überzeugt bin, noch bei anderen um Glauben für sie werbe« (p. 64). Und noch zwei Jahre vor seinem Tode warnt er Marie Bonaparte, allzuviel auf seine Todestrieblehre zu geben.[6] Um so eigenartiger ist dann aber, daß um sie ein solch hartnäckiger Krieg geführt wurde, dem unter anderem Reich zum Opfer fiel – und daß seine psychoanalytisch fundierte und Ockhams Rasiermesser beherzt einsetzende Widerlegung dieser windigen Lehre soviel Haß entbinden konnte. Wir werden sehen, wohin die in veränderter Form fortlebende Lehre geführt hat, und dann vielleicht ahnen können, weshalb sie trotz ihrer Haltlosigkeit so erbitterte Verteidiger fand.

Erinnern wir uns nun wieder an den geringfügigen Anteil des klinischen Materials unter Freuds Argumenten für die Annahme eines Todestriebs! Abgesehen von der leicht und zielsicher auch anderweitig deutbaren Kinderbeobachtung waren es die traumatischen Neurosen und die Wiederholungszwänge unlustvoller Geschehnisse bei Neurotikern, die ihn zur Aufstellung eines »Wiederholungsprinzips« veranlaßten (von den biologischen Zusatzargumenten wie dem des Haeckel'schen Gesetzes oder auch der Reproduktion der körperlichen Elterneigenschaften in den Kinderindividuen sehen wir jetzt ab, da sie sich seit Entdeckung der DNS-Funktion restlos chemisch erklären lassen und nichts mit Trieben zu tun haben). Während für das Kind die Wiederholung (eines Spiels, einer Geschichte) selbst eine Lustquelle werden kann – aufgrund der Aufwandsersparnis, werden wir hinzufügen, und damit ist die Sache schon erledigt –, soll dies für den Neurotiker nicht gelten: »Beim Analysierten hingegen wird es klar, daß der Zwang, die Begebenheiten seiner

---

[6] Zitiert nach Reich 1975, p. 73 (Anm. 118).

infantilen Lebensperiode in der Übertragung zu wiederholen, sich in **jeder** Weise über das Lustprinzip hinwegsetzt« (p. 37). Wie aber, wenn der Kranke aufgrund fehlerhafter, aber individualhistorisch berechtigter und infolge späterer Verdrängung irreversibler Techniken von Lustsuche und Unlustvermeidung zu diesem Verhalten genötigt wird, die wiederkehrende Unlust also keineswegs aufgrund eines dunklen Triebes zur Wiederholung historischer Situationen – und schon gar nicht um ihrer selbst willen – aufsucht, sondern sie nur wegen der fixierten, aber voll aus dem Lust-Unlust-Prinzip erklärbaren überalterten und unzweckmäßigen Verhaltensweisen und Fehlerwartungen provoziert? Was soll denn überhaupt der Inhalt einer »Übertragung« sein, wenn nicht Erwartungen und entsprechende Verhaltensweisen gegenüber ähnlichen Personen aus der Kinderzeit? Freud geht auf diesen immerhin naheliegenden Einwand nicht ein, würdigt ihn keines Widerlegungsversuches, auch später nicht. Man braucht ihn aber nur zu erheben, und schon verliert der sagenhafte Wiederholungszwang alles Mysteriöse, zur Relativierung des Lust-Unlust-Prinzips entfällt jeder Anlaß. Genau dies hat Reich in seiner Analyse des »masochistischen Charakters« geleistet.

Tatsächlich hat sich die Todestriebdiskussion auch an diesem Punkte zugespitzt. Freud behauptet nämlich, ein Beispiel – allerdings das einzige – eines – allerdings verschobenen – Todestriebs aufzeigen zu können.[7)] »Klinische Beobachtungen haben uns seinerzeit zur Auffassung genötigt, daß der dem Sadismus komplementäre Partialtrieb des Masochismus als eine Rückwendung des Sadismus gegen das eigene Ich zu verstehen sei. (…) In einem Punkte bedürfte die damals vom Masochismus

---

7) l.c. p. 58. – Überhaupt muß Freud immer wieder zugeben, daß der »leise« Todestrieb sich nie beobachten läßt, ganz im Gegensatz zum Sexualtrieb. Denn wir sehen nur, daß die Individuen sterben, aber sie scheinen mehr durch biochemische Prozesse als durch unseren unheimlichen Leisetreter dazu genötigt zu werden.

gegebene Darstellung einer Berichtigung als allzu ausschließlich; der Masochismus könnte auch, was ich dort bestreiten wollte, ein primärer sein« (p. 59). Freilich muß Freud einräumen: »Wir kommen [sc. mit diesem Argument] in den Verdacht, um jeden Preis eine Auskunft aus einer großen Verlegenheit gesucht zu haben« (l.c.). Welch selbstgeschaffene Verlegenheit! Sie entspricht genau dem Problem, also der Verlegenheit, eine Stange zu heben, auf die man sich gerade gestellt hat. Das hindert Freud aber keineswegs daran, vier Jahre später mit sichtlich gewachsener Sicherheit für die Existenz eines primären (= erogenen) Masochismus einzutreten, der sogar – mit »einige(r) Ungenauigkeit« – der »im Organismus wirkende Todestrieb« sein soll[8)], ohne daß in der Zwischenzeit eine einzige Fallstudie oder wenigstens klinische Einzelbeobachtung die aus der hohlen Hand gezauberte Hypothese erhärtet hätte. Dagegen wird nun ohne weitere Umstände die Existenz von Todes- und Lebenstrieben vorausgesetzt, die den Beweis doch so bitter nötig gehabt hätte, wobei unter »Lebenstrieben« die ichgerichteten ebenso wie die objektgebundenen Sexualtriebe verstanden werden. Aus diesen Todestrieben – also gleich mehreren, nach bekanntem Muster, aber wo bleiben denn die »thanatogenen Zonen«? – soll nun der primäre oder erogene Masochismus aufgebaut werden, der den Rohstoff der abgeleiteten Formen des »femininen« (d.h. passiv-homosexuell männlichen) sowie des »moralischen« Masochismus abzugeben habe. Soweit Freud diese Formen bespricht, entfernt er sich wenig oder gar nicht von seiner klassischen Theorie und befindet sich auch in guter Übereinstimmung mit der genaueren Reichs, die wir gleich kennenlernen werden. Der primäre Masochismus soll jedoch jenseits des Lustprinzips stehen, der sichtbare Beleg für die Wirksamkeit des Todestriebs sein – und dies einzig und allein wegen

---

8) GW XIII 371–383; hier p. 377. – Die »Ungenauigkeit« besagt nur, daß in diesem »primären Masochismus« der Todestrieb noch mit etwas Eros »legiert« sei.

des »ökonomischen Problems«, daß durch ihn »Schmerz und Unlust nicht mehr Warnungen, sondern selbst Ziele sein können« (GW XIII 371).

Der einzige handfeste Hinweis auf unseren unseligen Todestrieb, sein einziger Kronzeuge wäre also der primäre Masochismus. Gelingt nun der Nachweis, daß dieser gar nicht existiert, sondern – jedenfalls unter Menschen und nicht unter den schwer psychoanalysierbaren Schleimpilzen, die der Liebhaber oberflächlicher biologischer Spekulation hier ankriechen lassen könnte – einen sekundären Erwerb darstellt, mit anderen Worten: aus den Zielen des Lustgewinns und der Unlustvermeidung im Rahmen des realen Infantilschicksals abgeleitet werden kann, dann hätte mit diesem primären Masochismus auch der Todestrieb mit allen seinen Ableitungen selber den Tod gefunden und müßte gemeinsam mit dem realen Inzesttrauma als allgemeiner Neurosenursache, der determinierenden Kraft des Namens im Leben des Einzelnen und einigen anderen Irrtümern auf den Schutthaufen der psychoanalytischen Theorie.

Aus diesen Gründen bemühte sich Reich 1932(a) die **klinische** Untersuchung des Masochismus ins Zentrum der Forschung zu rücken. Da Freud die Todestriebhypothese zwar sehr dunkel, durch ihre Verknüpfung mit der Existenz eines angeborenen Masochismus jedoch glücklicherweise falsifizierbar ausgedrückt hatte, unternahm es Reich, sie zu falsifizieren.

Zu diesem Zweck führt Reich die exemplarische Analyse eines »masochistischen Charakters« vor. Zuerst in der IZ von 1932 veröffentlicht, bildet sie 1933 das fünfte (vorletzte) Kapitel des zweiten Teils der ›Charakteranalyse‹, dessen Besprechung wir jetzt nachholen können. Zwar geht es Reich auch hier um die klinisch-strukturelle Aufhellung einer bestimmten pathologischen Charakterstruktur, nicht anders als in den vorangehenden Kapiteln. Zugleich aber ist sein erklärtes Ziel die Widerlegung der Todestrieblehre durch Demonstration der Erklärbarkeit ihres einzigen Kronzeugen in der Realität, des Masochismus, auf der Basis des Lust-Unlust-Prinzips.

Zunächst gibt Reich eine Übersicht über den bisherigen Diskussionsstand; er führt vor, wie die psychoanalytische Untersuchung des Masochismus entscheidende Fortschritte über die bloß deskriptiv-phänomenologische voranalytische Betrachtungsweise hinaus brachte, indem sie von der Libidoentwicklung und den Partialtrieben ausging; er belegt auch mit vielen Zitaten, wie Freud ursprünglich stets davon ausging, daß der Masochismus ein rückgewendeter Sadismus, eine sekundäre Bildung sei. Dann sei er ohne Not von dieser Formel abgewichen, woraufhin einige seiner Schüler den Grundmechanismus der Neurose als Konflikt zwischen Trieb und »Strafbedürfnis« hypostasiert hätten – wir haben deren Ansichten und ihre Widerlegung durch Reich schon im vorangegangenen Kapitel kennengelernt.

Man sieht nun auf den ersten Blick, welch ungleichwertige Phänomene hier auf eine Ebene gezwungen werden. Der Trieb ist definitionsgemäß eine biologische Größe, die durch äußere Umstände unterdrückt oder gereizt, niemals aber erzeugt werden kann; das zweifellos nachweisbare und wirkungsvolle unbewußte Strafbedürfnis aber ist ein sekundärer, »kultureller« Erwerb (ähnlich wie Lesen und Schreiben, Raucherlunge und Drogensucht), der nicht nur, wenn er angeboren wäre, keinen Selektionsvorteil brächte – im Gegenteil –, sondern dem Individuum nur Schaden zufügt. Es ist vielmehr eine Aggression des Über-Ichs, also eines Introjekts, gegen das Ich, d.h. der Niederschlag wirklicher Erfahrungen mit der Außenwelt bzw. mächtigen Personen und ihren Strafandrohungen und Versagungen. Nicht anders hat es die klassische Psychoanalyse auch immer dargestellt, besonders instruktiv meiner Ansicht nach Ferenczi.[9)] Ruft man wirklich einen intraindividuellen Kampf zweier Triebe zur

---

9) bes. BP III 347–366 und BP III 446–452. Es soll aber das Paradoxon nicht verschwiegen werden, daß gerade Ferenczi ein überzeugter Anhänger der Todestriebtheorie noch vor Freud gewesen ist.

Neurosenquelle aus, so begibt man sich nicht nur zu ungunsten der Empirie und Logik auf das Feld unhaltbarer Spekulation, sondern kommt auch ehrlicherweise zur Konsequenz eines therapeutischen Nihilismus. Der Pfusch einer Natur, die einem ihren Zwecken dienenden Lebenstrieb einen bösartigen und nichtsnutzigen Saboteur beigesellt hat, wäre therapeutisch so schwer zu bekämpfen wie ein Autoimmunprozeß oder der ähnlich arbeitende Krebs, und die Psychoanalytiker müßten ihre Praxen schließen.

Aber glücklicherweise zwingt uns nichts diesen Schluß auf. Dennoch löst sich nicht so leicht das Problem, wie es kommt, daß gewisse Menschen als Lusterlebnis beschreiben und aufsuchen, was andere Menschen als Unlust meiden und was – durch das Schmerzsignal – auch auf evolutionärem Wege eindeutig der Meidung zugeordnet ist (Gefahren sollen gemieden werden – die Lebenschancen von Individuen, die den Schmerz generell nicht beachten oder gar suchen, wären drastisch gemindert). Dieses Rätsel hatte Freud zwar nach Reich teilweise schon gelöst, nämlich in seinem Aufsatz ›Ein Kind wird geschlagen‹ (GW XII 197–226) – dort hat nämlich Strafangst die lustvolle Phantasie »Mein Rivale wird geschlagen« in die unlustvolle verwandelt: »Ein Kind wird geschlagen (das auch ich sein könnte).« Wir dürfen hinzufügen, daß es Freud kurz zuvor auch gut gelungen war, die masochistischen Phantasien und Betätigungen des Wolfsmanns als Folge einer drastischen Kastrationsdrohung (wegen Onanie) sowie etlicher Kastrationsängste im Rahmen der »sadistischen Koitusauffassung« zu deuten, mitnichten aber als psychologisch irreduzible Triebäußerungen.[10)]

Doch das Problem des Masochismus war damit noch nicht gelöst. Reich geht nun so vor, daß er nicht bei der masochistischen Perversion, sondern deren charakterneurotischer Reaktionsbasis anfängt, dem »masochistischen

---

10) GW XII 29–157, bes. p. 50sq.

Charakter«. Hiervon führt er uns einen Fall vor, den er vier Jahre lang und ziemlich erfolgreich analysiert hatte. Dieser Masochist hatte seine entsprechende Perversion übrigens recht weitgehend entwickelt, aber nur in ausgedehnten Phantasien bei einer schwer gestörten, nämlich endlos protrahierten Onanie ausgelebt.

Auch bei diesem Masochisten stand ein infantiles Schlageerlebnis im Zentrum. Die Analyse ergab, daß die Idee »Ich werde auf das Gesäß geschlagen« – die die späteren perversen Phantasien und Praktiken beherrschte – eine Sicherung vor der weitaus schlimmeren Idee war: »Ich werde am Genitale beschädigt«. Reich folgert daraus: »Die masochistische Schlagephantasie nimmt also eine erwartete schwere Bestrafung in milderer Form vorweg. (…) Man bestraft sich nicht, um sein Über-Ich zu beschwichtigen oder zu bestechen und dann Lust angstfrei zu genießen, sondern man geht als Masochist wie jeder andere auch an die lustvolle Betätigung heran, doch die Angst vor Strafe fährt dazwischen; die masochistische Selbstbestrafung ist **nicht** der Vollzug der gefürchteten Strafe, sondern der einer anderen, einer milderen Ersatzstrafe. Sie stellt also eine besondere Art der Abwehr von Strafe und Angst dar« (p. 248). Dies stimmt übrigens gut zu der alten Beobachtung, daß die Masochisten bei all ihren Praktiken immer ängstlich auf den Schutz der Genitalien und Augen bedacht sind; es läßt übrigens auch eine Beschreibung im Rahmen des lerntheoretischen Kontiguitätsmodells zu. Aber woher kommt die **Lust** in der Unlust?

Eine moralische Quelle der Lust besteht in jedem Falle darin, die Autorität – bzw. das historische Objekt einer tiefen Liebesenttäuschung – provokativ ins Unrecht zu setzen – nicht etwa in der Strafe an sich. »Diese Provokation des Analytikers stellt bei jedem masochistischen Charakter ausnahmslos eine der ersten Hauptschwierigkeiten der Analyse dar. (…) Dieser Sinn [sc. der Provokation] lautet: ›Du bist ein schlechter Kerl, Du liebst mich nicht, im Gegenteil, Du behandelst mich grausam, ich habe ein Recht, Dich zu hassen.‹ Die Rechtfertigung des Hasses und der Abbau des Schuldgefühls durch diesen Mechanismus bilden nur einen zwischengeschalteten Vorgang« (p. 250). Außerdem erfüllt das Provozieren des Masochisten auch die Nebenabsicht, sich durch ständiges Testen der Grenze zu versichern, wie weit er mit dem »Schlimmsein« gehen kann, ohne Strafe befürchten zu müssen – allerdings zwingt die andere, beschriebene Absicht den Masochisten dazu, sie ständig voranzutreiben. Darüber hinaus ist die Provokation auch die spezifisch masochistische, inadäquate Form des Liebeswerbens, die ihrerseits analysierbar ist.

Soweit wir sehen, bleibt der Masochist also ganz im Rahmen des Lustprinzips. Er sucht nicht eigentlich Unlust, sondern nimmt sie notgedrungen wegen gewisser Ziele in Kauf, die ohne sie nicht erreichbar sind. Dabei begibt er sich in einen circulus vitiosus, der einiges Rätselvolle des nur scheinbar autonomen »Wiederholungszwanges« erklärt: »Der masochistische Charakter versucht die innere Spannung und drohende Angst durch eine inadäquate Methode zu binden, nämlich durch Liebeswerbung in Form von Provokation und Trotz. (...) Wesentlich für das Mißlingen ist aber, daß der Trotz und die Provokation sich gegen die Person richtet, die man liebt und von der man Liebe fordert; dadurch steigert sich die Angst, diese Liebe und Beachtung zu verlieren, ebenso wie sich dadurch das Schuldgefühl, das man loswerden will, nicht verringert, sondern im Gegenteil steigert, da man doch gerade die geliebte Person quält« (p. 253).

Tatsächlich hat nach Reich jeder Masochist eine im Vergleich zu anderen Personen maßlos gesteigerte Liebesbedürftigkeit, die ihren Ausgang von gewissen frühen Realenttäuschungen »gewöhnlich anläßlich heftiger Aggressionen und der beginnenden infantilen Sexualforschung« (p. 256) nahm. Dieser frühe Zeitpunkt des Traumas erklärt auch die häufige Dominanz oraler Fixierung (und daher Unersättlichkeit und Depressivität) in den Masochisten. Die schwere Enttäuschung erhält ihre traumatische Kraft übrigens nicht nur durch ihre eigene Schwere, sondern oft auch durch den kontrastierenden Hintergrund prägenitaler Verzärtelung. Der Wunsch, geschlagen zu werden, ist der übersteigerte und mit mehrfach determinierter Strafe verlötete Wunsch, gewärmt zu werden – Reich führt zahlreiche Indizien für diese Deutung an. Er kommt zu dem Zwischenergebnis: »Spezifisch für den Masochismus ist, soweit die bisherigen Erfahrungen reichen, die besondere Kombination von Hauterotik, Analität und Angst, allein gelassen zu werden, die durch körperlichen Kontakt erledigt werden will« (p. 256).

Doch damit ist das Problem des Masochismus noch nicht ganz gelöst. Warum erniedrigt sich der Masochist so hartnäckig, warum intensiviert er das, was als Unluststreben erscheint, gerade bei der Annäherung an reale Lustmöglichkeiten? Hier ist eine frühe und scharfe Zurückweisung der Äußerungen des exhibitionistischen Partialtriebs ätiologisch bedeutsam (p. 259). Die masochistische Selbstverkleinerungssucht ist also eine Reaktionsbildung – und dadurch angstbindend. Auch die anale Reaktionsbildung spielt eine Rolle. »Man bringt die anale Scham in die genitale Phase mit und belastet dadurch die Genitalität mit besonderer Scheu. Da jedes Lob eine Provokation exhibitionistischer Tendenzen darstellt, da ferner das Sichzeigen mit schwerer Angst besetzt ist, muß man zur Abwehr der Angst sich selbst erniedrigen. Das setzt natürlich einen neuen Grund dafür, sich vernachlässigt zu fühlen, was den ganzen Komplex der Liebebedürftigkeit provoziert« (p. 261).[11)]

Schließlich aber besteht im Masochisten auch libidoökonomisch eine höchst ungünstige Struktur, die ihn dazu veranlaßt, die sexuelle Erregungssteigerung regelmäßig

---

11) Lehrreich ist auch Reichs Gegenüberstellung des hysterischen, des Zwangs- und des masochistischen Charakters (l.c. p. 261sq.). Sie zeigt anhand der libidinösen Fixierungsstellen und Triebschicksale, warum der Masochist seine Liebesangebote immer nur in paradoxer Form machen kann.

unlustvoll wahrzunehmen. Sie gründet in den Schicksalen der Prägenitalität, die aber voll ödipalisiert wird: etwa so, daß der Vater ihre Äußerungen mit Schlägen verfolgt, die Mutter ihnen aber – im Kontrast zur Genitalität – ihr Interesse reserviert. »Das typische Bild einer trostlosen und ausweglosen Situation, die gewiß nicht in biologischen, sondern in rein sozialen Gegebenheiten wurzelt«, bemerkt Reich hierzu, unseren Blick von mysteriösen Triebschicksalen wieder auf die Realität zurücklenkend, die sie bereitet. Die Identifikation mit dem Aggressor kommt hinzu, kann aber nicht projektiv, sondern nur retrojektiv verarbeitet werden (der Patient schlägt sich selbst). »Die übliche Erziehung zur Reinlichkeit (zu früh und zu schroff) fixiert das Überragen der analen Lust: die Vorstellung, die sich damit verknüpft, ist durchaus unlustvoll und zunächst angstbesetzt. Es wird also nicht die Unlust des Geschlagenwerdens zur Lust, sondern die Angst vor dem Geschlagenwerden behindert die Entfaltung der Lust. Das überträgt sich dann im Verlaufe der Entwicklung auch auf das Genitale« (p. 266). Auf diese Weise kann das Gefühl der orgastischen (also genitalen und daher mächtigen) Endlust **selber** als Unlust perzipiert werden, als Strafe. Schließlich werden die empfundenen Schläge selbst zum Mittel der anders unerreichbaren Entspannung, wobei künstliche Passivität (Fesselung) die Schuldlosigkeit des Masochisten beweisen soll. Analoges gilt laut Reich einleuchtenderweise auch für die so häufigen passiven Vergewaltigungsphantasien vieler Frauen, die eben vom Schuldgefühl projektiv entlasten sollen. Die Voraussetzung zum Beschreiten des dornenvollen Masochistenpfades ist freilich die reale oder vermeintliche Ungangbarkeit aller anderen Wege, die dann postinfantil in der psychoneurotischen Reaktionsbasis fixiert wird – die Ungangbarkeit aller anderen Wege zur endlichen Entspannung. Reich erläutert diesen Gedanken wiederum an seinem Fallbeispiel: »Daß bei unserem Patienten das ›Platzen des Gliedes‹ nun doch als Triebziel erscheint, bildet keinen Widerspruch zu unserer Auffassung des

Masochismus. Ist doch die Vorstellung das eine Mal in einem bestimmten Zusammenhange, eine Angstvorstellung, eine Strafe, so andererseits auch eine Repräsentanz der Endbefriedigung, der Entspannung, die triebhaft gewollt wird« (p. 273).

Wie wir sehen, hat Reich statt vorschneller Beschwörung dunkler Kräfte saubere Forschungsarbeit geleistet, durch die er das Rätsel des Masochismus ebenso grundsätzlich lösen konnte wie Freud – nach über zwanzig Jahren unbefriedigender Teillösungen! – dasjenige des Fetischismus restlos aufklären konnte (GW XIV 311–317). Es ist – wenigstens für seine Anhänger – traurig, daß er im Falle des Masochismus nicht auf demselben Weg ausharrte, sondern sich plötzlich in einen spekulativen Holzweg verrannte. Wenn auch gewiß, wie Reich übrigens als erster forderte, noch manche Detailergänzung zu seiner Masochismustheorie, manche Einzelgewichtung und -überprüfung geleistet werden sollte, so konnte Reich doch das Ergebnis seiner Studien mit Recht in den Worten zusammenfassen: »Damit löst sich auch das Problem des Wiederholungszwanges jenseits des Lustprinzips. Es macht den Eindruck, als ob man eine unlustvolle Situation wiederbeleben wollte. Die Analyse zeigt dagegen, daß man in Wirklichkeit nach einer ursprünglichen Lustsituation strebt, aber immer wieder auf die Versagung, Strafvorstellung oder Angst stößt, die sich dazwischenschiebt und das ursprüngliche Ziel vollkommen verdeckt oder unlustvoll verändert. Wir dürfen also zu dem Schluß kommen, daß es einen Wiederholungszwang jenseits des Lustprinzips nicht gibt, weil sich die entsprechenden Phänomene anders, im Rahmen des Lustprinzips und der Strafangst erklären lassen« (p. 269).

Reichs sorgfältige und widerspruchsfreie Arbeit, die überzeugend im Rahmen des Lust-Unlust-Prinzips die Erklärung des einzigen Phänomens liefert, das zur Stützung der Todestriebhypothese angeführt wurde, hat kaum einen ernsthaften oder ernstzunehmenden Kritiker gefunden. Die Rezension, um die man nun einmal nicht herumkam, übertrug man von dem bekannten Fenichel auf den unbekannten Sperling (1934), wie erwähnt, eine besondere Bosheit, denn jener Sperling hatte mit Fenichel und Reich zusammen Medizin studiert und war regelmäßiger Teilnehmer des ›Seminars für Sexuologie‹ gewesen (siehe Fallend in Fallend/Nitzschke 1997). So ist er eigentlich nur als »Abschwörer« in die Geschichte der Psychoanalyse eingegangen: *Crema quod adorasti, adora, quod cremasti!* Immerhin scheint ein prominenter Kritiker nicht aufzutreiben gewesen zu sein; es läßt sich vermuten, daß Freuds Schüler die ganze windige Todestriebgeschichte entweder nicht glaubten und nur – aus unterschiedlichen Motiven heraus, wenngleich keinem einzigen wirklich guten – Lippenbekenntnisse für sie ablegten (es gibt darüber Anekdoten, cf. Reich 1982 p. 225 [über Bergler]), oder aber sich mehr oder weniger willig in sie hineinsteigerten, wie man sich etwa in eine Naturschwärmerei oder einen Goethekult oder die Anthroposophie hineinsteigert, was dann bei der zwangsläufigen Berührung mit einer rationalen Kritik, die es pflichtgemäß abzuweisen gilt, eine unangenehme Abkühlung dieser mit einiger Mühe herbei- und heraufgeschaukelten mystischen Stimmung befürchten läßt (den Standard katholischer Orden hinsichtlich der Vernunftimmunität bei apologetischen Arbeiten hatte die I.Psa.V. offenbar noch nicht erreicht). Was hat nun Sperling angeführt?

Ein äußerst kurzes Referat leitet die Kritik ein: »Die Triebgrundlage des Masochismus sieht Reich in dem Zusammentreffen von Hauterotik (bzw. Wärmebedürfnis) und Analität mit einem durch Versagungen gesteigerten Liebesanspruch. Reich glaubt entdeckt zu haben, daß beim Masochisten dem Orgasmus eine Ejakulationshemmung vorausgeht, die vorwiegend urethraler Natur ist. Die Phantasie, geschlagen zu werden, habe den Zweck, das infantile Verbot, die Mutter anzuurinieren, aufzuheben und das Schuldgefühl zu beseitigen« (ibid. 403). Erkennen wir in diesen verstümmelten Sätzen Reichs soeben vorgetragene Theorie wieder? Und doch stammen sie – die ich vollständig zitiert habe – aus der **einzigen** zusammenhängenden Kritik der Reich'schen Masochismus-Theorie, zu der sich I.Psa.V.-Vertreter bis heute aufgeschwungen haben (wenn wir von dem Journalistenstück Bernfelds absehen).

Nachdem Sperling seinen Gegner auf die zitierte Art vorgeführt hat, geht er nun gegen ihn vor. Er unterstellt ihm »wie seinerzeit bei Alfred Adler (...) eine Verkennung der Wirklichkeit durch eine finale Betrachtungsweise« (l.c. 404). Diese soll darin bestehen, daß der Masochist »phantasieren [soll], daß er zum Koitus gezwungen werde, **damit** er seine Ejakulationshemmung überwinde« (ibid.). Eine solche finale Beziehung bestehe jedoch nicht, sondern nur eine der »Koordination«. Ferner sei die Ejakulationshemmung für den Masochisten nicht spezifisch (was Reich allerdings auch nicht behauptet hatte).

Am interessantesten ist allerdings das Argument Sperlings, Reich dürfe auf der Basis seiner eigenen Theorie nicht von einer »Schlagephantasie zur Entlastung vom Schuldgefühl« reden. »Mit dem Schuldgefühl aber führt Reich selbst ein Todestriebderivat ein, nachdem er ein solches bei anderen Analytikern als Rationalisierung ihrer sozialen Befangenheit gebrandmarkt hatte« (l.c.). Welch gewagt dogmatischer Zirkelschluß, oder, weniger höflich gesagt, eine höchstens einem Pfaffen anstehende petitio principii (»indem der Biologe sagt, daß man keinen Gott annehmen müsse, führt er selber eine theologische Dimension [ein Religionsderivat also] ein«...)! – Mehr als Überich-Aggression gegen das Ich ist das neurotische Schuldgefühl nie, und etwas anderes hatte auch Freud, jedenfalls vor seiner »haltlosen Spekulation«, niemals behauptet. Aus welchem Zylinder zaubert Sperling den »Todestrieb« denn jetzt?!

Jedoch scheint auch ihm die These vom primären Masochismus bzw. dem Schuldgefühl als Todestriebäußerung ein wenig peinlich; so wechselt er schnell das Thema und wirft Reich die Ignorierung der beiden »Hauptpfeiler der

Todestriebhypothese« (ibid.) vor: »die Träume der traumatischen Neurosen und bestimmte Formen des Kinderspiels«. Dieses als einziges leidlich rationale Argument, mit dem der tapfere Sperling im Kreise seiner Sachliches klugerweise meidenden Mit-Apologeten auffällig alleine steht, erweist sich freilich als Bumerang. Denn jene ominösen Formen des Kinderspiels (resp. jenes Spiels von Freuds ältestem Enkel Ernst) ließ sich, wie schon ausgeführt, auch um Zehnerpotenzen sparsamer deuten, und die Trauma-Wiederholungsträume rechtfertigen ebenfalls keine Einführung des Todestriebs; sie hatten bei Freud ja auch nur das »Wiederholungsprinzip« etablieren sollen und in der späteren psychoanalytischen Debatte keine Rolle mehr gespielt.

Schließlich versteigt sich Sperling, von Not getrieben wie ein Staatsanwalt, der auch noch das abseitigste Indiz zur Untermauerung einer brüchigen Anklage heranziehen muß, zu der These, daß, »wie Federn darzulegen versuchte«, bei der Melancholie »die Libido nicht nur regrediert, sondern vor allem schließlich **versiegt**, und daß wir dadurch Gelegenheit haben, das Wirken eines fast ungemischten Todestriebes zu beobachten« (p. 405). Dem ist wohl nichts hinzuzufügen, am wenigsten der Schlußsatz von Sperlings Kritik: »Hoffen wir, daß auch Reich selber jenen im Rahmen des Lustprinzips unauflöslichen Rest neuerdings zu entdecken Gelegenheit finde, welchen Freud auf den Todestrieb zurückgeführt hat.«

Nun, diese Hoffnung hat sich tatsächlich erfüllt. Aber des späten Reich »deadly orgone energy« scheint wohl kaum mehr Realität aufzuweisen als jener »im Rahmen des Lustprinzips unauflösliche Rest« psychischer Prozesse, an dessen Nachweis sogar der gehorsame Sperling gescheitert ist.

Dagegen hat Reichs Masochismuslehre einen anderen, aber **sehr** vagen Kritiker gefunden, nämlich Theodor Reik in seinem eigenen Masochismusbuch (Reik 1977). Der Nachhall der Reik-Reich-Kontroverse ist unübersehbar – hatte Reik ein schlechtes Gewissen? Diese Schrift wird –

sehr treffend übrigens, wie jeder überprüfen mag – von Cremerius[12] folgendermaßen referiert: »Das ideenreiche, umfangreiche Werk stellt die These auf, daß der Masochist wie auch andere Menschen Lust sucht, daß er aber im Gegensatz zu diesen, die End-Lust durch Vor-Lust suchen, Endlust durch Vor-Unlust sucht. Masochistische Phantasien, entdeckt er ferner, stammen vorwiegend von sadistischen Phantasien des Beherrschens. So ist Masochismus eine ›sekundäre Instinktformation‹«. Genau dies hatte aber Reich auch behauptet, genau deshalb war er angegriffen worden! Tatsächlich lassen sich zwischen Reichs und Reiks Masochismustheorie gar keine ernsthaften Unterschiede nachweisen. So beschränkt sich Reiks durch das ganze Buch verstreute Polemik gegen Reich immer nur auf den unfalsifizierbaren Vorwurf mangelnder »Tiefe«, ohne daß wir erfahren, was Reik in dieser hypothetischen Tiefe eigentlich entdeckt hat, oder den der Vernachlässigung von Strukturen, die Reich in den vorangegangenen Kapiteln der ›Charakteranalyse‹ gerade breit besprochen hatte. Die Grundfrage nach dem biologischen oder aber traumatogenen Charakter des Masochismus diskutiert Reik vorsichtigerweise nie; es besteht aber kein Zweifel, daß er sie auf der Grundlage seiner eigenen, breit vorgeführten Fallbeispiele ganz im Sinne seines Gegenspielers hätte beantworten müssen, nicht anders als mancher medizinische oder psychologische Gegner Freuds auf empirischem Wege Ergebnisse erzielte, die jenem Recht gaben.

Daneben existieren nun doch noch einige unmittelbare und positive Echos auf Reichs Masochismustheorie. Fenichel etwa würdigt in seiner vorsichtigen, ängstlich um Schonung Freuds bemühten, in der Sache aber vernichtenden ›Kritik des Todestriebs‹[13] Reichs Masochismustheorie uneingeschränkt, läßt ihn aber nur vor »Gefahren

---

12) In: Reik 1976, p. 13.

13) 1935a – Fenichel kritisiert dort auch schlagend Freuds unglückliche Folgehypothese der »Triebmischung« und »Triebentmischung« (p. 461sq.).

der Todestrieblehre« warnen, statt bündig ihre Erledigung festzustellen. Anders hingegen Fromm, der Reichs Arbeit prinzipiell anerkennt[14], aber ihm – ohne jeden Belegversuch – »physiologistische Überbewertung des sexuellen Faktors« vorwirft – ein reflexhafter Vorwurf, der in der Geschichte der Psychoanalyse oder vielmehr ihrer Bekämpfung nicht gerade neu ist; auch hierin ist Reich Freuds Erbe. Aber vielleicht verstehen wir ihn besser, wenn wir bedenken, daß Fromms soziologisch klassifizierter »autoritär-masochistischer Charakter« mit Reichs klinisch klassifiziertem »masochistischen Charakter« nicht viel gemeinsam hat; es handelt sich bei jenem in psychoanalytischer Terminologie am ehesten um den Zwangscharakter. Man muß, um diese Stelle würdigen zu können, allerdings wissen, daß Fromm zu dieser Zeit längst dabei war, der Psychoanalyse völlig den Rücken zu kehren; sein »Physiologismus«-Vorwurf richtet sich in Wahrheit gegen Freud. Insbesondere leugnet Fromm bald die zentrale psychoanalytische Theorie der »Vorbildlichkeit des Sexuellen für das Nichtsexuelle« und damit die gesamte Wirkung der prägenitalen Leitzonen im Falle der Fixierung, denen er nur noch »höchstens metaphorische Bedeutung« zugestehen will; damit ist allerdings von der Psychoanalyse nichts Nennenswertes mehr übrig, und Fromm wäre ehrlicher gewesen, sich auch klipp und klar von ihr loszusagen. Es ist bezeichnend für den maroden Haufen, daß man ihn im Gegensatz zu Reich keineswegs ausschloß!

Im Kontrast zu jenem »Physiologismus« wirft nun Bernfeld (1932a) Reichs Masochismustheorie »Entbiologisierung« der Psychoanalyse vor, sowie »ihre Einschränkung

---

[14] »Zu den Autoren, die das Problem des Masochismus in fruchtbarer Weise gefördert haben, gehören vor allem W. Reich und K. Horney. Reich hat auf das auch den Masochismus beherrschende Lustprinzip hingewiesen und gezeigt, daß auch der Masochismus nicht ›jenseits des Lustprinzips‹ steht. Er hat allerdings durch die für seine Arbeiten charakteristische physiologistische Überbewertung des sexuellen Faktors der Fruchtbarkeit jenes Standpunkts recht enge Grenzen gesetzt« (1933, p. 283).

auf die Klinik im engsten Sinne des Wortes« (man denke vielleicht kurz an meine These von der »Polarität des Widerstands«!); daneben begehe er aber auch noch solche Frevel wie »die Berücksichtigung der gesellschaftlichen Faktoren« – damit ist vermutlich der hartnäckige Hinweis Reichs auf gewisse traumatisierende Erziehungsmethoden gemeint, die für eine patriarchalische Gesellschaft typisch seien[15)] – sowie schließlich »die Unterscheidung von Psychoanalyse und Freudismus«[16)]. Eine Diskussion von Bernfelds Polemik ist leider unmöglich, aus dem simplen Grund, weil er ausdrücklich auf jedes Eingehen auf Reichs Argumentation verzichtet: »Vielleicht findet sich trotz alledem jemand geneigt zu prüfen, was an Reichs Entdeckungen neu und richtig ist und wieviel eine ›sexualökonomische‹ Widerlegung des Todestriebs mit dem Todestrieb, dem Wiederholungszwang, dem primären Masochismus und mit der Psychoanalyse zu tun hat« (p. 108). In auffällig projektiver Weise begründet Bernfeld seine absolute Enthaltsamkeit von der Diskussion seines Angriffsobjekts: »Man kann Reich den Gefallen nicht tun und seinen überheblichen Vorschriften für die Diskussion folgen« (p. 107) (nämlich sich an die Sache zu halten). Folgerichtig verachtet Bernfeld auch jedes argumentum ad rem und ersetzt es durch ein einziges breitgetretenes argumentum ad hominem: Reich sei bekanntlich Kommunist gewesen, und was von Kommunisten zu halten sei, das wissen wir schon. Wenn diese Kerle sich auch noch erdreisten, eine Masochismustheorie zu erstellen, dann tun sie das ohnehin auf Geheiß Moskaus, und darum ist eine solche Theorie der Widerlegung nicht wert. Reichs kurze und sachliche Entgegnung (1932b) auf dieses anmaßend-dämliche Journalistenstück, der offensichtlich von der Redaktion nur wenige Zeilen zugestanden wurden, kann eine berechtigte Bitterkeit

---

15) 1933a, p. 265sq.

16) Alle Stichworte in einem Satz Bernfelds (1932a, p. 107).

kaum verleugnen. Damit könnten wir Bernfelds Machwerk vergessen, wenn es nicht wegen seiner Rezeptionsgeschichte im letzten, historischen Kapitel noch einmal unsere Aufmerksamkeit beanspruchen dürfte.[17)]

Weitere Versuche, auf Reichs Masochismustheorie einzugehen, sind mir nicht bekannt; spätere Erwähnungen gehen über deskriptive oder affektive Anmerkungen nicht hinaus.

Es fragt sich nun allerdings, wie das besprochene Thema eine derart emotionale Aggression auf sich ziehen konnte, daß man sich bei der Lektüre einer wissenschaftlichen Zeitschrift wie der IZ auf einmal mitten in den ›Spiegel‹ Augsteins versetzt glaubt. Nun, mit der »umgeblasenen« Todestriebhypothese ist mehr verknüpft als ein Bündel akademischer Fragen. Einen Fingerzeig zur Lösung des Rätsels bietet uns hier die Geschichte seiner erstaunlichen Wandlungen. Denn aus dem unheimlich stillen Gesellen, der in stummem Wirken die zellularen Dissimilations- und Abbauprozesse begleitet (anfeuert? verstärkt? vorandrängt?) ist schon nach drei Jahren theoretischer Existenz ein höchst munterer und aktiver Bursche geworden, nämlich der »Destruktionstrieb«, später auch »Aggressionstrieb« genannt. Er soll durch Wendung des Todestriebes nach außen entstehen, aus dem Drang nach Entspannung wird über den Wunsch zu sterben der Wunsch, andere sterben zu lassen, sie sozusagen stellvertretend und zwangsweise zu entspannen.[18)] Es fällt nicht

---

17) Alle Geschichtsschreiber der Psychoanalyse berichten uns von der Entstehung dieses unrühmlichen Aufsatzes (z.B. Jones), so daß wir uns hier, wo nur die Sache gewürdigt werden soll, sehr kurz fassen können. Ursprünglich sollte ein redaktioneller Vorspann, durchaus anders als bei klerikalen Beitragsautoren, auf Reichs KPD-Mitgliedschaft hinweisen, in durchaus böser Absicht; wegen der Auffälligkeit dieser Ungleichbehandlung zog man statt dessen vor, den als »links« beleumundeten Salonsozialisten Bernfeld mit einer Polemik zu betrauen. Freuds Rolle dabei war nicht erfreulich.

18) Im 4. Kapitel von ›Das Ich und das Es‹ (GW XIII 268sq.) stoßen wir zum ersten Mal – zwar noch im Konjunktiv, aber schon recht sicher vorgetragen – auf diese Ableitung. Das Organ des Todestriebes, das dessen »destruktive Regungen« »auf

leicht, diese Konstruktion anders als aberwitzig zu heißen – was ist in Freud gefahren?! Denn schwerlich ist eine Aktion mit größerem Energieaufwand – und realen Gefahren für ihren Träger – verbunden als die Aktion, einen anderen totzuschlagen, um ihn zu entspannen. Es wäre ungefähr die ungeschickteste Methode, selber Entspannung zu finden, obwohl dies doch das ursprüngliche Triebziel sein soll. Auch der von der neueren Psychoanalyse, besonders Mitscherlich, begeistert aus der neueren Biologie herausgebrochene synonyme »Aggressionstrieb« der Ethologie (Lorenz, Eibl-Eibesfeldt u.a.) ist ganz anders geartet und abgeleitet, hat absolut nichts mit nach außen gewendetem Entspannungsstreben zu tun, sondern wird vielmehr von der Revierverteidigung (nicht von der Nahrungssuche der Carnivoren, wie mancher herrlich unwissende Psychomystiker der älteren Zeit annimmt) und sekundär dem daraus entstandenen Rangordnungsstreben geselliger Tiere abgeleitet.[19)] Ich habe noch keine »psychoanalytische« Schrift gefunden, die um ihn herumraunt, deren Verfasser wenigstens **das** klar gewesen wäre – das bloße Wort war einfach ein gefundenes Fressen, und damit hatte sich die Sache, zumal der Wissenschaftlichkeit, wie nicht nur mir auffiel, aus den oben vorgestellten Gründen schon lange heimlich abgeschworen worden war. Die wirklich wissenschaftliche Diskussion, wie eine auf dem Boden der ethologischen Erkenntnisse revidierte Psychoanalyse auszusehen hätte, würde dieses Buch sprengen; ich bereite sie vor. Sie verändert sie aber, so viel sei angedeutet, weit weniger als der fatale »Todestrieb« bzw. dessen Einführung.

Doch um wissenschaftlichen, also einen Erkenntnisfortschritt geht es bei der Todestriebdebatte überhaupt nicht. Wie wir sahen, war dort der Aggressionstrieb auf eine geradezu abenteuerliche Weise von dem seinerseits schon

---

die Außenwelt ableite(t)«, soll die Muskulatur sein (l.c. p. 269).

19) Siehe Lorenz 1963.

genügend abenteuerlichen Todestrieb abgeleitet worden, nahm seine Verbindung zur Biologie auch nur aus vager Spekulation über das Leben und Sterben der Protozoen und keineswegs aus Verhaltensbeobachtungen der dem Menschen doch erheblich näherstehenden vertebraten Vielzeller. Im Gegenteil: im Rahmen dieser abwegigsten Spekulation Freuds müßten auch deren Revier- bzw. Rangkämpfe bloße nach außen gewendete Äußerungen ihres Entspannungswillens sein. Selbstverständlich klafft trotz oberflächlicher Wortbrücken zwischen Ethologie und Destruktionstrieblehre ein unausfüllbarer Graben.

Aber auffällig bleibt doch auch, wie rasch der Todestrieb in der psychoanalytischen Debatte verblaßte, nachdem er einmal im primären Masochismus konzentriert und dann auf wundersame Weise als Aggressionstrieb nach außen gewendet worden war. Man gewinnt den Eindruck, daß die ganze Todestrieblehre nur eine tour de force zu einem bestimmten Ziele, eine Ponton-Brücke zu einem anderen Ufer war, die, nachdem alles nötige über sie transportiert worden war, wieder weggeräumt werden konnte. Es fällt schwer, in diesem anderen Ufer etwas anderes als die gesellschaftliche Anpassung der Psychoanalyse zu sehen, eine Autoplastik dieser ursprünglich so subversiven Lehre. Dafür spricht die Rolle, die der auf so kurvenreichen Wegen erreichte Aggressionstrieb als Eckpfeiler des spätfreudianischen Kulturpessimismus spielt, der die Aussichtslosigkeit einer Veränderung der »Kultur«, d.h. der klassisch repressiven Gesellschaftsordnung, predigt. Ich habe schon angedeutet, welche Rolle diese Theorie in Freuds Differenzen und Debatten mit Reich etwa ab 1929 spielte. Wenn die hier geäußerte Vermutung über die Funktion der – von Freud sicher nicht bewußt zu diesem Zweck eingeführten, aber für ihn trefflich geeignete – Todestrieblehre zutrifft, dann ist der affektive Widerstand gegen eine wissenschaftliche Diskussion der Funde und Theorien Reichs ohne Schwierigkeiten verständlich, und die Wut gegen eine so streng klinische und sachliche Untersuchung wie die des Masochismus durch

Reich verliert ihre Rätselhaftigkeit. (In Wahrheit hätte eine weniger sachliche viel weniger Wut ausgelöst – genauso wie im »großen« Publikum eine weniger wissenschaftliche Psychoanalyse, womit der Kreis sich schließt.)

Es gibt nun auch in der klassischen Psychoanalyse einen Begriff, lange vor jener unerquicklichen späten Entgleisung, die oberflächlich an einen »Aggressionstrieb« erinnert, der freilich mit dem vom Territorialtrieb hergeleiteten der Biologie gar nichts oder nur wenig zu tun hat, nämlich die Aggression als Partialtrieb der Sexualität, wo sie ja je nach deren Entwicklungsstufe eine besondere Erscheinungsform hat. Dieser schon in den ›Drei Abhandlungen zur Sexualtheorie‹ fest etablierte Partialtrieb steht jedoch zu den sonstigen Partialtrieben in einem ziemlich vagen Verhältnis. Soweit aggressive Akte als **Defension** gedeutet werden können, sind sie eher dem Ichtrieb (wenn man will: der Ichlibido) zuzuordnen als dem Sexualtrieb; sie können in dessen Rahmen auch nur auftauchen, wo er nach Objekten strebt. Soweit sie deren Bewältigung (Einverleibung, Beschmutzung, Vergewaltigung usw.) dienen, ist ihr Partialtriebcharakter unmittelbar zu erkennen. Es fragt sich aber, aus welcher Quelle ihre Stärke kommt, wenn sie sich in dysfunktionaler Weise vordrängen und die restlichen Triebziele zu überschatten drohen; auch sein primärer Charakter (»Trieb«) bleibt zweifelhaft. Aber hin und wieder gewinnt man in diesen Fällen doch den Eindruck vom Wirken eines richtiggehenden Triebes, der dessen Charakteristika alle aufzuweisen scheint: somatische Quelle und Homöostatik. Mit anderen Worten: es scheint Individuen oder Zustände zu geben, in denen die Entladung der Aggression periodisch gesucht wird.

Andererseits aber ist allgemein bekannt, daß diese Zustände durch spezielle Bedingungen hervorgerufen oder chronifiziert werden müssen; denn gäbe es wirklich einen dem Sexualtrieb analogen Aggressionstrieb, so müßte der Drang nach dessen periodischer Entladung gerade in friedlichen, keine Anlässe vermittelnden Umgebungen ansteigen, die Anlässe gesucht werden, nicht anders als etwa der Drang nach genitaler Befriedigung in Gefängnissen, Klöstern oder Heimen. An eine solche Homöostatik (und damit die wirkliche Triebexistenz) scheint sogar Lorenz zu glauben, obwohl das im Rahmen seiner Theorie mindestens überflüssig ist, und er belegt dies mit dem periodischen Auftreten von Aggression und der anschließenden Entspannung in Kriegsgefangenenlagern. Aber gerade in Lagern werden wir davon ausgehen müssen, daß ihre Insassen ständiger Aggression (auch Bewachung ist eine Art chronischer Aggression) ausgesetzt sind und diese **erlittene** Aggression – gerne auch in Identifikation mit dem Aggressor – weitergeben. Individuen, die keine offene oder verdeckte Aggression zu erleiden haben, zeigen meistens auch keine Neigung, die hypothetische ihrige periodisch zu entladen. Umgekehrt finden wir aber nicht wenige Individuen, keineswegs nur in Lagern oder ähnlichen sozialen Situationen, die genau diese Neigung dennoch zeigen. Es muß also besondere Bedingungen für die unterschiedliche Aggressivität geben.

Hier hat Reich, nämlich im 7. Kapitel seiner Orgasmustheorie, deren Besprechung wir hier passenderweise nachholen, eine Quelle der Aggressivität ausgemacht, die neben dem Erleiden von Aggression steht und weniger leicht sichtbar ist, nämlich die Libidostauung. Wir erinnern uns, daß diese laut Reich nur dann zu Angst führt, wenn sowohl genitale wie muskuläre (aktive oder aggressive) Abfuhr blockiert sind. »Es ist nun leicht zu zeigen, daß die Intensität des Destruktionstriebes (…) vom jeweiligen Zustand der sexuellen Befriedigtheit, bzw. von der Stärke der somatischen Libidostauung abhängt« (p. 152sq.). »Wir müssen also annehmen, daß die unterdrückte Sexualregung sich dem Destruktionstrieb mitteilt, wenn sie nicht symptomatisch gebunden wird oder als Stauungsangst erscheint« (p. 153). Dieser »Destruktionstrieb« ist also klar etwas sekundäres, Ergebnis von Verschiebungen. Auf diese Weise löst sich das Rätsel, warum der Aggressionstrieb, von dem wir bei einem sowohl sexuell befriedigten wie auch selbst keiner Aggression ausgesetzten Individuum normalerweise nichts bemerken (und wenn wir für »sexuelle Befriedigung« das strenge Kriterium der orgastischen Potenz ansetzen, vermutlich nie), sich sonst (wie im unglücklichen Beispiel von Lorenz) ganz wie ein richtiger, d.h. homöostatischer Trieb benehmen kann. Es kommt daher, weil er sich an einen solchen Trieb anlehnt, und dann dessen Energie auf ihn verschoben wird. Als Beleg für diese Verschiebung führt Reich u.a. das Ansteigen der Aggressivität in Ödipusalter und Hochpubertät an – d.h. Perioden, die durch massive Sexualverdrängung gekennzeichnet sind –, das Anschwellen der Aggressivität triebhafter Psychopathinnen kurz vor und während der Menstruation, das phlegmatische Wesen der Früheunuchen (und der kastrierten Tiere) sowie schließlich den Schwund der quälerisch-aggressiven Neigungen nach befriedigendem (!) Sexualakt.

Die Überlegungen betreffen aber nur die aktuelle Libidoökonomie. Daneben ist die Aggressivität natürlich auch eng mit dem psychoneurotischen Kern verwoben. Hier findet sich schon ein Vorklang der ›Charakteranalyse‹, wenn Reich die Aggressivität der »triebhaften Charaktere« durch eine Spezialform der Identifikation erklärt: »Man gleicht sich demjenigen charakterologisch an, den man hassen muß, weil man ihn nicht lieben darf. Die Triebkraft, deren sich die Identifizierung bedient, ist die Liebe, der Anlaß zur Identifizierung ist der Haß wegen der erlittenen Versagung. (...) Die brutale Versagung der Inzesttriebe [sc. bei den späteren ›Triebhaften‹] wurde um so härter empfunden, als sie durch die reale Sexualbefriedigung mächtig gesteigert worden war. (...) Die frühzeitige Introjektion der brutalen Liebesobjekte schafft ein nach innen und außen sadistisches Ichideal. Solche Kinder werden liebesunfähig und dessenungeachtet in hohem Maße liebesdurstig; der Haß hat jede Liebesregung überwuchert« (p. 157). Schließlich findet Reich – unter Einbeziehung insbesondere der Zwangsneurose in die Belege – als allgemeine Formel des Sadismus: »Die Versagung der Sexualbefriedigung hat also die Aggressivität hervorgetrieben; durch die Mischung des Racheimpulses mit dem versagten sexuellen Triebanspruch entstand die sexuelle Destruktionstendenz, der Sadismus« (ibid.). Man bemerke übrigens, daß Reich zum Zeitpunkt dieser Ausführungen der Todestriebhypothese und dem Konstrukt des Destruktionstriebs (den er in orthodoxer Weise allerdings als sexuellen Partialtrieb deutet) noch durchaus unkritisch gegenübersteht; das beweisen die Wortwahl und die Referenzen des ganzen 7. Kapitels. Er glaubte darin ganz einfach eine Ergänzung und Klärung der neueren Thesen Freuds zu bringen, ohne deren Tendenz und Konsequenzen zu problematisieren.[20)]

Eine Auslassung verwundert freilich in diesem Zusammenhang: von der **Projektion** als wichtigster unbewußter Quelle irrationaler Aggressivität (die mit Libidostau zweifellos stärker ausfällt – ihre »besten« Träger waren und sind immer noch jene unbefriedigten Hausfrauen, die nach Auswertung zeitgenössischer Quellen das sowohl wertvollste wie größte Denunziantenpotential der Gestapo stellten, *vide* Gellately 1993) schreibt er hier sehr wenig. In seiner fünf Jahre später erschienenen ›Massenpsychologie des Faschismus‹ hat er dann diese Lücke geschlossen.

Schließlich bespricht Reich auch noch eine Verbindung des »Destruktionstriebes« zur neurotischen Angst bzw. Gewissensangst. Er macht darauf aufmerksam, daß diese als »Aggressionsangst« nicht einfach mit der Kastrationsangst identisch, wohl aber mit ihr verwoben ist. »Die Gewissensangst hingegen ist in erster Linie die Reaktion auf die Wahrnehmung einer verdrängten **destruktiven** (…) Tendenz und muß daher – rein deskriptiv – Aggressionsangst genannt werden. Ihr Sinn ist die Befürchtung des Individuums, selbst zerstört zu werden, wenn es sich

---

20) Auch in der gleichzeitig erschienenen Alexander-Kritik (1927b) geht Reich noch in, wie ich es nennen möchte, gedankenloser Orthodoxie vom Konstrukt eines erogenen Masochismus aus.

egoistisch, grausam oder antisozial benimmt. Der Sinn der Kastrationsangst ist hingegen die neurotische Befürchtung, am Genitale beschädigt zu werden, wenn es einer libidinösen Triebregung nachgibt« (p. 159). Die Verschränkung dieser beiden Ängste demonstriert Reich in den folgenden Absätzen im Rahmen der Verdrängung des Ödipuskomplexes.

Wie wir sehen, zeichnet sich Reich schon hier durch die Bestrebung aus, ein Problem der Psychoanalyse nicht durch vorschnelle Hypostasierung eines Partialtriebs, sondern durch integratives, geduldig empirisch-dialektisches Vorgehen im Rahmen der klassischen Psychoanalyse zu lösen (also das Prinzip des Hypothesenminimalismus und damit der Wissenschaftlichkeit einzuhalten). Seine Theorie der Abhängigkeit des Destruktionstriebs von der Libidostauung und der spezifischen Form des Ödipuskomplexes hat die Integration der psychoanalytischen Theorie zweifellos ein Stück weiter gebracht. Sie hat aber zugleich deren Überlegenheit über die konkurrierenden, jeweils gezielt einseitigen Theorien der Psychologen demonstrieren und deren Teilwahrheiten verknüpfen können. So hat sie z.B. der Dollard-Miller'schen Aggressions-Frustrations-Hypothese (die substantiell als eine Art Primitiv-Psychoanalyse anzusehen ist) eine wichtige Stütze geliefert, indem sie die Bedeutung einer bestimmten Form von Frustration für die Aggressionsbereitschaft hervorhob. Zugleich aber konnte auch die auf den ersten Blick etwas windige Hypothese vom »Modellernen der Aggressivität« in einer bestimmten Form bestätigt werden, nämlich durch den Nachweis des Aufbaus eines »aggressiven Ich-Ideals« durch Identifikation auf libidinöser Basis. Die reine Lerntheorie hätte freilich mit der Realität an dieser Stelle Schwierigkeiten, da eine »belohnende Konsequenz« des solcherart übernommenen aggressiven Verhaltens nicht sicher festgestellt werden kann; vielmehr schaffen sich die meisten derartigen Aggressiven nur eine verläßliche Leidensquelle in der Außenwelt (wodurch ihre Träger übrigens in Masochisten übergehen können). Eine

»aufgeklärte« Lerntheorie könnte allerdings aus dieser Schwierigkeit herausfinden. Die »Belohnung« dieser sichtbaren Mißerfolg provozierenden Aggressionen liegt in der Angstbindung, die sowohl die Identifikation mit dem Aggressor bringt[21)] – denn seine Position ist die bessere, und sei sie auch nur phantastisch erobert – wie auch ferner ihre projektive Abwehr durch (aggressive) Verfolgung der eigenen Wünsche an unfreiwilligen Stellvertretern in der Außenwelt. Dieser Gedanke leitet allerdings schon in politische Gefilde über – o garstig' Lied!

---

21) Wir sehen also, wie Reich schon 1927 eine Theorie der Identifikation mit dem Aggressor geliefert hat – ohne diesen Begriff freilich –, die man später Anna Freud zuschrieb, welche doch nur das Wort geprägt hat.

9. Kapitel: Die Erkenntnisse Freuds und ihre gesellschaftlichen Konsequenzen

Bis jetzt war dieses Buch, trotz seiner ungewohnt klaren, bisweilen, wie ich jedenfalls hoffe, sogar schamlos witzigen Sprache ein rein wissenschaftliches (oder, als Sonderfall einer Wissenschaft, wissenschaftshistorisches) gewesen. Nun steht die Wissenschaft, wenn auch mit abnehmender Tendenz wegen des rezidivierenden klerikalen Krebsgeschwürs am Körper unserer global siegreichen Gesellschaftsform, noch immer in sehr hohem Ansehen, und viele haben sich darum in die Ansicht hineingesteigert, die wissenschaftliche Betrachtungsweise sei die unter allen Umständen höchste und einzige jedem Gegenstand angemessene. Allein, die bei weitem verbreitetste Gegenansicht kriecht gewöhnlich nur aus dem religiösen Stinkepfuhl und ist daher wertlos; daß die **unmittelbare Anschauung** hingegen manchmal der wissenschaftlichen Betrachtung eines Verhältnisses, Ablaufs oder Objekts durchaus gleichwertig, ja sogar ein bitter nötiges Korrektiv jener Schäden sein kann, die durch einseitige und allzu lange durchgehaltene bloß wissenschaftliche Betrachtung entstehen können, ist weitaus seltener bekannt und wird fast niemals ernstgenommen. Was ich mit dieser Ausführung und Warnung meine, wird blitzartig klar, wenn man sich etwa an die Überlegungen und Diskussionen aus Kap. 3 über die Frage des Verhältnisses von Aktual- und Psychoneurose zu erinnern sucht, ja sogar, ob es Aktualneurosen überhaupt gebe und die Aufgabe dieses Konzepts am Ende ein wissenschaftlicher Fortschritt sei, und dann diesen schlichten Bericht Reichs (also des Verfassers dieser anspruchsvollen und das Denkvermögen durch ihren Abstraktionsbedarf herausfordernden Diskussionen) aus einer seiner schon erwähnten proletarisch-kleinbürgerlichen Sexualberatungsstellen danebenhält:

»Als zweites Beispiel sei eine 35jährige, noch sehr jugendlich aussehende Frau angeführt, die die Sexualbe-

ratungsstelle in folgender Angelegenheit aufsuchte: Sie war 18 Jahre verheiratet, hatte einen erwachsenen Sohn und lebte mit ihrem Mann in äußerlich friedlicher Ehe. Seit drei Jahren hatte der Gatte ein Verhältnis mit einer anderen Frau. Die Ratsuchende wußte und duldet es mit gutem Verständnis dafür, daß man nach so langer Ehe Verlangen nach anderen Objekten bekommt. Sie war bisher treu geblieben, obwohl der Mann seit etwa zwei Jahren nicht mehr mit ihr verkehrte. Seit einigen Monaten litt sie unter der Abstinenz, war aber zu stolz, um ihren Mann zum Verkehr zu bewegen. In letzter Zeit traten Herzbeschwerden, Schlaflosigkeit, Gereiztheit und Depression immer gehäufter und intensiver auf. Zu einem Ehebruch mit einem Freund, den sie vor einiger Zeit kennenlernte, konnte sie sich aus moralischen Bedenken nicht entschließen, obgleich sie selbst die Unsinnigkeit dieser Bedenken einsah. Der Mann brüstete sich immer mit der Treue seiner Gattin, und sie wußte genau, daß er nicht bereit gewesen wäre, ihr das Recht einzuräumen, das er sich wie selbstverständlich nahm. Was sie tun sollte, fragte sie, sie halte den Zustand nicht länger aus. –

Man überlege den Fall genau. Weitere Abstinenz bedeutete für die Frau die sichere neurotische Erkrankung. Den Mann wiedergewinnen ging aus zwei Gründen nicht. Erstens, weil er sich nicht hätte stören lassen und zugegeben hatte, kein sinnliches Interesse mehr für sie zu haben, zweitens, weil sie selber ihren Gatten nicht mehr begehrte. Es blieb also nur noch der Ehebruch mit dem geliebten Freund. Die Sache hatte aber einen Haken: Sie war ökonomisch nicht unabhängig, und der Gatte hätte sofort die Scheidung gefordert, wenn er davon erfahren hätte. Ich setzte der Frau alle diese Möglichkeiten auseinander, lies ihr Zeit zur Entscheidung und hörte nach einigen Wochen, daß sie sich entschlossen hatte, das Verhältnis zum Freund bis zum letzten zu führen und sich vom Mann nicht erwischen zu lassen; ihre aktualneurotischen Beschwerden schwanden nach kurzer Zeit.

Zu dieser Entscheidung war sie befähigt worden durch meinen erfolgreichen Versuch, ihre moralischen Bedenken zu zerstören« (1930a, p. 57sq. = Ende cap. III).

Man vergleiche damit einmal das verzwickte Gewäsch, das heutige Psychologen und »Psychoanalytiker« gewöhnlich in einem analogen Fall absondern würden! – Allerdings, ganz analoge Fälle kann es nicht mehr geben, jedenfalls nicht in Deutschland (aber sehr wohl, jeder EU zum Trotz, in Irland oder der Türkei), und zwar wegen des unter dem Druck der Umstände (auf die wir gleich kommen werden) veränderten Scheidungsrechts. (Läßt man diese Modifikation weg und holt sich nach nur mäßiger Ortsveränderung unsere Analogie pur, dann stelle man sich unsere beredten Psychotherapeuten der kerneuropäischen Gegenwart einmal im gleichen Einsatz vor, und ein eventuelles voreiliges Plappern vom »Veraltetsein« von Reichs zitierter Schrift bleibt jedem auch nur minimal ehrlichen Menschen im Halse stecken!)

In Wahrheit hatten sich dreißig bis vierzig Jahre nach Reichs exemplarisch praktischem Einsatz, der hier mittels Schlaglicht vorgeführt wurde, die Verhältnisse durch den drastisch gestiegenen, wenngleich in unserer Zeit wieder langsam fallenden Stand der Produktivkräfte (der Rückgang resultiert aus der Energie- und Rohstoffverknappung) derart geändert – Bauknecht wußte inzwischen, was Frauen wünschen, und vor allem gab es Antibabypillen, was zur schlagartigen weiblichen Flucht aus den Ehknästen führte, man denke dazu noch an die damals gleichzeitige, heute so phantastisch und utopisch anmutende Vollbeschäftigung –, daß »der Gesetzgeber«, d.h. die von der herrschenden Klasse abhängigen oder ihr wenigstens durch tausend Fädchen verbundenen Parlamentssitzinhaber, es ratsam fand, das »Schuldprinzip« der Scheidung zu verwässern, ja, vor der Wiederkehr der Massenarbeitslosigkeit sogar abzuschaffen, um die Frauen oder wenigstens die Frauenmehrheit wenigstens erst einmal in die Ehe zu locken – dann sieht man weiter –, die sie sonst aus nicht grundloser Erwartung ähnlicher Situationen wie der von Reich gerade beschriebenen geflohen hätten. Das erklärt, warum heutige Psychologen in unserem und ähnlichen Ländern, wo es die berühmten »Zahlväter« gibt, einer Frau in gleicher Lage wie oben gegenüber so quirlig bis frivol quasselig wären, ein paar Länder weiter, bei ansonsten gleichem Diplom, aber nicht. – Diese Überlegung ist nötig, um Reichs moralische Statur gegenüber aktuellen Sendern oberflächlich ähnlicher Töne abmessen zu können – und seine **Aktualität**.

Denn liest man Reichs Broschüre ›Geschlechtsreife, Enthaltsamkeit, Ehemoral – eine Kritik der bürgerlichen Sexualreform‹ (eben jene populäre Schrift, aus der wir just zitiert haben) genauer, so wird man überrascht sein, wie **aktuell** sie ist. Man braucht nur wenig zu verändern (und auch das nicht an vielen Stellen), so, wie ich dies oben anhand der Modifikationen des Scheidungsrechts getan habe, um aus ihr einen hervorragenden Kompaß für die Gegenwart zu gewinnen. Ich werde hier ihren Inhalt und Aufbau nicht nacherzählen, da sie mit ganz unwesentlichen Kürzungen als Teil I des unter Reichs Namen weitverbreiteten Bandes ›Die sexuelle Revolution‹ sehr leicht zugänglich und darüber hinaus nicht gerade umfangreich ist; viel sinnvoller scheint mir die Diskussion ihrer zeitbedingten Akzente und unserer eigenen zeitbedingten Verschiebung derselben, wo eine solche zur vollen Erfassung der Originals und zur Würdigung seines – hier mag der altmodische Ausdruck passen – *Geistes*, seines intellektuellen und moralischen Ranges, seiner argumentativen Stringenz erforderlich ist.

Schon der Untertitel verlangt einiges Verständnis. Im Gegensatz zu unserer Zeit, aber sehr ähnlich wie vor etwa dreißig Jahren wurde auch in Reichs Epoche die Frage der wünschenswerten gesellschaftlichen Einrichtung der Sexualität von unabhängigen, Resonanz findenden Einzelpersonen, die nichtsdestoweniger zum gesamten gesellschaftlichen, eben dem bürgerlichen System so loyal oder weitgehend loyal standen wie heutzutage etwa die MIZ (d.h. die allerletzten Reste offensiver bürgerlicher Religionskritik und praktischen Antiklerikalismus), Leuten wie Stöcker, Hirschfeld – oder auch Brupbacher und Hodann auf der äußersten linken Seite – **ehrlich** (und nicht in fremdem Auftrag) rational und mit wiederum ehrlicher emanzipativer Zielsetzung diskutiert, ganz ähnlichen Menschen wie vor dreißig Jahren Kolle, Ussel oder auch der jetzt so still und regimetreu gewordene Amendt, wodurch sich etliche Aporien auftaten. Denn so privat das Sexualverhalten auf den ersten Blick erscheinen mag, so eisern ist es gesellschaftlich gebunden, durch Gesetze nämlich direkt und indirekt durch die ökonomische Gewaltstruktur, welche zumindest in der bürgerlichen (= kapitalistischen) Gesellschaft die Masse der Menschen von den Produktionsmitteln abschneidet und daher im Falle des Ungehorsams leicht und unblutig zum Hungertode oder Schlimmerem verurteilen kann, die Frauen sogar noch stärker und leichter als die Männer. Sagen wir es mit Reichs eigenen Worten: »Der Ehescheidungsparagraph bedeutet ja nur, daß die herrschende Klasse bereit ist, die Scheidung prinzipiell zuzulassen. Aber ist sie auch bereit, jene wirtschaftlichen Voraussetzungen zu schaffen, die für die Frau unerläßlich sind, wenn sie die Scheidung auch wirklich durchsetzen können soll? Eine dieser Voraussetzungen wäre etwa, daß die Rationalisierung der Produktion nicht Arbeitslosigkeit, sondern Verkürzung der Arbeitszeit und Erhöhung des Lohnes zur Folge hätte wie in Sowjet-Russland« (op. cit. p. 173sq.). Was könnte aktueller sein als diese Forderung, ganz unabhängig davon, daß die bald pervertierte und sehr rasch danach auch ungeachtet ihrer Mängel von den USA totgerüstete SU diesen Kurs nicht lange konsequent durchhalten konnte und als Folge der beiden angedeuteten Vorgänge von der Welt verschwunden ist? Zwar müßte diese Arbeitszeitverkürzung und Lohnerhöhung heutzutage aufgrund der seit Reichs Zeit unglaublich verbesserten Transportmittel und der Hebung des Ausbildungs- und technischen Niveaus in den Ländern ohne Arbeiterbewegungs-Tradition und daher minimalen Löhnen und Sozialleistungen **weltweit** sein – auch die ebenso gleichgeschaltet wie absurd als »faschistisch« verbellte Unterbindung des Imports von Lohndrückern und potentiellen Streikbrechern aus jenen anspruchslosen und unerschöpflichen Armutszonen der Welt hülfe aufgrund der Gesetze des Weltmarkts nur sehr kurzfristig –, aber die Grundforderung, daß (technisch bedingte) Erhöhung der Arbeitsproduktivität zur Senkung der Arbeitszeit und/oder zur Erhöhung des Lebensstandards (statt der Gewinne, Steuern und Bevölkerungsziffer) zu führen habe, ist heute, über siebzig Jahre nach ihrer Niederschrift, so treffend und zentral und »zeitgemäß« wie je, und sie wird es in weiteren siebzig Jahren, das ist durch die globale Auslöschung der Arbeiterbewegung nun einmal so, wohl ohne jede Zwischenpause immer noch sein; auch das bezahlte Lehrer- und Journalistennörgeln an ihr wird aus Symmetriegründen währenddessen nie nachlassen, wenn sie irgend jemand wieder in Erinnerung bringt.

Bedenkt man dazu, was weiter oben über die Veränderungen des Scheidungsrechts ins Gedächtnis gerufen wurde, so ist die Aktualität der Reich'schen Forderung bzw. strukturellen Feststellung perfekt. Denn der inzwischen eingetretene enorme Anstieg der Produktivkräfte (u.a. durch Automatisierung und Computerisierung) hat dem inzwischen zwar monopolistischen und seit zehn Jahren dem Monoimperialismus angeschlossenen, aber in seiner Grundstruktur dennoch weiterhin bürgerlichen Staat eine Besteuerungshöhe erlaubt, die den gierigsten und kurzsichtigsten Barockfürsten neidisch gemacht hätte, und besagter Staat mästet mit dieser zwangseingezogenen größeren Hälfte der üblichen Arbeitseinkünfte nicht nur seine allmählich wimmelnden regierenden und gesetzgebenden Gesellschaftsparasiten und die Apparate seines lokalen Parteienkartells, sondern neben seinem bewaffneten Unterdrückungsapparat und Lehrkörper auch noch, wenngleich viel sparsamer, ein wachsendes Heer marginalisierter und ökonomisch funktionsloser Existenzen, darunter eben die Masse der proletarischen und der aus dem niederen Kleinbürgertum stammenden Scheidungs- und

Schwangerschaftsopfer – diejenigen aus den höheren Schichten werden den »Zahlvätern« oder vielmehr den diesmal männlichen Scheidungsopfern aufgebrummt –, welche in ihrer zwangsweise dumpfen und würdelosen, aber im Gegensatz zu ihren von Lebensmittelmarken vegetierenden Analogae in den auf unserem Wege fortgeschrittenen USA nicht direkt elenden Existenz wie Bleigewichte an dem – beide Geschlechter enthaltenden – aktiveren und trotz allem glücklicheren und zukunftsfähigeren Teil der Bevölkerung hängen (statt daß alle oder fast alle am gestiegenen Stand der Produktivkräfte profitieren).

Wie wenig war im Grunde nötig, um Reichs programmatischen Fundamentalgedanken restlos zu aktualisieren! (Und sogar dabei war ich nur besonders sorgfältig; denn nach wie vor gibt es, meinen Ausführungen zum Trotz und aus leicht erratbarer Ursache mit steigender Tendenz, jede Menge aus ganz gewöhnlichen ökonomischen Gründen unterlassene Scheidungen mit dem entsprechenden persönlichen Elend, gerade so, wie Reich sie in seiner ach so lange zurückliegenden Zeit massenhaft vor Augen hatte.) Oder wie steht es mit der Aktualität *dieser* Feststellung:

»Übermütige Jugendliche könnten die naïve Frage stellen, welches Interesse denn die Gesellschaft habe, sie **nicht** über die besten Methoden der Schwangerschaftsverhütung zu unterrichten und *Ärzte bereitzuhalten, wenn einmal ein Verhütungsmittel versagt hat* [Kursivierung F.E.H.]« (p. 125sq.). Man erinnere sich an das feministisch-hysterische Madigmachen der Antibabypille und dessen treue Schul- und Presseechos, also des sichersten und zuverlässigsten, dazu völlig unschädlichen temporären Verhütungsmittels, die Erschwerung und zunehmend seltenere und schlechtere Durchführung der Sterilisierung und Hysterektomie, den wohlweislich rasch vergessenen Superradikalismus der Grünen im Kampf gegen den DDR-bedingten kurzen regionalen Fortbestand der angeblich zu engherzigen Fristenlösung, die menschenverachtende und leiderzeugende, medizinische Komplikationen bewußt provozierende Unterdrückung der RU-Pille[1], den generellen staatlichen Angriff, der jedes Jahr frecher und zudringlicher wird, auf die körperliche Selbstbestimmung Schwangerer überhaupt. Jedes Mittel eben ist einer auf Lüge und Unrecht aufgebauten Gesellschaftsordnung recht, um ihre Opfer und Grundlagenbeschaffer in juristische Zwänge hinsichtlich ihrer Sexualbetätigung zu locken; unsere segnet ausdrücklich mittels ihrer Gerichte sogar die moralische Scheußlichkeit des Verhütungsbetrugs ab, d.h. die wahrheitswidrige Vortäuschung eigener verläßlicher Schwangerschaftsverhütung zwecks Schwängerungserschleichung zur Erlangung ökonomisch-juristischer Vorteile mittels Schwangerschaftserpressung (BGH-Urteil vom 17.4.1986, Az IX ZR 200/85).

Der Scheußlichkeiten sind noch nicht genug, und alle klingen aktuell. Wem fällt wohl gar nichts Selbstgehörtes ein bei folgendem Zitat: »Es ist bekannt, daß die sexuelle Anästhesie der Frau auf einer Hemmung der vaginalen Empfindlichkeit beruht und daß durch die Behebung der Verdrängung der allgemeinen und der vaginalen Erotik die vaginale Erregung und orgastische Fähigkeit sich einstellen. Paul Krische verfaßte eine populäre Broschüre: ›Neuland der Liebe‹, eine ›Soziologie des Geschlechtslebens‹. Da hören wir über die vaginale Anästhesie: ›Der einzige Erreger der Beglückung für das Weib ist die Klitoris, nicht, wie selbst Wissenschaftler, Ärzte, heute noch vielfach behaupten, neben ihr das Innere der Scheide (…)‹ Die Tatsache, daß bei der germanischen Rasse ›mindestens 60 % [der] Frauen (…) niemals oder nur selten die sexuelle Beglückung erleben‹ (sic! Der Rest erlebt sie also doch, aber wie, da doch die Natur es anders eingerichtet hat?), führt Krische auf die angeblich größere Dislozierung von Klitoris und Scheide zurück« (op. cit. p. 37sq.). Nun, bei der Schwarzer'schen Rasse müssen es

[1] Siehe dazu Baulieu 2000.

100 % sein, und merkwürdigerweise ist diese Rasse, welcher nach den Thesen ihrer Nominatform, richtiger ihres Typusexemplars alle Frauen angehören sollen, auch noch zu eigener Arbeit unfähig, wodurch sie das Recht erwerben soll, für die Benutzung ihrer durch den Willen einer feministischen Natur anästhetischen Vagina lebensbedarfsdeckende Gebühren zu erheben (»Sex ist Arbeit«). Es ist tröstlich, daß es, wie auch immer die neuronale Versorgung und Verschaltung der Vagina und übrigens daneben des in Schwarzers Argumentation so beliebten, in seiner Empfindlichkeit nicht nur Schwulen, sondern auch rektal untersuchten Patienten wohlbekannten Dickdarms im einzelnen aussehen mag, allezeit sehr viele Frauen gibt, die gerne zugeben, daß ihnen der gelungene heterosexuelle Geschlechtsverkehr eine bedeutend großartigere Empfindung und Begeisterung sowie anschließend ruhiges Wohlbefinden verschaffen kann als es eine einsame oder mutuelle Onanie mittels Klitorisreizung je vermöchte. (Das bedeutet natürlich nicht, daß die Klitoris gerade aus neuronal-anatomischen Gründen nicht als »Zünder« der Lustfunktion unerläßlich wäre – das wäre nach dem feministischen sozusagen der sudanesische Quatsch.)

Der einzige Punkt, in welchem Reichs sexualpolitische Ausführungen auf völlig veränderte Verhältnisse stoßen, ist zugleich der traurigste (und für das verursachende, von der US-dominierten WHO auch gegen die an sich schon seltenen Widerstände etwa aus Island und Südkorea bis in kleinste Propagandadetail gleichgeschaltete Staatensystem schändlichste). »Der Jugend Abstinenz zu empfehlen bedeutet, den Keim einer früher oder später hervorbrechenden Neurose, zumindest aber zu verminderter Lebensfreude und Leistungsfähigkeit zu legen. Und vom Standpunkt der seelischen Ökonomie aus betrachtet möchte man auch bezweifeln, daß sie gesünder ist als die Geschlechtskrankheiten [welche als eindrucksvollste Begründung der Abstinenzempfehlung herangezogen worden waren, F.E.H.]. Diese kann man loswerden, wenn man sich ordentlich behandeln läßt.« (op. cit. p. 115 = in cap. V c1). Denn inzwischen gibt es mit Aids eine sowohl unheilbare wie mit Sicherheit tödliche Geschlechtskrankheit, und alle psychischen Aufschwünge in der seelischen Ökonomie der Massen, die sich durch die grundlegend verbesserte Situation in der Frage der Schwangerschaftsverhütungsmittel vor ca. 40 Jahren ergeben hatten, sind durch dieses darum sorgsam gehegte und vor dem Zugriff der schizophrenerweise ansonsten bis vor kurzem weitergeltenden, seither freilich absurd verstümmelten Seuchengesetze abgeschirmte Himmelsgeschenk an die regierenden Feinde der Menschheit mehr als zunichte gemacht worden. Zum Schutz dieser wundersamen Unterdrückungserleichterung hatten sie ihre Lohnschreier und Lohnhetzer auch besonders scharf gedrillt.

Man stelle sich in dieser Situation nun einmal den – auch den intelligentesten! – Gegenwartsjugendlichen mit all seinen lebhaften sexuellen Wünschen und Vorstellungen vor, wie er vereinzelt und ohne jedes aus auch nur mäßig starker Quelle gelieferte Gegengewicht der vereinten Propagandaberieselung durch Schule, Presse und Glotze ausgeliefert ist – denn eine potente Oppositionspartei, wie sie zu Reichs Zeiten, ein zweiter wichtiger historischer Unterschied, der uns beim Lesen seiner besprochenen Broschüre auffällt, in Gestalt der KPD und ihrer Schwesterparteien die Herrschaft wirksam störte, gar mit organisch angeschlossenen Jugendgruppen, existiert schon lange nicht mehr; an dieser wichtigsten Stelle war Hitler erfolgreich, sein Regime hat sich für seine Hintermänner und Förderer trotz aller Kosten, Zwischenfälle und Ärgernisse in der Hauptsache, denn genau das war sie, gelohnt, und das letzte Aufflackern einer echten, aber ungeübten, fragmentarischen und kurzatmigen Opposition durch die »Studentenbewegung« war selbst in deren Glanzzeiten nur ein sehr ungenügender Ersatz, nach dessen Absterben Perspektivlosigkeit, Desorientierung und Gleichschaltung der auch durch Unattraktivität und schließlich ruhmlosen Untergang des Ostblocks ohne Alternativanschauung gelassenen Massen perfekt wurde.

Diesen historischen Hintergrund müssen wir ernst nehmen, wenn wir uns realistisch und mit der geforderten Tiefe in unseren bedauernswerten Gegenwartsjugendlichen hineinversetzen wollen (so realistisch und plastisch eben, wie sich Reich in seine eigenen Klienten hineinversetzt hat – denn die Psychoanalyse konnte an jenem Ort ja nicht durchgeführt werden –, die in seine Sexualberatungsstelle kamen).[2)]

Als erstes fällt auf, daß ihm (oder ihr, aber das spielt, wie oft gesagt, keine Rolle) keineswegs die sexuelle Abstinenz gepredigt wird – diese wird vielmehr, da immerhin etwas Planvolles, sogar leicht madig gemacht –, sondern eine Mischung aus Angst und Gummi. Der nahezu immer erreichte Zweck der Übung besteht darin, das Erleben einer enttäuschenden und unbefriedigenden Sexualität zu provozieren, welches allmählich alle weitergehenden Ansprüche an ein höheres Lebensglück in Verzweiflung ertrinken und nach vollzogener Resignation trotz aller Widerwärtigkeiten des verkappten Parasiten- oder Freierstatus, der darauf folgt, die Eheschließung als das kleinere Übel ansteuern läßt. (Dazu kommt noch, daß heute wegen der nach Geschlecht gleichmäßiger verteilten sexuellen Erfahrungen der Jugendlichen, in den gehobenen Schichten auch der Berufsabschlüsse, sowie der etwas erleichterten Ehescheidung nicht mehr ganz so viele Ehen grob unglücklich sind wie zu Reichs Zeiten.) Damit ist das angestrebte Bearbeitungsziel erreicht, und für weitere Verschlechterungen des Lebens der unnützen oder produktiven Massen in einer Welt, in der die authentische Linke, d.h. die Arbeiterbewegung bis tief in ihre bürgerlich-liberalen Wurzeln hinein, ausgelöscht ist, läßt sich weitersehen.

---

2) Die von unserer vergleichsweise winzigen und dazu von Justiz und Pogromisten schwer verfolgten und in den Untergrund gedrängten, aber zähen und vitalen Oppositionsorganisation ›Bund gegen Anpassung‹ geschaffene Atmosphäre hat es immerhin auch Gegenwartsjugendlichen ermöglicht, ihre frische Schulerinnerung bevor sie uns kennenlernten zu verarbeiten und niederzuschreiben; siehe: Reißner 2001.

Was soll nun eine Oppositionsbewegung einem Jugendlichen in dieser Lage im Sinne Reich'scher Sexualpolitik erzählen? (Der eigentliche Sinn dieser Politik, nämlich die Heranführung an eine und Integration in eine zielklare, starke und entschlossene politische Kampforganisation, ist ohnehin ja nur mehr als eingeschränkt gegeben.) Ein Hinweis darauf, daß die Regierung ihre seuchenhygienische Pflicht in schweinischer und verbrecherischer Art und Absicht zu erfüllen unterläßt, bietet wenig Aussicht auf Erfolg – Wahrheit allein bringt im Reich der Meme nur einen geringen Selektionsvorteil – , da dieses Argument erstens nur »Steine statt Brot« bietet, zweitens aber in einer Atmosphäre abgegeben würde, in welcher jedes bürgerliche und entsprechende staatsbürgerliche Bewußtsein (Was unterscheidet einen Verfassungsartikel von einem Gesetz? Was ist dcmcntsprcchcnd, das Wort ließe sich leicht erklären, eine »Normenkontrollklage«? Warum ist, wie der sehr verbreitete Intelligenztest ›HAWIK‹ heute noch völlig korrekt als Denkaufgabe [Nr. II 20] stellt, jede Wählerei nur ein mangelhafter Ersatz für permanente Volksabstimmung?) seit mindestens dreißig Jahren restlos einer dumpfen, begriffslosen und reflexwortreichen Leibeigenenmentalität gewichen ist. Da nun jcdcr Jugendliche auch mit dem von Natur aus besten Hirn hoffnungslos in diese Knechts- und Glotzenmentalität hineingeboren ist und gegengewichtslos in ihr aufwuchs, würde er schon bei den unverzichtbaren Zusatzargumentationen ermüden, welche der Gedanke der nun einmal nur von flächendeckenden Machtträgern durchführbaren und daher auch durchzuführenden Seuchenprophylaxe aufwirft, von dem Gestrüpp der ideologischen, schon längst eingetrichterten Vernunftabwehr des Täterapparats einmal ganz abgesehen, wo es dem bewußtheitslosen Opfer im Schüleralter doch nur um die gefühlte Versauung seiner persönlichen Glücksmöglichkeiten geht.

Subjektiv am wichtigsten ist natürlich die Beseitigung oder drastische Verringerung der objektiv bedingten **Angst**. Diese geschieht durch den geeigneten **Test**

(ELISA), der zwar die unvermeidliche Drei-Monats-Wartezeit nach dem letzten Sexualkontakt nicht verringern kann und auch ein gewisses Restrisiko nicht aus der Welt schafft, aber unter persönlich halbwegs bekannten Partnern (Mitschülern, Arbeitskollegen) doch ganz erheblich verringert. Und da wird unser Schüler oder unsere Schülerin gleich eine sehr unangenehme gesellschaftliche Erfahrung machen: nämlich wie schwer es ist, diesen an sich sehr billigen Test in diskreter Weise, ohne erniedrigende Schnüffelfragen, einschüchternde »Belehrungen« und schikanöse Laufereien, überhaupt zu bekommen. Hier kann sich eine ernsthafte Oppositionsbewegung sehr nützlich machen, indem sie – aber nur einigermaßen vertrauenswürdigen Ratsuchenden! – den Weg zu Ärzten weist, die ihre Standeswürde auch verdienen (also gutartig, unverhetzt und ohne Sexualneid ausschließlich medizinischen Notwendigkeiten folgen). Danach läßt sich mit einiger Aussicht auf Aufmerksamkeit der Gedanke vermitteln, wie außerordentlich **leicht und billig** sich schon seit **Jahrzehnten** ein Blitz- und Heim-ELISA verkaufen ließe (für die, die es übersehen haben: der ›Stern‹ berichtete, aber natürlich nur dieses eine Mal, sogar auf der Titelseite davon, und jeder nur ein bißchen Fachkundige muß die technische Problemlosigkeit bestätigen), dessen Handhabung bei mäßig gutem Willen außerordentlich leicht im Unterricht zu vermitteln wäre (tausendmal leichter als die Differentialrechnung beispielsweise, ca. fünfmal schwieriger als der Kondomgebrauch), oder, weniger utopisch im verachtenswerten Unrechtsstaat, in von diesem ungestörten und unabhängigen Schülergruppen (die begabtesten 90 % schaffen es sowieso schon nach der Gebrauchsanweisung). Auf diese Weise läßt sich selbst an dieser heiklen Stelle satanischer Systembosheit eine Art Äquivalent zu Reichs sexualpolitischem Einsatz schaffen.

Was bedeutet "AIDS"- Test? 2 minutes "AIDS" HOME - TEST

DETECTHIV

Was ist DETECTHIV ?

Anwendung

Ergebnis

Die Epidemie

Bestellung

Kontakt

EIN "AIDS" - TEST

Was bedeutet " AIDS"- Test?

Umgangssprachlich wird das Vorliegen einer HIV - Infektion sehr häufig als "AIDS" bezeichnet. Die damit allgemein als **"AIDS" - TESTS** verstandenen Testverfahren - darunter auch das hier vorliegende - dienen jedoch genaugenommen dem Nachweis sogenannter HIV 1 - und HIV 2 - Antikörper. Diese Antikörper werden im Menschen als Antwort auf die **HI-** Vireninfektion gebildet. Diese Viren sind die Verursacher der Krankheit AIDS.

Eine Infektion kann nach Bildung der Antikörper im Menschen nachgewiesen werden. In der Wissenschaft wird der Zeitraum zwischen der HIV- Infektion bis zur Bildung der Antikörper allgemein mit 6 bis 8 (12) Wochen angegeben. **In diesem Zeitraum ist der Nachweis einer Infektion durch Nachweis der Antikörper daher nicht möglich.**

Über die Nachweisfähigkeit einer Variante des HIV 1, Subtyp 0, liegen keine ausreichend gesicherten Erkenntnisse vor. Dieser Subtyp tritt außerhalb Afrikas jedoch extrem selten auf.

Der **DETECTHIV TEST** ist von vergleichbarer Zuverlässigkeit wie die heute üblichen Labortests. Unabhängige Gutachten, unter anderem vom "WHO Collaborating Center on AIDS, Seattle" erstellt, bescheinigen ihm eine außerordentliche hohe Zuverlässigkeit. Es kann jedoch auch bei dem vorliegenden Test - wie ebenfalls bei allen anderen Tests - nicht völlig ausgeschlossen werden, daß in seltenen Ausnahmefällen eine bestehende HIV - Infektion nicht erkannt werden kann.

http://www.testaids.de/hauptd.htm

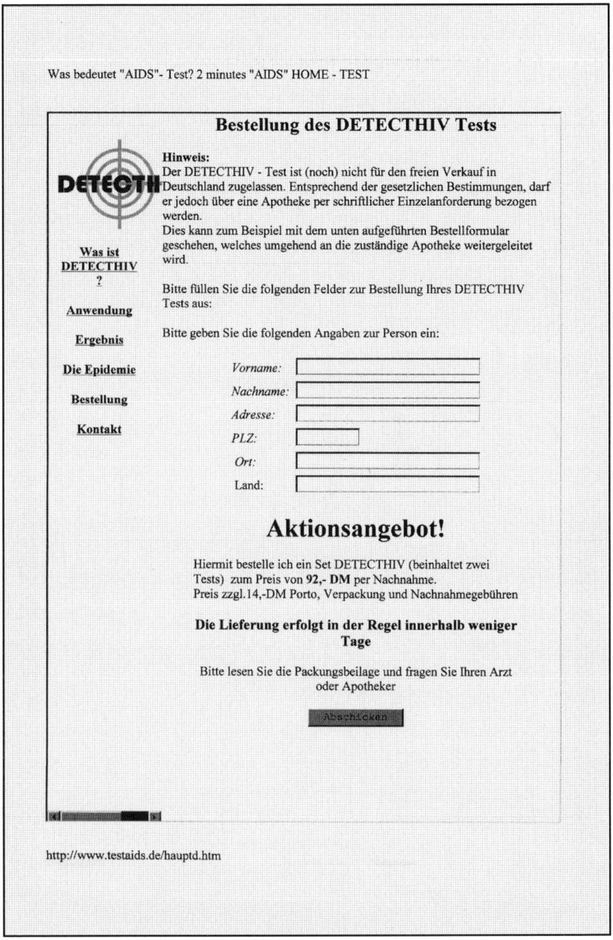

Was bedeutet "AIDS"- Test? 2 minutes "AIDS" HOME - TEST

Bestellung des DETECTHIV Tests

DETECTHIV

Was ist DETECTHIV ?

Anwendung

Ergebnis

Die Epidemie

Bestellung

Kontakt

Hinweis:
Der DETECTHIV - Test ist (noch) nicht für den freien Verkauf in Deutschland zugelassen. Entsprechend der gesetzlichen Bestimmungen, darf er jedoch über eine Apotheke per schriftlicher Einzelanforderung bezogen werden.
Dies kann zum Beispiel mit dem unten aufgeführten Bestellformular geschehen, welches umgehend an die zuständige Apotheke weitergeleitet wird.

Bitte füllen Sie die folgenden Felder zur Bestellung Ihres DETECTHIV Tests aus:

Bitte geben Sie die folgenden Angaben zur Person ein:

Vorname:

Nachname:

Adresse:

PLZ:

Ort:

Land:

Aktionsangebot!

Hiermit bestelle ich ein Set DETECTHIV (beinhaltet zwei Tests) zum Preis von **92,- DM** per Nachnahme.
Preis zzgl.14,-DM Porto, Verpackung und Nachnahmegebühren

Die Lieferung erfolgt in der Regel innerhalb weniger Tage

Bitte lesen Sie die Packungsbeilage und fragen Sie Ihren Arzt oder Apotheker

Abschicken

http://www.testaids.de/hauptd.htm

Abb. 1 Internetseiten des DETECTHIV-Tests

Natürlich jagt der dem Unrecht dienende Staat alle Blitz-ELISAS, als wären sie RU-Pillen, denn unbevormundetes und unkontrolliertes Testen, staatsbürgerliches statt aufsichtsgebundenes, leibeigenenmäßiges Verhalten, wie es dadurch gefördert würde, paßt ihm überhaupt nicht, und so, wie er gegen die wenigen Metzger, welche in eigener Regie BSE-Tests in Auftrag gegeben hatten, ein hemmungsloses Wutgeheul in Innungen und Lokalitäten entfesselte und zugleich überregionale Nachrichtensperren über ihr in der Ausbreitung zu unterbindendes Tun verhängte bzw. auf wohleingespielten, ganz leisen Wink hin einklinken ließ, genauso würde er natürlich gegen problemlose Privattests hetzen und wüten, wenn sie irgendwodurch breiten Massen bekannt und erhältlich würden – der vorübergehende Humanisierungsfortschritt durch die Antibabypille sitzt ihm noch in den Knochen, ein zweites Mal – und unter den inzwischen herbeigezwungenen, für ihn viel günstigeren allgemeinen Bedingungen – passiert ihm dieses nicht. Aber es geht ja auch gar nicht darum, in kindisch-blinder Weise einen Einzelfortschritt abzutrotzen, so nützlich dieser bei richtiger Verwertung für die Gesamtstrategie auch sein könnte, sondern um die Nutzung aller Möglichkeiten, an die Stelle einer inhumanen eine humane, optimale Gesellschaftsordnung zu setzen. Diesem Ziel blieb Reichs exemplarischer sexualpolitischer Einsatz immer untergeordnet, Donquixoterie und Sozialarbeiterei fehlen ihm stets, und alle seine populären Schriften legen dafür Zeugnis ab.

Einen Beitrag zu Machtübernahme der KPD sollten sie auf jeden Fall darstellen, zur praktischen Befreiung der Menschheit im Sinne von Marx, Engels und Lenin (wie dieser sich in ›Staat und Revolution‹ fälschungssicher geäußert hatte) – aber belegen sie (und weitere) auch Reichs Anspruch, Marxist zu sein, d.h. befähigt, Analysen gegebener gesellschaftlich-historischer Probleme unter voller und sicherer Ausnutzung des von Marx und Engels hinterlassenen Instrumentariums vorzunehmen? – Es ist gar keine Frage, daß Reich einfach nicht genügend Zeit zur Verfügung gestanden hatte, um die nun einmal sehr anspruchsvolle und auf die Auswertung eines riesigen Materials gestützte ökoanalytische Theorie hinreichend kennenzulernen; die erforderliche Breite und Geläufigkeit seiner Geschichtskenntnisse darf beispielsweise bezweifelt werden (und erst in diesem Medium hat man Gelegenheit, sich von der staunenswerten Richtigkeit der Marx'schen Analyse anschaulich zu überzeugen, nicht anders als von derjenigen der Freud'schen bei der konkreten und lege artis durchgeführten Patientenbehandlung!), und aus seinen eigenen Ausführungen (Reich 1982 p. 47 oder gar 53) geht beispielsweise hervor, daß er Marx' ökonomische Theorie, vor allem deren Herzstück, die Mehrwertlehre, nicht vollständig begriffen hatte – der Terminus der »lebendigen Arbeit« hatte z.B. regelrecht vitalistische Phantasien in ihm provoziert (wie sie seinen Geist später gänzlich überwuchern und sein weiteres Werk völlig entwerten sollten – es gibt nun einmal keine »spezifische Lebensenergie«, alles, einschließlich aller Lebewesen, besteht nur aus den bekannten Atomen und gehorcht lückenlos den allgemeingültigen physikalischen Gesetzen). In Wirklichkeit meint Marx mit der »lebendigen« Arbeit nichts anderes als die gerade ausgeübte, während die »tote« (weil verflossene) deren Produkt bedeutet, also die dauerhafte Veränderung des Arbeitsgegenstandes durch den Einsatz jener lebendigen Arbeit an ihr. Auch ein Esel, der in die Mühle gespannt wird, erzeugt ein Mehrprodukt (ist also fähig dazu): die zu seiner Erhaltung als arbeitsfähiges Nutztier aufgewendeten Mittel haben weniger menschliche Arbeit verschlungen, als gegen das von ihm gemahlene Mehl, den Kornpreis, die Amortisierung der Mühle usw. abgezogen, immer noch eingetauscht werden kann, sei es in Geld oder Naturalien. Genau dasselbe gilt für einen durchschnittlichen menschlichen Sklaven; genau wie dieser ist er nur ein Produktionsmittel, und zu diesem Einsatz befähigen Mensch wie Esel seine biologischen Eigenschaften, hier in einer bestimmten Ausdauer bei der Durchführung definierter Bewegungen konkretisiert, die anderen Arten fehlen mag – nicht anders als ein unbelebtes Werkzeug dessen physikalische und chemische Eigenschaften. Freilich kann nur ein (freier) **Arbeiter** das Mehrprodukt als **Mehrwert** produzieren, denn nur er kann aus eigenem Beschluß, sei dieser auch indirekt erzwungen, aber immerhin mit der Alternative des Hungerns, Bettelns u.ä. ausgestattet, auf den **Markt** gehen; Esel wie Sklave werden dazu nur gezwungen, tun es also nicht aus wie auch immer vermitteltem eigenen Willen. Da aber Sklave wie Arbeiter Menschen sind, kann in ihrer Fähigkeit zur Erzeugung eines Mehrprodukts kein biologisches Extra, kein vitalistisches Mysterium stecken; daß ein Mensch Lohnarbeiter statt Sklave werden und sein Mehrprodukt daher als Mehrwert erzeugen kann, liegt, die gesellschaftliche Möglichkeit einmal vorausgesetzt, ausschließlich an seiner **subjektiven Potenz** (die natürlich von der biologischen Determinante seiner Hirnbeschaffenheit abhängt), aber nicht an seiner **Arbeit**; die **ökonomische** Eigenart, ein Mehrprodukt aus sich herausholen lassen zu können, haben *instrumentum mutum* und *instrumentum vocale*, also Mensch und Esel, durchaus gemeinsam, und die Potenz zu absichtsvoller Subjektivität ist dazu völlig sekundär. –

Aber haben diese und ähnliche Einschränkungen der vollen Erfassung der Marx'schen Theorie Reichs eigene an dieser anknüpfende Analysen gesellschaftlicher Sachverhalte wirklich beeinträchtigt?

Wir werden im 11. Kapitel dieses Buches absurde und verrenkte Argumentationen höchst systemkonformer Scheinmarxisten kennenlernen, in denen aus durchsichtigen Gründen der Liebedienerei an einen stellenvergebenden und ansonsten zu sehr unangenehmen Racheakten befähigten Apparat eben dieses behauptet wird. Aber das heißt noch nicht, daß diese möglichen Beeinträchtigungen an anderer Stelle doch noch existieren könnten, auch wenn sie zweifellos nicht sehr evident sind; denn das Verhältnis von Marxismus und Psychoanalyse hat Reich mit bis dahin unerreichter Korrektheit herauspräpariert, wie oben beschrieben, und diese Erkenntnis in den ersten Kapiteln des demnächst besprochenen Buches über die ›Massenpsychologie des Faschismus‹ auch korrekt angewandt (nur die weitergehende Präzisierung, daß der sekundäre Krankheitsgewinn, welcher ja im Gegensatz zum primären durch gesellschaftlich organisierte Maßnahmen beliebig manipuliert werden kann, das Scharnier zwischen Marxismus und Psychoanalyse bildet, blieb Reich ebenso wie allen anderen Autoren bis 1983 verschlossen). Daß gesellschaftliche Selektion die »benötigten« Individuen, z.B. Hitler, mit gegen 100 % strebender Wahrscheinlichkeit an die entscheidenden Stellen bringt, wie dies schon Plechanow treffend herausgearbeitet hatte (1958), und nicht etwa diese Individuen »Geschichte machen«, sondern Exponenten von Klasseninteressen sind und über Erfolg und Mißerfolg ihrer Aktionen, wenn diese Kräfte nicht fast gleichstark sind, das historische Kräfteverhältnis der jeweiligen Klassen entscheidet, ist Reich im Gegensatz zu vielen »renommierten« Geschichtsprofessoren der Vergangenheit und wohl fast allen der Gegenwart durchaus klar gewesen, und dies geht aus seinem Faschismusbuch in aller Deutlichkeit hervor – an dieser wichtigen Stelle ist er also sehr wohl ein fähiger (und »orthodoxer«) Marxist gewesen. Es wird aber dennoch behauptet, daß er in den theoretischen Grundlagen seiner prokommunistischen Sexualpolitik von der marxistischen Analyse abgewichen sei, was darauf hinausliefe, daß sie, Richtigkeit der Marx'schen Theorie vorausgesetzt, zur Erreichung ihres (mit dem praktischen Marxismus geteilten) Zieles ungeeignet wäre oder jedenfalls viel weniger als Reich annahm.

Nun läßt sich der trotz oftmals halbwegs günstiger Voraussetzungen jedesmal absolut katastrophale Mißerfolg aller außersowjetischen kommunistischen Parteien der Welt (mit der eingeschränkten Ausnahme Chinas – im Rest der Welt, d.h. im späteren »Ostblock«, spielten die kommunistischen Parteien als historische Subjekte gegenüber den militärischen, außerhalb Jugoslawiens nicht oder nicht nennenswert von ihnen getragenen militärischen Vorgängen keine wichtige oder gar entscheidende Rolle) statt mit ihrer halbherzigen und inkonsequenten Sexualpolitik noch viel leichter mit ihrer stalinistischen Infiltration und vielfältigen Abhängigkeit erklären – denn Stalin bzw. die ihn stützenden Kräfte wünschten keine kommunistischen Revolutionen außerhalb ihres Machtbereichs. Es läßt sich aber auch die Frage stellen, ob diese Stalinisierung bzw. Auslandsabhängigkeit nicht gerade ein wichtiger Grund dafür war, daß die KP's eine an Reichs Vorgaben angelehnte Sexualpolitik so hartnäckig ablehnten, ihre Diskussion abwürgten und dadurch möglicherweise ihre Chancen, ganz im Sinne der stalinistischen Pläne, entscheidend untergruben. (Daneben ist freilich in jedem Fall die gewöhnliche, der Verdrängung des Ödipuskomplexes entspringende Sexualabwehr, die um Kommunisten keinen Bogen machen kann, als wichtiger Faktor in der Abwehr von Reichs Programmforderungen und Analysen zu erwarten, gleichgültig, ob und wie weit letztere zutreffen.) Hören wir darum hierzu die wohl am ernstesten zu nehmende Stimme, die es geben kann – rationale und kompetente Argumente, die bezüglich unseres Themas über die ihrigen hinausgehen, sind mir ohnehin nirgendwoher bekanntgeworden, die KPD-eigenen und erst recht die pseudomarxistischen lohnen nicht die Wiedergabe, wenngleich die letztere aus anderen Gründen später dennoch ausführlich erfolgen wird.

Es handelt sich um nichts Geringeres als die Stimme Trotzkis; von Exil zu Exil hatte Reich im September 1935 zu dem Führer der Roten Armee Briefkontakt mit dem Ziel aufgenommen, eine Diskussion und eventuelle Zusammenarbeit herbeizuführen. Der Briefwechsel selbst liest sich so enttäuschend wie derjenige zwischen Freud und Breton; Trotzki (welcher mit letzterem und Diego Rivera zusammen ein Manifest verfaßt hat, das eine peinlich geringe Kenntnis der psychoanalytischen Theorie und Terminologie verrät, man betrachte nur einmal die haarsträubende Verwendung des Begriffs »Überich« ebendort)

Wilhelm Reich an Leo Trotzki

Sexpol
Internationale Sexualpolitische
Organisation
Postadress:
Postlagernd 827
Kopenhagen

10. September 1935

Lieber Genosse Trotzki,
sowohl unter Ihren besonderen Anhängern als auch unter den Genossen im allgemeinen wird gegenwärtig die so komplexe Frage der kulturellen Entwicklung der Sowjetunion verständlicherweise mit äußerster Energie diskutiert.
Die Organisation, die sich mit der Sexualpolitik befaßt (die Sexpol), hat versucht, die diesbezüglichen Probleme in einer kleinen Broschüre zusammenzufassen. Zahlreiche Gründe drängen zu ihrer unverzüglichen Veröffentlichung, andere, ebenso zahlreiche, sprechen dafür, sie zurückzustellen. Wir wären Ihnen sehr dankbar, wenn Sie uns Ihre Meinung in bezug auf einige dieser Fragen und Positionen wissen ließen. Ich glaube, es wäre besser, diese Dinge mündlich zu diskutieren.
Ich bitte Sie, mich wissen zu lassen, ob diese Fragen Ihnen interessant und wichtig genug erscheinen, daß wir sie mit Ihnen besprechen können. Wenn ja, bitte ich Sie, ein Treffen mit mir festzusetzen. Was mir am meisten entgegenkäme, wäre ein später Sonntagnachmittag, weil ich während der Woche sehr beschäftigt bin. Aber selbstverständlich könnte ich mir auch einen Tag unter der Woche am späten Nachmittag oder abends freinehmen, wenn ein Sonntag Ihnen nicht passen würde.

Mit meinen revolutionären Grüßen
Wilhelm Reich

Abb. 2

Leo Trotzki an Wilhelm Reich

Oslo
Dramensvejn 110 h

18. September 1935

Lieber Genosse Reich,
ich muß mich jetzt einer medizinischen Behandlung von unbestimmter Dauer unterziehen. Ich wäre aber äußerst erfreut, Sie zu treffen, obgleich – das müssen Sie im voraus wissen – meine Kompetenz auf dem Gebiet, das Sie interessiert, ziemlich beschränkt ist. Sowie ich über meine Verfügbarkeit auf dem Laufenden bin, werde ich es Sie wissen lassen.

Mit meinen besten Grüßen
Leo Trotzki

Abb. 3 Briefwechsel erstmals veröffentlicht 1981: Cahiers d'Etudes Germaniques (Universität Aix-Marseille). (Nach Konitzer 1992)

betont ein bißchen arg nachdrücklich seine sexualpolitische Inkompetenz, gibt sich aber sonst (wie nicht anders zu erwarten, hatte er doch nicht mehr gerade viele brauchbare Anhänger und Sympathisanten) interessiert und kooperationsbereit. Über das – kurze – Treffen, welches dann in Kopenhagen wirklich stattfand, existiert kein inhaltlicher Bericht der Hauptteilnehmer; aber wir besitzen ein glaubwürdiges Briefdokument eines Ohrenzeugen darüber, welches hier rückübersetzt und auszugsweise wiedergegeben sei:

Heinz Epe an Albert Glotzer (Auszug)

(28. April 1936)

(...) Ich habe übrigens vor einigen Wochen einer äußerst interessanten Diskussion zwischen L.D. [Trotzki] und dem Psychoanalytiker der extremen Linken, Wilhelm Reich, beigewohnt. Dieser versucht, die marxistische Soziologie zu »erweitern«, das heißt, in Wirklichkeit, sie durch eine Soziologie zu ersetzen, die auf der Massenpsychologie basiert.
Reich steht an der Spitze einer Schule, die die eigenen Wurzeln in Freud begründet und auf den Marxismus gestoßen ist, die aber heute, anstatt ausgehend von den materialistisch-dialektischen Elementen, die in der Psychoanalyse enthalten sind, eine materialistische Psychologie zu entwickeln, versucht, die Gesetze der Psychoanalyse auf die Soziologie anzuwenden, womit sie ihre eigenen Grenzen überschreitet.
Was die praktischen Schlüsse angeht, beabsichtigen diese »Sexualpolitiker«, den Klassenkampf vor allem im Bereich des Sexuallebens, gegen die sexuelle Unterdrückung im Schoß der Familie etc. zu führen. Aber Reich hat auch eine Broschüre über die UdSSR verfaßt, in der er die Reaktion auf der Ebene der sowjetischen Kultur ausgehend von den reaktionären Elementen der »psychologischen Struktur der Massen« erklärt (das heißt, in Wirklichkeit erklärt er absolut nichts).
L.D. hat ihm eine meisterhafte Lektion in dialektischem Materialismus erteilt, indem er vorführte, wie die revolutionäre Transformation des Sexual- und Familienlebens in den Jahren 1917–1921 auf der Grundlage des Kriegskommunismus durchgeführt wurde, und wie man sich in jener Zeit nicht um die materiellen Grundlagen der Ehe und der Kindererziehung kümmerte, und zwar aus dem einfachen Grunde, weil es offen gesagt, egal wie, überhaupt keine materiellen Grundlagen gab.
Erst als die Produktion einen gewissen Anstieg erfuhr (1921–23), als es auf dem Markt wieder Waren gab, erwachten von neuem die Gelüste. Als es aber nicht genügend Produkte gab, um die Bedürfnisse aller zu befriedigen, begann ein Kampf um die Aneignung der Waren.
Gleichzeitig war der Staat gezwungen, eine Propaganda gegen das revolutionäre Sexualleben des Kriegskommunismus zu entwickeln, da er nicht imstande war, die Erziehung der Kinder u.s.w. zu übernehmen. (Die Konsequenz von all diesem waren die »besprisorny« = die verlassenen Kinder.)
Angesichts dessen, daß das revolutionäre Sexualleben der Jahre des Kriegskommunismus sich nicht auf der Grundlage einer dem Kapitalismus überlegenen Produktion gründete,

sondern im Gegenteil auf einer auf Null reduzierten Produktion, sah man nach dem Abflauen des revolutionären Aufschwungs die kleinbürgerlichen Begierden in einigen Schichten (Intellektuelle, NEP-Bourgeoisie) mit größerer Gewalt als in anderen auferstehen. Auf genau diese Schichten stützte sich die stalinistische Bürokratie, indem sie ihnen einige Versprechungen machte, und diese Schichten unterstützten die Bürokratie, die ihnen einen gewissen Prozentsatz des Gewinns zugestand.

Abb. 4 Aus dem Brief von Heinz Epe an Albert Glotzer, zitiert nach Calvié 1992 und rückübersetzt aus dem Italienischen. Der Brief von Epe an Glotzer befindet sich im Privatarchiv von Glotzer in New York, USA.

Wir können davon ausgehen, daß Epe, auch wo er in eigenem Namen schreibt, im wesentlichen die Ansichten Trotzkis wiedergibt. Diese zeichnen sich dadurch aus, daß sie ausschließlich die **materiellen Rahmenbedingungen** des Sexuallebens ins Auge fassen (welches also, sind diese einmal gesetzt, keine Eigendynamik mehr entwickeln soll) und ansonsten die Wirksamkeit übernommener psychologischer Faktoren, nämlich des Überichs und seiner Folgen – hauptsächlich Identifikationen, Projektionen und Reaktionsbildungen – (den »reaktionären Elementen in der psychologischen Struktur der Massen«) ganz im Sinne dessen, was Freud diesmal also zu Recht am Marxismus kritisiert[3], einfach leugnen (»erklärt […] absolut nichts«). An dieser Stelle wirkt der Marxismus auch in seinem authentischsten zeitgenössischen Vertreter regelrecht borniert.

Daß es nur die »besprisorny« waren, die sexualfeindliche Elemente in die sowjetische Sexualpolitik brachten, klingt nicht ganz glaubwürdig; niemand gebiert gerne Kinder, um sie dann auszusetzen (außer allerdings, das kommt durchaus oft vor, und hier spielen hinsichtlich der Häufigkeit dieser Auftretensform die materiellen Grundlagen schon eine ausschlaggebende Rolle, als unbewußte

[3] »[Wir] haben auch den bedeutsamen Anspruch des Über-Ichs geltend gemacht, das Tradition und Idealbildungen der Vergangenheit vertritt und den Antrieben aus einer neuen ökonomischen Situation eine Zeit lang Widerstand leisten wird« (GW XV 194).

Selbstbestrafung), und hätte die erbärmliche ökonomische Lage wirklich eine ausreichende Versorgung mit Kondomen (als den einzigen brauchbaren temporären Verhütungsmitteln der Zeit) bzw. lege artis durchgeführten Sterilisationen verhindert, dann hätte der massive revolutionäre Elan, den noch Stalin durch Umfunktionierung auf seine Zwecke umleiten konnte, für eine statistisch wirksame massenhafte temporäre Enthaltsamkeit sorgen können, bis die Verhütungsmittel **ohne vertrauenzerstörende Verzögerung** verfügbar geworden wären. Insofern war der Staat keineswegs »gezwungen«, und das politisch-juristische Ergebnis seiner »Zwangslage« keineswegs psychologisch belanglos – es dürfte in Wahrheit sehr wichtig für die Massenloyalität gegenüber einem kompromißlos revolutionären Kurs bzw. für das Aufkommen verzichtswilliger Resignations- und damit irrationaler Gehorsamsbereitschaft gewesen sein –; ob **ausschlaggebend**, wissen wir nicht – hier mag man Reich eine Überschätzung der mit der Sexualität verknüpften psychischen Eigendynamik vorwerfen. Aber in Wahrheit läßt sich die Entscheidung mangels ernsthaftem gesellschaftlichen Versuch gar nicht treffen, und Probieren geht nun einmal immer noch über Studieren.

Richtig ist freilich allemal, daß eine befriedigende (und darum dem Überich die Luft herauslassende, die Selbstbestrafungsneigung also schwächende) Sexualität nicht in Mangelsituationen gedeihen kann:

Love in a palace splendour is and lust;
Love in a hut is cinders, ashes, dust.

Es ist möglich, daß Reich diesen Aspekt unterschätzt hat (d.h. die Selbstaufladung des Überichs durch im Sinne des »Entgegenkommens der Realität« als Strafe deklarierbare Mangelsituationen – »Zeiten der Not bringen näher zu Gott«); mangelnde Bewußtheit der eigenen psychischen Kräftekonstellation, wie sie nur durch die Psychoanalyse selbst leidlich stabil behoben werden kann, schränkt die Stabilität durch glückliches Realerleben eingetretener Spontanheilungen doch sehr empfindlich ein, und wir vermissen die ausreichende Würdigung dieses äußerst ernsten Sachverhalts auch in Reichs Trobrianderbuch – dabei ließe sich jedenfalls ein Teil des befremdlichen Resistenzmangels der Trobriander und ähnlicher Völker gegen die Missionare, vergleicht man etwa die äußerst opferbereite, bewußte und heroische Resistenz der Juden gegen die gleichen Bestrebungen, auf dieser Grundlage gut erklären.

Aber das ist offenbar Reichs einziger Mangel bei der Ausarbeitung seiner noch so frischen Anwendung der Psychoanalyse auf die vom Marxismus erforschten Phänomene; und wie leicht wäre dieser Mangel behebbar gewesen, während auch die besten historisch greifbaren Vertreter des Marxismus seiner kühnen und anspruchsvollen Position gegenüber keine überzeugende Figur machen. Der Sachverhalt ist tragisch – aber das erlaubt uns noch keinen Schluß hinsichtlich überflüssiger Beschränkheiten Reichs bei der geistigen Aneignung und Anwendung des Marxismus; viel eher erscheinen dessen auch beste Vertreter durch ihre unbewußten Schranken beim Erfassen der Erkenntnisse Freuds behindert (also ganz einfach durch ihre ödipal bedingte unbewußte Sexualabwehr). Und Reichs Mängel bei der Erfassung der Erkenntnisse von Marx und Engels haben, wie wir sehen konnten, deren Anwendung durch ihn auf seine Fragestellung nur unwesentlich behindert. Wir werden dies auch weiter sehen können. –

Nun will dieses Buch erklärtermaßen ja nur Reichs Beitrag zur Psychoanalyse vorführen und besprechen, und wo bleibt dieser eigentlich in seinen in diesem Kapitel besprochenen populären Schriften, erst recht in der Frage seiner nicht nur freudianischen, sondern auch marxistischen Orthodoxie? Die Frage ist leicht zu beantworten, wenn wir zu den Inhalten auch nur seiner für ein breites Publikum bestimmten Schriften zurückkehren: Wären die gleichen Überlegungen, die wir kennengelernt haben, nicht etwa auch ohne jede psychoanalytische Kenntnis, durch einfache Anwendung der Logik auf dem Boden allgemein bekannter Tatsachen, zu haben gewesen?

Natürlich wären und sind sie das, nicht anders als z.B. die ethnologischen Tatsachen und die aus ihnen durch Frazer abstrahierten Zusammenhänge, deren Wiedergabe den größeren Teil von Freuds ›Totem und Tabu‹ ausmacht; aber nur die Psychoanalyse ermöglichte Reich (und uns) ihre Gewichtung und umfassende Auswertung. Anders als durch Freuds Erkenntnisse ist insbesondere die Einsicht, daß die Familie nicht nur durch ihre Aktivitäten, sondern durch ihre **Struktur** auf die Kinder wirkt, nämlich durch die Erzeugung und vor allem anschließende folgenreiche Verdrängung (»Untergang«) des Ödipuskomplexes, nicht zu gewinnen. Genau diesen zentralen Zusammenhang hat Reich in seiner besprochenen volkstümlichen Schrift anschaulich und verständlich in den Grundzügen vorgeführt (p. 66–73 = cap. IV b). Entscheidend ist, daß die schädliche, aber das Untertanentum fördernde Wirkung dieser speziellen Verdrängung **unbewußt** erfolgt und daher von bewußter Anstrengung auch nicht beeinflußt werden kann: »Die autoritative Bindung überwuchert bald die sexuelle, drängt sie in den Zustand der unbewußten Existenz und steht später, wenn die sexuellen Interessen sich der außerfamiliären Welt zuwenden sollen, als mächtiger hemmender Block zwischen Sexualinteresse und Wirklichkeit. Gerade weil die autoritative Bindung selbst zu einem großen Teil unbewußt wird, entzieht sie sich der bewußten Beeinflussung« (ibid. 68sq.). Vor allem ermöglichte Freuds Entdeckung der »Vorbildlichkeit des Sexuellen für das Nichtsexuelle« die richtige Einschätzung der Wirkungen der sexuellen Abstinenz für die massenhafte Entstehung schwächlicher Duckmäuser und dazu der immensen, in der gleichen Richtung weit darüber hinausweisenden Bedeutung der allgemeinen, eben staatlich-juristisch organisierten Sexualunterdrückung und -erniedrigung für die Produktion innerlich widerstandsloser oder widerstandsschwacher Untertanen bzw. gehorsamer Glotzenhocker und Zeitungsparolenaufsauger.

Auch diese Zusammenhänge stellt Reich in seiner vorgestellten Schrift in für ein intendiertes Massenpublikum faßlicher Form dar; auch **dieser** Beitrag zur Psychoanalyse, die Präsentation der gesellschaftlichen Konsequenzen der Funde Freuds, die andere ungern klar aussprachen, ist nicht gering zu schätzen. Den Vorteil der unmittelbaren Anschauung anstelle der Flucht in vorschnell und einseitig bloß wissenschaftliche Betrachtung habe ich wohl auch selbst in diesem Kapitel meinen Lesern demonstrieren können; ich hoffe, daß ich auch in meinen eigenen populären Schriften über ›Tabuthema Aids-Stop‹ oder den ›Ödipuskomplex und seine politischen Folgen‹ (Hoevels 1986c und 1990b) des auf diese Weise von Reich gesetzten Standards für ihres Amtes und ihrer Kenntnisse werte Psychoanalytiker nicht unwürdig gewesen bin.

10. Kapitel: Das Rätsel von Hitlers Sieg und seine Lösung durch die Wissenschaft Freuds

Im Dienste der kommunistischen Partei, zu ihrer Stärkung und schließlichen Machtübernahme hatte Reich seine psychoanalytisch begründete Sexualpolitik betrieben[1], sein geringes, aber exemplarisch bedeutsames Netz sexualpsychologischer Anlaufstellen für bedrängte Mittellose geschaffen und seine Massenvorträge gehalten; es war ihm nicht gedankt worden, vielmehr war seine – begeisternde und zunächst erfolgreiche – Aktivität einflußreichen Teilen der schon eine ganze Weile lang immer stärker auslandsabhängigen (also moskauabhängigen) KPD unheimlich geworden. Gleichzeitig war der Aufstieg der NSDAP von einer kleinen, freilich vom ersten Tage an von der Justiz aufs parteilichste bevorzugten Spontitruppe bzw. einem erweiterten »Schwarzen Block« zur stimmenstärksten Partei Deutschlands verlaufen; so unentbehrlich dafür die Unterstützung durch die Presse und durch die direkten Zahlungen des Großkapitals an den Parteiapparat und dessen paramilitärische Untergliederungen gewesen war, so sehr schrie dieser psychologische Erfolg nach einer Erklärung; denn das Fernsehen, welches ihn heute so kinderleicht machen würde, war noch nicht einmal erfunden, und vor allem war die organisierte Opposition gegen die bestehende Herrschaft und somit auch diese ihre Unternehmung noch keineswegs vernichtet, ihre

---

[1] »Zur fruchtbaren Durchführung der Aufgabe, die Sexualpolitik dem Klassenkampfe einzuordnen, gehört erstens die rein politische Sammlung der Arbeiterbewegung überhaupt; ohne diese Voraussetzung kann die sexualpolitische Arbeit nur eine vorbereitende sein« (1933a, [ab jetzt in diesem Kapitel ohne Jahreszahl], p. 271). Dieser Beleg, einer für viele, ist wichtig, um Reich gegen den aberwitzigen Vorwurf einer Verabsolutierung, ja – wie sie manche heutige und frühere »Sozialarbeiterei« ungeniert betreibt – surrogathafte Entpolitisierung der Sexualpolitik zu schützen.

Stimme konnte noch lange nicht ernsthaft abgewürgt werden: warum verhallte sie dann erfolglos, während die vom Kapital gepäppelten und von dessen Justiz durch Straflosigkeit geschützten, also leicht erkennbar reaktionären Kräfte ein viel größeres Echo erzielten und sogar an den Rändern der Arbeiterklasse täglich an Boden gewannen? Die politische Spaltung der deutschen Arbeiter in einen kapitaltreuen und einen prosowjetischen Teil mochte zur Lähmung der Opposition beigetragen haben, aber erstens konnte sie nicht den **Vormarsch** der reaktionären Kräfte in die Köpfe und Bleistifte erklären, und zweitens hatten die Bolschewiki in einer ähnlichen, von der Prozentverteilung her noch viel ungünstigeren Lage es durchaus schaffen können, in den entscheidenden September- und Oktoberwochen den weitaus bekannteren Menschewiki die Massenloyalität in zähem Ringen zu entreißen und in immer mehr Menschen den Ekel über deren Lügen und Verrätereien zu entfesseln; ähnliches konnte von der KPD nur sehr ansatzweise und dann höchstens in der allerletzten, zur revolutionären Abwendung der Hitlerei definitiv zu späten Runde gesagt werden. Mit der dogmatisierten Zuversicht eines versteinerten Marxismus, wie ihn schon die KPD mehr geerbt als entwickelt hatte, war dies nicht in Einklang zu bringen – aber auch für jeden anderen Beobachter bot der Vorgang ein beachtliches psychologisches Rätsel. Anders ausgedrückt: woher kommen die vielen Kälber, die ihren Metzger sogar ohne Fernsehen und bei realer statt nur ideologisch behaupteter Pressepluralität selber wählten (und wählen)? – Dieser Frage stellte sich Reich in seinem schon 1930 begonnenen Buch ›Massenpsychologie des Faschismus‹, das er, in durch fluchtbedingten Materialverlust etwas gedrängterer Form als vorgesehen, bald nach Erreichung des dänischen Exils und den erlittenen Niederträchtigkeiten des Luzerner Kongresses im Selbstverlag herausbrachte; es verbreitete sich in Flüchtlingskreisen und selbst im gestapoüberwachten Deutschland auf dem Untergrundwege so gut, daß bald eine zweite Auflage nötig wurde, konnte allerdings die Stabilisierung des faschistischen Staates nicht behindern. (Schließlich blieb ja, wie jeder weiß, bei aller Opferbereitschaft der gesamte, fast ausschließlich von der KPD getragene deutsche Widerstand gegen Hitler für diesen bis zum Schluß nur ein »Polizeiproblem«, wie es auch der unverdächtige Sebastian Haffner in seinem anregenden und klugen Hitlerbuch (1978) nennt; es ist wirklich klug und dadurch eine Rarität zumindest unter den prokapitalistischen Büchern zum Thema.)

Der heutige Leser, der sich mit einem Buch namens ›Massenpsychologie des Faschismus‹ auseinandersetzt, sieht sich noch vor Kenntnisnahme auch nur der ersten Seite einem ganzen Bündel von Problemen gegenüber, von denen nur die wichtigsten aus dem Vorbewußten ins Bewußte gezerrt werden sollen. Erstens ist der Begriff »Faschismus« tonnenschwer mit den Unredlichkeiten von Regierungen und Staatsapparaten belastet, die allesamt personell und kontinuierlich aus faschistischen Parteien hervorgegangen sind, welche nach oberflächlicher Säuberung von ihren bekanntesten Exponenten und allen unbeirrbar auf staatliche Souveränität zielenden »unverbesserlichen« Nationalisten unter US-Vormundschaft mit womöglich noch reaktionäreren, nämlich klerikalen Kräften oder Parteiapparaten zwangsvereinigt wurden, welche dem gewendeten Nazi-Kern als Schutzschild und Tarnmantel dienen sollten – sozusagen eine Art »RED« (»Reaktionäre Einheitspartei Deutschlands«, wie man das US-Gegenstück zur SED mit allen dazugehörigen und fortbestehenden Block- oder Kartellparteien scherzhafterweise nennen könnte). Infolgedessen bedeutet er inzwischen konkret so ziemlich alles, was Hitler **nicht** gefiel – ausgenommen bleibt aus durchsichtigen Gründen ausschließlich der Antisemitismus, denn einerseits hat Hitler sein Ziel eines juden»freien« Europa praktisch erreicht, zweitens sind infolgedessen die Juden nicht mehr durch statistische Überrepräsentanz als Hauptreservoir von Kritik und Freiheitsstreben oder auch nur Resistenzkern bürgerlicher und somit laïzistischer Rechtsstaatsforderungen wahrnehmbar, wodurch sie beispielhaft dem katholizismusgeprägten Reaktionär Hitler so unsympathisch waren; es ist schon vorstellbar, daß grüne Eltern ihre Kinder, wenn diese sich der faden Ernährungsweise des Vegetariers Hitler widersetzen sollten und auf ihrem Speiseeis, Schnitzel und Cola bestehen, der »faschistischen Gier« bezichtigen werden usw.; der Begriff ist in jahrzehntelanger propagandistischer Verwendung völlig pervertiert und abstrakt und heimlich zum Hüllwort für jede Regung von Freiheit und Selbstbestimmung, für jeden Mangel an äußerem und innerem Knechtsgebuckel geworden, und das, obwohl die einzige, wirklich die einzige Freiheit, zu der die Nazis sich bekannten – ihre italienischen Kollegen und spanischen Ableger nicht einmal dazu –, diejenige vom Unrecht der Versailler Verträge war, und zu dieser Ablehnung jeder anderen als einer sehr selektiven abstrakt nationalen Freiheit bekannten sie sich auch jederzeit mit aller wünschenswerten Offenheit. Hitler ist also – hier greifen wir etwas vor – vom Motor und Schutzherrn der Projektion selber zur Projektionsfläche geworden (und darum grob mythologisiert), aber die dabei unvermeidlichen logischen Abgründe überhüpft die Propaganda gelassen im berechtigten Glauben an den für sie wahrlich gültigen Satz: »Anything goes…«

Freilich »geht es« nur deswegen derart gut, weil, und das ist das zweite Problem, jede authentische Erinnerung an das 3. Reich schon aus biologischen Gründen praktisch abgestorben ist – es ist leicht geworden (und wird durch die sehr erschwerte Zugänglichkeit zu authentischem Material, das ohne Bitten und Betteln und ohne Vorkoster beinahe gar nicht erhältlich ist und selbst dann nur mit der Beißzange serviert wird, noch leichter), an die Stelle historischer Realität die abenteuerlichste und tatsachenfernste Mythologie zu setzen – Mussolini, Hitler und Franco waren nun einmal keine der Aufklärung entsprungenen Verteidiger der freien Meinungsäußerung, es lag ihnen durchaus nicht die sexuelle Selbstbestimmung der Frau und dementsprechend die Fristenlösung am Herzen, sie erregten außer in den bei Konkurrenz zweier totalitärer Apparate nun einmal seit Jahrtausenden unvermeidlichen marginalen Reibungsflächen keineswegs das Mißfallen des Papstes, und Einwanderung in ihre Länder war, die »rassisch« richtige Herkunft einmal vorausgesetzt, keineswegs schwieriger, sondern bedeutend leichter als in die demokratische Schweiz, das wohlfahrtsstaatliche Schweden oder das wenigstens scheindemokratische, als imperialistischer Staat mit Hitler ernsthaft konkurrierende und bald verfeindete England[2)].

Des weiteren sollte bedacht werden, daß die Anwendung des Begriffs »Faschismus«, welcher erst seit ca. 20 Jahren wirklich zuverlässig einen Gähnreflex auslöst, wenn der Bekreuzigungsreflex oder eine seiner Analogien ausbleibt (also der Hetzwert nicht wirkt), selber eine Geschichte hat. Zur Zeit Reichs und noch sehr lange danach, bis vor ziemlich genau dreißig Jahren, blieb das Wort fast ein Monopol, auf jeden Fall eine Vorzugsvokabel der klassischen Linken (also der KPD und aller ihrer Analogien und Derivate); man riskierte, scheel angesehen zu werden, wenn man es außerhalb ihrer Kreise benutzte. Der Grund dafür lag einerseits darin, daß ein Begriff für das benötigt wurde, was Hitlers Verbündeten Mussolini mit deren späterem gemeinsamen Ableger Franco (und zuvor nur beide untereinander) verband, von allen ihren nichtverbündeten bis feindlichen Nachbarn aber trennte; das Wort rückte dadurch vom Eigennamen zum Gattungsbegriff auf, wozu es erstens durch seine allzu konkrete Konnotationen vermeidende, zudem außerhalb Italiens

---

2) Mit dem antidemokratischen englischen Wahlrecht hätte sich der ganze Reichstagsbrand vermeiden lassen, und Hitler wäre durch Ausschluß von etwa der Hälfte der Bevölkerung von jeder parlamentarischen Vertretung tatsächlich legal an die Macht gelangt (was in der Wirklichkeit, den Schulbuchlegenden zum Trotz, aufgrund der vorangehenden Verhaftung der parlamentarischen Sperrminorität durchaus nicht der Fall gewesen war). Die moralische Überlegenheit Englands über das 3. Reich beruhte darum auch keineswegs auf staatsrechtlichen Strukturen – diese waren und sind nicht viel besser –, sondern auf der gewohnheitsmäßigen Beachtung einer ganzen Reihe von Menschenrechten.

selten bewußte Etymologie sowie seine historische Priorität besonders geeignet war. Zweitens konnte man die Selbstbezeichnung der Hitlerpartei bzw. des Hitlersystems nicht einfach übernehmen, nicht nur, weil sie lang, sondern auch, weil sie ein grob irreführender Etikettenschwindel wie etwa »kritischer Rationalismus« oder »Friedenstruppe« war – den ideologischen Gefallen wollte man Hitler mit Recht nicht tun, aber genau das wollten natürlich seine verleugnenden Ableger und, wenn auch nun von außen bevormundeten, personellen Fortsetzer; schließlich hofften sie, dadurch dem ihnen ebenso wie ihrem letzten souveränen Vorgänger Hitler verhaßten Sozialismus einen Dreckklumpen ankleben zu können. Außerdem war ihnen die Existenz eines Oberbegriffs an sich gar nicht recht, da Mussolini und Franco aufgrund der geringeren industriellen Reife ihrer Länder viel besser als Erfüllungsgehilfen der Kirche, ihre Organisationen als fast nicht mehr als deren halb- bis viertelautonome Agenturen erkennbar waren; da die reaktionären Nachkriegsregierungen, die unter US-Regie in Europa eingesetzt wurden, aber sämtlich auf klerikalem Fundament errichtet waren, war alles, was auf diese Substanzidentität hinweisen konnte, gar nicht gern gehört, und die historischen Differenzen (zwischen Hitler und seinen rückständigere Länder regierenden Pendants) wurden im Unterricht und sonstigen Propagandaträgern phantastisch aufgebläht, von den evidenten Übereinstimmungen abgelenkt. Das ging so lange, wie der Fortbestand eines authentischen historischen Bildes, etwa durch Familienüberlieferung freiwilliger und unfreiwilliger Art, zu befürchten war. – Blieb schließlich noch das etwas kindische Kürzelwort »Nazismus«, weil schon sehr früh in Anlehnung an die Abkürzung des dort häufigen Vornamens »Ignaz« in Bayern, wo die NSDAP von Anfang an besonders stark gewesen war, ein Anhänger derselben »Nazi« genannt wurde. Aber aus dem Munde eines Gegners hat dieses Kurzwort schnell den Beiklang eines wirklich kindischen, neuerlich geradezu kindisch-hysterischen Pejorativums (im fremdsprachigen

Ausland mag es mangels etymologischer Erwartungen, wie sie an eigensprachliche Worte gestellt werden, noch durchgehen) und wirkt daher aus Symmetriegründen gar nicht viel besser als die kritiklose Benutzung der erzverlogenen Selbstbezeichnung.

All dies wurde geändert, als jede historische Erinnerung zuverlässig abgestorben war, d.h. vor ca. 30 Jahren; das etymologisch undurchsichtige, sozusagen dumpf unheimlich wirken könnende und wohl auch sollende Wort wanderte auf einmal in das Vokabular der Herrschenden und ihrer Propagandaorgane selbst ein, welche es vorher aus besagten Gründen vermieden hatten – Schiene war sein trotziger und häufiger Gebrauch in der inzwischen restlos erloschenen oder hundertprozentig in ihr Gegenteil pervertierten Studentenbewegung gewesen, die sich gerne in die KPD- und überhaupt Vor-Hitler-Tradition hatte stellen wollen –, und dort wurde es zum röhrenden und gefährlichen Hetzwort ohne wirklich klare Bedeutung, von dem aber jeder fühlen kann und soll, daß es letztlich irgendeinen Mangel an Knechtssinn zu brandmarken habe (weil Hitler Imperialist und doch kein US-Präsident gewesen war), irgendeine verborgene Regung geistiger oder mentaler Selbständigkeit madig machen will (weil diese Hitler, in einem engen Rahmen teilweise zu Recht, angedichtet wird) und vor allem dem mit diesem Dreckklumpen von herrschender Stelle Beworfenen alle bürgerlichen und Menschenrechte absprechen soll. – Mit dieser selten bewußt gemachten (und genau darum hier vorgeführten) historisch-gesellschaftlichen Belastung, und noch manchen weiteren, deren Darstellung zu lange würde, geht ausnahmslos jeder zeitgenössische Leser an ein Buch mit einem Titel wie: ›Massenpsychologie des Faschismus‹ – eine Belastung, für die Reich wahrlich nichts kann und der er auch nicht hätte vorbauen können.

Worum es in Reichs Buch wirklich geht, ist die Erklärung der **irrationalen** Verhaltens- und Empfindungsweisen großer Massen, Verhaltensweisen also, die, ohne als unbedachte, punktuell-kurzlebige Triebbefriedigung mit schlimmen Folgen durch plötzliche Durchbrüche gestauter Triebpotentiale verständlich zu sein, Schädigungen ihrer Träger bewirken werden, wobei jenen dies aufgrund ihres Intelligenz- und Informationsstandes bekannt sein muß – das unterscheidet in der Gesamtmenge selbstschädigender Handlungen die irrationalen von den irrtümlichen. Genau eine solche Irrationalität enthielt die Zuwendung eines großen Teils der Bevölkerung besonders Italiens und Deutschlands zu den jeweiligen faschistischen Parteien, welche für deren politischen Sieg notwendig gewesen war – ihre Finanzierung durch das Großkapital oder ihre unentgeltliche propagandistische Teil-Unterstützung durch die Kirche konnte diese Irrationalität nur bahnen und fördern, aber nicht hervorrufen. Es ist die gleiche Massenirrationalität, die wir heutzutage in der geistigen und moralischen Selbstauslieferung der Massen an den homogenen Presse-Glotze-Apparat beobachten können, obwohl dieser ihnen doch aufs erkennbarste jeden Tag nur das Fleisch vom Teller und die Butter vom Brot reden will, von seiner wilden Aufpeitschung zum Haß gegen noch nicht dem Monoimperialismus einverleibte Globusreste oder selbstorganisierte religiöse Minderheiten ganz zu schweigen, Opfern von Massenmorden aus der Luft, die uns niemals angreifen wollten noch konnten, und Opfern übelster bürgerlicher Entrechtung und erzwungener ökonomischer Vernichtung, von welchen selbst bei bösem Willen niemals auch nur ein hunderttausendstel so viel Schaden ausgehen kann und konnte wie tagtäglich von der unbedeutendsten Kartellpartei. Das ist dasselbe Rätsel wie die Attraktion eines Hitler, der in der gleichen Woche der Arbeiterschaft die Abschaffung des Kapitalismus versprach und dem Kapital die Sicherheit seines Besitzes vor der Arbeiterschaft sowie die Vernichtung der Arbeiterorganisationen, während er zugleich vor einem »Weltjudentum« warnte, das schwerlich gefährlicher sein konnte als heute die ebenfalls weltweit verbreitete Weltanschauungsgemeinschaft der Scientologen. Obwohl ebenso klar war, wer Hitler bezahlte und wem allein er daher seine Versprechungen halten würde wie heutzutage, wer Rundfunk- und Fernsehanstalten kommandiert oder wem die Zeitungen gehören, finden bzw. fanden beide Größen dennoch Glauben, ja bisweilen fanatischen Glauben gerade bei denjenigen, die von ihnen nur größte Schäden zu befürchten haben bzw. hatten und auch erhalten und erhielten. Im Gegensatz zu jedem rationalen (einschließlich des etwa durch Mangel an Informationsquellen möglichen irrtümlichen) Verhalten, das durch die Umstände erklärt werden kann, bedarf das irrationale einer psychologischen Erklärung, und die weitaus beste liefert die Psychoanalyse. Diesen Gedanken hatte Reich schon in ›Dialektischer Materialismus und Psychoanalyse‹ (1929b bzw. 1934b) ausgeführt, an vielen Stellen seither in Erinnerung gerufen und in Vorrede und beiden Anfangskapiteln der ›Massenpsychologie‹ ausgebreitet; auch in ›Was ist Klassenbewußtsein?‹ (1934e) spielt er eine wichtige Rolle. Er schützt die Psychoanalyse nicht nur vor jungianischen Entstellungen, sondern auch ganz allgemein vor ihrer Entartung zur Ideologie. Seine erste breitere Anwendung (die ethnologische einmal nicht beachtet) stellt Reichs ›Massenpsychologie‹ dar.

Die Bestimmung des »Bewußtseins« durch das »Sein« erkannt zu haben, ist die wahrscheinlich größte Leistung von Marx und Engels, zumal sie in ausgearbeiteter Form den Schlüssel zu nichts geringerem als zur gesamten menschlichen Geschichte einschließlich aller in dieser entstandenen Gedankensysteme abgibt; sie wird verschämt und implizit von der ganzen gängigen Universitätspsychologie anerkannt, nämlich in Gestalt der »Lerntheorie« und Festingers Lehre von der »kognitiven Dissonanzreduktion« (etwa durch »Aufwandsrechtfertigung« – das »Sein« ist der schon erbrachte Aufwand, und selbst der hl. Thomas von Aquin gibt mit Recht zu, daß auch der allmächtige Gott nicht die Vergangenheit ändern kann – da bleibt eben nur eine Änderung des Bewußtseins). Liefert uns das »Sein«, d.h. die soziale und ökonomische Lage jener Schichten, aus welchen der italienische und der deutsche (später der spanische) Faschismus seine Kerntruppen und Wählermassen bezog, einen Schlüssel zu deren Verbundenheit mit jener Bewegung (bzw. ihrer besonderen Inklination zu ihr)? – Dazu müssen wir sie sowohl **untereinander** wie auch mit den **anderen** Teilen der Gesellschaft vergleichen (synchron, wie man seit dreißig Jahren sagen würde) sowie diese ihre Lage nach dem 1. Weltkrieg mit ihrer Lage zu anderen Zeiten (»diachron«), in welchen ihr »Bewußtsein« ganz anders gewesen war (nämlich progressiv-demokratisch). Dieser Aufgabe unterzieht sich Reich als erster unter Nutzung der Einsichten Freuds.

Dabei fällt ihm auf, daß die drei sozialen Gruppen, aus denen Hitler den Löwenanteil seiner Wähler und Sympathisanten bezog, in ihrer ökonomischen Position ungleich, ihrer Familienstruktur nach jedoch sehr ähnlich sind: Kleinbürgertum, Bauernschaft und Beamte. Die beiden ersten Gruppen sind kleine bis mittlere Besitzer, vom Großkapital, besonders den Banken, bedroht (und infolgedessen seit Reichs Zeiten von diesem auch bis auf geringe, immer noch schmelzende Reste vernichtet worden); ihre Familienstruktur fällt häufig mit ihrer Besitzstruktur zusammen. – Was diese dürren Worte verbergen, wird jedem klar, der sich den wahren Gehalt des Begriffs »mithelfende Familienangehörige« plastisch ausmalt; die zur emotionalen Abhängigkeit addierte ökonomische zerquetscht nach einer Weile alle Individuen, welche die Flucht aus dem kleinen Hexenkessel nicht schaffen, der Rest wird durch allerhand psychische Störungen deformiert, deren typischste jener von der Psychoanalyse »Identifikation« genannte, oft praktisch totale Ichverlust bildet. (Deshalb propagierte Hitler immer wieder, wie so viele Reaktionäre vor und nach ihm, entgegen der zur Rationalisierung und Flächenkonzentration strebenden ökonomischen Tendenz, welche dem privateigentümlichen System immanent ist, einen einigermaßen breiten »gesunden Bauernstand«, dessen Fortexistenz er durch Eindämmung der Erbzersplitterung und Erschwerung der Landkonzentration auf niederer Ebene zu verlängern suchte. Reich führt seine entsprechenden Überlegungen und sein »Erbhofgesetz« vor [p. 77–82].) Die dritte soziale Schicht, die Hitlers Wählerreservoir füllte, die Beamtenschaft, hat ökonomisch eine ganz andere Stellung als die beiden Kleineigentümerschichten: sie lebt ausschließlich von einem Teil des Mehrprodukts, das die Herrschenden mit m.o.w. offener Gewalt aus dem gesamten Volk herausholen, teils als eine Art Umlage aus ihrem eigenen Einkommen, teils als Zwangsauflage von beliebigen Teilen des Volkes aus sämtlichen Rechtshandlungen wie Kauf und Verkauf (natürlich auch von Arbeitskraft) abzwacken, als deren Garanten sie auftreten – »Steuern« also sämtlich –, welche sie an die Glieder der Beamtenschaft als kollektives Subjekt (»Staat«) **direkt** nach kollektivem Gutdünken weitergeben und dadurch eine persönliche Loyalität bis hin zur Identifikation in diesen Empfängern erzeugen. (Während die beiden ersten Schichten heute unbedeutend geworden sind, stellt diese, seither sehr gewachsene, inzwischen Kerntruppe und personelles Rückgrat der ›Grünen‹.) Dies führt einerseits zur überdurchschnittlichen Infantilisierung des einzelnen Beamten, andererseits zur »Radfahrerhaltung« desselben, die er, schadenfroh autoritär auf scin Gehalt pochend wie der Kleinbürger auf »sein Geld«, als eine Art außeramtlich fortgesetzter Staatsvertreter erpresserisch oder aggressiv an Frau und Kinder weitergibt. (An die Frau natürlich nur, wenn sie ihrerseits von ihm ökonomisch abhängt, wie zu Reichs Zeit fast regelmäßig.) Der neurotisierende, in erster Linie Identifikationen und, nach dem Prinzip der von Freud entdeckten »Vorbildlichkeit der Sexualität für Nichtsexuelles«, Reaktionsbildungen schaffende Prozeß in den jeweiligen Familien verläuft dann ganz ähnlich wie in den ländlichen und städtischen Kleinbesitzerschichten. Des weiteren führt Reich noch vor, wie die nach Verdrängung des sexuellen Gehaltes des Inzestwunsches, die durch Reaktionsbildung gesichert wird, als Fixierung fortbestehende Mutterbindung die unbewußte Grundlage des für die klassischen

Faschismen so wichtigen Nationalismus liefert; mit dem welthistorischen Ende souveräner Nationalstaaten (außer einem einzigen freilich) hat dieser Punkt an Bedeutung verloren; die separatistischen Nationalismen sehr kleiner Völker, welche von der US-Zentrale heutzutage im Bedarfsfall zur Schwächung ziemlich kleiner bis mittelgroßer Völker analog zu ähnlichen Strategien des antiken römischen Imperialismus so sehr gefördert werden, mögen streckenweise auf ähnlicher psychischer Grundlage aufsitzen (vor allem, aufgrund der örtlichen Verhältnisse, in Albanien und Tschetschenien – ländliches Sippeneigentum und Familienbindung sind auch heute dort im Weltvergleich extrem stark), sind aber wegen ihrer engen Abhängigkeit vom fernen und übermächtigen Unterstützer nicht völlig genauso strukturiert. (Die narzißtische Gratifikation für die nationalistische Identifizierung fällt bei ernsthaft souveränen Nationen nun einmal fetter aus.)

Betrachten wir diese von Reich vorgeführte Psychostruktur, in welcher die Identifikation von besonderer Bedeutung ist, noch etwas genauer! Familien und Nationen haben gemeinsam, daß sie **untereinander** konkurrieren können, in ihrem Innern aber aus sehr ungleichen Mitgliedern bestehen. Es gibt, wie ich persönlich weiß, auch heute noch Familien (konkret: Beamtenfamilien und Familien von Provinzkapitalisten, in einem solchen Fall sogar mit einem beachtlich zweistelligen Millionenvermögen), in denen der Vater den Kindern und manchmal auch der Frau das einzige Stück Fleisch von der Mahlzeit wegfrißt, von gewohnheitsmäßigen Übergriffen auf die körperliche Integrität der Kinder ganz zu schweigen, und es gibt oder gab in nicht wenigen Nationen herrschende und beherrschte Klassen, erstere gewöhnlich reich und langlebig auf Kosten der letzteren, diese dagegen mit wenig Freiheit, Fähigkeit zu größeren Sprüngen und mit mäßiger Gebißqualität und Lebenserwartung. So wie nun der Nationalismus dazu aufruft, diese internen Unterschiede zu verleugnen, um entweder die von anderen Nationen für die eigene pauschal ausgehende Gefahr abzuwenden oder diesen selber einen zum kollektiven eigenen Nutzen zuzufügen (der Nationalismus wird trotz der höchst unterschiedlichen Beuteverteilung als eine Art kollektiver Egoismus suggeriert), genauso zielt die Ideologie der Familiensolidarität auf Verleugnung der gravierenden Interessensunterschiede innerhalb der Familie ab; eine Kindersolidarität gegen die Eltern wird ebenso ungern gesehen wie eine infiltrationsfreie und kraftvolle Selbstorganisation der Unterschicht, und gar der »Verrat«, aus einer vielleicht gutartigeren Familie Hilfe für die eigene bedrängte Lage in der angeborenen Familie holen zu wollen, sei es auch nur durch Beschaffung von Mißhandlungszeugen, wird von den (oft nur emotionalen, ihren Narzißmus befriedigenden und ihr Überich besänftigenden) Nutznießern der ungerechten Machtverteilung in der Familie so ungern gesehen wie von Kapitalisten und Konzernen der immerhin fast ein Jahrhundert lang bestehende »proletarische Internationalismus«. Die Familienideologie bietet also eine hervorragende Vorstufe und strukturelle Einübung des eigentlichen Nationalismus (oder des sogenannten, mit ihm weitgehend, aber nicht in der ganzen historischen Tiefendimension, identischen »Ethnozentrismus«). Natürlich läßt sich diese Verdrängung der innerfamiliären Interessensunterschiede, wie sie besonders kraß und massiv bei derjenigen des Ödipuskomplexes vorstrukturiert wird, in einem Einfamilienhaus leichter durchführen als in einer Mietskaserne, in einer Familie, die mit materiellen Ködern abhängig machen und dann erpressen kann, leichter als in einer, die in dieser Hinsicht wenig oder nichts zu bieten hat. Gedeiht der ganze beschriebene Vorgang bei den nach außen leicht und oft fast vollständig abgeschotteten Kleineigentümers- und Beamtenfamilien nicht selten bis zum ganz grotesken Wirklichkeitsverlust – jeder gute Psychoanalytiker weiß davon bald ein schauerliches Lied zu singen, wird allmählich eine Art Erbrechtsexperte und kommt noch dazu aus dem Staunen über unrealistische Erberwartungen einerseits, aus kroniden Motiven zerstörte Erbschaften andererseits kaum mehr heraus –, so wird diese Wirkung in der notgedrungen weniger abgepufferten echten Unterschichtsfamilie weitaus seltener und schwächer eintreten (obwohl sie aufgrund der ödipalen Mechanik immer noch bemerkenswert häufig vorkommt). Es ist also kein Rätsel mehr, warum die drei genannten Schichten – Kleinbürgertum, Bauernschaft und Beamte – eine quantitativ ungewöhnlich starke Inklination zu Hitler zeigten, die Industriearbeiterschaft dagegen eine ungewöhnlich geringe: kein anderer Politiker erlaubte ihnen so maßgeschneidert die Aufrechterhaltung ihrer in der Familie erworbenen Reaktionsbildungen und sonstiger psychischen Deformationen (welche ja aufgrund des gesellschaftlich überdurchschnittlichen familiären Druckes im Durchschnitt übermäßig stark ausgefallen waren), mit Ausnahme der katholischen Kirche, welche aufgrund identischer, nur weniger modern präsentierter Psychostruktur dasselbe in der von ihr beeinflußten, hauptsächlich süddeutschen Bauernschaft leistete und dementsprechend Stimmabgabe für ihren politischen Arm »Zentrum« bewirkte. Es **wäre** aber ein Rätsel, wenn man *diese* Stimmabgaben (im Gegensatz zu denjenigen des einigermaßen gesicherten städtischen Bürgertums für liberale Parteien bis mindestens zum 1. Weltkrieg, des insbesondere jüdischen Bürgertums für die DDP beispielsweise noch lange darüber hinaus, von den Arbeiterstimmen für die KPD einmal ganz abgesehen) rational, d.h. als Stimmabgabe für Interessenvertretungen, erklären müßte; denn Hitler vertrat – im praktischen Sinne, und die Vernunft auch in ihrer einfachsten Form erkennt ihre Bäume rasch und immer an den Früchten – die Interessen des Groß- und nicht des Kleinkapitals, jenes Großkapitals, das damals in seiner größten Freßwelle gegen den Kleinbesitz stand (heute ist es damit fast fertig, mit Ausnahme des kleinen städtischen Grundbesitzes; dieser wird erst heute vom Großkapital in Gestalt der Banken ernsthaft in Angriff genommen, dramatisch im annektierten Osten Deutschlands, schleichend unter Ausnutzung von Bankrotten und Erbteilungen in den Zentren aller hochindustrialisierten Staaten). Für das Beamtentum ist dies weniger auffällig, aber ein **besonders** beamtenfreundliches Programm wies die NSDAP, verglichen etwa mit der DNVP oder den altliberalen Parteien, auch nicht auf; dagegen war klar, daß Hitler die preußischen Beamtenprivilegien keineswegs so ernst nehmen würde wie eben diese Traditionsparteien, und seine absehbaren Maßnahmen, etwa seine an unsere heutige »Gesundheitsreform« erinnernden Verschlechterungen des Gesundheitswesens und ähnliche Senkungen des durchschnittlichen Lebensstandards zugunsten der großen Konzerne einerseits, der Aufrüstung andererseits trafen alle Lohn- und Gehaltsabhängigen gleichermaßen, auch Staatsbeamte, von den von Reich hier mitgezählten Angestellten der Banken, Versicherungen usw. gar nicht erst zu reden.

Diese Analyse der subjektiven Verwurzelung und Funktion des Nationalismus gibt Reich hauptsächlich im 2. Kapitel seines vorliegenden Buches, und man merkt sofort, daß er damit für einen Psychoanalytiker meistens Neuland betritt (obwohl die Analyse selbst gar nicht so schwierig ist!).

Im 3. Kapitel bespricht Reich die – heute so obsolete – faschistische Rassetheorie; er leitet sie ausgezeichnet aus der **sexuellen Projektion** ab (die eine entsprechende vorangegangene Reaktionsbildung zur Voraussetzung hat). Die eigene Rasse erscheint von jeder ursprünglichen Sexualität gereinigt (diese ist also verdrängt worden), welche dafür in so ziemlich jede fremde hinein**projiziert** wird, wo diese den geringsten Anhaltspunkt dafür liefert (im deutschen Faschismus wurde von allen größeren Rassen teils aus Gründen logischen Systemzwangs, teils aus bündnispolitischen Erwägungen nur die [nord-]indische Rasse, die eigentlich arische eben, welche ohnehin durch geographische Ferne für den Normaldeutschen statt -engländer eine eher theoretische Existenz führte, von dieser Projektion ausgenommen). Dabei kehrt die verdrängte Sexualität durch die beschriebene unbewußte Mechanik als ihre eigene Strafe wieder, als Syphilisangst (bzw. in tieferer Schicht Schwangerschaftsangst); daher die faschistische Befürchtung von der »Verunreinigung der Rasse«, ihrer Entkräftung und Zersetzung durch »Blutvergiftung«. Wesentlich zur Erzielung dieses Resultats, d.h. der psychischen Verankerung der dazugehörigen Ideologien, ist natürlich die Durchsetzung der realen Sexualunterdrückung selbst: »Mit der Einführung der Keuschheit werden die Frauen unter dem Drucke ihrer sexuellen Ansprüche unkeusch, an die Stelle der natürlichen, zarten Sinnlichkeit tritt die sexuelle Brutalität der Männer und dementsprechend die Auffassung bei den Frauen, daß der Geschlechtsakt für sie etwas entehrendes bedeute. (…) Es verändert sich aber auch (…) die innere Erlebnisweise im Geschlechtlichen. Der Widerspruch, der nunmehr geschaffen ist, stört die Befriedigungsfähigkeit der Individuen, das sexuelle Schuldgefühl zersplittert den natürlichen Ablauf der sexuellen Akte und schafft sexuelle Stauungen, die sich auf verschiedene Art und Weise Luft machen. (…) Diese derart verzerrte, gestörte, brutalisierte und erniedrigte Sexualität stützt nun ihrerseits die gleiche Ideologie, der sie ihr Entstehen verdankt« (p. 134sq.).

Man merkt in diesen treffenden Sätzen nicht nur den Nachhall von Reichs Trobrianderstudien, sondern spürt spontan auch sein Motiv zu deren Ausarbeitung ebenso wie dasjenige aller seiner meist so beckmesserischen Kritiker: denn so fragwürdig bis abwegig Reichs urgeschichtliche Spekulationen im ›Einbruch der Sexualmoral‹ auch sein mochten, deren Niederschrift dem Faschismusbuch vorangegangen war, etwas unglückliche Spekulationen auf den Spuren von Morgan und Engels, die Freuds »wissenschaftlichem Mythos«, wie er ihn selber nannte, vom »Urvatermord« etwas entgegensetzen sollten, so eindeutig sprechen die von Malinowski präsentierten umfassenden Fakten für den **quantitativen** Aspekt der Sexualunterdrückung bei deren Wirkung: ist sie sehr gering, wie im vorchristlichen Trobriand-Beispiel so umfassend und detailreich belegt, das der große Feldforscher gerade noch vor dessen Untergang dokumentieren konnte, so benötigen die wenigen Verdrängungen auch keine umfassenden Reaktionsbildungen, Projektionen und Fixierungen entstehen nicht oder nur in extremen Ausnahmefällen, und dementsprechend bilden sich weder Neurosen noch Perversionen. (Róheim und viele andere auf seinen Spuren haben außerordentlich viel Mühe darauf verwandt, Gegenbelege aufzutreiben, aber ihr Ergebnis kommt nicht nur mir sehr dürftig vor.[3]) Das psychische Material, mit dem ungerechte und darum autoritäre Herrschaftssysteme arbeiten müssen, als letztes und aktuellstes zu Reichs Zeiten eben der Faschismus, braucht, um massenhaft stabile bis aktive Loyalität zu finden, als unverzichtbaren Kern derselben **Reaktionsbildung** und **Projektion**. Diese Erkenntnis wurde Reich durch seine psychoanalytische Beschäftigung mit Malinowskis reichem Beobachtungsmaterial mindestens erleichtert, nicht anders, als Freud den Schlüssel zum Geheimnis aller Religionen in den Materialien hauptsächlich Frazers fand, und so ist es kein Wunder, daß bis heute Kohorten von Professoren und Journalisten beschäftigt bleiben, beide Materialien madig zu machen. An ihrer Authentizität, grundsätzlichen Korrektheit und schließlich der alternativlosen Richtigkeit ihrer Auswertung durch Reich bzw. Freud, stellt man einmal den quantitativen und tendenziellen Gesichtspunkt ins Zentrum, hat sich jedoch trotz aller bezahlten Anstrengung kein rationaler Zweifel festmachen lassen können.

Womit also die Wissenschaft Freuds die rational unerklärlichen Erfolge Hitlers erklärt (er stehe als berühmtester Faschist hier zugleich für Mussolini – und auch für Franco und Pinochet, die ihre **freiwilligen** Anhänger durchaus massenhaft auch außerhalb der hauptsächlich vom Ausland bezahlten oder anderweitig unterstützten Armee fanden), ist der ödipale Mechanismus, der die Sexualunterdrückung zugleich individuell festigt wie auch

---

[3] Siehe dazu Fenichel 1998, p. 991.

andererseits von ihr, sobald sie gesellschaftlich organisiert (also juristisch durch Gesetze, ideologisch durch Schule, Universität und Medien, vor allem aber atmosphärisch auf dem Wege der erdrückenden Wahrnehmung des schon auf diesem Wege standardisierten Verhaltens »aller anderen«) auf das Individuum einwirkt, wiederum aufgeladen und dadurch seinerseits gefestigt wird. (Darum kann massenhaftes Gegenerleben, wie es zu Reichs Zeiten in recht großem, vor ca. 30 Jahren wenigstens in nennenswertem Maßstab möglich war und seither ziemlich unvorstellbar wurde, diese Wirkung neutralisieren – Reich geht auf diesen wichtigen Punkt p. 251–254 anschaulich und überzeugend ein.) Es ist der gleiche unbewußte Mechanismus, mit dem auch heute – mit dessen unverzichtbarer gesellschaftlicher Ermutigung freilich bei ebenso unverzichtbarer juristischer und pogromistischer Knebelung aller jeweiligen potentiell attraktiven Kritiker – nicht ganz kleine Menschenmengen zur Akzeptanz der masochistischsten Verzichtsparolen bewegt werden können, einer Akzeptanz, die vom wildesten projektiven Fanatismus bis zu kaum artikuliert weinerlicher Resignation und osmotischer Aufnahme widerstandslos nachhallender entsprechender Ideologeme reicht, wie sie von den durch Straflosigkeit und Presselob ermutigten Fanatikern ganz in der Nachfolge der Nazis und der Kirchenväter vorgeschrieen und in unendlicher Wiederholung vom Meinungsapparat in standardisierter Form am Leben gehalten werden.

Die genannte unbewußte Mechanik der Sexualverdrängung wirkt also **unsymmetrisch**: sie *stärkt* die Kräfte der Finsternis, zu Reichs Zeiten am spektakulärsten also Hitler, und sie *schwächt* zugleich deren Gegner. Unmittelbare Wirkung dieser Asymmetrie, die Reich das ganze Buch lang, besonders aber in dem zentralen und überaus lesenswerten 5. Kapitel, immer wieder schlagend belegt und hervorhebt, ist die auffällige Tatsache, daß die politische Reaktion treffsicher keine Gelegenheit ausläßt, um ihre Position zu festigen und voranzutreiben, ihre natürlichen Feinde sich aber durch das gegenteilige Verhalten auszeichnen (und darum so selten gewinnen sowie, wenn sie es doch geschafft haben, ihre Position so schlecht verteidigen). Für die Rechte (= Kirche und Faschismus) gibt es keine »Tabuthemen«, ganz im Gegenteil, sie verschenkt nichts; die dazu nötigen Intelligenz- und Wahrnehmungsleistungen erbringt ihr Ich mühelos, da es sie im Dienste des Überichs statt seiner Trägerperson vollzieht und daher auch nicht von ihm durch Störfeuer behindert wird; für die Linke, für die organisierten Kräfte menschlicher Selbstbestimmung ist es umgekehrt, **muß** es daher auf jeden Fall bis zur Einsicht in diesen Mechanismus umgekehrt verlaufen, und deshalb »verpennt« sie im Gegensatz zu ihren natürlichen Feinden so chronisch regelmäßig ihre Chancen. Genau das ist der Grund, warum ihr Reich so unermüdlich diesen Mechanismus klarzumachen versucht (und leider auch der Grund, warum sie, damals die KPD, sich so verbissen dagegen sträubt – es ist das alte psychoanalytische Problem des »Widerstandes«); sie soll ja siegen, vor dieser Einsicht kann sie es in der Tat nur in extremen Ausnahmefällen, und ohne Erlangung der politischen Macht sind ihre Ziele unerfüllbar, ihre Opfer sinnlos.

Es ist nicht der Zweck dieses Buches, Reichs Gedanken im einzelnen vorzuführen; noch sind Nachdrucke seiner Werke mit unzweifelhaft psychoanalytischem Anspruch (d.h. vor dem Luzerner Kongreß geschrieben) antiquarisch ohne große Mühe erhältlich, und schon das vorige Kapitel dürfte ausreichend anhand von Reichs verhältnismäßig umständlich zu beschaffenden Schriften genügend Licht auf ihre fortwährende Aktualität geworfen haben, die in unserer Zeit der Abtreibungserschwernisse und -verbote, einer synchronisierten Gebärpropaganda (»Bevölkerungsbewußtsein« solle geschaffen werden, hat es geleitartikelt, z.B. in ›Geo‹) und eines Rentenrechts, das Hitler rechts überholen will (»Rentenentzug für Kinderlose« lautete schon einmal die radikalste Parole, ein Reaktionärsproblem seit dem alten Sparta), eher zugenommen hat. Gerade in Reichs ›Massenpsychologie‹ wird diese Aktualität deutlich, wenn Reich in dessen letzten Kapiteln vor der Unterschätzung der verderblichen Kraft der Kirche bzw. Religion warnt und deren subjektive Substanzidentität mit dem Faschismus vorführt (die der Verdrängung des Ödipuskomplexes entspringende Sexualverdrängung führt zur Reaktionsbildung und, besonders gefährlich, da bei bestehender Möglichkeit stets mit Scheiterhaufen, Gaskammern oder Steinigertrupps endend, Projektion, daneben Identifikation; der verdrängungsbedingte Energieentzug schwächt das Ich und stärkt schon dadurch das Überich – er fördert, wie wir inzwischen hinzufügen können, dadurch den Ablauf der »kognitiven Dissonanzreduktion« [KDR] und zerstört somit die Resistenz gegenüber jedem »starken Sender«). Da sich die Religion genauso wie der Faschismus mittels Sexualunterdrückung, welche automatisch zur Verdrängung führt, nicht nur die Verbindung von der erwachsenen zur Infantilperson offenhält (durch stete Erinnerung an Mythen, welche Abkömmlinge der vom Ödipuskomplex angeregten Phantasietätigkeit sind, durch entsprechende Formeln, etwa Ideologeme, wie wir sie aus Reichs Analyse der »Blutvergiftung« und anderer rassistischer Phantasien schon kennen, oder Gebete entsprechenden un- bis vorbewußten Gehalts, wie er sie später vorführt), sondern vor allem ihre psychische Energiequelle perpetuiert, gilt das Hauptaugenmerk beider historischer Erscheinungsformen der Reaktion, der zähen älteren wie der kurzlebigen jüngeren, stets der Verhinderung sexueller Glücksmöglichkeiten, danach auch aller anderen, sofern sie unvermischt bzw. primär sind. (Welchen aufmerksamen Zeitzeugen erinnert z.B. das von Reich p. 170 zitierte Vorgehen der Hitlerbehörden vom August 1933 gegen »unmoralische Wassersportler«, also **sehr früh**, als ihre Schergen mit der immer noch starken politischen Opposition ausreichend beschäftigt waren, nicht an Pinochets analoges Verbot des Nacktbadens an Santiagos Stränden **schon am zweiten Tag** seiner Herrschaft, als die Massenabschlachtungen und Massenfolterungen in seinen Kerkern und Kasernen, welchen mehr als 1 %

seiner Staatsbürger zum Opfer fielen, seinen Soldaten und Anhängern doch nahezu keine Hand unbeschäftigt ließen? Übrigens ließ dieser nach-Reich'sche Provinzhitler von Richard Nixons und Helmut Schmidts Gnaden am Tage der dramatischen Ermordung seines gewählten Vorgängers im Rundfunk nicht nur die Nationalhymne spielen, sondern auch den damals äußerst wohlbekannten französischen Schlager ›Je t'aime‹, das sicher am meisten sexualisierte Lied der Welt, das jemals öffentlich verbreitet wurde, bis es Frau Süßmuth Jahrzehnte später zu den Bildern sterbender Aidsopfer erschallen ließ – *sapienti sat.*)

Haben die Feinde der Menschheit recht, wenn sie von der Humanisierung und Befreiung der Sexualität eine Einbuße ihrer Wirksamkeit, ja den Zusammenbruch ihrer Existenz befürchten? Die Lehre Freuds läßt das, wie Reich von vielen Seiten her ausführt, sehr wohl vermuten – und ihre politischen Gegner, im schließlich eingetretenen Fall ihrer Niederlage ihre sogar physischen Opfer, gehen der Frage ängstlich aus dem Weg! Was sie da fürchten, offenbar mehr fürchten als Folter und Ermordung und Mißerfolg – denn sonst würden sie die nüchterne Überprüfung dieser nicht gerade fernliegenden Hypothese, die so viel verspricht, doch nicht **vor** jedem unvoreingenommenen Versuch affektiv ablehnen –, kann kaum etwas anderes als die Aggression des eigenen Überichs, in letzter Instanz der eigenen Eltern (mit geschlechtsbedingt unterschiedlichem Schwerpunkt) aus der unbewußt versteinerten Infantilperspektive sein. Wenn das stimmt, dann ist das Unbewußte eine mindestens ebenso wirksame historische Macht wie, sagen wir einmal, der Schwarze Tod oder der Stand der Produktivkräfte; seine Bewußtmachung hätte also ebenso durchschlagende historische Folgen besitzen können wie deren Ausbleiben, konkret also: die Verhinderung der Machtergreifung Hitlers und vielleicht sogar den Sieg der KPD.

Reich geht von dieser Perspektive allerdings aus, und wenn er sie mit dem zeitbedingten Zwangsoptimismus, ohne dessen Bekundung oder wenigstens Vortäuschung er keinen einzigen KPD-nahen Leser hätte gewinnen können, entschieden zu zuversichtlich präsentiert (aber selbst das von ihm nicht geschönte Eingeständnis der offenen Niederlage war der KPD ja noch zu realitätsnah!), so ist doch schwer zu leugnen, daß ein entsprechender Kurs ihr wesentlich mehr Anhänger eingetragen hätte – Reich belegt den Prozeß eindrucksvoll an vielen sehr typischen Beispielen – und dementsprechend NSDAP und SPD, ja sogar dem »altbösen Feind« (d.h. der Kirche) viel mehr zu schaffen gemacht hätte. (Vor ca. dreißig Jahren sollte, obwohl damals die öffentliche Aufmerksamkeit noch viel stärker als in der Weimarer Republik um die Frage der sexuellen Selbstbestimmung kreiste und die praktischen Voraussetzungen der sexuellen Humanisierung viel günstiger waren als seinerzeit, in kleinerem Maßstab die sog. Studentenbewegung sowie die aus ihr hervorgegangenen »K-Gruppen« den gleichen Fehler mit geradezu verblüffender Sturheit wiederholen – s. dazu Hoevels 1998c, bes. p. 40–47 u. 142–146.) Es ist allerdings zu bedenken, daß die auf diese Weise noch weitaus stärker provozierten individuellen Verdrängungskräfte (»Übериche«) unter dieser Voraussetzung erfahrungsgemäß geradezu Amok laufen, bevor ihre Felle ganz davonschwimmen, und eine politische Organisation, die sie dergestalt entbindet, auf das Kommende vorbereitet sein und zu wirksamen »exorzistischen« Eingriffen fähig sein muß, um die wilden Selbstbestrafungsaktionen, die an unvorhersehbarer Stelle losbrechen werden, in den Griff zu bekommen; die stalinistische Umfunktionierung und schließliche Selbstauflösung bzw. ruhmlose und mit befremdlicher heimlicher Erleichterung statt Zorn und Trauer durchgeführte Kapitulation der Sowjetunion ist durch diese Mechanismen mindestens erleichtert worden (denn eine Befreiung, auch eine sexuelle, und daher unbewußt als ödipale Untat erlebte war die russische Revolution ja doch gewesen). Auf diese Gefahr geht Reich nicht ein, obwohl sogar unabhängig von allen Erlebnissen im Rahmen seiner Agitationsarbeit seine psychoanalytische Kenntnis ihn darauf hätte vorbereiten müssen. Vielleicht haben seine Feinde recht, wenn sie ihm hier eine Überschätzung der kurativen Wirkung eines – auch spontan, nämlich durch die makro- und mikrohistorischen glücklichen Umstände ermöglichten – sexuellen Erlebens ankreiden; bei Patienten eines guten Psychoanalytikers mag dies ausreichen (und tut es auch immer wieder), aber diese sind ganz anders auf den Wandel vorbereitet. Natürlich wird von Reich feindlicher Seite jetzt der Angriff auf die ihnen ohnehin tödlich verhaßte Theorie der Aktualneurose im allgemeinen und der Sexualstauung als Energiequelle der neurotischen Symptombildung im besonderen geflogen werden, die von mir in Erinnerung gerufenen Einschränkungen zu Falsifizierungen der oben beschriebenen Orgasmustheorie aufgebläht; aber es ist doch der quantitative Aspekt zu berücksichtigen, welcher Spontanheilungen nicht ganz so glatt vonstatten gehen läßt, wie sie es in vielen Fällen des beschworenen Musters tatsächlich tun; die durch glückliche Zufälle abgeführte bzw. umgesetzte Energie reicht nun eben nicht immer und vor allem nicht unter allen Umständen individueller Vergangenheit und gesellschaftlicher Gegenwart aus, aber der beschworene Vorgang verbessert doch im Durchschnitt allemal die Prognose. So können gesellschaftliche Umstände, die sich im Einzelfall in sehr konkrete einmalige Situationen umsetzen können – ruhiges Hotelzimmer oder keines? eigenes Auto (zum Abhauen!) oder keines? bösartige Nachbarn oder diskrete? kluger oder dumm-quengliger Sexualpartner, am Ende bloß ein Pool von lauter Gretchen?, von der mit mehr materieller Kausalität verknüpften Verhütungsproblematik und Einkommensfrage hier zu schweigen –, sehr wohl das individuelle Schicksal unwiderruflich festlegen und besiegeln, nämlich nach dem Prinzip der Kipprichtung oder Weichenstellung, wenn das Kräfteparallelogramm etwa gleichlange Ärmchen hat, und da kann der mäßige Anteil durch die öffentlichen Aktivitäten einer mit einiger Masse versehenen politischen Partei (oder das Vakuum nach ihrer Zerstörung) sehr wohl entscheidend sein. **Statistisch** ist er das auf jeden Fall; und da werden Angemessenheit oder Unangemessenheit ihres Vorgehens, Realitätserfassung oder -verleugnung, planvolle Datennutzung oder Blindes-Huhn-Prinzip durch deren Führung und daher nach einer Weile auch durch ihre typischen Mitglieder sehr wohl ausschlaggebend. Die KPD war keineswegs die einzige wirksame Kraft neben der NSDAP zu ihrer Zeit; auch die indirekte Unterstützung der letzteren durch die starken kapitalistischen Staaten wie vor allem England, das der Verhinderung eines KPD-Sieges jede Priorität gab (wodurch z.B. die – an sich ja gerechte! – Remilitarisierung des Rheinlands, an welcher aber Hitlers politische Existenz hing, so glatt verlief, bis hin zum weitaus weniger gerechten Münchner Abkommen), konnte durch sie so wenig beeinflußt werden wie der 1. Weltkrieg durch die Bolschewiki (bevor sie die lokale Macht errungen hatten, natürlich). Aber im allgemeinen historischen Kräftefeld kann deren Anteil – mehr als 100 % kann die Summe aller Kräfte ja nicht ergeben – sehr wohl entscheidend sein, wenn eine Krise Vorstöße erlaubt. Die historische Primäraufgabe der KPD war die Beseitigung der SPD (oder ihrer außerdeutschen Analogie, z.B. der Menschewiki); vor diesem Etappensieg hatte sie keine Chance, ihren eigentlichen Feind aus seinen Stellungen zu vertreiben und selber die politische und gesellschaftliche Macht zu übernehmen. Die KPD hatte sich dabei vielfach geschadet, z.B. indem sie durch ihre »Sozialfaschismustheorie« die politische Wahrheit viel zu früh ausplauderte statt, wie zuvor die von Lenin geführten Bolschewiki, das emotionale Bollwerk um diese Erkenntnis geschickt zu knacken; Reich geht auf diese Frage indirekt ein.[4)] Jedenfalls hätte bei Nutzung der (erst!!) von Reich

---

[4)] op. cit. p. 112, Anm. – Die sogenannten »Beschimpfungen«, welche laut Reich an der sozialdemokratischen Führerbindung abprallen, dürfen in unserem Zusammenhang zu sehen sein, etwa »Arbeitermörder« (als durchaus treffende und sachlich

eingebrachten psychoanalytischen Erkenntnisse die KPD deutlich stärker werden können, besonders durch Einbrüche in das nur auf diese Weise erschließbare Lager der »Unpolitischen«; Reich hat dieses wichtige Thema am Ende seines Buches sehr überzeugend ausgebreitet. Während die KPD die SPD erst ganz zum Schluß der Weimarer Republik mengenmäßig überholte, als es »dank« dem Preußen-Putsch für die revolutionäre Verhinderung der Hitlerei mit den verfügbaren Kräften für lange Zeit zu spät war, hätte sie mit entsprechenden, aber in ihr verpönten Mitteln dieses alles entscheidende Zwischenziel schon viele Jahre vorher erreichen oder sich ihm jedenfalls sehr viel schneller und nachhaltiger annähern können – mit höchst relevanten Folgen für das Hauptziel. **Einen** Faktor in dem Spiel berücksichtigt Reich allerdings nicht: daß der einmal zur Macht gelangte Stalin keine zweite kommunistische Revolution in irgendeinem Land wünschte, jedenfalls keinem, das nicht sehr schwach und zugleich angrenzend an die SU war (also sofort militärisch-bürokratisch durchdrungen werden konnte). Ein Erfolg der angesehenen KPD war das letzte, was der Henker von Lenins Kampfgefährten und Anhängern brauchen konnte, und er nutzte den Einfluß des von ihm beherrschten Landes konsequent, um diesen und alles ähnliche in der Welt zu verhindern. Leider ist es ihm, mit der (zwiefach[5]) eingeschränkten) Ausnahme Chinas, auch gelungen.

Reich hat diesen Zusammenhang nie verstanden; seine durch unvorbereitete Enttäuschung erklärbaren nach-psychoanalytischen Tiraden gegen den »roten Faschismus«

---

tadellose Anspielung auf den »Berliner Blutmai«) u.ä. Genauso war der höchst irrational verehrte Willy Brandt viele Jahrzehnte später nach seinem Bruch der westdeutschen Verfassung vom 12.1.1972 wesentlich angreifbarer durch das Epitheton »Tartuffe« oder »Heuchler« als durch das sachlich ja richtige, aber psychologisch wirkungslose »Verfassungsbrecher«, »Antisozialist« oder »Politkrimineller«.

5) Durch Stalins Eingreifen wurde die KPCh personell extrem geschwächt und ihre Machtergreifung verzögert; daß diese erst – gegen seinen Willen, aber immerhin – **nach** dem 2. Weltkrieg erfolgte, hat wohl das Schicksal des Weltkommunismus und damit der Menschheit entschieden.

(= Stalinismus) sind eine abenteuerliche Mischung aus Fragmenten psychoanalytischer Einzelfunde und mitgeschleppter altbürgerlicher Beschränktheiten; wissenschaftlich sind sie wertlos. Die Höhe der ihm grundsätzlich bekannten und leicht zugänglichen Trotzki'schen Analyse hat er nie erreicht. Glücklicherweise haben wir die Schriften aus Reichs Verfallszeit, überhaupt alle seine nachpsychoanalytischen Arbeiten aus diesem Buche ausgeschlossen und müssen daher dessen Leser nicht mit der Demonstration dieses traurigen Niedergangs langweilen. Wer je in Reichs Exilsituation und geistiger Isolation leben mußte und sie besser überstanden hat, werfe den ersten Stein auf ihn!

Was bleibt von Reichs politischer Psychologie und insbesondere seiner ›Massenpsychologie des Faschismus‹ praktisch brauchbar? Der wirkliche, historische Faschismus war ein einmaliges, unwiederholbares Phänomen, denn er setzte eine Reihe spezifischer historischer Gegebenheiten voraus, die z.T. schon lange nicht mehr existieren und uns schon viel fremder geworden sind als Reichs Zeitgenossen mindestens doppelt so lange zurückliegende Epochen (das wäre recht genau die Zeit der Französichen Revolution!): vor allem eine bewußte, starke und gegen äußere Beeinflussung mindestens im Kern immune grundlegende Oppositionsbewegung in der Unterschicht gegen das bestehende Gesellschaftssystem mit einer klaren Zielvorstellung; einigermaßen breite Besitzstreuung an Produktionsmitteln, mit welchen direkt für den Markt produziert wird; verschiedene halbwegs gleichstarke souveräne Nationen mit **jeweiligen**, untereinander weitgehend getrennten herrschenden Klassen; und als Folge von alledem eine durchschnittlich solidere Aufgeklärtheit bzw. Aufklärungsnähe in genügend breiten und politisch entscheidenden Teilen der Bevölkerung (damals Bürgertum und Industriearbeiter). Jene von Reich herauspräparierte Psychostruktur, welche für die faschistische Ideologie anfälliger macht als jede andere, hat sicherlich einen dauerhafteren Bestand als die historisch sehr spezifische

Ideologie selbst, besonders, wenn man nur ihren unverzichtbaren Kernbestand ins Auge faßt: Ichschwäche und Projektionsneigung. Menschen, die sie aufweisen, sind für eine kongruente Ideologie einfach leichter zu gewinnen, und da spielt es keine Rolle, in welchem historischen Kostüm diese gerade auftritt: wer heute, wie an Patienten selbst beobachtet, an seiner Arbeitslosigkeit den – ihm persönlich unbekannten – Scientologen die Schuld gibt, hätte sie damals genauso engagiert und phantasiereich den Juden gegeben, pressegeförderte Verschwörungsphantasien genauso willig und aktiv (also projektiv) aufgesogen; ob sie nun vom Hugenberg-Konzern resp. ›Völkischem Beobachter‹ oder CNN mit seinen nachgeschalteten nationalen resp. regionalen Netzen vermittelt werden – oder aber von den Kanzeln des Mittelalters und des Barocks –, das bleibt dabei und hundert ähnlichen Themenbereichen egal. Von da aus gesehen sind Faschismus und Religion substantiell nicht zu unterscheiden, so wenig wie die Projektions-Aktivierbarkeit durch andere »starke Sender«, ihr moralischer Wert ist ja wirklich vollständig gleich, und es bleibt Reichs großes Verdienst, diese substantielle Gleichheit ausführlich herauspräpariert zu haben (für definitiv vorwissenschaftliche Zeiten, Zeiten also, die auch nicht wissenschaftsfeindliche Strebungen wie bei einigen Stoïkern und besonders rabiat bei den Kirchenvätern entwickeln konnten, ist dieser Satz allerdings mutmaßlich einzuschränken). Die wertvollste Quelle der Ich-Schwächung bleibt immer der Energieverlust durch Verdrängung, und da ist die Sexualverdrängung nun einmal nicht zu ersetzen; ihre praktische Durchsetzung und psychische Verankerung bleibt deshalb für Religion wie Faschismus immer das zentrale Anliegen, und da dieses bei der Religion noch weniger durch »weltliche Aufgaben« überlagert werden kann, tritt es bei ihr auch ganz aufdringlich hervor: An ihren Abtreibungsparagraphen sollt ihr sie erkennen!; deshalb nannte Reich auch so treffend die Kirche die »internationale sexualpolitische Agentur des Kapitals« (cap. VI), wenngleich »Agentur der herrschenden Klasse« – schließlich bildete der Feudalismus ihre Glanzzeit, und sie selber war bei dessen Einführung so kostspielig wie unentbehrlich gewesen – noch treffender gewesen wäre. Aber schon zu Reichs Zeiten hatte sich, nach den Spannungen der bürgerlichen Kampfzeit, die Symbiose von Kirche und Kapital fast vollkommen gefestigt, wovon die immer zahlreicheren und auf einen Ausverkauf der Aufklärung hinauslaufenden Konkordate Zeugnis ablegten; mit dem Hitlerkonkordat, das immer noch als gültiges Recht stinkend und würgend auf Deutschland und Österreich lastet, ja sogar immer weiter und weiter zugunsten der Kirche ausgebaut wird, wurde der welthistorische Schlußstein gesetzt, und so besteht Reichs Diagnose sehr zu Recht.

Gibt es Feinheiten, welche noch im Bereich der Psychostruktur Religion und Faschismus »differenzieren« können, wie ein Modewort lautet, mit dem gewöhnlich beim unerwünschten Erkennen oder Wahrnehmen von Gemeinsamkeiten gestört werden soll? – Sie sind auf jeden Fall geringer als diejenigen der Religionen untereinander. Während das Christentum vor allem durch Masochismus gekennzeichnet ist, mit hysterischem Schwerpunkt im Katholizismus, mehr oder weniger stark zwangsneurotischem im Protestantismus[6], ist die typische charakterneurotische Reaktionsbasis, wie sie uns Abraham und Reich diagnostizieren lehrten, des Islam der phallische Narzißmus – diejenige des klassischen (italienischen, deutschen und spanischen) Faschismus aber auch. Reich ist auf diesen Punkt nicht eingegangen, obwohl doch gerade er die methodologischen Grundlagen dafür gelegt hatte – in ›Dialektischer Materialismus und Psychoanalyse‹ – wie auch die substantiellen mindestens erheblich präzisiert, wie wir schon gelesen haben. Ist ihm das Phänomen vielleicht nicht aufgefallen? – Wohl kaum. In Wahrheit dürfte einerseits die Verbreitungsverhinderung

---

[6] Siehe dazu Hoevels 1986b.

von Reichs Hauptwerk ›Charakteranalyse‹ durch die I.Psa.V., auf welches er sich für diese Argumentation ja gerade hätte berufen müssen und das durch diese mehr als unglückliche Voraussetzung nur nahezu **gleichzeitig** mit der ›Massenpsychologie‹ im kümmerlichen Selbstverlag herauskam, der entscheidende Grund für diese Unterlassung gewesen sein, und andererseits wollte Reich eine bewußt populär gehaltene Schrift nicht mit der Anwendung einer Theorie belasten, deren Verständnis erhebliches Spezialwissen voraussetzt, während er sein Laienpublikum gerade erst in die allereinfachsten Grundlagen der Psychoanalyse hatte einführen müssen. Man darf spekulieren, daß ein von seiner Organisation nach Verdienst und daher anständig behandelter Reich entsprechende Untersuchungen nach einer Weile sicherlich in der ›Imago‹ veröffentlicht hätte, wo sie auch ihrem Wesen nach hingehören; es ist jedenfalls sehr schade, daß sie den interessierten Teilen der Menschheit vorenthalten bleiben mußten, zumal auch andere, durchaus orthodoxe Psychoanalytiker nur, wie Freud selbst, die allermagersten und fragmentarischsten Äußerungen zur psychologischen Seite des Faschismusproblems von sich gaben oder aber durch Abwegigkeit hervortraten. Auch die nicht gerade wenigen Untersuchungen namhafter Psychoanalytiker zum Antisemitismus, darunter auch Fenichels und Simmels, sind denjenigen Reichs im vorliegenden Buch trotz deren relativer Kürze mit Abstand unterlegen. Denn sie verweilen lange auf manchmal dubiosen Nebensachen und würdigen die Projektion zu wenig. Das heißt nicht, daß Reichs Leistung nicht noch bedeutend ausgebaut und präzisiert werden könnte; aber zumindest mir ist kein entsprechend zupackendes und zugleich ausführliches Werk aus einem Guß bekanntgeworden (weder im Sammelband Simmel 1946 noch danach und schon gar nicht Loewenstein 1968).

Wissenschaftliche Erkenntnisse können nicht veralten, aber ihr Gegenstand kann durch den Wechsel der Umstände an Bedeutung verlieren. Nach wie vor fördert

Sexualverdrängung die Ich-Schwäche, aber inzwischen scheinen andere Mittel zu ihrer **Herstellung** (statt Festigung) wichtiger geworden zu sein, ganz wie im Frühmittelalter: Wissen und kumulatives Lernen stellen die Ich**stärke** ja erst her, und sowohl das bürgerliche Bildungssystem wie die proletarische Bildungsbewegung hatten zu Reichs Zeit schon mindestens vier resp. zwei Generationen lang dafür durchschnittlich gute Voraussetzungen geschaffen – militärische und ökonomische Konkurrenz hatten die diversen herrschenden Klassen zu deren Herstellung resp. wenigstens Duldung gezwungen. Das Bildungs- und überhaupt Informationssystem des Monoimperialismus, der keine ernste und bald überhaupt keine militärische und ökonomische Konkurrenz mehr kennt, ist von diesem Zwang befreit und kann seine nur zum Hohn Bürger genannten Untertanen wieder ohne eigenen Schaden problemlos infantilisieren; sein Bildungs- und überhaupt Informationssystem ist entsprechend, Ichstärke entsteht daher, genau wie im Frühmittelalter, gar nicht erst massenhaft, und es bedarf daher zur Erzeugung der nötigen Projektionsbereitschaft gar keiner aufwendigen und drastischen Eingriffe mehr; das Spannungsgefälle innerhalb des Individuums ist entsprechend geringer geworden. Ebenso haben die ideologischen und ökonomischen Bedürfnisse des globalen Monoimperialismus Nationalismus und Rassismus zu ganz unerwünschten Ideologien gemacht; von Instrumenten der herrschenden Klasse sind sie zu deren Störfaktoren herabgesunken, die von den Arbeitenden zur Wahrung eines für die eigene Seite zufällig vorteilhaften ererbten »divide« eingesetzt werden, wo doch inzwischen an dieser Stelle für die Herrschenden das »impera« ausreicht. Trotzdem bleibt die Verfügbarkeit der Projektion für die Aufrechterhaltung der Herrschafts- und der ihr zugrundeliegenden Eigentumsverhältnisse wertvoll: nur ist die »Hyperethnie«, von welcher aus projiziert werden soll, abstrakter geworden (etwa: »die Gesamtheit aller problemlos suggestiblen Fernseh-Zuschauer«; natürlich muß man das anders nennen, »kritische Bürger«

etwa oder »Menschen mit eigener Meinung«, für Hochgestochene auch »Pluralisten« – das Nazi-Äquivalent, *sit venia abbreviationi*, der Gegenwart wäre dann der halbwegs organisierte pogrombereite Teil davon; abstrakter als ein Volk oder eine Konfession bleibt das schon, aber das Römische Weltreich, spätestens seit der Antoninenzeit vor das gleiche Problem gestellt, ist damit auch fertiggeworden, und seine NSDAP wurde dann die Kirche). Der psychische Rohstoff und seine Kräftearena ist also gleichgeblieben, aber die Koëffizienten in der Gleichung haben sich geändert, an peripheren Stellen sogar die Vorzeichen.

Reichs Anwendung der Psychoanalyse auf die Politik hat längst nicht die Vertiefung und Präzisierung erfahren, die sie verdient; auf den Aspekt der psychonanalytischen Charakterologie, die gerade Reich so viel verdankt, habe ich schon hingewiesen, aber er ist mitnichten der einzige. Immerhin ist das mit dem Namen Adorno verknüpfte Monumentalwerk ›Der autoritäre Charakter‹ (1950) unverkennbar ein Abkömmling von Reichs ›Massenpsychologie‹, so schamhaft es auch den Namen seines Inspirators verschweigt (die Vermittlung der Inhalte in den Kreisen des ›Instituts für Sozialforschung‹ dürfte über Horkheimer gelaufen sein, siehe p. 77 dieses Buches); es ist wenig mehr als die Umsetzung der Grundthesen von Reichs ›Massenpsychologie‹ ins »positivistisch«-statistische, so wie das einem staatlich bezahlten Institut eben möglich ist. Übrigens bestätigen die Ergebnisse Reichs Thesen in den wesentlichen Punkten; Kritiker des Monumentalwerks haben zwar auf die »Mehrdimensionalität des zugrundegelegten Konstrukts« (= des autoritären Charakters) hingewiesen (weil »Charakterzüge« [= traits] i.S. der Universitätspsychologie »eindimensional« zu sein haben, d.h. nicht zusammengesetzt sein sollten), aber **das** ist bei der Historizität des Gegenstands nun einmal nicht zu vermeiden. Will man wirklich nur den unzusammengesetzten wesentlichen Zug des »autoritären« (oder, in Zeiten des klassischen Faschismus, in denen die kommunistische Alternative zum bestehenden Gesellschaftssystem wirklich psychisch abgewehrt werden mußte, eben »faschistischen«) Charakters herauspräparieren und »messen«, wie die Psychologen in der Imitation Galileis sagen, dann müßte man »Resistenz gegen kognitive Dissonanzreduktion« herausgreifen. Diese wird reziprok extrem hoch mit Projektionsneigung korreliert sein (und sich wahrscheinlich als Synonym für »Ich-Stärke« herausstellen); anders ausgedrückt, wer die niedrigsten Werte hinsichtlich »Resistenz gegen KDR« erzielt, dürfte auf der Skala des »autoritären Charakters« die höchsten erzielen. Es wäre sehr wünschenswert, wenn man namhafte, mit den entsprechenden Mitteln ausgestattete Institute dazu verlocken könnte, die Bestätigung oder Widerlegung dieser Thesen durch entsprechende Untersuchungen zu betreiben.[7)]

Es würde zu weit führen, den unterschwelligen Fortwirkungen dieses unter so schwierigen Umständen entstandenen und verbreiteten Buches weiter nachzugehen; immerhin sind in jener besseren, leider nur so kurzen Zeit, die Reich dem erzwungenen Vergessen entreißen konnte, mindestens zwei bemerkenswerte Werke erschienen, die offen an seine Erkenntnisse anknüpfen, auch wenn die psychoanalytische Durchdringung des Stoffes durch die Autoren mäßig geblieben ist. Falls sie noch leben, ist es sehr wohl möglich, daß sie aus Angst vor ihrer verflossenen Courage ihre einzig wertvollen Werke am liebsten verleugnen, aber das ändert nichts daran, daß diese heute noch sehr lesenswert sind: D. Haenschs ›Repressive Familienpolitik‹ (1969), das Reichs Analyse des staatlichen Interesses an der Heiraterei ernst nimmt (und einigermaßen gelungen im ersten Teil des Buches auch vorführt) und anschließend mit der damaligen (also nachfaschistischen) Politik und Gesetzgebung in Verbindung

---

7) Man sage nicht, derlei sei unmöglich! **Einmal** ist es mir jedenfalls durch Inspiration aus dem Hintergrund gelungen, eine solche nützliche Untersuchung durchführen zu lassen, diesmal zur Widerlegung einer weit herumtrompeteten proreligiösen Ideologie (siehe Buggle et al. 2000). Vielleicht begibt sich einmal einer meiner intelligentesten Leser auf diesen Pfad der unblutigen Institutsguerilla.

bringt. (Seine Internationalisierung und Aktualisierung in etwa 20-Jahres-Abständen wäre keine schlechte Idee.) Das andere Werk, in der gleichen, längst eingestellten Buchreihe bei Rowohlt erschienen, analysiert, hauptsächlich auf der Basis der letzten Kapitel von Reichs ›Massenpsychologie‹, treffend und lehrreich große Massen der sog. »kirchlichen Kleinschriften« (Schwenger 1969). Beide Bücher verdienen Neuauflagen.

Schließlich mache ich noch auf zwei kleine eigene Untersuchungen aufmerksam, welche Reichs Faschismusanalyse aufgreifen und fortsetzen (Hoevels 1987 und 1998c p. 108–111). Die erste versucht, Reichs didaktisches Mißgeschick mit der Hakenkreuzanalyse zu reparieren und durch die zur Faschismusdiagnostik viel geeignetere der Symbolik des Rutenbündels – der *fasces* eben – zu ersetzen, die zweite, die – recht versteckten – Unterschiede in der unbewußten Psychostruktur von Faschisten und Sozialdemokraten herauszufinden. –

Der intellektuelle Mut, der in der Abfassung und Verbreitung eines Buches wie Reichs ›Massenpsychologie des Faschismus‹ steckt, seine innere Freiheit vom Druck der »kompakten Majorität«, der sogar in bedeutenden Menschen so oft KDR-Effekte auslöst, machen es bewundernswert und stellen es direkt neben die von der gleichen Eigenschaft gekennzeichneten Veröffentlichungen Freuds – obwohl es doch nur eine Anwendung der dort niedergelegten Erkenntnisse bildet, freilich eine sehr konkrete und ausführliche an einer aktuellen Frage, welcher Freud mit allen seinen sonstigen Jüngern ausgewichen ist.

Der Schüler hatte dem Meister die Fackel aus der Hand genommen, als diese zu zittern begann, aber er konnte sie nicht mehr weit tragen.

11. Kapitel: Die zweiphasige Abwehr Reichs

Wie wir gesehen haben, gibt es in Reichs Schaffen bis 1934 nichts, was seinen Ausschluß aus der I.Psa.V. hätte sachlich rechtfertigen können. Nie hat Reich sich von einem der »vier Grundpfeiler«[1] der Psychoanalyse entfernt, im Gegenteil, er hat mit größerem Nachdruck auf ihnen bestanden, sie ernster genommen und ihre Berechtigung bewiesen als so ziemlich jeder seiner Kollegen. Seine Weiterungen der Psychoanalyse knüpfen nur an bei Freud schon Vorhandenes an, stellen sich zu dessen gesicherten Erkenntnissen nie in Widerspruch und behalten auch dort, wo sie in Gegensatz zum späten Freud geraten, stets wissenschaftlich-argumentativen Charakter. Vergleicht man sie mit gewissen Beiträgen prominenter und zur Abfassungszeit in keiner Weise angefochtener Psychoanalytiker, etwa Ferenczis ›Versuch einer Genitaltheorie‹ (1924), Ranks ›Der Künstler‹ (1907) und nicht zuletzt Freuds ›Jenseits des Todestriebs‹ (GW XIII 3–69), so muß man überrascht zugeben, daß sie erheblich sauberer gearbeitet und bedeutend weniger spekulativ sind; vor allem lassen sie, auch wenn man anderer Meinung als Reich sein mag, niemals das Prinzip des »falsifizierbaren Satzes« bzw. der wissenschaftlichen Rationalität vermissen. Da sich die Psychoanalyse nie als Weltanschauung, sondern immer nur als Teil der »wissenschaftlichen Weltanschauung« verstand[2], hätten ihre offiziellen Vertreter Reich entweder nachweisen müssen, wo er den Boden der wissenschaftlichen Weltanschauung verlassen hat, oder wo er in feiger Weise ein Schibboleth nicht aussprechen kann, oder wo er schließlich in der Sache Unrecht hat. All dies ist jedoch bis heute nicht geschehen. Korrekterweise hätte es aber **vor** Reichs Ausschluß geschehen müssen.

---

[1] GW XIII 223.
[2] GW XV 171.

Natürlich finden sich auch bei Reich da und dort sachliche Unrichtigkeiten, Unklarheiten oder Mängel. Sie überschreiten jedoch nie das Maß aller seiner Kollegen, auch Freud einbezogen. Wenn Reich etwa einen vielleicht geringfügig zu tiefen Graben zwischen Symptom- und Charakteranalyse zieht oder irrtümlicherweise der herrschenden Klasse eine schärfere Sexualmoral attestiert als der arbeitenden (1927a, p. 169sq.), so ist das nicht schlimmer, als wenn Freud die kleinen Mädchen aus einem angeborenen Bedürfnis heraus mit Puppen spielen läßt (GW XIV 530) oder aus der Fehlübersetzung eines altägyptischen Vogelnamens ziemlich gewagte Schlüsse über Leonardo da Vincis Kindheitsphantasien zieht (GW VIII 156sqq.). Man schämt sich beinahe, auf diese Selbstverständlichkeit hinweisen zu müssen, aber was außer solchen bei jeder wissenschaftlichen Arbeit unvermeidlichen Detailfehlern oder Zeitgebundenheiten läßt sich Reich wirklich ankreiden? Es bleibt also dabei, daß Reichs Ausschluß aus der I.Psa.V. nicht sachlich gerechtfertigt werden kann. Dies ist auch der Grund, warum er es nicht wurde.

Wir haben schon im 1. Kapitel bemerkt, wie Reich zunächst als angesehenes Mitglied der I.Psa.V. positiver Würdigung seiner Arbeiten sicher sein konnte. Jedoch spätestens 1932 ist der Wind umgeschlagen. Auslöser war, wie schon berichtet, Reichs Artikel über den masochistischen Charakter, der die Todestriebhypothese Freuds vernichtend widerlegt hatte. Da er sich seinerseits nicht sachlich widerlegen ließ, erschien gegen ihn die schon erwähnte, sozusagen impressionistische Polemik Bernfelds. Dieser weicht seinem Thema durch einfache Diffamierung der Person Reichs aus. Zunächst knüpft er an die kommunistische Diskussion über die Psychoanalyse an, welche, wie schon berichtet (p. 36), von Jurinetz, Sapir und anderen ohne allzuviel Sachverstand in der parteioffiziellen Zeitschrift ›Unter dem Banner des Marxismus‹ **gegen** Reich geführt worden war, der dort mit seinem Aufsatz ›Dialektischer Materialismus und Psychoanalyse‹ (1929b) als deren einziger Referent und Verteidiger zu Wort gekommen war. Bernfeld kreidet Reich nun – immer unterschwellig, wie sich das für einen journalistenähnlichen Diffamierer gehört – sowohl die Fehler von Jurinetz und dessen Genossen an wie auch seinen eigenen Satz, die Psychoanalyse sei historischer Ausdruck des Bewußtwerdens der Sexualverdrängung. Nun hat Reich keineswegs behauptet, wie ihm Bernfeld hartnäckig unterstellt, die Neurosen seien für den Kapitalismus spezifisch; wir wissen ja, daß er den »Einbruch der Sexualmoral« und somit der Neurosen in prähistorischer Zeit vermutete (1932c). Bernfeld stößt sich aber an dem Worte »Ausdruck«, da auf diese Weise die individuelle Großtat des einsamen Entdeckers Freud herabgewürdigt werde. Nun hat Reich diesen genialen Entdecker tatsächlich erheblich aufrichtiger und auch noch nach dessen persönlichem Versagen in der dänischen Paßaffäre viel gerechter gewürdigt, als es von den meisten seiner Zeitgenossen gesagt werden kann (cf. Reich 1936a). Wenn Reich dennoch die Psychoanalyse zu einem »Ausdruck«, d.h. einem Resultat bestimmter historischer Bedingungen, erklärt – gleichgültig, ob er diese umfassend genug gewürdigt hat oder nicht – , dann beweist er nur einen weiteren Horizont als sein angeblicher, höchst beschränkter Kritiker. Denn auch die von Bernfeld pedantisch hervorgehobene »Richtigkeit« der Freud'schen Lehre enthebt sie dennoch nicht der Historizität. Auch Galileis zweifellos richtige Erkenntnisse lassen sich nur als Resultat bestimmter historischer und sozialer Bedingungen verstehen, und die sie allein ermöglichende und ihnen zugrundeliegende wissenschaftliche Denkweise ist sehr wohl ein »Ausdruck« eben dieser Bedingungen. Nichts anderes wollte Reich mit diesem so arg bekrittelten, unter Marxisten in der benutzten Bedeutung sehr geläufigen Worte »Ausdruck« von der Psychoanalyse sagen, auch wenn er, was Bernfeld keineswegs auffällt, die ihr zugrundeliegenden historischen Verhältnisse gar nicht besonders treffend auf den Begriff bringt. Leider hat diese Aufgabe meines Wissen noch überhaupt niemand geleistet; ich bezweifle beispielsweise, daß die Psychoanalyse ohne die Freud merkwürdigerweise unbekannte Tradition des französischen Symbolismus hätte entstehen können, was weder Reich noch irgend jemand sonst zusammenhängend diskutiert hat. Aber dies ist ein eigenes Thema.

Der Rest ist eine sehr unsachliche und anmaßende Polemik gegen Reichs Aufsatz über dialektischen Materialismus und Psychoanalyse, also jenes Werk, das der Reich zwar wohlgesonnene, aber mit Detailkritik niemals hinter dem Berg haltende Fenichel mit uneingeschränkter Zustimmung ausführlich referiert hatte (1931a), ein Referat, das nur bedauert, daß Reich nicht stärker auf der Naturwissenschaftlichkeit und empirischen Fundierung der Psychoanalyse beharrt hatte und in den Lesern der Zeitschrift ›Unter dem Banner des Marxismus‹ ein allzu verständnisloses Publikum finden werde.

Auf die Masochismusfrage, um die es doch ausschließlich hätte gehen sollen, geht Bernfeld nur mit einigen rempelnden Sottisen ein, von denen eine, die der Schlußsätze, dem Machwerk ein gewisses Überleben gesichert hat. Er schreibt dort nämlich unter Bezugnahme auf Reichs kurzen Aufsatz ›Wohin führt die Nackterziehung?‹ (1928c) – jenen Aufsatz also, den J. C. Flugel später als musterhaft für die weitsichtige Berücksichtigung des kulturellen Kontexts pries[3] –, Reich sei gar kein Kommunist, sondern bloß ein »anarchistischer Sexualethiker«. Dieses Diktum haftet ihm noch Jahrzehnte später mit Genugtuung nachgebetet in dem weitverbreiteten und autoritativen Sammelwerk von Dieter Wyss an (1971, p. 154, Anm. 67). Nun wissen wir ja, daß Reichs Masochismustheorie drei Jahre später, d.h. **nach** seinem Ausschluß aus der I.Psa.V., in Gestalt von Sperlings Referat sogar den freilich erfolglosen Versuch einer sachlichen Widerlegung

---

[3] 1930, p. 230 (Anm.).

erfahren hat, der allerdings aus verständlichen Gründen in der Geschichte keinerlei Spuren hinterlassen hat. Sperlings »redliches Bemühen«, zu dem er sich gezwungen hatte, war sachlich so vernichtend dürftig ausgefallen – wir kennen es ja schon (siehe p. 250) –, daß es weitaus »eleganter« schien, auf Argumentation lieber ganz zu verzichten und dadurch nicht überflüssigerweise den Leser durch Verleitung zu deren Nachvollzug auf ihre Erbärmlichkeit stoßen zu lassen; das in solchen Fällen auch von unserer Monopolpresse bevorzugte Verfahren bloßer Rempelei und Raunzerei war da tausendmal empfehlenswerter. »Calumniare audaciter, semper aliquid haeret« – auch in der Geschichte der Psychoanalyse scheint diese frühe, inzwischen sehr gut belegte und durch die Ergebnisse sorgfältig geplanter Versuchsreihen unterstützte Erkenntnis der Sozialpsychologie ihre Bestätigung zu finden, in der Anti-Reich- wie in der Anti-Freud-Literatur (sensu Köhler). Der Dreckklumpen des »anarchistischen Sexualethikers« haftete jedenfalls stärker als der schwache, aber trotz seiner Unerheblichkeit wenigstens zutreffende Vorwurf, noch habe Reich ja nichts zu den traumatischen Träumen und dem Spiel von Freuds ältestem Enkel gesagt, die ja auch Ausgangspunkte der Todestriebspekulation gewesen waren oder wenigstens hatten sein sollen.

Seit Bernfelds Polemik war jedenfalls der Stab über Reich gebrochen, der Begründer der Orgasmustheorie und der ausgebauten Charakteranalyse zur Unperson geworden. Von nun an rezensiert nicht mehr Fenichel seine Werke – um ihn daran zu hindern, hatte man extra die IZ-Redaktion von Leipzig nach Wien verlegt, und zwar in die verläßliche Hand von Martin Freud, was natürlich auch dessen berühmten Vater moralisch schwer belastet[4)]; nur noch Sterba und der erwähnte Sperling verfassen zur ›Charakteranalyse‹ ihre Fleißarbeiten, ansonsten

---

4) Vgl. Nitzschke in: Fallend/Nitzschke 1997, p. 90sqq.

scheint eine strenge heimliche Abmachung zu bestehen, den Namen Reichs zu vermeiden.[5] Während Sterba und Sperling nun relativ unbekannte Namen tragen, sind es seit deren noch einigermaßen sachlichen Rezensionen besonders R. Wälder und die schon ihrer Herkunft wegen prominente Anna Freud gewesen, die von nun an die Angriffe auf Reich übernahmen bzw. einzig zu diesen autorisiert waren; ansonsten herrschte Schweigen. Eine weitere Verbindung zwischen A. Freud und Wälder besteht auch darin, daß erstere seine fatale Neuerung des »dritten Angstmotivs«[6], das die bisherige Psychoanalyse auf den Kopf stellt, besonders engagiert aufgriff (s.u.). Es ist vielleicht ratsam, daran zu erinnern, daß diese Neuerung vom Grundgegensatz Ich-Es (anstelle des Grundgegensatzes Ich-Außenwelt) ungefähr den schärfsten Gegensatz zu Reichs im letzten Kapitel der ›Charakteranalyse‹ dargelegten Anschauungen bildet, aber natürlich auch zu Freuds Ansicht: »Es besteht ja keine natürliche Gegnerschaft zwischen Ich und Es, sie gehören zusammen und sind im Falle der Gesundheit praktisch nicht voneinander zu scheiden.«[7] Welchen Sinn sie hatte, werden wir noch beleuchten.

Die Kritik an Reich blieb also neben den beiden Re-

---

[5] Ein Beleg für die – ohnehin anhand der Tatsachen zwingend zu postulierende – Verschwörung hat sich sogar durch Zufall erhalten, nämlich der Antwortbrief der ZPP-Redaktion an Otto Fenichel, der sich aus berechtigtem Schuldgefühl über seine Feigheit in Luzern (eine Art »Reue Petri« sozusagen) von nun an standhaft weigerte, das – offiziell natürlich nie zugegebene – Namenstabu über Reich zu beachten. Man sieht: nicht jede Verschwörungstheorie ist falsch – das Geschrei derjenigen, die die Aufdeckung gewisser Verschwörungen (= geheimen und nach außen verleugneten Absprachen) nicht mögen, über »paranoïde Verschwörungstheorien« hindert Verschwörungen nicht am Funktionieren und am Existieren – ça n'empêche pas d'exister, wie man in Frankreich sagt.

[6] Nämlich der »Angst des Ichs vor der Triebstärke«. Siehe Wälder 1930; A. Freud 1959, p. 46; Wälder 1969, p. 129. Die beiden anderen Motive, mit denen die Psa. bis dahin gut auskam, sind Realangst und Über-Ich-Angst.

[7] GW XIV 229. – Cf. auch GW XIII 79, Anm. 1 (Es als Kern des Ichs) sowie GW XVI 86 u. GW XVI 179. Daneben hat Freud das Ich öfters als »Rindenschicht des Es« bezeichnet (GW XIV 222 u. GW XVII 68); das klingt nicht nach angeborenem Gegensatz.

zensenten der ›Charakteranalyse‹ Wälder und A. Freud reserviert. Wälder führt 1934 einen Angriff auf Reichs ›Zeitschrift für politische Psychologie und Sexualökonomie‹ (Kopenhagen); er rezensiert nur das erste Heft des ersten Jahrgangs. Danach herrscht Schweigen; man vergleiche damit die völlig anders geartete Behandlung der Zeitschriften und späteren Werke Jungs, Adlers und Stekels im Rezensionsteil der I.Psa.V.-Organe nach deren jeweiligen Ausschlüssen. Wenn Wälder am Ende seiner Rezension sich noch einmal zu einer gewissen aufzählenden Anerkennung der bisherigen Verdienste Reichs aufschwingt[8)], so fällt es schwer, darin den Seufzer der Erleichterung über den endlichen Abschluß eines unangenehmen Kapitels zu überhören; denn er endet nun mit der unmißverständlichen Drohung: »So muß denn in aller Klarheit gesagt werden, daß die hier vorliegenden ›wissenschaftlichen‹ Bestrebungen mit der Psychoanalyse nichts mehr zu tun haben, daß niemand, der Reich auf seinem Wege folgt, mehr Recht hat, sich noch auf die Psychoanalyse zu berufen als irgend andere Autoren, die ein Stück psychoanalytischen Gedankenguts, modifiziert und unter Eliminierung anderer Motive, für ihre Zwecke verwenden« (ibid.). Die psychoanalytische Exorzismusformel vom »herausgebrochenen Stück« ist uns mittlerweile bekannt[9)]; sie wird auch in Wälders Aufsatz natürlich nicht substantiiert. Es bleibt die Frage, was Wälder Reich

8) »Die Wiederbelebung des allmählich in Vergessenheit geratenen Gedankens vom aktualneurotischen Kern der Psychoneurosen; der Rat, in der klinischen Analyse stets von der oberflächlichen Schicht, vom behaviour, auszugehen und erst allmählich, ohne Kurzschluß, zum Unbewußten vorzudringen; die häufige Mahnung an das Vorkommen der im Bilde einer positiven Übertragung auftretenden latenten negativen Übertragung, die leicht übersehen wird; der – in dieser Form übertriebene – Rat, in Widerstandssituationen sich der Analyse der Widerstandsmotive zu widmen und das etwa gleichzeitig strömende Material beiseite zu lassen« (Wälder 1934, p. 507).

9) s.o. p. 8sq. – Wälder spricht sie p. 506 auch expressis verbis aus: »Es hat schon viele Richtungen gegeben, welche sich der Psa. bedienen, (…) nach der Parole: ›Herausbrechen und anderswo einfügen‹.«

nach dieser Einschränkung inhaltlich doch noch vorwarf.

Die Antwort fällt leicht: es ist die politische Anwendung der Psychoanalyse durch Reich, wie ich sie hier in cap. 9–10 vorgeführt habe, also nicht etwa ihre – legitime oder illegitime – Modifizierung. Schon der recht unverfänglich klingende Terminus »Politische Psychologie« in Reichs Zeitschriftentitel »weckt peinliches Befremden«. Nach einigem Geplänkel über den Begriff wird Wälder deutlicher: die Nutzung der Wissenschaft für politische bzw. gesellschaftliche Ziele hat sein Anathem mobilisiert. (Selbst das trifft den Sachverhalt nicht ganz: wäre es nicht gerade die KPD gewesen, für die Reich eintrat, wäre Wälders Stellungnahme sehr viel leiser ausgefallen oder ganz unterblieben, das Anathem auf jeden Fall!) Dazu vertritt Wälder in Konsequenz, daß es eine unparteiliche Wissenschaft geben könne, und findet diesen Grundsatz durch Reich verletzt. Nun wird man über diese Frage gewiß streiten können; das Schicksal Reichs scheint mir nicht gerade ein Beleg der Wälder'schen Ansicht zu sein, nur ist die Frage keine psychoanalytische und braucht daher hier auch nicht erörtert zu werden. In Wahrheit beutet Wälder hier einfach die auch zu seiner Zeit von Medien und Schule unisono verbreitete und darum in den Köpfen wohlverfestigte Ideologie aus, Wahrheit und Parteinahme schlössen einander aus; erfolgt die Parteinahme im Sinne des bestehenden Systems bzw. der von ihm wohlwollend behandelten Ideologien oder implizit oder beides, dann war sie eben keine – erfolgt sie entgegengesetzt, dann schnellt der Zeigefinger in die Höhe, und Aktivität oder Meinungsäußerung des gescholtenen Wissenschaftlers war dann, aber **nur** dann, »unwissenschaftlich«. In eben dieses vorgefertigte und bequem bereitgelegte Horn tutet jetzt Wälder, ganz ähnlich – für Kenner –, wie man beim Cherem (dem jüdischen Äquivalent des Kirchenausschlusses bzw. der Exkommunikation), etwa Spinozas oder Trotzkis, in das Schofar tutet; damit soll der Fall erledigt sein. Aber die wohlfeile getutete Ideologie hat, wie jede Ideologie, unrecht: einfaches Nachdenken zeigt, daß ihre Aussage nur für den Fall gilt, daß dem Klienten, dessen Partei man ergreift, eine Unwahrheit nützt; im entgegengesetzten Fall aber schlägt sich die Parteinahme gerade im Erforschen und Verbreiten der Wahrheit nieder. Dadurch ist Wissenschaft zumindest sehr leicht *objektiv* »parteilich«, d.h. unabhängig von den subjektiven Zielen ihrer Vertreter; z.B. mag ein spätmittelalterlicher Astronom glauben, den Lauf der Gestirne zu erforschen, damit aber – und geschichtlich ist dies die relevante Seite seines Wirkens – dem städtischen Bürgertum in seinem Kampf gegen den von der Kirche unterstützten Adel nützen. Seine Astronomie würde **nicht** unwahr (»unwissenschaftlich«), wenn er dies **bewußt** täte. Reich hat eine ähnliche Frage übrigens später, letztlich auf den Spuren Humes, in einem lesenswerten Aufsatz diskutiert, der auch den unbewußten Motiven jener Ideologen nachgeht, die die Existenz einer »objektiven« (und daher »wissenschaftlich« erfaßbaren) »Wertwelt« behaupten (1935b).

Mit dieser Fragestellung berührt sich auch Reichs Aufsatz ›Zur Anwendung der Psychoanalyse auf die Geschichtsforschung‹ (1934d), der in dem von Wälder rezensierten Heft erschienen und von ihm besprochen ist. Reich stellt darin nämlich (schon wieder!) fest, daß die vom Individuum vorgefundene soziale Wirklichkeit sowie alle rationalen Verhaltensweisen kein Gegenstand der Psychoanalyse seien. Wälder entgegnet, diese rationalen Verhaltensweisen – die nach Reich von der Soziologie eingeordnet werden müssen – seien »offenbar solche, die von höheren Schichten des Ichs geleitet sind« – was weder Reich noch sonst jemand bezweifelt haben dürfte – und auch ihre Erforschung sei »ein Stück Psychologie«. Na ja! Wenn Wälder Reich allerdings vorwirft, dieser vertrete die absurde Ansicht, nur rationale Verhaltensweisen würden die soziale Wirklichkeit verändern, so hätte Wälder gut daran getan, Reichs kurz zuvor erschienene ›Massenpsychologie des Faschismus‹ zu lesen; dort kritisiert Reich die KPD genau wegen deren inhaltlich ähnlicher Ansicht, nur rationale Motive bzw. Irrtümer seien politisch wirksam, während Reich die massive soziale und historische Wirksamkeit solch irrationaler Mechanismen wie Projektion und Reaktionsbildung insbesondere am Beispiel des Rassismus und der Religion nachweist (s.o.).

In einem Punkt ist Wälder allerdings doch zuzustimmen, nämlich wenn er Reich den gleichen falschen Gebrauch des Wortes »Realitätsprinzip« vorwirft, der später H. Marcuse auszeichnen sollte; beide behandeln es als gesellschaftliches Prinzip, wo es doch prinzipiell ein gesellschaftsunabhängiges, geradezu biologisches ist; auch Robinson Crusoe hatte von seiner Befolgung nur langfristige Vorteile. Zudem weist Wälder auch noch auf die Möglichkeit der Alloplastik hin, die dem Realitätsprinzip mitnichten widerspricht, sondern es auf weite Strecken erst mit Inhalt füllt; es bedeutet daher keineswegs Anpassung bzw. Unterwerfung. Nur: die beabsichtigte kommunistische Umgestaltung der Gesellschaft hätte, unbeschadet von Reichs falscher Verwendung des Epikur fortsetzenden, durchaus glücklich gewählten Freud'schen Terminus, ja gerade diese Alloplastik sein sollen!

Wenn Wälder zuguterletzt Reich (in Wahrheit Ricardo) »stupende Unwissenheit auf dem Gebiet der Nationalökonomie« vorwirft, weil sie die Grenznutzentheorie bzw. subjektive Wertlehre Mengers bzw. Böhm-Bawerks nicht (aner-)kannten, so kann man ihm nur ein »Si tacuisses!« zurufen. Reich hat Marx' bzw. Ricardos Wertlehre tatsächlich nicht hundertprozentig verstanden, aber das kann Wälder gar nicht merken; er selber versteht von der Sache, wie aus eben jener seiner Äußerung hervorgeht, mit Verlaub so wenig wie die Kuh vom Radfahren. Daß mit Marx' Anwendung der (»objektiven«) Wertlehre die bürgerliche Volkswirtschaft auf einmal jede Lust an dieser verlor und eine ziemlich absurde, vermeidungsgeprägte »subjektive« gegen sie entwickelte (bis auf den heutigen Tag), diskutiert Marx selber anhand der vielen wohlbezahlten Vorläufer Böhm-Bawerks schon zu seiner Zeit auf vielen hundert Seiten; dieses Zeug, mit dem Wälder triumphierend zum antimarxistischen Vernichtungsschlag ausholt, macht auch auf einen mäßigen Marxisten aus guten Gründen nicht mehr Eindruck als auf einen Psychoanalytiker der Professor Eysenck oder auf einen zünftigen Mayaforscher Herr von Däniken.

Damit ist die Argumentation Wälders gegen Reich erschöpft. Wir gewinnen nicht den Eindruck, daß der einzige Reich wirklich nachgewiesene (terminologische) Fehler ausreicht, um seinen Ausschluß zu begründen. Die Zeit der grundsätzlichen – ernsten oder journalistischen – Polemik gegen Reich ist damit beendet. Was uns auffällt, ist ihre Dürftigkeit, ferner die Bedeutungslosigkeit der Fehler, die Reich tatsächlich nachgewiesen werden können. Man denkt bei der letzteren Erscheinung, wenn man Freudianer ist, unwillkürlich an dessen Theorie von der »Verschiebung auf ein Kleinstes«. Nur muß dieses Kleinste hier noch lange nicht für ein durch es vertretenes Großes stehen, es macht eher den Eindruck eines Verlegenheitsfundes.

Von nun an schweigen – mit der noch zu besprechenden Ausnahme Anna Freuds – die Stimmen der Analytiker zur Lehre Reichs. Die einzige sonstige Erwähnung seines Namens zu Freuds Lebzeiten, die ich sonst noch entdecken konnte, entstammt einer Arbeit Barags über die Prostitution (1937). Er unterstellt dort frech aus der Luft gegriffen und natürlich gelogen (cf. Reich 1930a p. 12sqq.) Reich die Behauptung, die Prostitution existiere nur im Kapitalismus.

Anna Freud ist die letzte namhafte Psychoanalytikerin vor der Studentenbewegung, die sich mit Reich noch auseinandersetzt. Ihre Einwände, die nicht mehr vom Druck eines durchzuführenden Ketzerprozesses bestimmt sind, sind grundlegender und freilich auch schwerer falsifizierbar als diejenigen ihrer Vorläufer; in ihnen hat die aus der Not bloßer Abwehrbedürfnisse entstandene, provisorische Polemik der I.Psa.V., ähnlich wie die Theorien der »trotzkistischen Sabotage« in Stalins ›Kurzem Lehrgang‹, schon den stilistischen und tektonischen Rang einer elaborierten Ideologie erreicht, die dazu ausersehen ist, künftige Denknorm zu werden.

Im fünften Kapitel ihres Buches über ›Das Ich und die Abwehrmechanismen‹ (1959 [1936]) nennt Anna Freud drei Ursachen, warum das Ich Triebregungen (»Triebgefahren«) abwehrt: »aus Über-Ich-Angst in der Neurose des Erwachsenen« (p. 43sq.), »aus Realangst in der infantilen Neurose« (p. 45sq.) und »Triebabwehr aus Angst vor der Triebstärke« (p. 46sq.). Das mittlere Motiv ist offensichtlich das ursprünglichste und unbezweifelbare; man wundert sich, daß A. Freud es nicht an den ersten Platz gestellt hat.[10)] Wir

---

10) Die gleiche Ablenkungstechnik hatte auch Freud selber schon angewandt, als er den »Traum vom Tod teurer Personen« (GW II/III V D ß), um den allein ihm alles ging, als »ß« zwischen den (nur sehr oberflächlich analysierten) »Verlegenheitstraum von der Nacktheit« α und den (noch viel weniger überzeugend erklärten) »Prüfungstraum« γ eingeschoben, sozusagen »gesandwicht« hatte. Aber S. Freuds Vorgehen ist legitim: nichts kann größeren Anstoß erregen als der Nachweis des Ödipuskomplexes, und dieser geht bekanntlich von jenem »typischen Traum beta!!« aus; S. Freud hat also allen Grund, den auch für seine so mühsam errungene gesellschaftliche Position so gefährlichen Stein des Anstoßes wenigstens mit neutralem Material zu verpacken (auf das er später nie mehr zurückkommt), um die bittere Pille für ein potentiell **feindseliges** Publikum etwas leichter schluckbar zu machen, genauso, wie Lukrez seine nicht gerade populäre Aufklärungslehre nach seinen eigenen Worten lieber in Vers als in Prosa brachte. (Es ist übrigens das einzige Mal, daß S. Freud zu Gliederungszwecken auf griechische Buchstaben zurückgreift, obwohl eine so schematische Gliederung auf der erreichten Ebene nicht einmal unbedingt nötig wäre, gerade als wolle er darauf bestehen, daß es doch eine ganze Menge typischer Träume gebe; diejenigen, die er dann am Schluß des folgenden Kapitels in großer Menge nachschiebt, wohlweislich, wenn wir darüber nachdenken, sind ja auch eigentlich keine typischen Träume, sondern bloß typische Traumelemente. Das heißt nicht, daß es außer dem Ödipustraum keine weiteren echten typischen Träume gebe, wie z.B. den freilich tendenzähnlichen »Verirrtraum« – ; aber sie sind ärgerlicherweise alle nur auf ödipaler Grundlage vollständig zu verstehen, und darum hatte S. Freud solche Mühe, scheinbar neutrale Gegenbeispiele heranzuziehen, um von diesem brisanten Tatbestand ablenken zu können.) Die Lage war ihm wohlbekannt; wir hören ihr Echo in dem angeblich nur einen ähnlichen Tatbestand anhand von Hamlet illustrierenden Satz im gleichen Buche: »Zu allen Zeiten pflegten die, welche etwas zu sagen hatten und es nicht gefahrlos sagen konnten, die Narrenkappe aufzusetzen« (GW II/III 446). Bei S. Freud wurde es statt dessen der etwas kleidsamere Doktorhut; aber das Tarnungsbedürfnis gegenüber mächtigen Verfolgern war und ist legitim, und außerdem schädigt Freud durch seine harmlose »Sandwichung« des entscheidenden »typischen Traumes« in keiner Weise die Logik seiner Darstellung – er lenkt von einer Brisanz ab, aber nicht von einer

besprechen es aus Gründen der Übersichtlichkeit dennoch als erstes.

»Wenn der erwachsene Neurotiker sich gegen seine sexuellen und aggressiven Wünsche wehrt, um nicht in Konflikt mit seinem Über-Ich zu geraten, so tut das kleine Kind mit seinen Triebregungen dasselbe, um nicht in Widerspruch mit den Verboten der Eltern zu kommen. Auch das Ich des kleinen Kindes kämpft nicht selbständig gegen den Trieb; das Motiv, dem es bei der Abwehr folgt, liegt auch nicht in ihm selber. Der Trieb wird ihm dadurch gefährlich, daß seine Befriedigung von den Erziehungspersonen verboten ist; der Triebdurchbruch hat Einschränkungen, Strafen und Bedrohungen zur Folge. (...) Das Ich des Kindes fürchtet den Trieb, weil es die Außenwelt fürchtet« (l.c.). Diese unmißverständlich klaren Gedanken stellt A. Freud an den Anfang über die Erörterungen ihrer »zweiten« Neurosen- bzw. Abwehrquelle; sie könnten so Wort für Wort auch bei Reich stehen, mystifizieren oder biologisieren nirgends das Über-Ich (und auch nicht die Kastrationsangst, die A. F. ausdrücklich als primäre Realangst benennt). Anna Freud bemerkt sogar einsichtig etwas später: »Wir merken, daß wir dem Über-Ich zugeschrieben haben, was in Wirklichkeit der Angst des Ichs zuzuschreiben gewesen wäre. Es scheint für die Neurosenbildung gleichgültig, vor wem das Ich Angst hat.« Nun ist das nicht gerade erstaunlich. Denn das Über-Ich ist ja nichts anderes als der Nachhall der elterlichen Drohungen, der verlängerte Arm des bedrohlichen (vorwiegend) gleichgeschlechtlichen Elternteils, ein Stück Außenwelt, wie Ferenczi sagt, das zur Innenwelt geworden ist und dort seine Ursache überdauert.[11] Der Grund-

---

Erkenntnis. Ganz anders A. Freud mit der gleichen Technik: sie »versandwicht« den Primärgedanken, der logischerweise an den Anfang gehört, um von ihm abzulenken, seine Bedeutung herabzusetzen und die Wahrnehmung des Entwicklungsablaufs der neurotischen Angst zu verwirren; nicht zur unauffälligen Abhängung von Verfolgern schlägt sie Haken, sondern zur leichteren Verbreitung einer Unwahrheit.

11) BP III 347sqq. Vgl. dort besonders Ferenczis instruktive Graphik.

gegensatz ist also ganz im Sinne Reichs (und des Freuds diesseits des Lustprinzips) der zwischen Ich und Außenwelt, nicht etwa einer innerhalb des Ichs, den eine bedauerliche Pfuscharbeit der Natur durch einen störenden Todestrieb ergeben hätte.

Ganz folgerichtig zieht Anna Freud aus diesen Gedanken nun auch Reichs Konsequenz für die Neurosenprophylaxe: »Das Studium dieser (…) Triebabwehr aus Realangst (…) erlaubt uns von dieser Seite her noch Hoffnungen auf eine wirksame Neurosenverhütung. (…) Optimisten vertreten den Standpunkt, daß es möglich sein müßte, diese entfernten Andeutungen von Kastrationsdrohungen und Gewaltmitteln, die sich, wenn nicht in den verwendeten Erziehungsmitteln, doch in Ton und Stimme der Erwachsenen spiegeln, auch noch zu vermeiden. (…) Es müßte gelingen, auf diese Art die Realangst des Kindes abzuschwächen, das Verhältnis zwischen seinem Ich und seinem Trieb müßte sich endlich entscheidend verändern, und der infantilen Neurose müßte dadurch ein großes Stück Boden endgültig entzogen werden können« (l.c.).

Diese »Optimisten« sind natürlich, wie in der Anmerkung p. 44 gesagt ist, Wilhelm Reich – »aber auch viele andere mit ihm«, offenbar Wera Schmidt und ihr Kreis, eventuell auch Fenichel mit dem gesamten »Kinderseminar« und die aufmüpfigen Norweger. Tatsächlich ist schwer einzusehen, warum diese »Optimisten« so unrecht haben sollten. Anna Freud schrieb ihre Zeilen 1936, d.h. zu einem Zeitpunkt, als die Kinder noch viel ausgiebiger als heute Gelegenheit hatten, für ihre sexuelle Aktivität geschlagen, bedroht und scheel angesehen zu werden – man hat nicht den Eindruck, daß die Sexualunterdrückung schon damals auf schwache, kaum wahrnehmbare Spuren zusammengeschrumpft wäre. Und heute hat man ihn auch nicht. Denn das Kind bildet seine pathogenen Phantasien ja mitnichten nur aus direkten, sei es auch abgeschwächten, Bedrohungen seiner Person, sondern auch vielleicht noch mehr aus der Wahrnehmung der durchaus irrationalen (und daher angstvolle Phantasien provozierenden)

gesellschaftlichen Sonderstellung der Sexualität, die ihm notgedrungen zunächst bei seinen Erziehungspersonen begegnet (aber bald auch in der Öffentlichkeit, dem Kindergarten usw.). Reich hat dieses Moment sehr viel klarsichtiger und illusionsloser als Anna Freud in seinem berühmten pädagogischen Aufsatz von 1928(c) herausgearbeitet und kann von diesem Punkt aus eher als **Pessimist** charakterisiert werden. Warum er dennoch so treffsicher hier als »Optimist« figuriert, kommt daher, daß, wie er lehrt, um den Preis der **gesellschaftlichen** Änderung – statt der bedeutend billigeren irgendeines individuellen Erziehungsstils, einer »Pädagogik« – allerdings die Neurosen verhütet werden können, aber durchaus nicht mit geringerem Einsatz. Der Beweis, könnte der Skeptiker sagen, steht noch aus. Es ist aber eigenartig, daß dieser superschlaue Kerl, unser großartiger abgeklärter Skeptiker nämlich, nicht dazu aufruft, dann wenigstens **alles Mögliche** bis zur erreichbaren Grenze der Verhütung zu tun – und dann die Diskussion über den erreichten Anteil wieder aufzunehmen –, anstatt schon vorher gewissermaßen das Handtuch zu werfen und sich als weisen Pessimisten zu stilisieren. Natürlich ist auch dies eine Frage der Parteinahme, die sogenannten Skotome können ganz schön freiwillig sein; Anna Freud hat die ihrige ziemlich offen ausgesprochen, was sie vorteilhaft von dem in seiner Selbststilisierung so »unpolitischen« Wälder unterscheidet. »Nun [sc. nach außerhalb der Familie erfolgreich abgeschlossener Analyse wieder in diese zurückversetzt] kann es [sc. das Kind] entweder den einmal begangenen Weg in die Neurose noch einmal gehen, oder aber, wenn ihm dieser durch die gut gelungene analytische Kur versperrt ist, den entgegengesetzten: in die offene Rebellion. Das mag vom Standpunkt der Krankheit aus gesehen ein Vorteil sein, vom Standpunkt der sozialen Einordnung, auf **die es beim Kinde letzten Endes ja ankommt**, ist es gewiß keiner« (1966, p. 50; Hervorheb. F.E.H.)[12]. Dies soll nicht heißen, daß man diese Partei der »sozialen Anpassung« – der Autoplastik – aus **logischen** Gründen nicht ergreifen dürfe; es soll aber zeigen, daß es in den Wissenschaften, die alle einen – noch so versteckten – Gesellschaftsbezug haben (denn wie fänden sie sonst öffentliches Interesse oder würden gar bezahlt oder ihre Feinde bezahlt?), Unparteilichkeit gar nicht geben kann, was notabene die Wahrheit oder Unwahrheit der Sachaussagen im einzelnen überhaupt nicht relativiert. Nichts wäre daher ungerechter, als die – offene oder versteckte – **affirmative** Parteilichkeit der unvermeidlichen Mehrheit (auch der sogenannten Wissenschaftler) zu leugnen oder sogar mit einer gewissen Dreistigkeit zur Unparteilichkeit zu stilisieren, die oppositionelle Parteinahme Reichs (in diesem Fall) dagegen als »Unwissenschaftlichkeit« zu bemäkeln. Über die objektive Gültigkeit von Aussagen können ohnehin nur Experiment, Beobachtung und Logik entscheiden; die Neigung jedoch, Spekulationen für Gewißheit zu nehmen, für ziemlich gesicherte Erkenntnisse andererseits unersättlich neue und abermals neue Beweise zu fordern, wird von der unumgänglichen Parteilichkeit bestimmt. Und bei der »Angst des Ichs vor der Triebstärke« läßt sich noch sehr fragen, ob sie wirklich eine Spekulation oder nur aus durchsichtigen Gründen aufgeschäumter Humbug ist, wie wir noch sehen werden.

So können wir uns jetzt schon denken, wie A. Freuds Argumentation gegen Reich weitergehen wird. Nachdem sie anerkannt hat, daß die Ausschaltung der (sozial, z.B. durch Drohung mächtiger Personen) bedingten Realangst des Kindes die Neurosenquelle ein erhebliches Stück weit trockenlegen würde, muß sie konsequenterweise dasselbe

---

[12] cf. auch ibid. p. 67: »Wir müssen uns bei der Arbeit am Erwachsenen ganz darauf beschränken, ihm zu einer Anpassung an seine Umgebung zu verhelfen. Es liegt uns ferne, steht auch ganz außerhalb unserer Absicht oder unseres Machtbereichs, seine Umgebung nach seinen Bedürfnissen umzugestalten.« Wie war das noch einmal mit der »Alloplastik«?!

mit dem Über-Ich machen, das sie, weil es der anerkannte Nachfolger dieser frühen Realangst ist, als Neurosenquelle des Erwachsenen dingfest macht. »Das Ich des erwachsenen Neurotikers fürchtet also den Trieb, weil es das Über-Ich fürchtet. (…) Das Über-Ich erscheint hier als der Urheber aller Neurosen. Das Über-Ich ist der Störenfried, der kein freundliches Übereinkommen zwischen Ich und Trieb zustande kommen läßt. (…) Es fordert Sexualentsagung und Aggressionseinschränkung in einem Maß, das mit psychischer Gesundheit nicht mehr verträglich ist. Es nimmt dem Ich alle Selbständigkeit, drückt es zum Vollstrecker seiner Wünsche herab und macht es dadurch triebfeindlich und genußunfähig« (p. 43sq.).

Daraus folgert sie ganz konsequent, daß die »analytische Zersetzungsarbeit am Über-Ich« die zentrale Aufgabe der durchgeführten Psychoanalyse sei, wie dies vor ihr schon der zeitweilige Vorsitzende der englischen Zweiggesellschaft der I.Psa.V. M. D. Eder, in einem lesenswerten Aufsatz gefordert hatte (1929). Aber noch mehr fällt A. Freud auf: »Die gleiche Auffassung vom Über-Ich als der Wurzel alles neurotischen Übels führt auch zu großen Hoffnungen für die Neurosenverhütung. Wenn die Neurose vom strengen Über-Ich gemacht wird, dann muß die Erziehung nur alles vermeiden, was einer extremen Über-Ich-Bildung dient« (p. 44). Warum eigentlich jetzt auf einmal »streng« und »extrem«? Aus welchem Zylinder sprang der quantitative Aspekt, wo es doch bisher nur um den qualitativen resp. strukturellen ging? Immerhin liest sich der quantifizierende Satz wie ein (freilich unaufrichtiges) Friedensangebot an Reich; man glaubt diesen schon zu hören, wie er vom »sexualbejahenden Ich-Ideal« des genitalen Charakters, d.h. des Menschen ohne charakterneurotische Reaktionsbasis, spricht – ein Ich-Ideal, das im Grunde nicht mehr als Über-Ich-Abkömmling gelten kann. Aber irgendwo muß der Pferdefuß doch verborgen sein? Und in der Tat, auf einmal wechselt das Anna-Freud-Orchester unvermittelt zu Moll: »Aber diese Hoffnungen auf Ausrottung aller

Neurosen aus dem menschlichen Leben, die am extremsten Wilhelm Reich, aber auch viele andere mit ihm vertreten, erfüllen sich in der pädagogischen Praxis nicht und werden in der Theorie schon durch den nächsten Schritt der analytischen Forschung wieder gründlich zerstört« (ibid.).

Jetzt sind wir gespannt, welcher diabolus ex machina unsere so berechtigt scheinenden Hoffnungen wieder zerstören soll. Zunächst aber spannt uns A. Freud auf die Folter, denn sie behandelt jetzt erst noch die schon beschriebene Neurosenquelle der infantilen Realangst, deren Erledigung die gewonnene Hoffnung, wie wir gesehen haben, gerade vollauf bestätigt. Da erscheint endlich der rettende Spielverderber, den sie angekündigt hat: »Triebabwehr aus Angst vor der Triebstärke« (p. 46sq.). Auf einmal erfahren wir unvermittelt: »Das Ich des Menschen ist seinem Wesen nach überhaupt kein geeigneter Boden für ungestörte Triebbefriedigung. (…) Soweit es seine eigene Entwicklung vom Primärvorgang zum Sekundärvorgang, vom Lustprinzip zum Realitätsprinzip durchgemacht hat, ist es, wie oben [wo?, F.E.H.] geschildert, ein triebfremdes Gebiet geworden.« Wie das möglich ist, erfahren wir nicht. Hatte man mit S. Freud bisher glauben müssen, das Realitätsprinzip sei bloß eine Modifikation des Lustprinzips, nämlich das Prinzip der die Realität (und die **Zeit**) berücksichtigenden Lustsuche und Unlustvermeidung[13)], so werden wir nun eines anderen belehrt, und dies kommentarlos. Zwar muß A. Freud zugeben, daß von dieser »stillen Feindseligkeit gegen den Trieb« »unter normalen Verhältnissen nur wenig sichtbar« ist, da das »immer vorhandene Mißtrauen des Ichs gegen die Triebansprüche« von »dem viel lärmenderen Kampf überdeckt« wird, »den Über-Ich und Außenwelt gegen die Es-Regungen führen«. »Still« und »lärmend« – ist es Zufall, daß wir dieses Gegensatzpaar schon genugsam aus der Todestriebdebatte kennen? »Still«, weil offensichtlich nicht existent,

---

13) cf. GW VIII 230–238.

war der Todestrieb; da hatte der unhöfliche, aber schlecht abzustreitende Sexualtrieb natürlich das Los, vergleichsweise »lärmend« auftreten zu müssen. Ob die von A. Freud und Wälder beschriebene »Angst des Ichs vor der Triebstärke« nicht am Ende der gleiche diabolus ex machina in neuer Verkleidung sein wird wie der alte, aber nach Etablierung des »Aggressionstriebs« ausgediente Todestrieb? Wir werden es nicht erfahren, denn überprüfbare Fallbeispiele für ihren angeblichen Fund teilen A. Freud und Wälder ebensowenig mit wie S. Freud solche für das Wirken des »primären Masochismus«. Wir lernen sie auch von anderer Seite bis auf den heutigen Tag nicht kennen, jedenfalls nicht unter der Voraussetzung der Astrologen und Religiösen so verhaßten »zweiseitigen Hypothese«. Und so tun wir gut daran, all diesen aus höchst anfechtbaren Gründen beschworenen Begriffs- und Theoriegespenstern mit Ockhams Rasiermesser den Hals durchzuschneiden.

Es bleibt aber noch etwas Atmosphärisches zurück. Während außer einer kleinen und begeisterten Jüngerschar fast alle anderen Menschen, die sich mit dem Stoff befassen, für Reichs Bion-Experimente z.B. nur ein Kopfschütteln oder offenen Spott übrig haben, löst ein formallogisch gesehen ebenso haltloses Konstrukt wie die aus der hohlen Hand gezauberte »Angst des Ichs vor der Triebstärke« und das davon seither abgeleitete, höchst feuilletonfähige und reichlich priesterliche Standard-Raunen der seitherigen Durchschnitts-I.Psa.V. sehr selten Spott oder gar Verachtung, ziemlich häufig bis regelmäßig eher eine Art milder Andacht mit ein paar Häppchen narzißtischer Gratifikation für die so wohlfeil erworbene eigene Tiefsinnigkeit auf der Basis eines zu nichts verpflichtenden, möglichst amorphen Pessimismus bezüglich der – wohl seit dem Sündenfall – unverbesserlichen conditio humana hervor.

Immerhin kann sich der unbefangene Leser einer gewissen Verwunderung kaum erwehren, wenn er unter den lapidaren Behauptungen Anna Freuds, kaum nachdem er diese beiden Größen überzeugend als einzige Neurosen-

bzw. Angstquellen kennengelernt hat[14], »Über-Ich und Außenwelt« auf einmal durch unerklärliche Metamorphose von einem Satz zum anderen als »höhere Mächte« vorgestellt bekommt, die dem Ich »Schutz« bieten. Wie die klassischen Angstquellen es schaffen sollen, plötzlich zu Schutzmächten zu werden, erfahren wir nicht, es sei denn, wir begehen eine den Pfaffen so unentbehrliche petitio principii und unterstellen nun auch auf einmal die berühmte primäre Triebfeindschaft des Ichs. Tun wir dies aber, dann wird es rätselhaft, warum das Ich die Über-Ich-Aggression bzw. Kastrationsgefahr überhaupt fürchtet, würde es doch durch Kastration nur von einer quälenden Triebquelle befreit. Anders ausgedrückt: nehmen wir einen wesensmäßigen Gegensatz zwischen Ich und Es an, dann bleibt für einen zwischen Über-Ich und Ich kein Raum. Die Lösung der daraus erwachsenden Probleme müssen wir allerdings den neofreudianischen Reformern überlassen. Wir stehen hier am Endpunkt einer Entwicklung, deren Anfang in cap. 7 dieses Buches vorgeführt wurde.

Ginge es darum, die Debatte weiterzuführen, so ließe sich zur Neurosenprophylaxe noch mancherlei anmerken, z.B., daß es nicht nur um die Reduktion des Über-Ichs, sondern auch um die Stärkung des Ichs (durch Wissen, durch Können – man vergleiche Reichs Ausführungen über die Sublimation) gehen müsse, denn über Neurose oder Gesundheit entscheidet sicherlich nicht so sehr die absolute Stärke der Fremdinstanz als vielmehr die relative Stärke des Ichs ihr sowie dem Es gegenüber. Der Kreis schließt sich jetzt, der 1925 mit der zu wenig beachteten Reik-Reich-Kontroverse begonnen hatte.

Zehn Jahre später – oder, um exakt zu sein, fast elf Jahre später, wenn wir das Erscheinungsjahr von A. Freuds Buch zugrundelegen – hatte sich die Psychoanalyse, wie ein zweiter Attis, selbst kastriert. Wohl konnte von der individuellen Aneignung der Schriften Freuds immer noch eine

---

[14] Abgesehen natürlich von der erst zu beweisenden »Angst vor der Triebstärke«.

mächtige befreiende Kraft ausgehen, genauso wie in der Antike von denjenigen des ihm ähnlichen Epikur, aber keine mehr von den lebenden Mitgliedern jener Organisation, welche er hinterlassen hatte; sie waren, mit gedanklich-strukturell übrigens verblüffend ähnlichen Winkelzügen, auf das Zwergenniveau eines Metrodoros herabgesunken, von Licht der Welt zu kleinen trüben Funzeln geworden, die jeder Windhauch in **seine** Richtung blasen konnte. Bald sollten sie nur noch zweideutige und opportunistische weltliche Pfaffen sein, denen die Erinnerung an Reich bestenfalls ein schlechtes Gewissen erweckte, gewöhnlich aber nur ein einfaches Ärgernis war. Nur Otto Fenichel, dem Freund und Anhänger aus früheren Tagen, der aber auf dem Luzerner Kongreß unter dem Druck der Mehrheit umgekippt war, blieb es vergönnt, durch Vorsicht und etwas, das ich ohne allzu pejorativen Unterton »Flucht in die Wissenschaftlichkeit« nennen möchte, den Diskussionsstand der psychoanalytischen Blütezeit zu konservieren. Es scheint mir sehr plausibel, daß seine in Analytikerkreisen halb ironisch gerühmte, halb respektvoll anerkannte »Allwissenheit« die Rolle war, die ihm erlauben sollte und auch tatsächlich erlaubt hat, auch von Reich noch etwas zu **wissen**; er nützt diese Allwissenheitslizenz aus, um dem Ketzer die mögliche wissenschaftliche Gerechtigkeit widerfahren zu lassen und in Dutzenden von Zitaten in seinen beiden Hauptwerken[15)] auch dessen Stimme zu Gehör kommen zu lassen, die in den Schriften seiner sonstigen Kollegen erstickt wurde oder nur, wie etwa bei Barag, in verzerrter und zerhackter Weise als mißtönender Zwischenruf eines offensichtlichen Fanatikers noch zu vernehmen war – bis schließlich das Schweigen absolut wurde. Und das wäre es auch geblieben, wenn nicht die Studentenbewegung Reichs Werke auf einmal ausgegraben hätte.

Zwar hatte es auch vor 1967 einige Personen gegeben, die sich mehr oder weniger schwach an Reich erinnerten

---

15) Fenichel 1974a und b; 1977.

und das auch sagten bzw. schrieben. Ihre Stellungnahme war aber vorwiegend negativ, und zudem waren sie keine Psychoanalytiker. Ihre Reihe eröffnet 1955 Herbert Marcuse, der schon 1933 Reichs ›Massenpsychologie des Faschismus‹ mit grundsätzlicher Zustimmung, aber etlicher Reserve betreffs der soziologischen Annahmen rezensiert hatte, mit seiner berühmten Reich-Kritik, die hier vollständig zitiert sein soll: »Der ernsthafteste Versuch, die kritische Gesellschaftstheorie Freuds weiterzuentwickeln, wurde von Wilhelm Reich in seinen frühen Schriften unternommen. In seiner 1931 (sic) erschienenen Arbeit ›Einbruch der Sexualmoral‹ orientiert Reich die Psychoanalyse an der Beziehung zwischen der sozialen und der Triebstruktur. Er untersucht das Ausmaß, in dem die sexuelle Unterdrückung durch die Interessen der Herrschaft und der Ausnutzung erzwungen wird, und das Maß, in dem diese Interessen ihrerseits durch die sexuelle Hemmung verstärkt werden. Aber Reichs Auffassung der sexuellen Hemmung und Unterdrückung bleibt undifferenziert; er vernachlässigt die historische Dynamik der Sexualtriebe und ihrer Verschmelzung mit den Destruktionsimpulsen (Reich lehnt Freuds Hypothese eines Todestriebes und die ganze Tiefendimension ab, die sich in Freuds später Metapsychologie abzeichnet). So wird Reich die sexuelle Befreiung **an sich** zum Allheilmittel für persönliche und soziale Nöte. Das Problem der Sublimierung verliert bei ihm an Bedeutung. Zwischen repressiver und nicht-repressiver Sublimierung besteht [sc. bei ihm] kein wesentlicher Unterschied, und der Fortschritt der Freiheit erscheint als bloße Freisetzung von Sexualität. So gelangen die in Reichs frühen Schriften enthaltenen kritischen soziologischen Einsichten nicht weiter zur Entwicklung; ein verallgemeinernder Primitivismus gewinnt zunehmend die Oberhand – Vorbote der wilden und phantastischen Eigenbrödelei des späten Reich.«[16)]

---

16) [1955], zit. n. Marcuse 1966, p. 234.

Diese Stellungnahme ist ebenso wortgewandt wie oberflächlich. Es überrascht übrigens, daß sie – abgesehen von der frühen Rezension – Marcuses einzige Erwähnung Reichs geblieben ist. Befremdlich ist schon, daß er nicht Reichs psychoanalytische Schriften, sondern sein etwas mißglücktes ethnologisches Werk zum Ausgangspunkt nimmt – und dies nun wieder mit falscher Datierung und mit Wendungen, die im wesentlichen nur aus Fromms Rezension des Buches übernommen sind. Wenn der Vorwurf, Reich vernachlässige das Schicksal der Partialtriebe, nicht bloß gedankenloses Nachbeten einer beliebten Formel ist, dann wird er auch nicht richtiger, wenn er hier durch einen berühmten Namen gedeckt wird; wir haben ihn schon mehrfach widerlegt. Warum Reich den Todestrieb, der bei Marcuse aus spekulativen Gründen eine wichtige Rolle spielt, aus klinischen glaubte ablehnen zu müssen, haben wir ebenfalls schon kennengelernt. Daß der für eine gerechte Wertung allein maßgebliche Psychoanalytiker Reich in der »sexuellen Befreiung an sich« das Allheilmittel gegen alle Nöte gesehen habe (selbst für den »Orgontherapeuten« gilt das nur eingeschränkt) – und nicht etwa in der Vergesellschaftung der Produktionsmittel, die sie seiner Ansicht nach allein möglich und vor allem beständig machen könnte, weswegen er ja auch Kommunist wurde –, braucht im Ernst wohl nicht diskutiert zu werden. Auch in der ›Massenpsychologie des Faschismus‹ hat Reich den politischen Kampf gegen die Sexualunterdrückung ja keineswegs als Alternative zur konventionellen politischen Agitation (etwa den Hinweis auf die Ursachen der Wirtschaftskrise, die Geldgeber Hitlers, auf die – damals wirklich vorhandenen und in den vom »Schwarzen Freitag« gebeutelten kapitalistischen Ländern sehr wohl wahrgenommenen – ökonomischen Erfolge in der Sowjetunion, die soziale Sicherheit in ihr usw., die Abschaffung des Lohnsystems) gesehen, sondern nur als eine notwendige Begleitmaßnahme, um diese rationale Aufklärung gegen die emotionale Vernebelung der Durchschnittshirne durch faschistische (und religiöse)

Propaganda überhaupt anbringen zu können, indem man eben deren psychologische Wurzeln bloßlegt. Ob er die Wirksamkeit der von ihm **zusätzlich** vorgeschlagenen Maßnahmen überschätzte (oder ganz falsch einschätzte), läßt sich trefflich diskutieren – aber nirgends läßt sich belegen, daß Reich sie als Selbstzweck oder auch nur Konkurrenz zur klassischen politischen Massenaufklärung angesehen hätte, auch nicht insgeheim. Vielmehr sieht er in ihr ausdrücklich ein Mittel, die bisher **unpolitischen** Teile der Masse zu **politisieren**, d.h. aber, für die durch aus asexuellen Themen empfänglich zu machen, denen sie – aufgrund erziehungsbedingter Wahrnehmungseinschränkungen, wie nicht gerade grundlos Reich meint – bislang überhaupt noch nicht zugänglich waren. Marcuse sagt also in wohlgesetzten Worten einfach Quatsch. Schließlich ist auch sein letztes Argument mindestens seltsam und wohl nur aus seiner Unkenntnis der ›Charakteranalyse‹ zu erklären. Er scheint nämlich Reich zu unterstellen, dieser sähe jede Sublimierung als »repressiv« an, d.h. doch wohl, als Verdrängungsfolge (oder Verdrängungsstütze?). Anders ist für mich jedenfalls der zweite Halbsatz nicht zu verstehen, nach dem der Fortschritt der Freiheit nach Reich »bloße Freisetzung von Sexualität« sein solle. Tatsächlich aber kennt Reich gar keinen Unterschied zwischen »repressiver« und »nichtrepressiver« Sublimierung, aber ganz anders, als Marcuse es meint; wie wir im 6. Kapitel sehen konnten, ist nämlich nach Reich **jede** Sublimierung »**nicht-repressiv**«, während das, was Marcuse vermutlich als »repressive Sublimierung« bezeichnet, nach Reich der Reaktionsbildung zuzuordnen ist. So zerbröckelt Marcuses glänzendes Wortgebäude bei näherem Hinsehen zu unansehnlichen Krümeln.

Einen freundlicheren und gerechteren Beitrag zu Reich brachte ein Jahr nach dessen Tode – und somit drei Jahre nach Marcuse – der englische Pädagoge A. S. Neill zusammen mit Reichs ehemaliger Lehranalysandin und

Mitarbeiterin aus Osloer Tagen Nic Waal heraus.[17] Dieses Sammelwerk würdigt Reichs Wirken allerdings auf sehr persönliche, nicht auf wissenschaftliche Weise. Neill beschreibt darin die Geschichte seiner persönlichen Zusammenarbeit und Freundschaft mit Reich, die norwegische Kinderanalytikerin Waal berichtet von den Schikanen, denen sie von seiten der I.Psa.V. aufgrund ihrer Lehranalyse ausgesetzt gewesen war, und würdigt die Persönlichkeit Reichs als Psychotherapeut. Bei den anderen Mitarbeitern des schmalen Bandes handelt es sich um Schüler Reichs in dessen Phase der »Vegetotherapie«, deren Zeugnis für den Analytiker von geringerem Interesse ist. Andere Hinweise auf Reich, besonders nicht»orgonotische«, mußte man mit der Laterne und der Lupe suchen, jedenfalls bis die Studentenbewegung die Schleusen geöffnet hatte.[18]

---

[17] Neill et al. 1958.

[18] Das bzgl. seines eigentlichen Themas sehr aufschlußreiche Buch von Jerome Greenfield über den US-Prozeß gegen Reich (dt. 1995 [engl. 1974]) unterschätzt, wohl aufgrund seines geographischen Umfelds, die Bedeutung der sog. Studentenbewegung (= »Neue Linke«) für die Wiederentdeckung Reichs in ganz verzerrender Weise – und leitet sie noch dazu falsch ab. »Dazu [sc. zu einzelnen Stück für Stück erschienenen Büchern, die der Orgonomie nahestehen] kommt das Interesse, das die Neue Linke für die frühen politischen Schriften Reichs entwickelte. Besonders deutlich drückt sich dieses Interesse in Herbert Marcuses Bewertung Reichs in *Die Freudianische Linke* aus sowie in den Publikationen von Reichs frühen, engagierten politischen Schriften, die 1972 unter dem Titel *Sex-Pol: Essays, 1929–1934* von Lee Baxandall herausgegeben wurden. Diese beiden Bücher erklären, warum Reichs Name in den letztlich erfolglosen Studentenunruhen in Frankreich 1968 eine so bedeutende Rolle spielte.« (p. 7) – Bei dem angeblichen Buch Marcuses handelt es sich um nichts anderes als um seinen (ansonsten vorzüglichen!) ›Epilog‹ zu ›Triebstruktur und Gesellschaft‹, in dem von Reich nur einmal die Rede ist und dessen auf ihn bezügliche Passage wir gerade vollständig zitiert und diskutiert haben – die Darstellung ist ganz negativ, und im restlichen Buch kommt der Name nicht vor. (Übrigens heißt der ›Epilog‹ im Untertitel: ›Kritik des neo-freudianischen Revisionismus‹ und nicht ›Die Freudianische Linke‹ – eine Schrift mit diesem Titel hat Marcuse nie verfaßt, andererseits Reich an keiner anderen Stelle als der vorgeführten je in einem Buch erwähnt.) 1972 hatte die »Studentenbewegung« ihren Höhepunkt schon überschritten und von Reich infolgedessen allmählich abzurücken begonnen, in der – sehr oberflächlich fundierten – Revolte des »Mai '68« spielte der Name Reich keine große Rolle, schon aus Mangel an französischen Übersetzungen, wohl aber im gleichzeitigen deutschen Umfeld des SDS.

Diese Bewegung scheint den Namen Reichs nur aus obskuren Stellen der alten, bei ihren Führern sehr geschätzten ›Zeitschrift für Sozialforschung‹ und deren Umfeld kennengelernt zu haben – denn abgesehen von dem wenig bekannten Neill'schen Sammelwerk hätte ihr höchstens noch der kurz orientierende, aber ohne tieferes Verständnis geschriebene Aufsatz von Norbert Mühlen im ›Monat‹ (1958), der etwa gleichzeitig mit dem englischen Sammelwerk herausgekommen war, eine gewisse Information bieten können.[19] Auch von Fenichel konnte die Studentenbewegung nichts erfahren haben, denn sie entdeckte sein – sehr teures und recht akademisches – Werk erst infolge Reichs, nicht umgekehrt. Die I.Psa.V. hatte eben erfolgreich alles getan, um das Andenken des verhaßten Ketzers auszulöschen. Noch 1953[20] und 1961[21] erneuerte sie unter außergewöhnlich fadenscheinigen Vorwänden den Ausschluß der ganzen Norweger Gruppe (!), da diese Reich die Mitgliedschaft angetragen und ihr Vorsitzender Schjelderup dank seiner Möglichkeiten als Universitätsprofessor ihm nach Luzern »Asyl« geboten hatte. Erst 1971, als blockartig ein ganzes Kontingent im Ausland ausgebildeter Nachwuchsanalytiker an die Stelle der praktisch ausgestorbenen, schon durch den Faschismus auch physisch dezimierten Norweger Gruppe gesetzt werden konnte, Reichs Andenken somit zuverlässig abgestorben war, wurde der Bannfluch zurückgezogen.[22]

Es überrascht daher nicht, daß die Studentenbewegung völlig hilflos war, als sie Reich ausgrub. Dazu ist es

---

19) Ich selbst war dem Namen Reich, der als »marxistischer Psychoanalytiker« vorgestellt wurde und von nun an meine unstillbare Neugierde weckte, zuerst an sehr verborgener Stelle begegnet, nämlich 1967 in dem wenig bekannten und etwas abseitigen Werk von Joseph Gabel ›Ideologie und Schizophrenie‹ (1967).

20) Moore 1976, p. 1308.

21) ibid. p. 1310. Auch Moore wertet dieses Verhalten des Vorstandes als »Vergeltungsmaßnahme für deren frühere Kontakte mit den Anhängern Wilhelm Reichs« (ibid. p. 1291).

22) Alles nach: Moore 1976.

wichtig, sich kurz zu vergegenwärtigen, wie es zu ihr gekommen war.

Nachdem faschistische Machtergreifung und Besatzung praktisch ganz Kontinentaleuropas sowohl die kommunistischen Parteien wie auch die I.Psa.V. auf dem Boden der Alten Welt weitgehend zerstört hatten, lähmten zugleich eine Generation lang die Erfordernisse des Wiederaufbaus, die kriegsbedingte Erschöpfung und die stalinistische Degeneration der Sowjetunion die Kräfte praktisch aller Industriestaaten. Jene Zeit der Nachkriegserschöpfung, in der Reich in seinem amerikanischen Exil sich in immer abseitigere Forschungen verrannte und schließlich unter dem Druck einer ihrerseits irrationalen Verfolgung durch Presse und Justiz allmählich ernsthaft paranoische Züge entwickelte, bis er 1957 in einem US-Gefängnis seiner höchst realen Verfolgung erlag, ist gekennzeichnet durch wildeste bis offen verrückte antikommunistische Hetze, kirchliche Restauration, Prüderie, intellektuelle Resignation und systematische Propaganda des Amerikanismus in den neuen Vasallenstaaten. ›Reader's Digest‹ wurde allgegenwärtig. Durch mehr oder weniger spontane, unreflektierte Abkehr von diesen Konstanten der Adenauer-Zeit durch eine neue, noch unverbrauchte Generation entstand die Studentenbewegung – und dies ist zugleich die Erklärung ihrer simultanen Internationalität, aber auch ihrer Mängel. Die erwachsen werdende Nachkriegsgeneration war weder marxistisch noch freudianisch geschult. Sie war gezwungen, dort wieder anzuknüpfen, wo Hitler den Faden der Diskussion abgeschnitten hatte. Dies ist der Grund für die Raubdruckbewegung, durch die die neue Studentengeneration die kritischen Schriften der Vor-Hitler-Zeit wieder für sich eroberte – Schriften, die aus guten bzw. schlechten historischen Gründen allesamt unzugänglich geworden waren.[23] Reichs Schriften nahmen darin den zentralen Anteil ein.

---

23) Über diese Nachdrucke informiert erschöpfend v. Olenhusen/Gnirß 1973.

Der erste »Raubdruck« von Reich war der ›Einbruch der Sexualmoral‹, der 1966 in Berlin illegal hergestellt worden war. Etwa gleichzeitig erscheinen international die ersten Hinweise auf Reich in Zeitschriften und Sammelwerken, Briehl (1966) (engl.), Fränkel (1966) (frz.) und Scheller (1967) (dt.). Vor allem aber brachte 1966 die Europäische Verlagsanstalt eine (für Studenten sehr teure) »legale« Ausgabe des Buches ›Die sexuelle Revolution‹ heraus, das die beiden Broschüren ›Geschlechtsreife, Enthaltsamkeit, Ehemoral‹ (1930a) sowie ›Die Sexualität im Kulturkampf‹ (1936c) unter Tilgung aller Spuren marxistischer Terminologie kombinierte. Diese Ausgabe blieb während der Studentenbewegung die einzige legale Ausgabe einer Schrift Reichs.

Ebenfalls 1966 oder Anfang 1967 in Berlin hergestellt wurde ein Reprint der 2. Auflage der ›Massenpsychologie des Faschismus‹ (1934; diese Fassung unterscheidet sich von der 1. Auflage Berlin 1933 nur durch ein zusätzliches Vorwort) sowie der Bericht Wera Schmidts, der Zentralsekretärin der sowjetischen I.Psa.V.-Sektion, über ›Psychoanalytische Erziehung in Sowjetrußland‹ (Wien/Leipzig 1924), d.h. das sogenannte »Kinderheim-Laboratorium«. Alle drei Schriften fanden durch den Büchertisch der Berliner ›Kommune II‹[24] in der Bonner Beethovenhalle bei der zentralen Demonstration gegen die Notstandsgesetze den Weg nach Westdeutschland. Es ist hervorzuheben, daß zu diesem Zeitpunkt nicht nur keine anderen Werke Reichs existierten, sondern auch kein offizielles Organ des SDS ihre Verbreitung beschlossen hatte. Im Gegenteil, der SDS begegnete Reich in seiner Gesamtheit ebenso wie an seiner Spitze mit Verständnislosigkeit und Distanz, von der die etwas hochtrabende

---

[24] Eine dem SDS nahestehende Berliner Wohngemeinschaft, die später durch ihre Selbstdarstellung ›Kommune II‹ (Berlin 1969) bekanntgeworden ist; allein dieses Dokument beweist die Oberflächlichkeit ihrer Reich-Rezeption. Nicht identisch mit der ›Kommune I‹ der dem SDS angehörenden Aktionisten Fritz Teufel, R. Langhans u. D. Kunzelmann.

Besprechung der ›Sexuellen Revolution› durch den ehemaligen SDS-Vorsitzenden Reimut Reiche in dem SDS-offiziösen Organ ›Neue Kritik‹ (Nr. 48/49, 1968) Zeugnis ablegen mag. Ich selbst erinnere mich noch an die praktisch absolute Unkenntnis der Psychoanalyse im SDS, dem beizutreten mich die Erhältlichkeit wenigstens der beiden genannten Reich-Schriften durch ausschließlich dessen Verdienst mehr als alles andere bewogen hatte; nichtsdestoweniger sorgte der SDS durch Abdruck und mehrfachen (gekürzten) Nachdruck meines Aufsatzes ›Das Elend der Psychoanalyse‹[25] in den von ihm beherrschten Studentenzeitschriften für eine gewisse Verbreitung proreich'scher Ansichten in seinem Umfeld. Als verhältnismäßig weit herumgereister ehemaliger SDS-Funktionär darf ich heute als Augenzeuge berichten, daß mir in keiner einzigen Ortsgruppe dieser ausgedehnten Organisation je ein Mitglied begegnet ist, das wirklich hinter Reich gestanden hätte, und zwar auch nicht bei jenen Gruppen, die unmittelbar Herstellung und Vertrieb der »Raubdrucke« besorgten. Dies begann schon damit, daß – von den mir bekannten Individuen jedenfalls – niemand den geringsten Sinn für den Grundsatz zeigte, daß eine Beurteilung Reichs erst einmal eine solide Kenntnis **Freuds** voraussetzt. Es gelang mir auch nie, eine entsprechende Publikation an zentraler Stelle unterzubringen; wegen der Feindseligkeit, die ich bei diesen Versuchen verspürte, betrieb ich diesen Vorsatz allerdings auch nicht mit besonderer Hartnäckigkeit.

Ich habe dieses persönliche Zeugnis eingefügt, weil ihm als Dokument innerhalb dieser Arbeit ein nicht abzustreitender Wert zukommen dürfte. Unabhängig davon läßt sich festhalten, daß die Verbreitung der Schriften Reichs

---

[25] Hoevels 1967. (Antworten – meist zustimmend – von W. Schraml, A. Mergen, H. Marcuse u. F. Fürstenberg – befinden sich in der FSZ-Nummer 18, H. 1 u. 2 (1968)). Jetzt zugänglich in Hoevels 1998c p. 27–36. In diesem Sammelband findet der Interessierte weitere Materialien über die vorgeführte Epoche, die ihr Verständnis erleichtern können.

durch die Studentenbewegung, d.h. in der BRD in erster Linie den SDS, einen merkwürdig paradoxen Charakter hatte, insofern eigentlich niemand hinter ihnen stand, andererseits ihre Verbreitung unter den schwierigen Bedingungen der Illegalität schon aus ökonomischen Gründen die Gewinnung von Käufern erforderte, die Reich nur aufgrund eines Mißverständnisses kaufen konnten. Denn das meistverkaufte Buch war ausgerechnet ›Die Funktion des Orgasmus‹ (»Amsterdam« 1968, in Wahrheit Frankfurt/M.), d.h. das speziellste, am schwersten verständliche Werk, von Hause aus eigentlich nur für Psychoanalytikerkollegen bestimmt. Offensichtlich wurde es aus einer Fehlerwartung heraus gekauft, aus ihm irgendwelche provokanten sexuellen Offenbarungen zu empfangen; da der SDS seine Aktivitäten weitgehend durch die Gewinne auf dem schwarzen Büchermarkt finanzierte, insbesondere aber etliche Drucker ausschließlich von dieser Erwerbsquelle lebten, ergab sich aufgrund der hohen Nachfrage automatisch ein Systemzwang zu Nachdruck und Verbreitung der Werke Reichs. Bis 1970 waren sämtliche relevanten europäischen Schriften Reichs illegal erschienen.

Es ist das besondere Verdienst des SDS, aufgrund seines politischen Anspruchs ausschließlich die psychoanalytisch-marxistischen Schriften Reichs verbreitet zu haben, d.h. jene, die vor 1937 erschienen waren und die mit Ausnahme des ›Triebhaften Charakters‹ und gewisser Zeitschriftenaufsätze noch jahrzehntelang nicht erhältlich blieben. Daran tragen die US-Behörden, welche Reich verfolgten, eine gewisse Schuld, vor allem aber er selber, teils durch antikommunistische und »orgonotische« Umarbeitungen seiner psychoanalytischen Schriften, die in dieser ihre Brauchbarkeit erheblich herabsetzenden Form als »Endfassungen« gelten sollten, teils durch sein Testament. Seine (antikommunistischen) Erben sahen wenig Anlaß, sich gegen seine Bestimmungen aufzulehnen. Wer sich ein zutreffendes Bild des Psychoanalytikers Reich, seiner politischen Ansichten und vor allem seines Beitrags zur Psychoanalyse machen will, ist daher bis heute in erster Linie auf antiquarisch überlebende Ausgaben der SDS-Zeit angewiesen, da die im offiziellen Buchhandel befindlichen Ausgaben der späten bzw. »orgonotisch« überarbeiteten Reich-Werke meist nur geeignet sind, ihren Verfasser schon vor jeder ernsthaften Kenntnisnahme wissenschaftlich zu diskreditieren. Es wäre an der Zeit, eine Gesamtausgabe seiner psychoanalytischen und psychoanalytisch geprägten Werke herzustellen!

Warum jedoch Reich damals durch und von der Studentenbewegung so intensiv und erfolgreich verbreitet und gekauft, aber eigentlich nicht ernsthaft rezipiert wurde – was einem Außenstehenden heute kaum glaubhaft erscheinen wird – , läßt sich vielleicht besser begreifen, wenn man das analoge Verhältnis der Studentenbewegung zu Mao danebenhält. Denn die von den chinesischen Botschaften fast umsonst bezogenen Werke des chinesischen Revolutionärs bildeten ja die zweitbeste Serie der SDS-Bestseller und lagen auf den gleichen Büchertischen einträchtig neben denen Reichs, die in China damals nicht hätten verbreitet werden dürfen, was sicher jedem SDS-Mitglied klar war. In Wahrheit wurden sowohl Mao wie Reich nicht ihrer höchst divergenten Lehre wegen, sondern aufgrund ihres Symbolgehaltes verbreitet. Mao stand für einen Kommunismus außerhalb der Schemata des Kalten Krieges, der, jedenfalls zur Zeit der Kulturrevolution, durch Freiheit, ja Ermutigung der Kritik bei gleichzeitiger Radikalität des Anspruchs gekennzeichnet war bzw. so gesehen werden konnte. Zugleich konnte das damals noch anti-amerikanische und pro-vietnamesische China, das außerdem noch die Entartung der Sowjetunion (auf allerdings sehr unaufrichtige Weise) geißelte, als vom amerikanischen Angriff bedrohtes Hinterland Vietnams auf Solidarität der fortschrittlichen Kräfte hoffen. (Die scheußliche Wahrheit über »Mao und Pol Pot« kam erst viel später heraus.) Daß es weit entfernt lag und daher zur Legendenbildung sehr geeignet war, erleichterte es dem SDS, nicht eigentlich China, sondern eine möglichst **nicht** an realen Details gemessene **Imago** Chinas auf den Schild zu heben. (Immerhin hat eine erkleckliche Minderheit, die aus dem SDS hervorgegangenen späteren und in Deutschland inzwischen vernichteten K-Gruppen, sich dennoch auf allerdings sehr irreale Art an das reale China gebunden, außerhalb Deutschlands führen einige noch ein ziemlich friedliches Schattendasein ohne erkennbaren Bezug zu China.)

Dasselbe galt nun auch für Reich. Die Psychoanalyse wurde – besonders im ehemaligen Machtbereich Adenauers – wegen ihrer Beschäftigung mit der Sexualität sowie (in unerwartet geringem Maße allerdings) ihrer Religionskritik gefeiert, d.h. wegen des Bruches der beiden drückendsten Tabus der Adenauerzeit. Hinderlich war dabei allerdings die unleugbare Unwissenheit Freuds in den Fragen der politischen Ökonomie und sein peinlicher sogenannter Patriarchalismus. Hier traf es sich sehr gut, daß mit Reich ein Repräsentant der Psychoanalyse gefunden werden konnte, der diese Mängel nicht oder jedenfalls ganz erheblich weniger aufwies, indem er sich zum Marxismus und zum unzweideutigen Kampf für dic sexuelle Selbstbestimmung bekannte. Im Gegensatz zu so manchem anderen Psychoanalytiker, der zu gewissen Zeiten der Weimarer Republik, wo es ungefährlich war, auch ein wenig mit dem Marxismus geliebäugelt hatte, wies Reich als einziger den Vorteil auf, auch **praktisch** und existentiell für dessen Ziele eingetreten zu sein, indem er der KPD beigetreten war, Beratungsstellen und einen Verlag gegründet und auf Massenveranstaltungen statt in erleuchteten Zirkeln seine Absichten propagiert hatte. Dieser einzigartige Dreiklang aus Psychoanalyse (Sexualbejahung), Marxismus (politische und wirtschaftliche Selbstbestimmung, retrospektiv zugleich Absage an den Kalten Krieg) sowie Aktivismus machte Reich noch mehr als Mao zur Symbolfigur der Studentenbewegung; der Erwerb und Vertrieb seiner Bücher war daher in erster Linie eine Demonstration und weitaus weniger der Beginn einer ernsthaften Aneignung seiner Erkenntnisse, was er ja immerhin hätte werden können, aber nicht wurde.

Wie aber auch immer diese Hinwendung zu Reich motiviert gewesen und begründet werden mag, sie brachte auf jeden Fall ein fast gelungenes Verdrängungswerk zum Scheitern. Waren früher die Bücher Reichs auch in Fachbibliotheken und per Fernleihe nicht zu haben, so daß die Vorlagen der Ur-Raubdrucke nur mit geradezu geheimdienstlichen Methoden beschafft werden konnten und niemand wußte, daß es einmal einen zugleich praktisch und theoretisch tätigen Marxisten unter den Psychoanalytikern gegeben hatte, so war der Name Reichs jetzt in aller Munde, seine ernstzunehmenden Werke im Umlauf (etwas ähnliches wiederholte sich übrigens fünf Jahre später in Portugal nach dem Sturz des dortigen faschistischen Regimes, als dort Übersetzungen eben dieser Werke auf den Markt kamen; dagegen existierten sie meines Wissens in keiner einzigen anderen Sprache, wenn wir die jugoslawische Übersetzung des ›Einbruchs der Sexualmoral‹ ausnehmen wollen, die zu Reichs Lebzeiten erschien). So mußte auch die Presse allmählich ihren klischeebildenden Senf zu dem zuvor so wasserdicht verschwiegenen Thema dazutun. Ein Aufsatz-Titel wie ›Wilhelm Reich – der Funktionär des Orgasmus‹ (Bacia/Werth 1969) spricht für sich. Es gab sogar recht anständige und sachliche Artikel (insbesondere Scheller (1967) und Krieger (1969)!). Hat man begriffen, was das »höchste Gut« der Herrschenden ist, wundert man sich darüber nicht (siehe dazu Hoevels 1989b). Daneben entstanden einige Biographien, darunter Ollendorff-Reich (1970; wertvoll durch Authentizität der Mitteilungen), Cattier (1969) und Burian (1972). Ein Kuriosum bleibt das Buch von Robinson (1969), der Reich mit H. Marcuse und – ausgerechnet – seinem höchst konservativen Gegner Róheim unter dem Signum der »freudianischen Linken« zusammenklammert. (Vielleicht hat Greenfield dieses Buch mit Marcuses Beitrag verwechselt.) Die Veröffentlichungen, die seit 1968 in irgendeiner Weise Bezug auf Reich nehmen, sind unübersehbar und können hier nicht resümiert werden.

Halten wir fest: Die Studentenbewegung, vielen zweifellos ein Dorn im Auge, hatte unmißverständlich **den Psychoanalytiker und Marxisten** Reich auf den Schild gehoben und mit seiner dubiosen späteren Biophysik eindeutig nichts zu tun gehabt noch jemals haben wollen. (In den USA mag das anders gewesen sein, zumal es dort eine Studentenbewegung von einem dem gleichzeitigen deutschen vergleichbaren Organisations- und Bewußtheitsgrad nie gegeben hat.) Wer immer ein Interesse daran hatte, der Studentenbewegung zu schaden, hätte doch gerade jetzt die Gelegenheit wahrnehmen müssen, seine Kritik an Reich vorzubringen. Nichts dergleichen ist geschehen – die I.Psa.V., welche ihre Ausschlußverfügung gegen Reich nie zurückgenommen, geschweige denn diesen je rehabilitiert hat, wich der Herausforderung aus und wartete auf ihren Zeitpunkt (und ihre neuen Kunden, die nach den ersten Enttäuschungen an der Bewegung nicht auf sich warten ließen, ja, die Zahl ihrer praktizierenden Mitglieder vervielfachten – durch einen »verfrühten« Angriff auf Reich hätte sie sich diese sicherlich verscherzt). Viel später kam er doch, und zwar äußerst gehässig (s.u.), aber erst, als mit keiner Resonanz einer Gegenkritik mehr zu rechnen war, d.h. der Psychoanalytiker und praktizierende Kommunist Reich alle wahrnehmbaren Anhänger verloren hatte. Letzteres trat mit dem Zerfall der kurzlebigen Studentenbewegung recht bald ein.

Natürlich hatte auch diese ihre inhaltlichen Probleme, Reich rational am Zeuge zu flicken. Trotzdem empfand sie mit Beginn ihres Niedergangs immer stärker das Bedürfnis dazu; denn Reich war nicht Symbolfigur der Studentenbewegung schlechthin, sondern nur ihrer Aufstiegsphase gewesen; in ihrem Zerfall zerstob notgedrungen auch der Dreiklang aus Psychoanalyse, Marxismus und Praxis, weshalb auch das Symbol dieser Einheit lästig wurde. Diejenigen, die die Praxis unter Tabuierung ihrer theoretischen Begründung fetischisierten (um auf dem Wege »rödelnder« Sozialarbeiterei nach einem Zwischenstadium weinerlicher Apathie zu pogrombereiten Hilfs- und Schmutzwerfertruppen des fortbestehenden kapitalistischen Systems zu werden, die allerübelsten davon in Nachahmung eines gewissen talentlosen Kunstmalers und Langzeitarbeitslosen sogar eines Tages höchste Staatsämter zu ergattern), konnten mit dem Theoretiker und Synthetiker nichts anfangen, zumal er ihren (prägenitalen) Regressionstendenzen im Wege stand. Daß die Stalinisten/Maoisten die Psychoanalyse störte, braucht wohl kaum belegt und erklärt zu werden. Die Mehrheit der ehemaligen wilden Rebellen, die jetzt unter Entwicklung ungeheurer Massen psychoanalytisch-marxistischen Wortbreis (»Theorie«) den Rückzug ins bürgerliche Leben antraten, mußte gerade der Praxisbezug des Reich'schen Lebenswerkes stören – und sicherlich auch sein anstößiges Insistieren auf der pathogenen Kraft der Sexualunterdrückung. So wandten sich die gleichen Kräfte wieder von Reich gefühlsmäßig ab, die ihn zuvor ebenso gefühlsmäßig auf den Schild gehoben oder wenigstens der Verdrängung entrissen hatten. Unter diesen Umständen wurde eine Distanzierung erwünscht, ja dringend.

Sie zu leisten, war jedoch ähnlich schwierig wie zu Bernfelds Zeiten. Denn sie hatte ja einige neue Tabus zu beachten. Mußte Bernfeld zumindest das Tabu einhalten, nicht offen die Psychoanalyse in Gestalt des orthodoxen Freud-Schülers Reich zu desavouieren, sondern im Gegenteil so tun, als schriebe gerade er aus der Position eines solchen (wodurch ein Eingehen auf die Sache dann, ähnlich wie bei gewissen Zwangsneurosen, nicht mehr möglich war), so hatten Leute, die im Namen der Studentenbewegung, wenn auch insgeheim mit ihrem Einverständnis, Reich angreifen wollten, das dreifache Tabu einzuhalten: sie durften nicht als Antimarxisten auftreten, nicht einmal als prinzipielle Revolutionsfeinde; sie durften nicht offen als Gegner sexueller Selbstbestimmung erscheinen; und sie durften schließlich nicht ohne weiteres politische Abstinenz zugunsten angeblich tiefsinniger, aber mit Sicherheit politisch folgenloser Reflexion predigen. Sie standen also vor der unangenehmen Aufgabe, zum Rückzug zu blasen und – als Reich »überholend« – zugleich als Superradikale zu erscheinen. Selbstverständnis und Stolz der Studentenbewegung erlaubten es nicht, einem Rückzugssignal, auf das sie doch so sehnlich hoffte, von irgend jemandem anders zu folgen als dem Träger einer nicht allzu sehr verrutschenden superrevolutionären Maske; nur dann durfte sie endlich in die warmen Winterquartiere zurückschlüpfen, wenn der Rückzug mit einem schallenden »Vorwärts!« eingeleitet worden war.

Es mag überflüssig erscheinen, in einer wissenschaftlichen Arbeit diese historische Entstehungssituation von Argumentationen ins Gedächtnis zu rufen; sollen diese doch nach stillschweigender Übereinkunft nur für sich selbst sprechen. Jedoch scheint es mir kaum möglich zu sein, die folgenden Gedanken der Autoren Ruebsam und Dahmer ohne ihren Entstehungshintergrund zu begreifen. Sie erschienen dann bloß als eine Art unerklärliches Mißverständnis oder als aufgedonnerte Hohlheiten. So jedoch lassen sie sich als Ausdruck einer verzweiflungsvoll und um jeden Preis bewältigten historischen Peinlichkeit verstehen. Denn der naïve Betrachter muß ja annehmen, wenn sich Reich oder ein anderer Autor nicht akzeptieren läßt, dann müßten ihn seine Gegner eben argumentativ widerlegen; wie aber, wenn eben dies nicht möglich ist? In diesem Falle empfiehlt sich wie schon zur Zeit der ersten Reich-Verdrängung anstelle des argumentum ad rem das argumentum ad hominem.

Dies beginnt nun mit dem ersten Aufsatz gegen Reich, dem im Rahmen der Studentenbewegung diese Signalwirkung zukam.[26] Er erschien 1970 unter dem vielsagenden Titel ›Der heilige Wilhelm Reich und sein Fetisch Genitalität‹ in der Berliner Zeitschrift ›Argument‹, die damals als eine einigende Klammer aller Flügel der Studentenbewegung gelten konnte. Außer den Thesen, daß

---

[26] Ruebsam 1970, p. 178sqq.

Analität und Oralität ganz eigene Qualitäten hätten, die nicht unter der Genitalität subsumierbar seien – wer hätte dies auch geahnt! –, oder daß der Vater auch eine »liebende Instanz« (sic) sei, wird gegen Reich äußerst wenig vorgebracht, was sich nicht auf den Vorwurf reduzieren läßt, daß er überhaupt an angeborene Triebe geglaubt habe, was unmarxistisch sei und, wie man ja sehe, nur zur Orgontheorie führen könne[27)]. Das heißt, die – biographisch nicht ganz unerklärliche – spätere Entartung des Reich'schen Denkens wird als notwendige Folge seiner Ansichten von Anfang an beschrieben, als schon darin enthalten und mit unerbittlicher Logik daraus hervorgehend. Es ist freilich, wenn dies stimmen sollte, höchst eigenartig, daß zur Zeit der ersten Verdammung Reichs diese Folgerichtigkeit noch niemandem auffiel, daß auch Reichs schärfste Gegner sich niemals zu der angeblich so unausweichlichen Prophezeiung bewegen ließen, daß Reich im Sumpf einer antipolitisch-phantastischen Biophysik oder vielmehr irrlichternd vitalistischen

---

27) Wer Marx' Ansicht zum Thema wirklich kennenlernen möchte – denn es ist unter gewissen »Linken«, so auch Dahmer, Mode geworden, den wehrlosen Autor des ›Kapitals‹ zum Träger der absurden Ansicht zu machen, es gebe keine Triebe, und wer dennoch an ihnen festhalte, sei »Naturalist«, »naturalistischer Verkürzer« oder sonst etwas Furchtbares –, lese ihn am besten selbst, z.B.: »Die kommunistische Organisation wirkt in doppelter Weise auf die Begierden, welche die heutigen Verhältnisse im Individuum hervorbringen; ein Teil dieser Begierden, diejenigen nämlich, welche unter allen Verhältnissen existieren und nur der Form und Richtung nach von verschiedenen gesellschaftlichen Verhältnissen verändert werden, wird auch unter dieser Gesellschaftsform nur verändert werden, indem ihnen die Mittel zur normalen Entwicklung gegeben werden (…) Eine Begierde ist schon durch ihre bloße Existenz etwas ›Fixes‹, und es kann nur Sankt Max und Konsorten einfallen, seinen Geschlechtstrieb z.B. nicht ›fix‹ werden zu lassen, was er schon ist und nur durch Kastration oder Impotenz aufhören würde zu sein. Jedes einer ›Begierde‹ zugrundeliegende Bedürfnis ist ebenfalls etwas ›Fixes‹, und Sankt Max bringt es mit aller Mühe nicht fertig, diese ›Fixität‹ aufzuheben und z.B. dahin zu kommen, daß er nicht innerhalb ›fixer‹ Zeiträume essen muß. Die Kommunisten denken auch nicht daran, die Fixität ihrer Begierden und Bedürfnisse aufzuheben, wie Stirner in der Welt seines Wahnes ihnen nebst allen anderen Menschen zumutet; sie erstreben nur eine solche Organisation der Produktion und des Verkehrs, die ihnen die normale, d.h. nur durch die Bedürfnisse selbst beschränkte Befriedigung aller Bedürfnisse möglich macht« (MEW III 238sq.).

Metaphysik enden werde. Tatsächlich finden sich auch sowohl bei Ruebsam wie bei seinen Nachfolgern keine Belege aus Reichs ernstzunehmenden Arbeiten, die diese Richtung andeuten könnten. Ihre Behauptung, der späte Reich sei im frühen schon enthalten, wird außer durch das auch von Reich ernstgenommene »Gesetz der Erhaltung der psychischen Energie« nicht gestützt und bleibt somit eine Behauptung. Wäre sie jedoch richtig, dann ist unerklärlich, warum nicht **Freud**, von dem Reich dieses angeblich so verhängnisvolle heuristische[28] Prinzip unverändert übernommen hat, nicht schon viel früher als sein Schüler zur Orgone kam. (Freud selber hat es übrigens von Fechner, für welchen sich somit die gleiche Frage ergibt.) Es ist übrigens auch in traditionalistischen Marxistenkreisen üblich, Freuds späte Entgleisungen, wie den Todestrieb und seine »Kulturtheorie«, »zwingend« aus dessen Psychoanalyse hervorgehen zu lassen und darum beide zu verdammen[29]; ich hoffe gezeigt zu haben, wie wenig diese Behauptung sich durch Freuds eigene Texte stützen läßt, wie sehr vielmehr die Todestriebhypothese ein Fremdkörper im Lehrgebäude der Psychoanalyse bleibt, nicht anders als die ebenso phantastische Orgontheorie. Freud oder Reich durch seine späten Mißgriffe zu entwerten, ist also ein denunziatorisches und zugleich willkürliches Vorgehen, da die Belege für die verderbliche Kontinuität nicht erbracht werden, weil es sie nun einmal nicht gibt. Aber mangels anderer Möglichkeiten verfiel man eben auf diese schriftliche »Schreier«-Technik, und der Anfang war gemacht: ab jetzt mußte nur noch nachgekaut und nachgeschrien werden.

Dem Vorbild Ruebsams folgt nun der ernsthafter wirkende Dahmer (1972). Auch er kommt natürlich über bloße Denunziation nicht hinaus; striche man aus seinem

---

[28] cf. Reich 1927a, p. 99.
[29] cf. Sève 1973, p. 208–237.

Aufsatz alle Reich-Zitate, die nach der ›Entdeckung des Orgons‹ niedergeschrieben wurden, so bliebe sehr wenig übrig. Der kümmerliche Rest wird vielfach verdreht, wie noch zu zeigen sein wird.

Um von der ihrem Selbstverständnis nach »marxistischen« Studentenbewegung als Sprecher anerkannt zu werden, versucht Dahmer zunächst den Nachweis, daß Reich kein Marxist gewesen sei; als Beleg dient ihm dabei die Tatsache, daß Reich die Existenz einer menschlichen Natur ebensowenig geleugnet hat wie Marx (was jedoch für dessen Nachfolger im Banne der Frankfurter Schule tabu ist). Dies sei »pseudokonkret«, »naturalistisch« und »Natur-Idolatrie«. Wir können diese unfalsifizierbaren Bannflüche, da es hier um Reichs Beitrag zur Psychoanalyse und nicht zum Marxismus geht, einfach auf sich beruhen lassen.

Ernster sind die folgenden ziemlich schwerverständlichen Argumente (p. 88–92). Reich soll nämlich die »indirekte Direktheit« (p. 88), die »vermittelte Unmittelbarkeit« (ibid.) sowie die »exzentrische Positionalität« (p. 90) des Menschen übersehen haben, was immer diese paradoxen Philosopheme bedeuten mögen. Er hat sich dadurch zwar in Gegensatz zu Plessner gestellt, von dem diese Wortfügungen stammen, und dadurch einer für Dahmer anscheinend äußerst bedeutenden, sowohl Psychoanalyse wie Marxismus verbürgenden Autorität widersprochen. Leider kann ich in Plessners pseudobarocken Oxymora nichts Konkretes erkennen, zumal Dahmer sie nicht erläutert, und werde dadurch vermutlich in seinen Augen der Pseudokonkretheit schuldig. Denn diese dunklen Worte verbergen nach Dahmer »das Spezifikum der Menschennatur«. Reich soll dieses übersehen haben, als er die Verdrängung als Folge der Triebunterdrückung benannte. Wahrscheinlich meint Dahmer mit den Plessner'schen Paradoxien Wälders »Triebüberschwemmungsangst«, den »fundamentalen Gegensatz von Ich und Trieb« (s.o.). Dann freilich müßte er zeigen, inwiefern Reich mit seiner Leugnung der Unauflöslichkeit (Angeborenheit) dieses

Wälder'schen Gegensatzes im Widerspruch zu dem Autor der ›Frage der Laienanalyse‹ steht, den andernfalls ja das gleiche Verdikt treffen müßte.

Während nun nach Dahmer – wenn ich ihn recht verstehe – das Charakteristische am Menschen seine Loslösung von der Biologie sein soll, was Reich nicht gesehen habe, so verwundert nun sein nächster Vorwurf, Reich habe den **biologischen** Charakter der Latenzzeit geleugnet, den ein gewisser Bolk nachgewiesen habe (p. 91sq.). Infolge dieser biologisch festgelegten Latenzzeit seien nur »Ich und Über-Ich« gemeinsam in der Lage, »menschliches Leben zu garantieren«, wodurch sie in unauflöslichen Gegensatz zu den »Primärtrieben« (also gibt es sie doch!) geraten (p. 92). Dahmer führt hier also nur verquast bzw. in apodiktisch orakelnder Enzyklikensprache gegen Reich jene Haltlosigkeiten ins Feld, die Anna Freud und Wälder zuvor schon wenigstens diskursiv vorgetragen hatten.

Unter diesem Aspekt ist auch der nächste Kritikpunkt Dahmers an Reich annähernd verständlich: er vermißt an Reichs Triebbegriff Freuds »Zweideutigkeit« desselben (p. 93). Dies sei nun einmal Reichs »naïver Realismus« (p. 92), in der für »›primäre‹ Aggression, ›primären‹ Masochismus, gar einen ›Todestrieb‹ (…) kein Raum« sei. Offenbar geht Dahmer also dogmatisch bzw. im Sinne eines Offenbarungsglaubens von diesen Größen aus, deren Nachweis doch so schwerfällt; deshalb verzichtet er auch auf jede Andeutung eines solchen, nennt aber – jedoch lobend – deren Behauptung durch Freud »eher geschichtsphilosophisch als biologisch« (ibid.). Da unter diesen Umständen die Falsifizierbarkeit seiner Aussage nicht mehr gegeben ist, muß auch jeder Versuch einer Falsifizierung unterbleiben – wo Popper recht hat, hat er recht, nicht anders als im Analogiefall Hitler, Mohammed oder der Apostel Paulus.

Schließlich kritisiert Dahmer Reichs Theorie der Genitalität. Diese sei, so Dahmers Kernthese, nur eine »Summation von Partialtrieben« (p. 95), habe eine Genese (offenbar im Gegensatz zu diesen Partialtrieben) (p. 96). Dahmer beruft sich für diese These – zu Recht – auf Rank und Ferenczi, deren Kritik durch Reich[30] er nicht gelten läßt. Er bringt zu ihrer Verteidigung aber nur die anfechtbare These, die sexuelle Erregung könne nur durch psychische Phantasietätigkeit zum Orgasmus führen. Daß die **Wahrnehmung** (statt Phantasie) optischer und taktiler Reize (»Vorlustakte«) dafür ausreichen könnte, ihr Ersatz durch Phantasien im Gegenteil sogar pathologisch, zieht Dahmer nicht in Betracht; er zieht nur vom Leder: wer nicht seine Wertung der Phantasietätigkeit teile, huldige einer »naturwissenschaftlich verkleideten Naturreligion« (p. 96). Schließlich werde durch die Einführung guter Verhütungsmittel der Genitalprimat ohnehin verschwinden, da die Natur ihre Lustprämie nicht mehr auszahlen müsse. (Hier liegt offensichtlich eine Verwechslung evolutiver Funktion mit evolutivem Ergebnis vor.)

Der Rest seiner Argumentation bringt nichts Neues mehr und kann daher vernachlässigt werden; er läßt sich im Zusammenhang mit Dahmers Startschußgeber Ruebsam nachlesen.

Es ist unschwer zu erkennen, was eigentlich der hinter so viel bitterbösem Wortfeuerwerk verborgene Vorwurf Dahmers gegen Reich ist: Reich leugnet die »böse Menschennatur«, er hält eine Gesellschaft im Sinne von Marx und Engels für möglich, in der einerseits der Mensch mit der Natur versöhnt wird (MEW XX 453sq.), andererseits »aus dem Tierreich ausscheidet« (MEW XX 264) – indem er nämlich die **Gesellschaft**, welche bislang »naturwüchsig« war, seinen Bedürfnissen gemäß im Sinne eines nicht bloß die **Zeit**, sondern auch die **Zahl** (der Individuen) einschließenden Realitätsprinzips bewußt gestaltet. Reich hat sich geweigert, die Psychoanalyse durch die ein wenig abenteuerlich hergeleitete Behauptung der Unmöglichkeit einer solchen Gesellschaft antimar-

---

[30] cf. 132sqq.

xistische Sykophantendienste leisten zu lassen, er hat nicht – wie der späte Freud – durch einen phantastischen Umbau der Trieblehre den Konservativen Argumente liefern wollen. Denn die Lehre von der bösen Menschennatur, die die harte Regierung erzwingt, ist der Kern der in Abwehr der bürgerlichen Revolution entstandenen konservativen Ideologie[31], die Säkularisation der Sündenfall-Legende, und es gelingt Dahmer nur durch den Schlenker zu einer »Geschichtlichkeit«, die marxistisch sein soll, aber bestenfalls heideggerisch ist, seine Position als eine »linke« zu maskieren. Daß er damit einem weitverbreiteten Bedürfnis resignierender »Linker« entgegenkam, die alle nach einem ihr »marxistisches« Gesicht wahrenden Rückweg suchten, beweist die weite Rezeption seines Aufsatzes in diesen Kreisen. Der damals vielgelesene Michael Schneider (1973) beispielsweise hat sich so sehr mit ihm identifiziert, daß er in seinem Well-Seller ›Neurose und Klassenkampf‹ lange Passagen daraus ohne jeden Quellenhinweis einfach abgeschrieben hat (p. 67–77).

Nun ist die Frage, ob eine selbstregulierte Gesellschaft freier und gleicher Individuen an der menschlichen Natur scheitert, eine ausgesprochen politische und daher brisante Frage. Reich wie Freud können auf sie nur mehr oder weniger wahrscheinliche Antworten geben, die in ihrer krassen Verschiedenheit zumindest den gemeinsamen Mangel einer ungenügenden Erfahrungsgrundlage aufweisen – auch bei gesellschaftlicher Fragestellung gilt der nicht nur in der Wissenschaft so aktuelle Satz: »Probieren geht über Studieren.« Die Fragestellung muß sinnvoller lauten: **Wie weit** läßt sich eine freie und gleiche, also maximal erträgliche bis vielleicht sogar vorwiegend angenehme Gesellschaft auf der Basis kollektiver Selbstbestimmung aufbauen? – und die Psychoanalyse, inzwischen auch die weder Freud noch Reich schon bekannte Verhaltensforschung geben uns dazu wichtige Hinweise, abso-

---

[31] Siehe Marcuse 1969, p. 113–129.

lute Sicherheiten aber nicht. Daß jedoch die vorhandene Gesellschaftsorganisation schon das erreichbare Optimum sei, wir also, obwohl ernstzunehmende Anstrengungen in besagter Richtung noch gar nicht erfolgt sind bzw. erst ein einziges Mal auf viel zu schwacher Grundlage und unter massiver Störung von außen unternommen wurden, schon in der bestmöglichen aller Welten leben, ist mindestens ganz extrem apologie- und ideologieverdächtig. Es ist mehr als töricht, das Urteil über Reichs wissenschaftlichen Rang bzw. seine Seriosität ausgerechnet von seiner Beantwortung dieser Frage abhängig machen zu wollen, die richtige Antwort auf sie steht ja noch nicht einmal fest, und betrachtet man ausschließlich die logische Dignität der argumentativen Ableitungen in diesem Zusammenhang, so dürfte das entsprechende Urteil über Freud noch viel schlechter ausfallen als über Reich.

In Wahrheit werden Rangstufen für Wissenschaftler im öffentlichen Ansehen nicht nach der Bedeutung und schon gar nicht der methodischen Gediegenheit ihrer Beiträge zum menschlichen Wissen vergeben, sondern nach der Brauchbarkeit dieses Ansehens für die Zwecke derjenigen, die auf die Entstehung und Akzentuierung dieses Ansehens den größten Einfluß haben. Und so liegt es nahe, daß ein Wissenschaftler, der zu der Ansicht ermutigt, eine andere Gesellschaftsorganisation, in welcher allerdings erhebliche Vorteile besagter Kreise verlorengehen, dafür aber die erdrückende Mehrheit eine mehr als eindrucksvolle Steigerung ihres Lebenswertes (falls einer meckert: 2. Worthälfte latinisieren, dann wird's sogar ein heiliger Willy) erführe, sei sowohl wünschenswert wie auch herstellbar, auf jeden Fall mit hoher Wahrscheinlichkeit mehr bekrittelt und herabgesetzt werden wird als jeder andere (es sei denn, er tut es in törichter oder dämlicher Weise – so ist es sehr gut möglich, daß für den »Orgon-Reich« eine Art obskurer Stehplatz im Pantheon des gesellschaftlich organisierten Menschheitsgedächtnisses freigehalten wird, um die in besagten Kreisen weniger erwünschte Wahrnehmung des Psychoanalytikers und Marxisten

Reich zu belasten bis zu verhindern). Entscheidend für unsere Fragestellung ist jedoch, daß wir in Reichs sämtlichen Schriften (und Handlungen) vor dem Luzerner Kongreß keine einzige Stelle entdecken konnten, die den geringsten Zweifel an seiner psychoanalytischen Dignität (»Orthodoxie«) oder die Prognose seiner Folgeentwicklung ermöglicht hätten. Die gegen ihn durchgeführten Maßnahmen haben sich als sachlich ebenso unberechtigt erwiesen wie die gegen ihn abgefeuerte Polemik, sowohl diejenige kurz vor und nach dem Luzerner Kongreß wie diejenige anläßlich des Niedergangs der Studentenbewegung. Das hindert sie freilich so wenig wie ein Theologem am Nachgekaut- und Nachgebetetwerden: getret'ner Quark wird breit, nicht stark, sagt ein Lieblingssprichwort Deschners. Aber die darin enthaltene Kritik verläßt leider nicht die Kinderperspektive des sachlichen Gehalts, schwingt sich nicht auf zur Erwachsenenperspektive der sozialpsychologischen Wirkung: und da wird getretener Quark geradezu unheimlich kräftig. Wir werden uns in der gesellschaftlichen Käserei noch ein wenig umsehen.

12. Kapitel: Reich und der Niedergang der Psychoanalyse

Das Fazit unserer Untersuchung bleibt: Reich hatte keineswegs für eine Verfälschung oder Verengung der Psychoanalyse gestanden, sondern für ihre Bewahrung eben davor. Dies erklärt die unverhältnismäßige Stärke des Hasses, der ihm aus den Reihen seiner im opportunistischen Sumpf versinkenden Organisation entgegenschlug, ganz anders als den wirklichen Verfälschern und Verstümmlern der Psychoanalyse, die man ***zu Recht*** ausgeschlossen hatte; wo man im Recht ist, braucht man nichts zu überschreien, wo man Argumente hat, keine langen Lügen und philosophastrischen Wortmüll. Wir kennen diese spezifische Haßform, die intensivste, die es gibt, unendlich oft aus der Geschichte, ich habe sie schon beschworen: den Haß der Sozialdemokraten auf die Kommunisten, der Stalinisten auf die Leninisten (»Trotzkisten«), der Christen auf die (gegenüber der Hellenisierung resistenteren) Juden, der Protestanten (die ihren *sola-scriptura*-Grundsatz, ihre einzige moralische Überlegenheit über die Katholiken, glatt vergessen haben) auf die Zeugen Jehovas, und so geht es weiter. Es ist eben immer sehr unangenehm, an eine eigene ehemalige Überlegenheit erinnert zu werden, die man auf dem Altar der Bequemlichkeit (der gesellschaftlichen Macht oder des Überichs oder beider) geopfert hat; dieser spezifische Projektionsinhalt (projiziert wird die verdrängte Erinnerung an etwas, durch das man einmal besser war) scheint von allen möglichen das Haßmaximum zu entfesseln. Er ist dementsprechend immer einseitig: mögen die Opfer dieses Prozesses, ein für allemal zu Projektionsmagneten geworden, von ihren wütenden und regelmäßig gehässigen Verfolgern auch nicht gerade begeistert sein, sie empfinden für sie doch ebenso regelmäßig kaum Haß, sondern viel mehr Ekel und Verachtung, manchmal sogar Trauer über deren moralischen und intellektuellen Verfall – Gefühle, die den Verfolgern ihren Projektionsflächen gegenüber natürlich hundertprozentig fehlen. Der bösartigste antisemitische Hetzer oder KZ-Scherge konnte seine so tausendfältig verleugnete und totgeschlagene **Achtung** auch vor dem unansehnlichsten Juden niemals loswerden, die grölendste, kreischendste und gemeingefährlichste Sektenhetzerin nicht vor ihren ehemaligen Glaubensgenossen, der bestbezahlte und verbrecherischste »Sponti« nicht vor dem verranntesten, doch standhaft gebliebenen Kommunisten, der unermüdlichste und fanatischste Reich-Anschwärzer aus I.Psa.V.-Reihen nicht vor Reich (wir werden zwei davon noch kennenlernen). In diesem Lichte läßt sich sowohl die über die dänischen und Luzerner Schändlichkeiten hinaus fortbestehende Hochachtung Reichs für Freud begreifen wie auch die zumindest indirekte Mitwirkung von I.Psa.V.-Mitgliedern (cf. Laska 1981, p. 126sq.) an der schließlich tödlichen Treibjagd der FDA gegen den wissenschaftlich isolierten, längst von der Psychoanalyse entfernt arbeitenden Reich in den USA.[1)]

Reichs Chancen, die Psychoanalyse von opportunistischen Entstellungen freizuhalten, die ihre Wissenschaftlichkeit untergruben und schließlich beseitigten, wäre viel größer gewesen, wenn diese nicht – unauffällig, aber eindeutig – von Freud selber gedeckt worden wären. Wäre Freud ein paar Jahre vor dem Luzerner Kongreß gestorben, so wäre Reichs Exkommunikation weitaus geräuschvoller verlaufen oder hätte gar nicht durchgeführt werden können; denn eine gar nicht so kleine Gruppe jüngerer Analytiker, deren bedeutendster Kopf nach Reich sicherlich Fenichel war, teilte durchaus seine Ansichten über die Unhaltbarkeit von Todestrieb, primärem Masochismus, psychologisch irreduzibler Selbstbestrafungstendenz etc., eigentlich ziemlich weitgehend lauter Synonyme für einen verschämt-versteckten therapeutischen Nihilismus gegenüber dem malignen Introjekt Überich (dessen Introjektcharakter darüber hinaus möglichst verwischt

---

1) cf. dazu Reich 1936a u. 1976, bes. p. 42, sowie Greenfield 1995, p. 109sqq.

werden sollte – Kostproben dieser Ideologie haben wir bei Wälder und Anna Freud schon kennengelernt, und dabei ist es in der I.Psa.V. geblieben und wird es bleiben). Vielleicht wäre es auch, wie früher beim Abfall Jungs, Adlers oder Ranks, zur Spaltung der Organisation gekommen; aber diesmal wäre die **Mehrheit** von der Psychoanalyse abgefallen und wäre von nun an, statt mit einem machtlosen Individuum und einer von einem Umfaller geführten unorganisierten Gruppe von Ungefestigten, mit einer durchaus attraktiven Organisation von Orthodoxen konfrontiert gewesen, deren therapeutische Erfolge, bedingt durch fehlende Zweideutigkeit, den ihrigen deutlich überlegen gewesen wären (nicht anders als ihre eigenen vor dieser hypothetischen Spaltung denjenigen der Jungianer), und dadurch hätte die Psychoanalyse eine vielleicht nur winzige, aber durchaus reale Überlebenschance gehabt.

Wir wissen ja, daß es anders kam; Reichs Führerqualitäten reichten zur Gründung einer – in jedem Fall sehr kleinen! – orthodoxen Gegenorganisation nicht aus, und sein organisatorisches Konzept der ›Sexpol‹ hätte sich wohl auch unter weniger mörderischen Bedingungen als seinen eigenen ahasverischen als illusionär herausgestellt; es packte einfach zu viel auf einmal an, und dann hat Reich zugunsten immer abwegigerer Projekte der Psychoanalyse und damit auch dem Kampf für ihre Orthodoxie bald nach Luzern tatsächlich den Rücken gekehrt. Es muß aber unterstrichen werden, daß Fenichels Alternativkonzept, die heimliche Bewahrung der Orthodoxie innerhalb der I.Psa.V., mindestens genauso illusionär wie Reichs offensiveres gewesen ist (dafür aber feiger – und trotzdem starb Fenichel noch früher an administrativen Schikanen als Reich, zumindest indirekt – Zufall oder nicht, aber hat sich seine »Vorsicht« etwa gelohnt?). Nur eine rasche Neugründung, am besten Spaltung in aller geräuschvollen Öffentlichkeit hätte die Psychoanalyse vor ihrem inhaltlichen bzw. substantiellen Untergang retten können; man muß freilich zugeben, daß die geschichtlichen Rahmenbedingungen dafür nicht gerade günstig waren. Mit Stalins Aufstieg war ihr ja schon zur Zeit von Reichs und Fenichels UdSSR-Reise etwa ein Drittel ihres Territoriums verlorengegangen, mit Hitlers Machtergreifung und alsbaldiger Besetzung fast ganz Kontinentaleuropas ein weiteres – und die USA als Staat von jeher ohne echtes Wahlrecht und daher ohne die geringsten Chancen einer Arbeiterbewegung, wo die Psychoanalyse jetzt ihre beinahe letzte Heimstatt hatte, war der Entfaltung und Bewahrung, gar der Wiederherstellung ihrer Inhalte nicht eben günstig[2]. Man bedenke trotzdem, wie heftig die I.Psa.V. diese Alternative gefürchtet haben muß – das zeigt ihre Behandlung der winzigen norwegischen Zweiggesellschaft in aller Deutlichkeit –, denn auch ein kleines organisiertes Modell, im Gegensatz zu noch so integren und prominenten Einzelpersonen, ist gegen Organisationen, die ihre Inhalte verraten haben, von größter Virulenz. Es ist die gleiche Überlegung, die Stalin um jeden Preis kommunistische (und dadurch potentiell leninistische) Revolutionen in allen Ländern der Welt verhindern ließ, auch in dem kleinen Spanien und dem großen, aber hoffnungslos schwachen China; sie hätten die Linke der ganzen Welt aus eben jenem Geiselstatus erlöst, in welchem die I.Psa.V. ihrerseits alle Sympathisanten und potentiellen

[2] Man hat für die sorgfältige Leugnung aller von Freud aufgedeckten Zusammenhänge und Konsequenzen, wie sie in den USA bald unter den auch weiterhin in Freuds Namen Berufstätigen gedrillt wurde, das etwas verharmlosende Wort »Medizinalisierung« geprägt (cf. Jacoby 1985, z.B. p. 151; sonst nennt er den Vorgang »Amerikanisierung«). Es trifft den Sachverhalt nicht ganz, da die Medizin immerhin einen ehrenwerten Berufszweig abgibt und es ferner mehr als illusionär ist, nach dieser Selbstzerstörung mit einem einigermaßen nennenswerten Fortbestand der [quasi-]medizinischen Wirkungen der Psychoanalyse rechnen zu wollen; ebenso ist es irreführend, die Gesamtheit aller Einsichten in Zusammenhänge »Theorie« zu nennen, wie es prompt geschah, und dann deren prinzipielle Entbehrlichkeit zu suggerieren – »Wissenschaft« oder »Wissenschaftlichkeit« wäre das mindeste Verbaläquivalent dafür gewesen. Für das überflüssige Wort »Medizinalisierung« schlage ich als Ersatz, wenn man denn einen will, das Wort »Autotetraplegisierung« oder wenigstens »Autolyse« vor. »Fakultativmutismus« oder »Selbstverzwergung« [»Autonanose«] wäre auch nicht schlecht.

Patienten der Psychoanalyse zu erhalten wünschte und ja auch bis heute erhalten hat. Und so erfahren wir weiterhin allerhand Orakelndes über den Todestrieb, hören und lesen solchen Bockmist wie weiter oben über das Überich als »Schutzmacht« und erleben eine weisheitstriefende Flucht aus den Zwängen der wissenschaftlichen Methodik, derer sich kein Pfaffe zu schämen bräuchte. Von den unglücklichen Patienten dieser in den Harem der Machthaber verkauften Braut [= der Psychoanalyse] werden allerdings die besseren entweder noch verrückter oder depressiver, als sie schon waren, die schlechteren dagegen leben einfach nach definitivem Abdressieren jedes pragmatischen Maßstabes oberhalb des automatischsten Opportunismusses, volkstümlich »Rückgrat« geheißen, von und mit den dafür erhaltenen und abrufbaren narzißtischen Gratifikationen unter periodischen Grinsattacken oder einfach chronischer Grinsneigung fort (werden also gehorsam, niederträchtig, eingebildet und eitel). Besseres an »medizinischer« bzw. »therapeutischer« Wirkung kann nach der »Autonanose« der Psychoanalyse nicht mehr eintreten, und die Kassen bezahlen sie auch nur noch aus dem außermedizinischen Grund, weil sie den Blick auf Freud versperrt.

Wie verhält sich nun eine I.Psa.V., die eine Spaltung in einen inhaltsbewahrenden und einen inhaltsverschleudernden Teil um den Preis hatte abwehren können, daß nur der inhaltsverschleudernde überlebte (und damit jeden Fenichel oder auch nur Fenichelsympathisanten überlebte), gegen eine Wiederkehr des verdrängten Reich aus den Verliesen ihrer schon einmal aufmerksamkeitswürdigeren Geschichte? – Nun, zunächst drohte keine unmittelbare Gefahr, denn die gesellschaftlichen Kräfte, die Reich aus der endlich erreichten Vergessenheit zurückgeholt hatten, waren ja im Sinne der Organisation »Laien« und darüber hinaus unerfahren und schlecht organisiert – und im Innern der Organisation hatten, wie oben angedeutet, die Zeit und die mit ihr verbündete Biologie ihr Werk schon längst und zuverlässig verrichtet. Der einzige Druck, den die Träger der Rückkehr Reichs ins Menschheitsgedächtnis auf die I.Psa.V. ausüben konnten, bestand in der beträchtlichen Größe des in ihnen verborgenen Kundenpotentials. Eine zu frühe, zu hastige Modernisierung der alten Bannflüche und Häresierefutationen aus der ersten Phase der Abwehr Reichs hätte dieses Potential, das noch sehr empfindlich und am Ende gar dauerhaft klischeebildend reagierte, möglicherweise anhaltend vergrätzt, zumal im eigenen Kapitulationsfall vor der fortbestehenden Gewalt die I.Psa.V. einen unübertrefflich billigen Sündenbock und ein hervorragend aufwandsarmes Mittel zur kognitiven Dissonanzreduktion abgegeben hätte (etwa so: wer zwar das elendeste und angepaßteste Arschloch geworden ist, aber auf sie schimpft, kann sich weiterhin als eigentlich mißverstandener, heimlicher Revolutionär fühlen!). Diese Gefahr mußte vermieden werden – es wäre doch sehr schade um das schöne Geld gewesen, am Ende gar von Privatpatienten! Also wartete die I.Psa.V. (das Kürzel stehe auch für alle ihre nationalen Zweigvereinigungen) mit einer offiziellen, gar schriftlichen Äußerung über Reich erst einmal ab; erst wenn die Demoralisierung der frischen, aber unsoliden Bewegung abgeschlossen war, was zu Anfang noch niemand im voraus datieren konnte, könnte man sich ja etwas einfallen lassen.

Trotzdem wirkten die alten Tiraden doch etwas abgegriffen; außerdem hatten sie zeitbedingt unter einem residualen Sachlichkeitszwang gestanden, der inzwischen unter den Fortschritten der Kapitalkonzentration und der daraus folgenden Herrschaftsmonopolisierung einer erweiterten Schwafelfreiheit gewichen war, für welche einerseits schon Hitler die Bahn gebrochen hatte, andererseits unter den neuen transatlantischen Herren mangels Korrekturzwang durch eine potente Arbeiterbewegung kein Zügel zu befürchten war. Allerdings war es doch nicht ratsam, die hochgestochenen Anti-Reich-Mantren, wie sie durch raschen Verfall der Studentenbewegung die zweite Phase der Reich-Abwehr hervorgebracht hatte, umstandslos zu übernehmen; ihr Bezug zur Psychoanalyse war gefährlich gering, und darüber hinaus war ihr verbogen hegelndes und verquast adornierendes Vokabular, das nur mit diesen hohen Verbalkosten einen Loyalitätsreflex durch Stallgeruchsfreisetzung bei Ex-Marxisten auslösen konnte, am Ende allzu spezifisch und anlaßgebunden, um nicht langfristig belastend zu sein. Das konnte man nicht sicher wissen; aber erfreulich war es ja doch, daß die neuen und jetzt so rasch schlapp gewordenen Hechte im Karpfenteich unter selbstgebastelten Exorzismusformeln dem alten Gottseibeiuns Reich abschworen, und so war der Zeitpunkt wohl richtig, nachdem diese sich erst einmal gesetzt hatten, ein abschließendes Anti-Reich-Buch aus unzweifelhafter I.Psa.V.-Feder nachzuschieben. Es bezieht die äußerste rechte Position, die der I.Psa.V. möglich ist, stammt von Béla Grunberger und Janine Chasseguet-Smirgel und trägt den Titel ›Freud oder Reich? – Psychoanalyse und Illusion›[3].

Seine Grundstruktur ist einfach: es agiert offen antimarxistisch, aber in einer Weise, die sich ein Nicht-Psychiater gar nicht so leicht trauen würde: Marx besteht auf der Eigenwirksamkeit der Außenwelt, die Paranoiker tun das auch, also ist er verrückt.[4] Reich ist auch verrückt, denn

---

[3] Grunberger/Chasseguet-Smirgel 1979, ab jetzt einfach GC. Alle bei mir in einem GC-Zitat auftauchenden Hervorhebungen stammen von den Verfassern.

[4] »Die politischen Ideologien scheinen in der Tat insgesamt das Ziel zu verfolgen, **äußere Faktoren** als Ursachen für das menschliche ›Unbehagen‹ verantwortlich zu machen. Schuld an dem ganzen Elend der Menschheit hat entweder ein System (das Privateigentum, der Kapitalismus) oder eine Gruppe von Menschen (die Juden, Bourgeois, gepanzerten Charaktere und der homo normalis, oder die Ödipianisten [sc. ›Rechtsfreudianer‹ in der Terminologie von Deleuze und Guattari, deren irrationale Leugnung des Ödipuskomplexes GC Reich anhängen wollen, F.E.H.]), schließlich die Gesellschaft schlechthin. Die Ideologien führen die Leiden niemals auf die Wirkung der Triebe oder auf die Conditio humana selbst zurück, **im Gegenteil – und dies ist zweifellos ihre Hauptfunktion** – sie versuchen mit allen Mitteln, sich ihnen zu entziehen. (…) Diese Rede von der Vollkommenheit steht in krassem Widerspruch zu der von der Psychoanalyse beschriebenen Kastration (sic) als Merkmal der Conditio humana. Politische Ideologien, die in **äußeren** Faktoren die Antriebe für die Leiden der Menschheit erblicken, sind im wahrsten Sinne des Wortes **Projektionssysteme**. (…) Die Rassentheorien von Hitler stellen die Karikatur eines solchen Prozesses dar mit der Projektion allen Übels auf die Juden, die zum Ver-

erstens folgt er ihm darin, zweitens geht er noch weiter, und drittens hat das Paul Federn, wie er zugegebenermaßen erst Jahrzehnte später im Vertrauen seinem Sohn mitteilte, schon 1923 messerscharf diagnostiziert (d.h. zu einem Zeitpunkt, als Freud, immerhin neben der satten Hälfte seiner damaligen Anhänger ebenfalls Psychiater, von Reich hellauf begeistert war und ihn zur jahrelangen Zufriedenheit eines erheblichen Teils der Veranstaltungsteilnehmer mit den verantwortungsvollsten Aufgaben betraute). –[5] Freud ist glücklicherweise nicht verrückt,

---

folger abgestempelt und deshalb vernichtet werden müssen, beherrscht von der Pathognomik der Paranoia: Verfolgter-Verfolger. Die Aufdeckung eines solchen Vorgangs beim Marxismus scheint schon dadurch erschwert zu werden, daß er mit ›wissenschaftlicher‹ Attitüde auftritt. Aber in den Augen der psychoanalytischen Interpretation, besonders im Hinblick auf den Vorrang, den sie den inneren Faktoren einräumt, erscheint auch die marxistische Interpretation als ein projektives Denksystem. Jede linksgerichtete Interpretation gesellschaftlicher Sachverhalte wird also mehr oder weniger von Projektion und Persekution beherrscht. Das gilt in besonderem Maße für die Theorie von Herbert Marcuse« (p. 141sq.). Genug –, es endet schließlich so: »Das Interpretationsmodell dieser politischen Ideologien läßt sich vergleichen mit dem ›**Beeinflussungsapparat**‹ bei paranoiden Schizophrenen, der von Tausk (1919) so ingeniös beschrieben wurde« (p. 144). Ähnlich unpassend wie in jeder modernen Operninszenierung kommen die obligatorischen Nazis bei GC nur wegen der propagandistisch so wertvollen »Totalitarismustheorie« hinein, deren ausschließlich unbewußten Wahrheitsgehalt ich anderswo besprochen habe (Hoevels 1984b); sie passen aber gar nicht in GC's diagnostisches Delir, da das von den Nazis u.ä. getragene Programm kein – von GC für ausschlaggebend betrachtetes – positives Glücksversprechen im Zentrum enthält – dafür quatschen Hitler und Mussolini viel zu viel von »Pflicht« und »Opfer« als primären Werten, nicht etwa bloßen Mitteln zum Zweck –, sondern vielmehr nur **ungestörten Überichgehorsam** (Kommunisten, Juden, Liberale und viele andere echte Projektionsfiguren waren die Störer), also ein durch und durch negatives »Glücksversprechen«. – Wie es die Kastration – und nicht etwa die als kronide Substanz unbewußt erratene Kastrationsdrohung mit dem Ziel eines Präventionsschlags gegen den kleinen Ödipus oder die kleine Elektra – schaffen soll, unauflöslich und metaphysisch in die conditio humana einzugehen, bleibt bizarre GC-Ideologie und I.Psa.V.-typisches Psychoanalesisch.

5) Vielleicht sollte man ein Beispiel der GC-Methode vorführen – es verschlingt Platz, aber es schützt gegen die Unterstellung der Unfairneß. »Die Ideen [sc. eines gewissen als Marxist und sogar Reichist gebrandmarkten Celma] beruhen auf einer gegenwärtig ziemlich einflußreichen Ideologie (in unseren Augen [sc. von GC] scheint sie geradezu das Prädikat ›herrschende Ideologie‹ zu verdienen), und der für sie typische paranoide Anstrich kommt gerade bei Celma besonders stark zum Ausdruck. Ein Beispiel: Sie [sc. GC's Leser] glauben vielleicht, daß die Schulpflicht und die Unentgeltlichkeit des Unterrichts zu den sozialen Errungenschaften der

sondern ganz fürchterlich weise, weil er im Gegensatz zu diesen Verrückten, jedenfalls laut GC, auf der unerschütterlichen Autonomie der »Innenwelt« besteht und nicht der höchst verderblichen Illusion huldigt, eine Verbesserung der Außenwelt könne an möglichen Leiden – die ja, ergänze ich, definitionsgemäß nur in der »Innenwelt« möglich sind – irgend etwas Nennenswertes ausrichten oder überhaupt durchgeführt werden (diese Alternative bleibt letztlich unklar, spielt bei dem zur einzigen Nicht-Ideologie bzw. Nicht-Illusion erhobenen Solipsismus der Autoren allerdings auch keine Rolle). Mit diesen tiefen, angeblich durch die Psychoanalyse ermöglichten Einsichten macht man sich allerdings nur unbeliebt, so GC schon in den Eingangsmotti, setzt sich darüber hinaus mancherlei Verfolgungen und gefährlichen Anfeindungen der offenbar sehr mächtigen Linken im allgemeinen und ihres reichianischen Teiles im besonderen aus, aber irgend jemand mußte diese Wahrheiten einmal sagen, und da sind sie nun. –

Freiheitsrechte gehören und einen Fortschritt für die Demokratie bedeuten. Das zeigt nur, wie naïv Sie sind. Denn Sie unterschätzen die Konspiration und den Machiavellismus des Kapitals: ›Jeder sollte wissen, denn auch die Macht hat es immer gewußt, daß die Schulpflicht und die Unentgeltlichkeit des Unterrichts nur deshalb eingeführt worden sind, weil die Interessen der bürgerlichen Klasse diese Maßnahme erforderten. Für die ökonomische Entwicklung des Kapitalismus braucht man ausgebildete Arbeiter‹« (GC 112). – Nun, wer auch nur die geringsten historischen Kenntnisse hat, muß diese »Paranoia« teilen: die Schulpflicht wurde keineswegs den Bürgern von den Arbeitern abgerungen, sondern von den Bürgerlichen meist im Bündnis mit den absolutistischen Fürsten (vorwiegend ärmerer Länder), im Notfall gegen diese, den Resten der Feudalität aufgezwungen, man denke hierbei etwa an calvinistische Reformatoren wie John Knox; wenn dieser vielleicht auch dabei subjektiv von religiösen Motiven getrieben wurde, seine Unterstützer, ohne die ihm auch Jahwe nicht hätte helfen können, wußten es besser, und bei jedem Preußenkönig u.ä. liefen bei dieser Angelegenheit subjektive und objektive Zielsetzung aufs deutlichste zusammen. Wo umgekehrt die bürgerliche Klasse sehr schwach, der Fortbestand der Feudalität dagegen ungewöhnlich stark war, wie z.B. in Mecklenburg-Schwerin, da ließ auch die Schulpflicht lange auf sich warten. Umgekehrt werden wir selber, durch die gewandelten Ansprüche des inzwischen konkurrenzlos gewordenen Kapitals, schon Zeugen ihrer Verwässerung, bei guter Gesundheit vielleicht sogar ihrer völligen Erosion. (Die Idee eines immanenten, sozusagen mystischen und klassenlosen Menschheitsfortschritts als Geschichtsfaktor könnte man selber als etwas bekloppt diagnostizieren, psychiatrisches Vokabular liegt bereit, aber wir wollen nicht so sein.)

Man könnte es sich leichtmachen und das Buch ohne weiteres als knallereaktionär in die Ecke räumen, was es unzweifelhaft ist; damit beginge man aber logisch den gleichen Fehler, von dem es selber zehrt. Vor allem gilt es, Freud selbst gegen seine in ihm vollzogene Verzerrung in Schutz zu nehmen, so wenig dieser von jeder Schuld an ihrer Erleichterung spätestens seit 1923 freigesprochen werden kann. Jedenfalls wird er von GC als eine Art Popanz und Guru ausgebaut, sozusagen ein introspektiver Offenbarungsfels, an dem jede auf kollektive Verbesserungen abzielende Vernunftregung zerschlagen werden kann und soll.

Der eigentliche Trick von GC – man kann ihn auch ihr Dogma nennen – besteht darin, jede angestrebte Verbesserung der Umstände, die nicht ausdrücklich und a priori auf ihrer allerbescheidensten Partikularität und Vereinzelung besteht, mit der Etikettierungskraft eines päpstlichen Bannfluchs für »**vollkommen**« und damit automatisch für »**illusionär**« zu erklären. In diesem Zusammenhang fallen zahlreiche Freud-Zitate, in denen sich Freud zum Mechanismus der Illusion an und für sich äußert (aber zu sonst nichts); dadurch soll suggeriert werden, Freud teile GC's Manie der denunziatorischen Vollkommenheitszuschreibung, und wer sie nicht teile, sei folglich kein Anhänger, sondern ein – noch dazu im Gelegenheitsfall zwangsläufig blutrünstiger – Gegner Freuds und somit der Psychoanalyse, wodurch die armen und schutzlosen Vertreter von deren unpolitischer und quietistischer, aber wenigstens ganz schön absoluter Wahrheit allezeit als so etwas wie potentielle Märtyrer zu betrachten sind. So weit das Vorwort; jeder, der meine Wiedergabe ungerecht oder verfälschend findet, überprüfe selbst, ob es irgendeinen anderen Gedanken enthält oder auch nur eine einzige der herangezogenen Freud-Stellen den Schluß erlaubt, auch Freud betrachte jeden Versuch einer generellen Verbesserung als denjenigen der Herstellung einer illusionär absoluten Vollkommenheit; ich habe nichts dergleichen entdecken können (und finde auch keinen Anhaltspunkt für die Vermutung, Reich habe irgendeinen offenen oder auch nur heimlichen Widerspruch gegen die von Freud entwickelte und in langen Auszügen von GC zitierte Illusionstheorie gehegt).

Mit dieser Introduktion ist das Thema der folgenden Passacaglia vorgespielt; es wird den Basso continuo der GC-Orgel nicht mehr verlassen.

Im nächsten Kapitel klingt es freilich nur versteckt an; dieses referiert scheinbar nur Freuds Ansichten zur Ausübung der Psychoanalyse durch Nichtärzte (»Laien«) und ihre Anwendung auf außermedizinische Gegenstände; Reichs Meinung zum Thema wird merkwürdigerweise gar nicht erwähnt, obwohl er doch, oberflächlich betrachtet, in der ersten beider Fragen, zusammen mit der Mehrheit freilich, in offener Opposition zu Freud stand.

Warum läßt sich ein bekennendes Anti-Reich-Buch, dessen Autoren es explizit um die Konstruktion eines Gegensatzes Freud-Reich geht, dieses scheinbar gefundene Fressen entgehen? Des Rätsels Lösung: Reichs Position war mindestens hinsichtlich der zweiten Frage mit derjenigen Freuds identisch, ging sogar in der von GC gepriesenen Richtung noch offen über ihn hinaus; das war ja der positive Grund seiner Anfeindung gewesen (den negativen, die Abwehr irrationaler Verbiegungen, kennen wir ausführlich aus dem Kapitel über die Reik-Reich-Kontroverse), als Anwalt der »Medizinalisierung« oder »Autonanose« der Psychoanalyse läßt sich Reich gerade nicht anschwärzen, und auch seine Stellungnahme zugunsten der Psychoanalytikermehrheit gegen Freud in der Frage der Laienanalyse läßt sich nicht von einer Vorreiterrolle zu diesem Ziel ableiten, wie wir schon gesehen haben. GC wäre dies zwar durchaus zuzutrauen, aber damit wäre ihr Konzept versaut: rückten sie an dieser Stelle damit heraus, dann genösse Reich nicht nur den Schutz der Mehrheit (könnte also nicht als Außenseiter stilisiert werden) und sogar der allmächtigen Yankees (damit zerbräche die antikommunistische Keule), und das ganze Kapitel verlöre seinen Sinn. Dieser besteht nämlich darin, Vertrauen für die Autoren herzustellen, indem diese sich zugunsten eines weiten geistigen Horizonts, den Freud auch unter gewissen Opfern offenhalten wollte, gegen die Front der freiwilligen Flachköpfe und anpassungswilligen Selbstverzwerger auf dessen Seite stellen und damit beim Leser ein gewisses Kapital an Respekt zu erschleichen, dessen Zinsen bei der wüsten und bizarren Hetze der nächsten Kapitel bitter gebraucht werden. Eine Erinnerung daran, daß Reich bei **dieser** wohlfeilen Gelegenheit auf ihrer Seite gestanden hätte, stört dabei erheblich und wiegt viel schwerer als die beiläufige Nutzung einer Gelegenheit, ihn durch Verdrehung eines seiner Diskussionsbeiträge als »Medizinalisierer« zu verleumden. Die abzufeuernden Kanonen müssen erst noch in Stellung gebracht werden – das geht vor!

Die Stellung, die im nächsten Kapitel ausgebaut wird, ist der Biologismus: Phänomene, deren biologischer Charakter zweifelhaft ist oder mit Sicherheit nicht vorhanden, sollen dogmatisch zu biologischen erklärt werden. Das fragliche Phänomen ist natürlich der Ödipuskomplex, und Freuds Entdeckung desselben wird mit dessen Biologisierung (zur apriorischen »Universalie«) auf eine Stufe gestellt: »darumb heißt es: ganz gegläubt oder gar nicht!« [Martin Luther über die Gesamtheit seiner Dogmen]. Es ist ein wenig peinlich, wie GC die Psychoanalyse – im dreifach wiederholten Namen einer »Rückkehr zu Freud« (von Reich, angeblich) – zu einer veritablen Religion umschreiben, nur um sie mit der Ökoanalyse inkompatibel zu machen.

Kein Zweifel: Freud hat der Biologisierung des Ödipuskomplexes hin und wieder Vorschub geleistet, und seine eigenen **Erklärungen** der Entstehung des von ihm genial und mutig **Entdeckten** sind bisweilen ungeschickt, hilflos und plump, ganz selten sogar abwegig. GC behandeln sie unterschiedslos zu den von ihm mitgeteilten und von anderen Zeugen so gerne verschwiegenen Beobachtungen und deren luzider psychologischer Auswertung wie das Wort Gottes (natürlich nur, um Reich, der **diesem**

Teil der Äußerungen des Meisters nur eingeschränkt gefolgt ist, auf dieser Grundlage als Ketzer anathematisieren zu können). Es bleibt aber doch sehr die Frage, nachdem es keinen Zweifel leidet, daß die Anerkennung der Existenz des Ödipuskomplexes zum unverzichtbaren Grundbestand der Psychoanalyse gehört (sie also wertlos und ihre Lehre falsch wäre, wenn es ihn nicht gäbe bzw. unter den vorgefundenen Bedingungen normalerweise nicht gäbe), ob seine doch nur impressionistisch und spekulativ hingeworfene **Erklärung** durch ihren Gründer als ebenso verbindlich zu betrachten ist.

Freud selbst tat das nicht, sonst hätte er nicht zum Leidwesen GC's[6)] bei anderer Gelegenheit den »Urvatermord« statt einer angeborenen, unabwendbaren Triebkonstellation, also ein prähistorisches Ereignis (richtiger wohl: eine prähistorische Häufung ähnlich strukturierter Ereignisse, wie sie wahrscheinlich mit der menschlichen Gehirnentwicklung und der dadurch ermöglichten, den Pongiden versagten Triadenbildung zusammenhängt) als Ursache des Ödipuskomplexes angegeben. Um kein Mißverständnis aufkommen zu lassen: natürlich sind im Ödipuskomplex biologische Elemente wirksam, angeborene Triebe nämlich, genauso wie in einer Hungersnot unsere biologisch gegebene Unfähigkeit zur Photosynthese und unser vorgegebener Grundumsatz, aber die naheliegendste Annahme ist doch, daß die spezifische psychische Konstellation, welche das Wort bezeichnet, durch die Lebensumstände ausgelöst wird, auf welche das mit seinen angeborenen Trieben und Eigenschaften ausgestattete Individuum gestoßen ist. Da der Ödipuskomplex bzw. seine Verdrängung unzweifelhaft schädliche Folgen hat, erhebt sich

---

6) p. 23sq. und vor allen 33sq. Dort fällt schließlich der Satz: »Über Freuds hartnäckiges Festhalten am Mythos von der Urhorde ließe sich gewiß noch manches sagen; wahrscheinlich ist sein Verhalten Ausdruck eines Widerstandes, der den Schöpfer der Psychoanalyse daran hindert, sich ganz und gar als Freudianer zu verstehen.« Wie gut, daß GC das können – nur echte Solipsisten wie GC sind Freudianer, Freud selber glaubt noch viel zu viel an die Realität!

daher schnell die Frage, ob sich die ihn erzeugenden Umstände nicht vermeiden oder wenigstens abschwächen lassen; Reich ist ihr, insbesondere in seinen ZPP-Aufsätzen, immer wieder nachgegangen. GC kommen selbstverständlich vom anderen Ende her und versuchen, den Ödipuskomplex zum unentrinnbaren Schicksal, zum Verhängnis einer quasi-biologischen »Universalie« zu verabsolutieren; dann kann wenigstens keiner was für ihn und seine Folgen. Dabei soll Freud den Kronzeugen abgeben, und es gelingt ihnen, seinem umfangreichen Werk zwei geringfügige Abwegigkeiten abzupressen: in ›Hemmung, Symptom und Angst‹ (GW XIV 113–205), ohnehin seinem wohl mißlungensten Aufsatz, ist er Ranks Theorie vom »Trauma der Geburt« und damit einer (wohl nur hypothetischen und inexistenten) biologischen Unentrinnbarkeit sehr entgegengekommen (welche von GC flugs mit dem Ödipuskomplex verwoben wird); sie verschweigen freilich, wie er bald danach von dieser Abwegigkeit wieder abgerückt ist, wenn auch aus verständlichen Gründen zunächst in etwas gequälter Weise; er verlor ja seinen praktisch nützlichsten Mitarbeiter. Immerhin distanzierte er sich schon gleich zu Anfang gegenüber seinen sonstigen engsten Mitarbeitern von dessen biologistischer Phantasterei mit Worten, die auch Reich zu diesem Zweck hätte benutzt haben können.[7]

Der zweite Punkt, welcher Freuds biologistische Auffassung belegen soll, ist eine Stelle aus seiner Abhandlung ›Der Untergang des Ödipuskomplexes‹ (gemeint ist dessen Verdrängung; das Wort »Untergang« soll auf die

---

[7] »Jetzt aber kommt der Punkt, wo für mich die Schwierigkeiten beginnen. Der Mutterleibsphantasie stellen sich Schwierigkeiten entgegen, welche Angst hervorrufen: die Inzestschranken. Woher kommen die denn nun? (…) Meine Erklärung war eine historische und soziale, phylogenetische. Ich leitete die Inzestschranke von der Urgeschichte der menschlichen Familie her und sah dann in dem wirklichen Vater das eigentliche Hindernis, das die Inzestschranke wieder aufrichtet. Hier weicht Rank von mir ab« (Freud im Rundbrief vom 12.2.1924, zit. n. Jones 1962, vol. III p. 81).

Vineta-Sage anspielen): »Auch wo nicht besondere Ereignisse [sc. bestimmte schmerzliche Enttäuschungen] (…) vorfallen, muß das Ausbleiben der erhofften Befriedigung, die fortgesetzte Versagung des gewünschten Kindes, es dahin bringen, daß sich der kleine Verliebte von seiner hoffnungslosen Neigung abwendet. Der Ödipuskomplex ginge so zugrunde an seinem Mißerfolg, dem Ergebnis seiner inneren Unmöglichkeit« (GW XIII 395, zit. GC 25).

Diese Formulierungen Freuds können in der Tat mißdeutet werden, und das tun GC mit Wonne: »Wiederholt hat Freud vom Wunsch des ›Kinderhabens‹ beim ödipalen Kind gesprochen. Damit wird die Bedeutung jener Abweichung [frz. déviation? – gemeint ist doch wohl ›Differenz‹ oder ›Abstand‹ i.S. von ›Graben‹, F.E.H.] unterstrichen, die den Augenblick der Entstehung des ödipalen Wunsches und die dem Kind zur Verfügung stehenden physiologischen Möglichkeiten kennzeichnet« (p. 162, Anm. 35). – Damit bleibt der Schwarze Peter beim Kind und der Natur hängen, prügelnde und irrationales Zeug, wie es die Gesellschaft fordert, weitergebende Eltern können ihre Hände in Unschuld waschen. Nur: einen Kinderwunsch kann die Natur nicht hervorbringen, auch nicht bei Kindern (denn dazu hätte sie zumindest die höheren Wirbeltiere auch noch mit der Fähigkeit zu kausalem Denken und systematischem Beobachten mit Probe und Gegenprobe befähigen müssen); für ihre Zwecke reicht der Sexualtrieb, d.h. der Drang nach genitaler Vereinigung, völlig aus, und wer nur für 5 Pfennig biologischen Verstand besitzt, weiß: *natura non facit luxum* (bzw. »*natura fugit sumptum*«). Auch Freud ist zumindest die psychologische Konsequenz dieses ehernen Gesetzes klargewesen, wie sein berühmtes Diktum beweist, das Paar genüge sich selbst und brauche kein Kind, um glücklich zu sein; warum sollte das anders sein, wenn ein Teil des Paares selber ein Kind ist? In Wahrheit entsteht dieser Wunsch bei Kindern, wenn er nicht ganz einfach ein Hüllbegriff für »Geschlechtsverkehr« ist (cf. GW X 20), als Antwort auf bestimmte persönliche Situationen, die er phantastisch verbessern soll: wäre z.B. das jüngere Geschwist, auf das man eifersüchtig ist, ein selbstgezeugtes Kind, könnte man Autorität über dieses beanspruchen; Kinder können als Attribut des Elternteils aufgefaßt werden, an deren Stelle man ödipalerweise gerne wäre; nach dem Vorbild des weniger dauerhaften Exkrements soll das Kind den verlorengeglaubten eigenen Penis ersetzen, Freuds in diesem Zusammenhang wohl bekannteste Patientenbeobachtung – kurzum, dieser etwas absurde Wunsch kann sehr vielfältige Ursachen haben, und Freud hat noch viele weitere nachgewiesen und diskutiert, aber **immer** ist er indirekt hervorgerufen und sekundär, ohne seine besonderen Ursachen, durch die er provoziert wurde, wäre er nicht entstanden, und auch die übliche Familiensituation einmal vorausgesetzt, ist er darum durchaus kein obligatorischer Bestandteil des Ödipuskomplexes (welcher ohne die nicht ganz aus der Luft gegriffene Angst vor einem »kroniden« Präventivschlag des gleichgeschlechtlichen Elternteils auch schwerlich verdrängt und dadurch für den Rest des Lebens so wirkungsvoll würde – das und nicht infantile Zeugungsunfähigkeit ist der wahre Grund seiner eintretenden Unbewußtheit bzw. zuvor schon meistens chronischen Vorbewußtheit; GC erzählen das später auch ganz munter und korrekt, aber da haben sie ihren mystisch-biologistischen Luftballon längst aufgeblasen und zum Schweben über den ganzen Text gebracht).

Kurzum: an **realen** Situationen von sehr unterschiedlicher traumatisierender Kraft ist in der Familie kein Mangel, ihr reales Verhalten für die Folgen keineswegs gleichgültig, wie uns das GC und mit ihnen die ganze Luzern überlebt habende I.Psa.V. suggerieren wollen; **ganz** ohne Anlaß sind die von ihnen wahlweise verabsolutierten oder, wie hier, biologisierten pathogenen Phantasien keineswegs, das wollen sie uns zur Verharmlosung der Familiensituation und jener sehr unterschiedlich großen Schuld, die sich Eltern in ihr – gewöhnlich aus Feigheit im Kampf mit dem eigenen Überich – aufladen können, nur weismachen[8]. Wie so ziemlich alle ihrer lebenden Kollegen kauen sie Zucker aus dem Umstand, daß die traumatisierende Kraft pathogener Anlässe keineswegs immer oder auch nur durchschnittlich proportional zu der in ihnen enthaltenen Gewaltsamkeit (oder realen Gewaltandrohung) ist; Kontingenzen spielen eine ausschlaggebende Rolle, ebenso die »Verstärkung« eigener Ichleistungen (des Kindes) durch Erfolge. (So z.B. weist Freud sehr zu Recht einmal darauf hin [GW XIV 490 Anm.], daß die heute sogenannte »liberale« Erziehung das Kind u.U. viel mehr schädigen, d.h. sein Überich viel lückenloser wirksam und aggressiv machen kann als eine brutale, weil das Kind seine Bedränger nicht mehr durchschauen, d.h. durch eigene intellektuelle Operationen ins – wirklich bestehende! – Unrecht setzen kann.) Daraus aber abzuleiten, daß pathogene Phantasien ausschließlich spontan entstünden, ohne mehr als zufällige und unvorhersehbare Anknüpfungspunkte in der Realität, oder zumindest nur solche, welche allein die Natur immer wieder unentrinnbar und gleichförmig vorgibt, wie es durch die Bank die ganze I.Psa.V. zur Zeit von GC trieb und noch lange treiben wird, auf jeden Fall sich offenhalten wird zu treiben, ist durch und durch absurd und realitätswidrig – aber sehr bequem![9]

---

[8] Deshalb wird Reich in einem heute vergessenen Buch aus der zweiten Phase seiner Abwehr auch ganz heftig **vorgeworfen**, daß er in einer frühen und unauffälligen Fallstudie nicht anders als fast alle seine damaligen Kollegen (und alle berühmten darunter, die Jungianer waren ja mit Recht schon ausgeschlossen worden) von der Realität eines Anlasses zu pathologischer Phantasiebildung ausgegangen war (Mitchell 1976, bes. p. 190sqq.). Die Autorin hofft natürlich, daß ihre Leser die wahren Verhältnisse nicht kennen (d.h. daß nichts normaler unter den Schülern des lebenden Freud war, als von der Realität der Auslöser pathogener Phantasien auszugehen und deren Nachweis zu versuchen) und denkt sich heimlich, daß ihre Leser ihre I.Psa.V.-Erfahrungen aus der Gegenwart in Reichs Wiener Zeit zurückprojizieren, etwa so, wie viele Leute Jesus für einen Christen halten und Petrus für einen Anhänger der Trinitätslehre, wenn nicht gar des Katholizismus.

[9] Die unredlichen Selbstbeweihräucherungen einzelner I.Psa.V.-Repräsentanten wie Paul Parin über ihre eigene »Wiederentdeckung der Realität als psychisch wirksa-

Und so bestehen die Familien bei GC unbeschadet von der im Kind ablaufenden Verzerrung der Wahrnehmung dieser Tatsache durch böse und quasi-externe »Universalien« grundsätzlich aus gutartigen und wohlgesinnten Mitgliedern, welche objektiv an einem Strang ziehen, gerade so wie in einer Apologie des barocken Absolutismus die diesem unterworfenen Länder zumindest mehrheitlich von wohlwollend besorgten Landesvätern und zufrieden sein könnenden, weil bestens und uneigennützig betreuten Untertanen bewohnt werden; strukturell vorgegebene Interessenkonflikte (die in der Familie im Ödipuskomplex nur kulminieren) gibt es nicht, nur die böse, aber unwandelbare Natur ist die Quelle des einzigen Schlechten.[10)]

Nur auf diesem Hintergrund lassen sich die logischen und substantiellen Absonderlichkeiten bei GC erklären (geistesgestört sind die beiden durchaus nicht, so gerne sie ihre Gegner so etikettieren!); in ihre gar nicht so falsche Schilderung der ödipalen Mechanik streuen sie an hervorgehobener Stelle überraschend ein, das Inzestverbot sei eigentlich nur eine Nettigkeit des Vaters gegenüber dem Sohn: »[Das Inzestverbot] erscheint als Ergebnis einer zeitlichen Verschiebung zwischen dem ödipalen Wunsch und der physiologischen Fähigkeit, ihn zu befriedigen. In dieser Perspektive trägt nun die Einführung eines **Verbots** (das von außen, vom Vater, kommt), dazu bei, die narzißtische Kränkung abzumildern, die doch eigentlich dadurch entsteht, daß das Subjekt seine eigene Hilflosigkeit erkennt« (p. 23). Oder eine Seite später: »Dabei liegt die Bedeutung des **Inzestverbots** wahrscheinlich in der Verschleierung der **Unfähigkeit zum**

---

mer Faktor« nach verflogenem Pulverdampf der abgestorbenen Oppositionsbewegung sind nur taktische Winkelzüge, die niemand ernst nehmen sollte; beim Wiedererwachen einer potenten Opposition wären überdies auch sie schnell zerquatscht und verflogen.

10) Da ist sogar der aufgeklärteste, weil wissenschaftlichste, Teil der modernen Biologie, obwohl für Subjektives ja nur indirekt zuständig, entschieden näher an der Wahrheit: siehe Dawkins 1978, cap. 8!

Inzest.« Warum wird das Inzestverbot dann nicht mit beginnender Pubertät gelockert, bei ihrem Abschluß aufgehoben?! – Wie gesagt, daß GC ihren Lesern diesen Galimatias zumuten, liegt nicht daran, daß sie dumm oder geisteskrank wären, sondern ergibt sich als einzig übrig bleibendes Suggestionsziel – da sie ja Freud nicht einfach verleugnen dürfen – als Konsequenz aus ihren propagandistisch-ideologischen Absichten.

In Wahrheit – wir bleiben der Einfachheit halber in der Sicht des männlichen Kindes – geht das Inzestverbot keineswegs vom Vater aus (»Was macht ihr denn da?!? Das verbitte ich mir aber ein für allemal, vor allem von dir, mein Sohn!!«), sondern natürlich von der Mutter, die dem zudringlichen Jesuskind die Grenzen setzt (stillt sie, dann ist die Entwöhnung die Generalprobe; das geht selbst bei Affen nicht ohne viel Geschrei); jedoch vermutet der Knabe den Vater dabei als eine Art Hintermann, ohne dessen Existenz es sich die Mutter vielleicht anders überlegen würde (und völlig abwegig ist dieser Gedanke ja nicht immer, wenn wir auch gewöhnlich die genitale Vereinigung meist durch oft recht weitreichende Zärtlichkeiten ersetzen müssen – phantasieren wir doch einmal als Beispiel das Schicksal des kleinen Baudelaire oder gar Arrabal nach! Wie gut dies den Kindern bekommt, ist freilich eine andere Frage...).

Schwerer als diese hiermit korrigierte Ungenauigkeit, neben welcher noch viele ähnliche stehen, besonders bei der Herleitung des Kastrationskomplexes, wiegt allerdings GC's obstinate Leugnung der familialen (und nicht etwa biologisch-**intra**personalen) Konfliktstruktur – diese ist der Sinn ihres absurden Biologismus. Er gibt sich als Freud-Apologie, aber vor solchen Apologeten, die nur Freuds Erkenntnisse vor ihren von Reich am deutlichsten unter allen Freud-Schülern formulierten Konsequenzen abschneiden wollen (und dabei selber zerstören, gewissermaßen durch Durchschneiden der Schlagader Realität bzw. Realkonflikt), ist Freud in Schutz zu nehmen. –

Die Passacaglia geht im nächsten Kapitel weiter, in

welchem Freuds Lehre als wesenhaft durch den »Vorrang innerer [sc. vor äußeren] Faktoren« bestimmt hingestellt wird, gerade als wenn dies ein Schibboleth wäre. Am Schluß des Kapitels, in welchem Reich nicht vorkommt, findet sich das Credo der Autoren: »Es scheint, als ob der revolutionäre Geist bei seinen Entdeckungen auf die Aneignung der inneren Realität angewiesen ist, welche der Revolutionär auf der politischen Ebene dadurch zu leugnen versucht, daß er den Grund für alle seine (sic) Konflikte auf die Gesellschaft, nach außen projiziert. Die psychoanalytische Revolution hat, im Lichte der Kenntnis vom Unbewußten, einerseits jede überkommene Idee, jedes Vorurteil kritisch beleuchtet, andererseits die Untersuchung der menschlichen Phänomene auf dem Gebiet der Politik und Historie in Angriff genommen. Das ist die wirkliche Revolution.«[11] Die Erzreaktionäre GC ernennen sich somit und endlich selbst zu Revolutionären, wenigstens »wirklichen«, d.h. platonischen – das soll ihr Privatvergnügen bleiben, aber sie sollten nicht Freud auf ihre Linie festnageln. Sie können es auch nicht wirklich, da sie bei ihm mit aller Sorgfalt in dieser Hinsicht nur eine schwankende und beileibe nicht ihre ehern dogmatische Linie herauspräparieren können; von ihrer eigenen grob metaphysischen – Ketzermörder sagen modisch: »manichäischen« – Spaltung von »Innen« und »Außen« in zwei ganz unversöhnliche Welten, das wahrhaft wirksame Nirwana des »Innen« und die bloß vorgegaukelte Täuschung (»māya« bzw. »hineinprojiziert«) des Samsāra eines »Außen« war Freud weit entfernt. Ihre Ausführungen zu Freuds Kulturtheorie, seiner gesellschaftlichen und religiösen Herkunft sowie zu Herbert Marcuse (den wir schon als Reich-Gegner kennenlernen konnten und daher hier außer acht lassen dürfen) haben mit unserem Thema wenig oder nichts zu tun; sie tragen nichts zur Lösung der Frage bei, ob Reich von Freuds **Lehre** abgewichen ist – Freuds

---

[11] ibid. p. 60sq. Cf. dazu schon Fenichel 1998, p. 224 (von 1935).

persönliche Ansichten wird er ja wohl noch kritisieren dürfen, Freud hat ein wissenschaftliches Werk hinterlassen wollen und weder einen Koran noch Hadiths. Wenn die Psychoanalyse eine »Fikh-Literatur« entwickeln sollte, wird sie wissenschaftlich uninteressant – eine Neigung dazu läßt sich bei der I.Psa.V., als Kompensation für die sehr schlechte Behandlung und geringe Ernstnahme der eigentlichen Lehre, freilich schon lange feststellen.

Ansonsten beuten, wie an vielen Stellen, GC Freuds Unfähigkeit zur Würdigung der Eigendynamik menschengeschaffener Dinge und Strukturen weidlich aus – Freud wollte als Gegenstände der Wissenschaften nur die Natur und die Psyche gelten lassen, der Staat und vorgefundene Maschinen, Gebäude usw. finden da keinen Platz, Organisationen wie Religionsgemeinschaften oder politische Parteien erscheinen dadurch bei Freud, worauf GC gleich zu Anfang alle seine Schüler einschwören wollen, durchaus fälschlich als bloße Additionen von Individuen, sogar als primäre Werkzeuge (!) deren ausschließlich subjektiver Dynamik, was als Gedanke torsohaft und hilflos, als Dogma töricht und zurückzuweisen ist. Da ich mich über die sachlich damit zusammenhängenden Fragen schon andernorts geäußert habe (Hoevels 1983b cap. 10), brauchen wir uns hier mit dieser Diskussion nicht noch einmal zu belasten. –

Einen Bezug zu Reich enthält das 3. Kapitel aber doch, und er ist so verdreht und sagt so viel über die Autoren aus – welche für ihre heruntergekommene Wissenschaftsorganisation ja sehr repräsentativ sind – , daß er eine Auseinandersetzung verdient. In seiner 25. Vorlesung zur Einführung in die Psychoanalyse, ›Über eine Weltanschauung‹ (GW XV 170–197), der auch Freuds Ansicht über die Gesamtheit möglicher Wissenschaftsgegenstände entnommen ist und die auch seine einzige zusammenhängende Äußerung über den Marxismus enthält, besteht Freud bekanntlich darauf, daß die Psychoanalyse keine Weltanschauung bilde, sondern nur Teil der »wissenschaftlichen Weltanschauung« sei. Das ist natürlich richtig und gefällt folgerichtig der dekadenten I.Psa.V. gar nicht besonders; aber nicht dagegen richten sich GC. Sie behaupten stattdessen, Adressat dieser Vorlesung sei nicht etwa die Kirche, deren religiöse Weltanschauung hier – neben der sie mit Auxiliartruppen stützenden empiriokritizistischen, von Freud »anarchistischen« genannten – klar und scharf verworfen wird, sondern vielmehr Reich gewesen, und zwar nicht nur wegen der in ihr enthaltenen ziemlich bedeutungslosen und von sogar eingestandener Unkenntnis des Gegenstandes geprägten antimarxistischen Ausführungen, sondern zunächst wegen des Titels von Reichs Vortrag in Freuds Privatwohnung über ›Psychoanalyse und Weltanschauung‹. Nun ist das Manuskript dieses Vortrags nicht erhalten (wenn es eines gab); wir müssen seinen Inhalt wohl mit einer Kurzfassung von ›Dialektischer Materialismus und Psychoanalyse‹ gleichsetzen, wo Reich sich gegen die Psychologisierung gesellschaftlicher Phänomene wendet, und außerdem muß er den **instrumentellen** Charakter der Psychoanalyse sozusagen zur Gutachtenerstellung für gesellschaftliche Maßnahmen zur Neurosenprophylaxe hervorgehoben haben, sonst wäre Freuds erregtes »Die Kultur geht vor!« nicht zu erklären.[12] Die eigentliche Replik kann also nur ›Das Unbehagen in der Kultur‹ gewesen sein, so sehr flüchtige Einzelbemerkungen ausschließlich im (kurzen) antimarxistischen Teil der 25. Vorlesung diesen vorläufig vorangegangen sein mögen. GC aber beziehen die **ganze** Vorlesung auf Reich, obwohl sie sich doch ganz klar für jeden Leser (Hörer hatte sie niemals) zu über 90 % gegen die Religion richtet. Vor allem besteht Freud auf der Superiorität der Wissenschaft gegenüber der Religion und allen ihren philosophischen Hilfstruppen; ihnen gegenüber ist die Wissenschaft – und damit auch als ihr Teil die Psychoanalyse – keineswegs eine weitere »Weltanschauung«, denn dann siegt ja doch nur diejenige mit den

---

[12] Siehe Reich 1976 p. 30.

stärkeren Bataillonen, größerem Besitz und besseren Drähten zu den Regierungen, sondern ihnen allen als systematische Erkenntnisquelle aufgrund ihres Beobachtungsprimats und ihrer Logikexklusivität qualitativ absolut überlegen. Um diese einzigartige Sonderstellung der Wissenschaftlichkeit gegenüber jeder denkbaren anderen und faktisch natürlich der religiösen Weltanschauung geht es.

Wie kann man dann Reich als Hauptadressaten ausmachen, der doch weder Pfaffe noch Pfaffenagent war? Ganz einfach: er soll »die Neutralität der Psychoanalyse« angegriffen haben und »für ihre Erweiterung zu einer Weltanschauung plädiert« haben, »welche die Abschaffung der bestehenden gesellschaftlichen Einrichtungen zum Ziel haben sollte« (p. 32). Und das sei eine Art Religion, und deshalb sei von Freud mit der Religion eigentlich der Marxismus und damit Reich gemeint (»Der Elefant hat einen wurmförmigen Rüssel; die Würmer gliedern sich in…«).

In Wahrheit steht ein Ingenieur, der eine bestimmte Anwendung von natürlichen Gesetzmäßigkeiten, welche Physiker herausgefunden haben – es kann auch Personalunion vorliegen – keineswegs im Gegensatz zur Physik, macht (oder »reduziert«) sie keineswegs zu einer bloßen Technik oder gar zu einer Weltanschauung. Hat ein Zoologe die Übertragung einer Krankheit durch bestimmte Insekten mittels bestimmter Einzeller entdeckt (z.B. der Malaria durch die Plasmodien), so wird er der Zoologie keineswegs untreu, wenn er die Trockenlegung siedlungsnaher Sümpfe fordert, und macht sie auch weder zur Religion noch zur Weltanschauung; er wendet nur zoologische Erkenntnisse auf vorgegebene Zielsetzungen an, kann allerdings dabei sehr wohl mit Behörden oder anderen interessierten Machtträgern in Konflikt geraten – zwischen Malariaprophylaxe und Neurosenprophylaxe ist da kein wesentlicher Unterschied. Selbstverständlich kann man über die Verhältnismäßigkeit der geforderten Maßnahmen streiten, kann auch die Stringenz ihrer Ableitung von den erreichten Erkenntnissen zur Diskussion stellen u.ä.; aber damit hat man doch noch lange keinen metaphysischen Graben zwischen wissenschaftlicher Erkenntnis und deren möglicherweise auch, bekreuzigt Euch, gesellschaftlicher Anwendung aufgerissen, wie unsere platonischen »wirklichen Revolutionäre« das wollen; denn diesem soll der Umschlag von Wissenschaftlichkeit in Weltanschauung entsteigen. Und diese Idee der gesellschaftlichen Anwendung wissenschaftlicher Einsichten soll die wahrhaft gefährliche Weltanschauung sein, die Freud bloß in der Maske der Religion angreife – gerade als hielte er diese, wie's in I.Psa.V.-Kreisen und nicht nur bei GC tönt, für sooo ungefährlich, sooo veraltet, sooo drittrangig als gesellschaftliche Kraft – , als wäre, der blutgierige Islam einmal ungeachtet, die katholische Kirche, etwa im Gegensatz zu den Parteigängern und Sympathisanten Reichs, nicht allein schon das größte Wirtschaftsunternehmen der Welt, größer als Dow Chemicals und General Motors, von ihrer Verfilzung mit den stets gewaltbereiten Staatsapparaten und ihrer Suggestivkraft auf wehrlose Kinder und geistesschwache Menschen einmal ganz abgesehen.

Freud war kein manischer Reaktionär, der alleine neben krankhaften Euphorikern unter den organisierten Atheisten eine solche Blindheit entwickeln kann; bei ihm, dem unverdorbenen Altliberalen, bedeuten »Kirche« und »Religion« immer noch Kirche und Religion und keineswegs etwas anderes. Und daß seine letzte große religionskritische Schrift gar aus jüdischem Selbsthaß entstanden sein soll, wie ihm GC unterstellen (»eine Wiederkehr des verdrängten Antisemitismus, den jeder (sic) Jude in sich trägt«, p. 58), und nicht vielmehr aus gar nicht verdrängtem, sondern noch dazu höchst berechtigtem Haß auf jede Religion, den jeder echte Liberale sowie Marxist gleichermaßen in sich trägt – eine kleine hatte Freud immerhin z.B. die Vorhaut gekostet und ihm eine ihm höchst verhaßte Heiratszeremonie aufgezwungen, eine große gefährdete chronisch seine bürgerliche Stellung – , das ist hinter der uns allen aufgezwungenen Ärzte- oder Wissenschaftlermaske (der

»zweckfreien Erkenntnis«) ganz entschieden eher zu vermuten. Aber, wie schon gesagt, keine Wissenschaft, auch nicht die im ›Mann Moses‹ angewandte, verliert ihren Wissenschaftscharakter durch ihre Anwendbarkeit (etwa die »Verunreinigung« der »reinen« Wissenschaft durch den erwünschten Einsatz zu dem Zweck, nicht belogen, bedrängt oder beschnitten zu werden); den verliert sie nur durch Toleranz gegenüber irrationalen Beimischungen, und von dieser waren Freud und Reich gleichermaßen frei, solange sie Beiträge zur Psychoanalyse lieferten. –

Erst im vierten Kapitel beginnt der direkte Beschuß Reichs. Dabei wird zunächst einmal seine Biographie im wesentlichen richtig nacherzählt, allerdings mit geradezu stalinistisch widerwärtiger Verharmlosung der ihm angetanen Schändlichkeit: »Die ›Charakteranalyse‹ erschien nicht, wie vorgesehen, im ›Internationalen Psychoanalytischen Verlag‹, sondern 1933 im ›Sexpol-Verlag‹« (p. 68). »Nach langem Zögern entschied die Gesellschaft, ihm die Bewilligung zum Lehranalytiker [in Dänemark!] nicht zu erteilen« (ibid.). »1933 hat die Deutsche Psychoanalytische Vereinigung Reich um seinen Austritt ersucht. Aber Reich hat sich geweigert, freiwillig auszutreten. Kurz bevor der 13. Internationale Psychoanalytische Kongreß in Luzern Ende August 1934 eröffnet wurde, informierte (sic) der Sekretär der Deutschen Vereinigung Reich darüber, daß sein Name von der Mitgliederliste gestrichen worden sei. Daß er dadurch persönlich in Bedrängnis geraten könnte, hat niemand erwartet, schließlich war er eine ›Berühmtheit‹« (p. 69; all diese Sätze sind die jeweils absolut einzigen zum Thema). Bemerkenswert an dieser tendenziösen biographischen Nacherzählung ist einzig die dogmatische Wut, mit welcher GC eine substantielle Kontinuität zwischen den Originalfassungen und deren »orgonotischen« Überarbeitungen behaupten und verkünden; dabei sind sie schlau genug, nicht den Todestrieb (und auch nicht, womit sie zweifellos recht haben, bloß politische Differenzen) als zentralen Streitpunkt zwischen Freud und Reich anzugeben, sondern Reichs Mißachtung des angeblich von Freud ausgehenden Glaubenssatzes vom absoluten »Vorrang innerer Faktoren«, d.h. der angeblich von ihm geforderten Leugnung der eigenständigen psychischen traumatisierenden Kraft äußerer Noxen, des »[all]gemeinen Unglücks« (GW I 312). Selbstverständlich werden sowohl die norwegische wie die US-amerikanische Pressekampagne gegen Reich, die ganz unabhängig vom wahnhaften Charakter seiner Forschungen bösartig, unsachlich und handfest gefährlich waren, entweder unterschlagen oder entstellend verharmlost.

Im nächsten (= 5.) Kapitel wird Reich die »Leugnung der infantilen Sexualität« vorgeworfen, so schon der Titel. Das klingt ganz absurd gegenüber jemandem, der Streit bekam, weil er (in seinem Trobrianderbuch) sogar den angeborenen Charakter der Latenzzeit leugnete, höchstwahrscheinlich zu Recht; aber GC meinen etwas anderes und wollen nur verwirren. Es geht ihnen nämlich, ganz anders als Freud, der ja durch den **Nachweis** der bloßen, bis dahin einhellig **geleugneten** Existenz der infantilen Sexualität, jener unabdingbaren Voraussetzung des noch viel skandalöseren Ödipuskomplexes, spätestens 1905 einen wilden Haß gegen seine Person und Lehre entfesselte, nicht etwa um diesen, der doch das Herzstück der Psychoanalyse ausmacht, sondern ausschließlich um deren **Einschränkungen** und **Besonderheiten** gegenüber der adulten Sexualität – und **deren** Leugnung unterstellen sie Reich.

Zu diesem Zweck machen sie sein mit Freud geteiltes Interesse an der »psychischen Energie« madig, als müsse dieses zwangsläufig zur Orgonphantasie führen, lassen ihn den »ökonomischen Gesichtspunkt« (neben welchem Freud den »topischen« und den »dynamischen« zur Beachtung empfahl) verabsolutieren, als hätte er nie eine einzige Fallgeschichte und kein Wort über die Analyse von Widerständen geschrieben, und lassen ihn, dessen Sublimationstheorie ersichtlich der Freud'schen Rohfassung überlegen ist, die Prägenitalität leugnen (obwohl Reichs psychoenergetische Überlegungen, so lange er Psychoanalytiker war, ja gerade in erster Linie um die Frage kreisen, wie der Prägenitalität fixierte Energie zu entziehen sei).

Sachlich sind diese ganzen Unterstellungen längst in den Kapiteln 3–5 dieses Buches widerlegt und müssen hier nicht wieder aufgerollt werden; ein paar Kostproben aber sollten dem Leser eine Ahnung von der berserkerhaften Verdrehungs- und Anschwärzungswut GC's gegenüber Reich geben.

»In ›Die Funktion des Orgasmus‹ wird nun der Begriff der Aktualneurose auf alle psychischen Störungen ausgedehnt. Diese werden nicht mehr auf interne Konflikte aus der Kindheit zurückgeführt, sondern bloß auf eine ungenügende Sexualbefriedigung des Erwachsenen als Folge rein exogener Elemente« (p. 86; der zweite Satz vollständig hervorgehoben). Das ist natürlich gelogen, denn Reich beschäftigt sich sehr ausführlich mit der durch infantile Traumata und Fixierungen vorgegebenen, höchst unterschiedlichen Form des Ballons, der da durch sexuelle Abfuhrstauung aufgepumpt wird; in Wirklichkeit bilden die reine Aktualneurose und die reine Psychoneurose nur die äußerst selten in Reinform auftretenden Enden eines Kontinuums. Richtig ist, daß die spezifische Funktion des Orgasmus auch noch von anderen Aktualien verstärkt oder aufgehoben wird, die Reich nicht vorführt: Arbeitsstreß, existentielle Unsicherheit, infantilisierende ökonomische und administrative Abhängigkeiten fordern sehr wohl ihren neurotischen Tribut, lassen infantile Traumen wieder wirksam werden oder chronifizieren sie, welche unter günstigeren Umständen vielleicht ausgeheilt wären – das quantitative Moment spielt eine erhebliche und häufig ausschlaggebende, damit lebensentscheidende Rolle, nicht nur die einfache Sexualstauung sei es aus planer Frustration im Gefolge einfacher und grober, gesellschaftlich organisierter Sexualunterdrückung oder eben psychoneurotisch bedingter orgastischer Impotenz; meistens bilden diese beiden untereinander ebenso eine Ergänzungsreihe wie zusammen mit den anderen, keineswegs vollständig aufgezählten Aktualfaktoren ein kompliziertes Kräfteparallelogramm, auf dessen Resultante der behandelnde Psychoanalytiker ohnehin nur einen eingeschränkten Einfluß hat (was Freud in seiner Formel vom »allgemeinen Unglück« von Anfang an zugab und immer wieder in Erinnerung rief [cf. GW XI 396–398] – er war doch weder ein Dogmatiker noch ein Zyniker!). Aber **diese** – methodisch völlig erlaubte – Einseitigkeit hüten sich GC an Reich zu kritisieren, führt sie doch auf das ihnen verhaßteste Gelände überhaupt: DIE REALITÄT; ganz wie die (z.B. juristisch, etwa durch RU-Pillen-Verweigerung, oder administrativ, durch Naturschutz für Aidsviren mittels systematischer Mißachtung der Seuchengesetze usw.) organisierte gesellschaftliche Sexualunterdrückung mit allen ihren von GC so verbissen geleugneten Folgen.[13)] Damit kann es, dank des solipsistischen Dogmas vom (in der Durchführung absoluten) »Vorrang innerer Faktoren« keine Schuldigen mehr geben, erst recht keine gesellschaftliche Funktion **intendierter** und massenhaft provozierter psychischer Traumen, und das ist doch sehr praktisch, wenn man Frieden mit dem organisierten Unrecht schließen will.

Allerdings ist es auch haarsträubend realitätsverleugnend, diesen Preis müssen unsere Muster-I.Psa.V.-tel (»Musteripsävtel«) zahlen, aber das stecken sie wie alle ihresgleichen weg. Manchmal verraten sie ihren metaphysischen Charakter, der das Korrelat dieser para-religiösen (aber mehr zynischen als pathologischen) Realitätsverleugnung bildet, recht offen – z.B. wenn sie Reich die völlig richtige Feststellung übelnehmen, daß ein befriedigender Geschlechtsverkehr nicht von unbewußten Phantasien begleitet ist (welche demnach als Störung zu

---

13) Schon 1935 wollte Fenichels damaliger Verbündeter Gerö halb ironisch eine »Einheitsfront zum Schutze der Realität« gründen; der Niedergang der Psychoanalyse hat also eine lange Vergangenheit. Siehe Fenichel 1998 p. 243.

gelten haben); dies soll im Gegensatz zu Freuds zum Glaubensartikel erhobener vager, äußerst vorsichtig vorgetragener Vermutung stehen: »Ich glaube, man müßte sich, so befremdend es auch klingt, mit der Möglichkeit beschäftigen, daß etwas in der Natur des Sexualtriebs selbst dem Zustandekommen der vollen Befriedigung nicht günstig ist« (GW VIII 89). GC meinen dieses Etwas gefunden zu haben: die angeblich von der Natur erzwungene, unauflösliche unbewußte Inzestbindung.[14)] »Nach Freud (sic) ist die durch den Ödipuskomplex errichtete Differenz zwischen dem Wunsch und der Befriedigung nicht aufzuheben, das Ersatzobjekt wird niemals mit dem ursprünglichen Objekt identisch. Nach Reich ist eine solche Identität zwischen den Objekten möglich, damit bleibt es dem Subjekt erspart, seinen (oder ihren) Partner zu idealisieren« (GC p. 87). »Identität« ist Unsinn, das wäre ja realer Inzest; gemeint und gesagt ist bei Reich natürlich Gleichwertigkeit, Äquivalenz, und Freud äußert sich zu diesem Punkt gar nicht. Diese nötige Korrektur einmal vollzogen, bleibt es doch sehr zweifelhaft, ob die unbewußte Inzestbindung, zumal bei Einsatz der Psychoanalyse, wirklich und unausweichlich jedes außerfamiliale Sexualobjekt entwertet bzw. seine illusionäre Idealisierung nötig macht; manche Objekte in der wirklichen nachkindlichen Welt sind doch tatsächlich gar nicht so schlecht! (Und umgekehrt sind die jeweiligen gegengeschlechtlichen Eltern auch in Kinderperspektive nicht einfach ideal, ein **bißchen** Realitätsbeurteilung, also Ichleistungen, bringen die Kinder im Ödipusalter auch schon auf, obwohl zuzugeben ist, daß zu dieser Zeit aus einer durchaus kritiklosen Vorstufe sich schon Elternimagines abgespalten haben, die die wirklichen Eltern überlagern und ihre Wahrnehmung schwer verzerren; GC wollen diesen Prozeß

[14)] Freud selbst meinte an der zitierten Stelle etwas ganz anderes, nämlich die Verbindung der Genitalität mit der **Analität**; er zitiert die (an dieser Stelle vom Talmud beeinflußten) Kirchenväter: »*Inter faeces et urinas nascimur.*«

vom Primärnarzißmus ableiten, wonach die Imagines Erben eines in erster Linie vom magischen Denken geprägten Ich-Ideals würden; diese gewagte These, deren ausführliche Kritik hier zu weit führen würde, ist im besten Falle extrem einseitig, da das Ichideal gewöhnlich vom Überich modelliert wird und viel mehr dem »Musterknaben« in ›Tom Sawyer‹ ähnelt als dem allmächtigen Säugling oder seinem wirklichen Erben Jahwe, zweifellos einer zur gesellschaftlich standardisierten Phantasie geronnenen Vaterimago, aber mehr ein personifiziertes, als »Verfolger« geeignetes Überich als ein noch so sehr »magisches« Ichideal, welches definitionsgemäß nicht gefürchtet werden kann.)

Die inzestuöse Fixierung soll also unauflöslich sein und **jede** Objektwahl entwerten; Reichs dagegen gerichtete therapeutische und theoretische Bemühungen ernten den Bannstrahl. Es dürfte klargeworden sein, daß GC sich hier schon wieder nicht auf Freud berufen können, so geschickt sie das suggerieren. Die folgende Argumentation des Kapitels bringt nichts Neues; besonders radikal ist der Ausfall gegen Reich, wo er Ferenczis abwegige, von GC freilich als »genial« gepriesene Genitaltheorie kritisiert. Ferenczi, der in diesem Buch die Latenzperiode auf die (quartäre, eine andere kannte er nicht) Eiszeit zurückführt und ähnliche Späße, will nämlich dem Geschlechtsverkehr genau in der gleichen Weise einen verborgenen **Sinn** geben wie hysterischen Symptomen – was, fragt man sich, soll denn **da** schon wieder verdrängt und verschoben worden sein?! Seit wann ist der normale Geschlechtsverkehr wesenhaft nur eine Ersatzbefriedigung, welche Psychoanalyse soll von ihm heilen? Aber für GC ist das nicht nur verbindliche psychoanalytische Lehre, von welcher Reich abgewichen ist, sondern diese angebliche Abweichung sogar »präpsychotisch«, »operatorisches Denken« als »Krankheitssymptom«, »Rationalisierung der Triebe und der Triebabwehr« (und dadurch natürlich auch an der Orgonphantasie schuld; alles GC p. 101). Ich hoffe sehr, wenn traurigerweise nicht alle Psychoanalytiker diese von

GC diagnostizierte Geistesstörung aufweisen, daß dann wenigstens alle Biologen und insbesondere die Verhaltensforscher unter ihnen von ihr befallen sind.

Wieder könnte man sich kindischerweise zur Retourkutsche provozieren lassen und fragen, wo denn wohl GC eigentlich durchgeknallt sind, daß sie solche Abstrusitäten vertreten und auch noch dogmatisieren. Allein, ist es auch mitnichten klinischer Wahnsinn, so hat es doch Methode.

Wir erkennen sie am besten an den empfohlenen praktischen Konsequenzen und der wunderlichen Theorie psychischer Störungen durch »Permissivität«, welche **als solche** und nicht etwa durch den widersprüchlichen Kontext ihrer Erscheinung pathogen werden soll. Die im Ton schärfster Philippiken vorgetragenen Angriffe auf die sexuelle Selbstbestimmung von Kindern und Jugendlichen, in denen GC ihren Haß auf die Freiheit und natürlich Reich ausleben, verdienen aber nicht nur wegen ihrer verbissenen, doch nicht immer ungeschickten ideologischen Ausarbeitung eine längere Würdigung, sondern vor allem wegen ihrer für derlei Einsätze typischen Nutzung psychoanalytischen Erfahrungsmangels und daraus resultierender theoretischer Hilflosigkeit.

»Die von Wilhelm Reich propagierte Einstellung hat bei der psychosexuellen Entwicklung der Kinder Schäden angerichtet und richtet weiter welche an, die es uns verbieten, seine Ansichten zu teilen«, dozieren sie streng (p. 110), nachdem sie Reich gerade zuvor die antifreudianischen Standpunkte der kreuzbrav scheinradikalen Modeautoren Deleuze und Guattari unterstellt haben.[15] »So scheint er völlig den Aspekt der **Verführung** durch den Erwachsenen außer acht zu lassen, der bei den von ihm ins Auge gefaßten Maßnahmen unbedingt zu berücksichtigen ist. Es geht nicht nur um das Nacktsein oder um die Exhibition des Sexualakts in Gegenwart des Kindes (...),

---

15) Merkwürdig, daß jetzt auf einmal »äußere Faktoren« doch recht nennenswerte Wirkungen auf das Innenleben haben können!

sondern vielmehr um das Problem der Komplizenschaft, um das vermeintlich nachsichtige Einverständnis. Uns ist ein ›liberaler‹ Vater bekannt, der bei der Schwangerschaft seiner Tochter selbst die Abtreibung durchführte« (ibid.).

Mir auch – allerdings war der Vater, ein hochangesehener, politisch eher konservativer Chirurg, nicht als besonders »liberal« hervorgetreten. Natürlich hat die ganze Geschichte der Tochter, die vor ihrer Behandlung durch mich schon einige der weisen Kollegen G&C's erfolglos beschäftigt und währenddessen ein viel zu hohes Alter erreicht hatte, um noch durchschlagende Therapieerfolge erwarten zu lassen, nicht gerade gutgetan; ihre ödipale Bindung, der eigentliche Kern ihrer Neurose, war überdurchschnittlich stark ausgefallen, lange bevor Dinge wie Abtreibungen überhaupt aktuell hätten werden können und, wie das üblich ist, sicher auch deshalb, weil ihr Vater auch **wirklich** einige ziemlich selten vorkommende hervorragende und dadurch attraktive Eigenschaften aufgewiesen hatte. (Da ist sie wieder, die böse, böse Realität, diese Māya und Samsāra – es hat nun einmal für den Sohn eine ganz andere Folge als die gewöhnliche Familie, wenn der Vater **wirklich** der Zar ist!)

Schauen wir uns die ganze Struktur noch einmal aus der Nähe und ohne Aufgeregtheit an. »Verführung« hat, da scheint sich die Forschung einig, noch nie sexuelle Empfindungsweisen erzeugen oder verändern können (wohl aber kann **Dressur** Verhaltensweisen, auch sexuelle, stabilisieren). Was Nacktheit in der Familie angeht, so habe ich über die durch das dadurch provozierte ödipale double-bind und seine qualvollen Folgen für ihm exponierte Kinder mich schon andernorts geäußert und muß meine Argumentation daher hier nicht wiederholen (Hoevels 1984c); Reichs Leistung in jenem Aufsatz, auf welchen GC anspielen (Reich 1928c), liegt ja gerade darin, den Gegensatz zwischen einer sexuell repressiven Gesellschaft und pädagogischen Inseln in ihr bzw. der Unmöglichkeit von deren Funktionstüchtigkeit aufgezeigt zu haben – in einer Gesellschaft ohne Nacktheitstabu, wie es sie vor der kolonialen Expansion in Südamerika, Afrika und Australien auf sehr ansehnlichen Anteilen der Erdoberfläche jahrtausendelang gegeben hat, hätte die elterliche Nacktheit dagegen mutmaßlich gar keine oder nur unwesentliche Wirkungen auf die Intensität und daher Schmerzhaftigkeit bzw. Schädlichkeit der Verdrängung des Ödipuskomplexes. (Auch H.-P. Duerr, der die Existenz dieser einst weitverbreiteten Gesellschaften nur ganz widerwillig zugibt [1988], vermischt dauernd Nacktheit und die Exposition sexueller Erregung; egal wie verknüpft die Phänomene im Einzelfall sein mögen, sie sind doch prinzipiell ganz verschieden.) Was nun die sexuelle Aktivität selber angeht, so ist es eine böswillige Verdrehung GC's, Reich zu unterstellen, er habe zu ihrer Vorführung vor Kindern geraten, wenn diese das wünschen (selbst diesen Anlaß unterschlagen sie natürlich); Reich bestand nur ganz zu Recht darauf, daß die Erwachsenen gegenüber diesem Wunsch tatsächlich keine andere stichhaltige Ablehnung vorbringen können als ihr **eigenes** Interesse an Ungestörtheit, und damit hat er durch und durch recht. Es ist der einzige, aber ausreichende und sehr stichhaltige Grund, warum wir allesamt und nicht nur gegenüber Kindern bei unseren sexuellen Aktivitäten keine Unbeteiligten brauchen können (und über einen einzelnen Partner hinausgehende Beteiligte nur ganz selten). Für das Kind wäre die Folge unter den beschriebenen Umständen jedenfalls bedeutend weniger schädlich als die angsterregende, weil heimliche und allen pathogenen Fehldeutungen offenstehende »Urszene«; ihre schädlichste Folge wäre wahrscheinlich eine Fehlwahrnehmung der Bedeutung sexuellen Erlebens an sich, da hier dessen Ungestörtheit und Spontaneïtät einer Gefälligkeit für das Kind geopfert wäre; dies schließt sowohl die Gefahr der **Verwöhnung** wie auch diejenige eines Einbaus von höchst verderblichem »sexuellen Understatement« in das Ichideal ein. Glücklicherweise scheint der Fall bis jetzt ziemlich theoretisch, konkrete Beispiele scheinen niemandem bekanntgeworden zu sein; aber Reichs Diskussion desselben ist, wie wir gesehen haben, völlig korrekt, und Ehrlichkeit ohne Hintergedanken hat noch in keiner Erziehung geschadet, **ganz im Gegenteil**. Jedes Kind, das nicht durch sekundäre (meist unbewußte) Motive wie ödipale Rache, Vergeltung elterlicher Unehrlichkeit, Symmetrieverletzung etc. beeinträchtigt wird, bringt schnell die Einsicht und Rücksichtnahme auf, auf den Wunsch, seine Eltern bei deren Intimerleben beobachten zu können, zu verzichten; allerdings nur dann, wenn diese es bei dem seinigen ungestört lassen und gelassen haben.

Ganz aus den Augen gekommen ist GC aber das Problem der **Bedrängung** durch Übermächtige; es ist der Hauptgrund, und nicht die etwas lächerliche »Verführung«, warum sexuelle Verbindungen zwischen Kindern und Erwachsenen im allgemeinen, inzestuöse im besonderen auch der Psychoanalyse so bedenklich erscheinen. Die **Asymmetrie** beeinträchtigt die sexuelle Harmonie, und wo Macht im Spiel ist, gilt das besonders; man braucht nicht einmal die Psychoanalyse zu jener uralten Erkenntnis:

»Non bene conveniunt nec in una sede morantur
Maiestas et amor.«

Es sind ganz ähnliche Gründe – wegen der Fixierungsgefahr, auf die Freud mit seinem verlorenen »Kranz von Würsten« anspielt, und natürlich noch etliche zwingende praktische –, wie sie jede sexuelle Verbindung zwischen Psychoanalytiker und Patienten verbieten. Der Hinweis, daß **hier** nun wirklich gar keine Differenzen zwischen Freud und Reich zu finden sind, erübrigt sich hoffentlich.

Nun soll aber das schlimmste an dieser gefährlichen »Verführung« die »Komplizenschaft« sein, »das vermeintlich nachsichtige Einverständnis«. Als Belege für diese Schäden führen GC allerdings nur zwei Beispiele aus dem frühen Erwachsenenalter an, das erste, das wir schon kennen, mit der Folge des Wahnausbruchs (die Behauptung der Wahnverursachung, d.h. der prospektiven, wirklich sehr antifreudianischen Leugnung einer sehr wahrscheinlichen infantilen Vorgeschichte, die alles entschied, wollen wir nachsichtigerweise GC ersparen), im zweiten Beispiel Frigidität. Nun wird seit der ziemlich allgemeinen Verfügbarkeit sicherer und diskreter Verhütungsmittel die Abtreibung, von sozialen und nationalen Randgruppen sowie sehr jungen und unterdrückten Jugendlichen einmal abgesehen, ohnehin nur für neurotisch vorgeschädigte Individuen zum Problem; von diesen gibt es freilich, genau aus den von Reich so treffend analysierten Gründen, mehr als genug. Daß ausgerechnet der Vater die nötige Operation vornehmen mußte oder jedenfalls vornahm (vielleicht war er gar nicht so begeistert davon, denn es ist schwer, in klerikal verseuchten Staaten an eine Abtreibung ohne entwürdigende Bedingungen überhaupt erst heranzukommen!), ist aber nur dann allenfalls ein »nachsichtiges Einverständnis«, wenn man überhaupt von der Verwerflichkeit des Eingriffs ausgeht – aber sind wir etwa Kirchenmitglieder oder Kirchenknechte in Roben und Redaktionen?! In Wahrheit muß ein (durch Verdrängung des Ödipuskomplexes entstandenes) sexuell gerichtetes Strafbedürfnis in der unglücklichen Jugendlichen längst vorhanden gewesen sein, sonst wäre es gar nicht erst zur Schwangerschaft gekommen, und das ist pathologisch genug; daß ausgerechnet der Vater den peinlichen Eingriff vornehmen mußte, entfesselt selbstverständlich sehr leicht eine pathogene ödipale Dynamik, aber schwerlich wegen »Verführung« und »Komplizenschaft«, sondern weil diejenige Person, vor welcher die eigene Sexualität gerade aus ödipalen Gründen heraus abgeschirmt und verborgen werden mußte, nun ausgerechnet in deren Zentrum gerät, und das in einer Weise, die nur als einholende Strafe empfunden werden kann (durch welche die abgeschüttelte übermächtige Autorität leicht wieder frühinfantile Höhen erklimmen kann, mit allen fatalen Nebenwirkungen und Folgen). Phantasieren wir gar, der Vater habe den Eingriff »liberal« bagatellisiert, d.h. die umgebende gesellschaftliche Unterdrückung, welche einen diskreteren und eleganteren Ausweg be- bis verhinderte, geleugnet – irgendsoetwas scheint GC vorzuschweben, wie ihr zweites Beispiel nahelegt –, so bietet diese massive Realitätsleugnung durch den »liebevollen« Vater tatsächlich den Kern eines ganz verhängnisvollen »double bind« und damit einer regelrecht schizophrenen Entwicklung. Ich hatte solche Fälle, d.h. Fälle mit genau dieser fatalen Hintergrundstruktur, die sich in der Tat sehr »liberal« in der sozusagen sozialdemokratisch besten aller Welten gegeben hatte, immer wieder in Behandlung, und sie waren allerdings sehr geschädigt – kein Wunder, wird man sagen dürfen, und gerade Reich hätte sie gewiß auch nicht als ein solches empfunden.

»Ein anderer ›liberaler‹ Vater«, so erzählen GC weiter, »überhäufte einen jungen Mann, mit dem seine Tochter auf Reisen gehen wollte, mit ›Ratschlägen‹ zur Empfängnisverhütung und kaufte selbst einen Introjektor, den er den glücklichen Reisenden als Geschenk überreichte. Das junge Mädchen ist nicht nur frigide geworden, sondern ihr gesamtes psychosexuelles Leben ist von ihrer ›modernen‹ Erziehung gezeichnet. Die Episode, von der wir sprechen, stellt nur den Gipfel eines solchen Erziehungsprozesses dar. Augenblicklich bemühen wir [?? – behandeln GC etwa paarweise?!] uns in einer langwierigen und schwierigen Behandlung, wenigstens einige Folgen der übergroßen Fürsorge des Vaters zu beheben.«

Auch mit mäßiger psychoanalytischer Übung bemerkt man hier sofort, daß dieser nur angeblich fürsorgliche Vater ganz einfach seine **eigenen** verdrängten Inzestwünsche auslebt, indem er sich in das Sexualleben seiner Tochter aktiv hineindrängt mit dem Ziel, durch den seinen Penis nicht gerade richtig unbewußt vertretenden, schon zu dieser Zeit als Mittel der Wahl etwas kuriosen »Introjektor« stets darin präsent zu bleiben. Wirklich unbewußt antwortete die Tochter darauf in der Art von Grimms Märchen ›Allerleirauh‹; Korrespondenz des Unbewußten ist jedem Psychoanalytiker seit Ferenczi übergeläufig. Es ist ja in der Tat merkwürdig, daß ein so »frei« erzogenes

Mädchen nicht von selbst auf den Gedanken einer unauffälligen und effizienten Empfängnisverhütung gekommen sein sollte; wäre sie gemäß den Prinzipien aufgewachsen, die Reich, vielleicht Freud und ganz sicher auch der Autor dieses Buches für wünschenswert halten – aber dann ist eine »pädagogische Insel« mindestens mangelhaft –, hätte sie, normale Intelligenz vorausgesetzt, nicht einmal einer leisen Ermahnung bedurft. Diskretion ist die oberste Elterntugend (und Psychotherapeutentugend natürlich auch); bei entsprechender elterlicher Besorgnis hätte eine ganz verhaltene Anmahnung, doch bitte keine Antibabypille während des Urlaubs zu vergessen, schon allein, weil die Natur, welche man durch »Durchnehmen« lahmlegen kann, durch schmerzhafte Häßlichkeiten kostbare Urlaube versauen kann, zur bestmöglichen Erreichung der Gefahrenabwehr gänzlich genügt (ein so weitgehendes Vertrauensverhältnis hätte eine wirklich gutartige statt »liberale« Erziehung doch eigentlich schaffen müssen! – Der Hinweis auf die Periode hätte den Sinn gehabt, i.e.S. sexuelle Phantasien und Erwartungen zu neutralisieren). Freilich: Kinder und Jugendliche spüren sehr genau, wann solche Hinweise nur Rationalisierungen sexueller Einmischung sind; in dieser Hinsicht sind sie zu ihrem Selbstschutz wahre Seismographen. Das einzige, was Eltern oder andere Erzieher vor der Wahrnehmung dieser m.o.w. unbewußten Einmischungsbereitschaft schützen kann, ist ausschließlich, daß sie nicht vorhanden ist; ihre mechanische Tarnung mit welchen Tricks auch immer bleibt verlor'ne Liebesmüh. Wer seine frustrierte Sexualität auf Umwegen doch noch bei Abhängigen oder wenigstens fakultativ Abhängigen unterbringen will, statt sie entweder doch dort zu befriedigen, wo sie ihrer Natur nach befriedigt werden kann, oder aber ihrer bewußt und sauber zu entsagen (i.S. der Freud'schen »Verurteilung«), der ist als Erzieher eben nicht geeignet.

Weit davon entfernt, diesen Mangel einer verlogenen »liberalen« statt einer aufrichtig freiheitlichen und dadurch gesellschaftsorientierten Erziehung zu begreifen, stoßen sich GC gerade an jenen Elementen in ihr, die sie für freiheitlich halten – offenbar wäre es ihnen lieber gewesen, die heranwachsenden Kinder hätten nach empfängnisverhütenden Mitteln, Abtreibungen oder ungestörten Hotelzimmern bitten und betteln, japsen und rackern, flehen und lechzen müssen, denn sie fahren folgendermaßen fort:

»Auf einer anderen Ebene führt die ›Permissivität‹ der Eltern, aber auch die des Analytikers [?? – was heißt denn das eigentlich praktisch?, F.E.H.], schließlich dazu, wenn sie die Formen der Komplizenschaft annimmt, daß dem Wunsch, der ein Hindernis, einen Mangel braucht, die Flügel beschnitten werden. (…) So kann die ›permissive‹ Einstellung wie eine Kastration wirken. Sie nimmt dem Menschen die Lust, die der Suche nach der Befriedigung, ihrer Eroberung (sic) bedarf.«

Dunnerlüttchen! – Danach kommt nur noch das sattsam bekannte Theorem von der »Triebüberschwemmungsangst«, das im vorigen Kapitel wohl ausreichend demontiert werden konnte; und ein Mißbrauch der – merkwürdigerweise nicht zitierten – Erkenntnis Freuds, daß eine »liberale« Erziehung, weil in ihr die Eltern vom Kind nie moralisch ins Unrecht gesetzt werden können, ein meist grausameres Überich zur Folge hat als eine brutale (s.o.).

Wir merken spätestens zehn Seiten später – den Graben füllt eine Erzählung über die Erlebnisse eines angeblichen Reichisten Celma – worauf dieser Galimatias hinauswill: nach dem Muster des Sündenfalls für kategorisch glücksunfähig erklärt – schuld daran soll die Natur wegen der relativen Frühgeburt des Menschen sein, wie praktisch für alle Konservativen, aber wie unglücklich müssen dann erst die Beuteltiere werden! –, soll der wirkliche Mensch bei seiner realen Glücksuche entmutigt und dafür mit einigen ipsav-typischen narzißtischen Gratifikationen abgespeist werden, wenn er die Doktrin gelehrig genug nachbetet. Wirkliche Wunscherfüllung sollte dagegen vermieden oder wenigstens erschwert werden; wer sie praktisch erleichtern will, wie sie Reich nicht zu Unrecht unterstellen, dem geht es »einzig und allein um die Abschaffung der Differenz zwischen dem Begehren und seiner Befriedigung«, wie es etwas gespreizt in ihrem Fazit heißt (p. 153) – wir wissen schon, warum (»Diese Differenz ist ein Moment der Conditio humana« – weil uns aufgrund unauflöslicher Inzestfixierung alle Sexualobjekte nicht richtig gefallen können und vollständiges Wohlbefinden nur kleinsten Säuglingen möglich ist, welche noch über keine Objektwahrnehmung verfügen – eine sehr kühne These, aber zum Herzstück der Psychoanalyse erhoben und gerade noch einmal mit allen anathematischen Folgen für ihre Kritiker dogmatisiert auf derselben Seite.)

Mit anderen Worten: nur was verboten ist, das macht uns scharf, und deshalb ist nichts der psychischen Gesundheit förderlicher und menschenfreundlicher als ein Sack voll sachlich überflüssiger Verbote – »auch mit der Lust an sich setzen sie [sc. Reich und seine Sympathisanten] sich nicht auseinander, ihr Standort ist vielmehr ein ›Jenseits der Suche nach Lust‹« (ibid.). Daß die Natur selber eine genügende »Differenz zwischen dem Begehren und seiner Befriedigung« schafft, was für uns im Gegensatz zu Bandwürmern die erfreulichsten evolutionären Konsequenzen hatte, und für diesen Zweck keine gesellschaftlich organisierte (und dann individuell weitergegebene) Aufstockung benötigt, schon allein im sexuellen Bereich Häßlichkeit, Krankheit und Alter, von der Notwendigkeit der Arbeit und vielem anderen ganz zu schweigen, ausreichend für Frustrationen sorgen, um die Errichtung des Realitätsprinzips rätlich zu machen, kommt GC gar nicht in den Sinn – aber nur so konnte es biologisch überhaupt entstehen, Verbote brauchte es keine, die sexuelle und die damit verknüpfte Rangkonkurrenz in der Hominidenhorde reichte vollständig. Aber das ist wohl wieder mein Wahn des »operatorischen Denkens«, anderswo »funktionalistisches«, »minimalistisches« oder einfach »wissenschaftliches« geheißen. Die Natur ist ihrem ganzen Wesen nach dauerhaftem Glück des Individuums feindlich, da hat Freud noch viel gründlicher recht als er abschätzen konnte, denn sie, das heißt die Gesamtheit der Gene, benutzt es, d.h. den Körper mit allen seinen Funktionen einschließlich der das individuelle Subjekt erst erschaffenden Hirnfunktion, nur als Mittel zum biochemischen »Zweck«, d.h. **ihrer** Funktion; bei dieser Tendenz muß ihr die Gesellschaft gar nicht nachhelfen, im Gegenteil, deren vornehmster Zweck, diesmal ohne Anführungsstriche, da nicht subjektlos, sollte es werden, den in jedem Fall kümmerlichen Raum, den die Natur für individuelle Glücksmöglichkeiten übriggelassen hat, gegen diese immer mehr auszuweiten, in zähem und bewußtem Kampf mittels Medizin, Naturwissenschaft, Wissen jeder Art – und nicht zuletzt ihrer eigenen Organisation. Aber das ist ein anderes Thema; wir hatten ja geschworen, Normatives draußenzulassen, und es ist jetzt auch nur als Antwort auf eine verborgene, aber äußerst finstere und menschenfeindliche, doch privilegiertenfreundliche Norm herausgekommen.

Wenn diese sich aber zu Wort meldet, sollten wir, d.h. alle meine Leser und ich, sich den Mund allerdings nicht verbieten lassen. –

Das war nun eine lange Besprechung; da das Werk von GC aber von allen Anti-Reich-Büchern ohne Zweifel das intellektuell elaborierteste und zugleich ipsavnächste ist, wird es noch sehr lange als Modell der anspruchsvolleren Anti-Reich-Literatur fortwirken, solange eine solche benötigt wird, und das kann noch lange anhalten. Es ist wohl nicht zu optimistisch, anzunehmen, daß darum der Löwenanteil der Anti-Reich-Argumentation dieser unabsehbaren Folgezeit hier auch die ebenso haltbare und weiterverwertbare Zurückweisung erfahren hat.

Im Laufe der Zeit waren noch weitere apologetische Bedürfnisse zu befriedigen; der Hase einer am Ende noch pro-Reich'schen Vernunft mußte zwischen wenigstens **zwei** Igeln der affirmativen (also ipsaveigenen) Position zu Tode gehetzt werden können, neben den auf den ersten Blick erkennbar finsteren von GC mußte noch einer mit sozusagen menschlichem Antlitz treten. Denn so sehr die Sprache GC's gewiß so anspruchsvoll und autoritätserzeugend war wie diejenige irgendwelcher begriffsrealistischer, also rechtsscholastischer Schriften wie etwa der ›Summa theologica‹ des hl. Thomas von Aquin oder der ersten Kapitel des ›Hexenhammers‹ seiner Jünger Sprenger und Institoris, so unangenehm streng rochen sie doch sofort nach Reaktion. Das war einseitig, und solange noch der geringste Verdacht auf eine mögliche Wiederkehr Reichs (und damit in gewisser Weise auch des unverfälschten Freud) bestand, mußte darum nach einer Weile ein »ausgewogeneres« Buch als quasi zweiter Igel her.

Dies geschah im Jahre 1997 mittels des von Fallend und Nitzschke herausgegebenen Sammelbandes ›Der Fall Wilhelm Reich‹ (= FN). Das Buch zerfällt in zwei ungleiche Teile mit den jeweiligen Titeln ›Verfolgung, Vertreibung, Verleugnung – Historische Anmerkungen zum Schicksal eines 'Linksfreudianers'‹ sowie ›Hommage und Kritik‹. Der erste Teil ist historisch gehalten und beschreibt völlig zutreffend in allen Details die schändliche Behandlung, die Reich von der I.Psa.V. erfuhr; wir werden über alle Intrigen hinter dem satzungswidrigen Ausschluß unterrichtet, sogar über Freuds briefliche Äußerung von 1933 an den deutschen I.Psa.V.-Funktionär Boehm: »Befreien Sie mich von Reich!« Kritisierbar an dieser Darstellung ist nur, daß Nitzschkes Analyse des Reich-Ausschlusses viel zu kurzatmig diesen **ausschließlich** als Bauernopfer für Hitler verstanden wissen will; dieser Aspekt bestimmte aber nur, wie wir gesehen haben, seinen Zeitpunkt und seine Form. Wieder einmal läßt sich das von mir so benannte »Gesetz der Polarität des Widerstands« in der Abwehr Reichs beobachten: während GC, Dahmer und ungezählte ähnliche Autoren die Gründe des Konflikts schon in Reichs frühester psychoanalytischer Aktivität orten wollen (um ihm dadurch die Schuld zuzuschieben bzw. den Ausschluß sachlich zu rechtfertigen), lädt **diese** Strategie die Schuld tendenziell auf Hitlers breitem Rücken ab, welcher jetzt als bequemer Satansersatz ein weiteres Mal nützlich werden kann: wir haben gesündigt allzumal, wir hätten Hitler **noch** viel mehr ablehnen müssen… mit diesen angenehm zahlreichen bußfertigen Wölfen läßt sich gut heulen, in ihrer Masse kann man prima untergehen, und in dieses Horn der von den USA entmachteten Industriestaaten bzw. ihrer Paßinhaber tutet auch sehr streng und höchst kritisch der doch so rasend reichfeindliche Dahmer, hier wieder ganz integriert in seine Riege, im letzten Beitrag dieses ersten Teiles des FN-Buches; seltsam, seltsam, daß wir hier von den schrillen Paroxysmen seiner Reich-Verfluchungen nicht das leiseste Echo hören können, als könne ein derart antifaschistischer Kritizissimus nicht das kleinste apologetische Wässerlein trüben. (Aber das Echo kommt mit verteilten Rollen im nächsten Teil geradezu donnernd noch früh genug zurück, mit Pauken und Trompeten!) Schließlich fällt in dem Beitrag von Cremerius, der die Ausschlußaffäre so minutiös und treffend schildert, wie man es sich nicht besser wünschen kann, und dabei mit harten Worten über Freud nicht sparsamer ist als angemessen, eine unangenehme Psychologisierungstendenz auf, die sich schon im gespreizten Untertitel der Arbeit ankündigt: ›Der 'Fall' Reich, ein Exempel für Freuds Umgang mit abweichenden Standpunkten eines besonderen Schülertypus‹ (FN p. 131–166). Die anderen Vertreter dieses Schülertypus sollen nämlich Jung, Rank und Ferenczi gewesen sein, das »Beziehungsmuster« stets dasselbe.

Dieses ist psychologisch sehr anspruchslos: ein alternder, umstrittener Entdecker findet in jungen Mitarbeitern loyale Mitstreiter und mögliche Fortsetzer seines Werks, setzt darum Hoffnungen in sie und merkt dadurch nicht rechtzeitig, daß sie sich von seiner Lehre entfernen; darum ist er hinterher wütend auf sie und behandelt sie aus Enttäuschung zornig und ungerecht. Dafür braucht man eigentlich keine Psychoanalyse!

Aber auch keine Inhalte – es geht in diesem so pompös vorgestellten »Beziehungsmuster« ausschließlich um Loyalität, und Cremerius' implizit mit Freuds Verhalten positiv kontrastiertes Gegenmodell hätte wohl lauten müssen »Mehr Toleranz wagen!« (oder so ähnlich). Aber darum geht es gar nicht; Jung (und Adler) hatten niemals eine verdient, sie wäre nur ganz schädlich gewesen, und Reich niemals (solange er Psychoanalytiker war) eine gebraucht, denn er war im Recht, wie wir in diesem Buch wohl gut genug belegen konnten. Auch Ranks Mystik, obwohl harmloser als diejenige Jungs, konnte in einer übelwollend genug beobachteten Gesellschaft, an deren wissenschaftlichem Charakter alles hing, nicht geduldet werden; einzig im Falle Ferenczi, dessen tiefer, aber oft übersprudelnder Geist lebenslänglich Zügel benötigte, ist das Vorliegen einer möglichen Überreaktion Freuds zu diskutieren. (Das Auftauchen regelrechter Verleumdungen der »Dissidenten« besonders im Umfeld Jones', des »Stalin der Psychoanalyse«, steht auf einem anderen Blatt.) Folgerichtig ist auch, wie wir im ersten Kapitel dieses Buches schon lange sehen konnten, die »Psychologie« dieser »Beziehungen« ganz unterschiedlich, keineswegs stereotyp im Sinne eines irrationalen, automatischen, unbewußten Ablaufs, wie uns Cremerius einreden will, denn von einem Namenstabu und schlechtem Gewissen, wie es im Falle Reich den auffälligsten Zug abgibt, merken wir bei Freud in den anderen Fällen, denen der **echten** »Schismatiker« nämlich, überhaupt nichts, ganz im Gegenteil. Und so erkennen wir rasch die Absicht, hier der inhaltlichen Diskussion aus dem Wege zu gehen (und nebenbei wieder einmal alle Schuld auf den überaus praktischen Hitler in uns allen bzw. dessen realen historischen Kern, also den bekanntesten deutschen Reichskanzler, abzuladen). Um so mehr finden wir sie aber im zweiten Teil, diese Inhalte, und weil hier vergleichsweise unbekannte Leute zum Zuge kommen, bezeichnenderweise **nicht** der vom Personenkreis her eigentlich naheliegende Sven Olaf Hoffmann, dessen Buch über Charakteranalyse

(1979) die in I.Psa.V.-Kreisen singuläre Eigenart aufgewiesen hatte, Reichs Beitrag genauso sachlich (und treffend!) zu diskutieren wie denjenigen jedes anderen Psychoanalytikers, sondern, soweit die eigentliche Psychoanalyse ins Gesichtsfeld rückt, nur echte Anti-Reich-Fanatiker. Die schlimmste von ihnen, eine gewisse Anna Bergmann, läßt die schwärzesten Finsternisse von GC verblassen; persönlich kann ich sagen, daß ich seit Novalis' ›Die Christenheit oder Europa‹, Hitlers ›Mein Kampf‹ und Camus' Ausfällen gegen Lautréamont nichts Reaktionäreres mehr in der Hand gehabt habe. Ich weiß nicht, ob sich Bergmanns Rekord noch übertreffen läßt; daß Reich ihn provozieren konnte, macht sein Werk allein schon bemerkenswert. –

Bergmanns Aufsatz ist repräsentativ für alle die zahlreichen ähnlichen Machwerke der »postmodernen« Reaktion (also des neuen und technisierten, strikt antihumanen Mittelalters), genauso wie diejenigen Reichs die Spitze der entgegengesetzten Tendenz bilden, und deswegen lohnt sich seine eingehende Betrachtung. Gewiß setzt er die Tendenzen der Ruebsam-Kopistenlinie und GC's fort, aber er verleiht ihnen eine schauerliche Radikalität, neben welcher die ersten Anti-Reich-Propagandisten richtig ehrbar wirken, noch immer mit Eierschalenresten von Sachlichkeit behaftet. Da die anmaßend apodiktische, epigonal adornierende (Abstrakta verlieren z.B. gern ihren Artikel) Sprache der Verfasserin jeden Leser, der akademische Turniere nicht gewohnt ist und schon öfters siegreich bestanden hat, einzuschüchtern und von respektlos nüchterner Stringenz- und Inhaltsprüfung wegzuhypnotisieren vermag, ist es nützlich, die rhetorische Grundform B.s erst einmal zu vergegenwärtigen und dann Sequenz für Sequenz ihre Gedanken vorzuführen. Es läßt sich leicht anhand des verhältnismäßig kurzen Textes überprüfen, ob ich bei meiner jetzt folgenden entrhetorisierenden Übersetzungsarbeit Tendenzen in diesen hineingebracht oder auch nur übertrieben habe, welche ihm fehlen (oder Nennenswertes verschwiegen hätte).

Das grundsätzliche Argumentationsverfahren ist sehr einfach: A wird mit B in Verbindung gebracht, B mit C, und dadurch ist A mit C verbunden – denn so läßt sich **alles** mit allem verbinden, die Behauptungen der zwingenden Verbindungen von A (bzw. $A_1 \overrightarrow{\ldots} A_n$) und C verlieren die in solchen Fällen zu Recht hochgerühmte »Falsifizierbarkeit«. Um ein – vorläufig noch fiktives – Beispiel zu geben: Es gehe darum, Flaubert schlechtzumachen. Die Lösung der Aufgabe *more Bergmannae* sieht dann so aus: Im französischen, überhaupt dem Realismus des frisch industrialisierten Europa beobachten wir viel häufiger als je zuvor Schilderungen von Romansituationen in Fortbewegungsmitteln (Kutschen, Eisenbahnen). (*Das wird anhand von Zitaten ausführlich belegt.*) Die Ortsstabilität, einst ein angesehenes benediktinisches Ideal, wird immer mehr bis kraß negiert (*jetzt folgt Baudelaires Prosagedicht ›Anywhere out of the world‹*). Schließlich wird auch die Geschwindigkeit an sich hymnisch verklärt wie bei den Futuristen, die nicht zufällig (*Zeigefinger hebt sich!*) bei Mussolini landeten, bis schließlich Hitler die deutschen Autobahnen als Herrschaftsmittel nutzte und die für die Realisten so signifikante Eisenbahn zu den Zügen nach Auschwitz verkam (*Zeigefinger hebt sich zum zweiten Mal – jetzt kurze Pause*). – Natürlich war Flaubert kein Faschist. (*Punkt*) Und doch möchte ich die These von Prof. Modernissimus Papstleck aufgreifen, der anhand zahlreicher subtiler semantischer Parallelen belegen kann, daß auch Flaubert strukturell und unbewußt in jenen Komplex eingebunden war, der nur zum Holocaust führen konnte (*der Zeigefinger hebt sich zum dritten und letzten Mal*). (Und ein hyperaufgeklärter Supermarxist wie M. Papstleck oder die bescheidene Verfasserin war der Flaubert ooch keener, das sieht man an die hymnische Naturschilderungen!)

Diese Technik zur Herstellung von Unfalsifizierbarkeiten hat durchaus ihre psychiatrische Klassifizierung erfahren, nämlich als »Beziehungswahn«, aber hier dient sie mitnichten dem Wahnsinn eines (manchmal aufgrund seiner Selbstbezogenheit auch sehr nervtötenden!) Strandgutes der Gesellschaft, sondern deren kühlen Blutes ihr Suggestionsmuster fabrizierenden Einpeitschern. Führen wir nun nach dem an neutralem Material konstruierten Methodenbeispiel die wirklichen Inhalte des pseudowissenschaftlichen Textes vor.

Diesen nennt die Verfasserin ›Sexualhygiene, Rassenhygiene und der rationalisierte Tod – Wilhelm Reichs 'sexuelle Massenhygiene' und seine Vision von einer 'freien' Sexualität‹. Worauf er prätentiös-akademisch hinausläuft, kann der Leser also schon am Wörterklang und den Anführungsstrichen vorhersehen. Genauso kommt es auch.

Am Anfang steht die Präsentation des seinerzeit vielgelesenen van der Velde, des Oswalt Kolle der Weimarer Republik sozusagen. Er wird suggestiv mit Wilhelm Reich gleichgesetzt, z.B. über das Wort »Orgasmuskurve« (p. 270) oder den Hinweis, daß dieser seiner ›Vollkommenen Ehe‹ (also dessen Bestseller) wohlwollend gegenüberstand (p. 272; cf. übrigens Reich 1928h). Verübelt wird van der Velde und in der Folge Reich das »Hygieneparadigma« (oder halbdeutsch: »Gesundheitsparadigma«), worin schon auf der ersten Seite die aberwitzige Faschismuskeule versteckt wird: »Sexualität (...) wird dabei dem Gesundheitsparadigma unterworfen, und der Orgasmus gerät [wie eine Autorin aus dem gleichen Stall dekretiert hat, nach welcher sie auch ›harte Arbeit‹ sein soll], dabei zum eugenischen Maßstab! In diesem sexualreformerischen Konzept verkommt (sic) Sexualität zu einem maschinell geregelten Gesetz und ist weit davon entfernt, in Chaos oder Extase zu verfallen« (p. 270). Die Tatsache, daß sexuelle wie alle anderen natürlichen Abläufe (etwa Sinneswahrnehmung, Verdauung, Flüssigkeitsaufnahme oder Wundheilung) von der Natur auf biochemischem, letztlich makromolekularem Wege vorprogrammiert sind, Paarungsabläufe zur Sodomieverhinderung und ähnlichen Zwecken oft sogar außerordentlich genau, und daher von ihren Vollziehern oder Trägern nur höchst **subjektiv** als

»chaotisch« oder »ekstatisch« empfunden werden können, in Wahrheit aber in der Tat höchst stereotyp einem mehr genetisch als »maschinell« geregelten Gesetz unterworfen sind, von welchem Abweichungen auch subjektiv sehr störend ausfallen, wird hier von Bergmann als Pseudomänade zur Vortäuschung der Verteidigung eines angeblich von der »Objektivität« oder dem »mechanistischen Körpermodell« (ibid.) bedrohten »Chaos« genutzt. Es ist das uralte Anti-Reich-Mantra, dieser ordnungsfanatische Bösewicht wolle sexuelle **Verhaltensnormen** aufstellen statt **Störungen natürlicher Abläufe** diagnostizieren bzw. heilen; daß das genaue Gegenteil ins Auge springt, Reich z.B. gerade keine sexuellen Übungen empfiehlt oder bestimmte Verhaltensweisen preist, sondern das **subjektive Erleben** (»orgastische Potenz«) durch (psychoanalytische) Rekonstruktion seiner Deformationsgeschichte ohne Leugnung von dessen Eigendynamik von **induzierten** Störungen befreien will, haben wir oben ausführlich vorgeführt bekommen und soll durch unsere scheindionysischen Mantraleierer einfach fortgebetet werden. Wo immer natürliche Abläufe programmiert sind, können sie durch unendlich viele Noxen gestört werden; der Sehakt z.B. durch Lidmuskellähmung, Augenverletzung, Sehnervdurchtrennung oder Tumoren im bekanntlich bildverarbeitenden Okzipitallappen, der Akt der Nahrungsaufnahme durch Verletzungen des Mundes an vielen Stellen, Geschwülste der Speiseröhre oder Magenschmerzen, aber auch, wie bei Anorexie und Bulimie, durch Anhäufung negativer Kontingenzen und unbewußter Gleichsetzung mit ihrerseits mit negativen (= unlustvollen) Kontingenzen besetzten Vorstellungsinhalten. Damit wird verrückterweise die ganze Medizin (und also auch die Vorbeugungsmedizin, d.h. »Hygiene«) als »normsetzend« verschrien. Sachlich ist das zwar Unsinn, denn die Norm setzt die Natur als jeweiliges funktionsspezifisches Minimum des Energieverbrauchs bzw. dessen Quotienten zur optimalen Funktionserfüllung in gewissen Variationsbreiten, die Medizin kann diese Werte nur **herausfinden** (nicht die

Medizin schreibt z.B. die Blutdruckwerte vor, sondern die Natur determiniert die Folgen einer Abweichung von ihren optimalen); aber das pseudodionysische Ideologem ist doch als Keule gegen die Medizin sehr nützlich, besonders, wenn die Behandlungsstandards aus ökonomischen Gründen gesellschaftlich gesenkt werden sollen.

Aber nicht nur diese ökonomischen Antriebe stehen hinter Leuten wie Bergmann, auch wenn sie in letzter Instanz ihre Existenz hervorrufen, insofern sie bei anderen ökonomischen Bedingungen, etwa einer gewerkschaftlich schlagkräftig organisierten Bevölkerung mit Vollbeschäftigung nach dem Zusammenbruch einer prokapitalistischen Diktatur, für ihre Anstrengungen nicht bezahlt würde; es geht vor allem um die unersättliche Förderung und Ausweitung von Tod und Leiden, um dessen Schutz vor medizinischen Eingriffen und hygienischen Maßnahmen.

Van der Velde hat nämlich in seine Anleitungen zur sexuellen Praxis allerhand hygienisch motivierte Reinigungsvorschriften eingebaut, die uns heute, im Zeitalter problemloser Versorgung mit Badewannen und warmem Wasser, ziemlich übertrieben vorkommen; man übersehe dabei nicht, daß etwa zeitgleich zum Erscheinen von van der Veldes Buch Paul Hindemith ein den jungen Hitler schrecklich erbosendes ›Loblied auf die Warmwasserleitung‹ in eine seiner Opern einfügte, diese also noch eine ganz seltene und neue Lebenserleichterung gewesen sein muß. Besonders erzürnt Bergmann aber, daß der Verfasser der Frau drei Reinigungsvorschriften mehr zumutet als dem Mann; sie soll nämlich neben häufigem Wechsel der Menstruationsvorlagen und der zugehörigen Unterhosen – die wahrhaft segensreichen Tampons gab es ja noch nicht – auch noch besonders sorgfältig auf die Reinigung ihres Anus achten (die dritte Sondervorschrift erfahren wir nicht). Daß *Escherichia coli* aufgrund der anatomischen Verhältnisse bei der Frau tatsächlich größere Chancen hat, in das Genitale vordringend Leiden und Ungemach zu verursachen, wofür wahrhaft kein Mensch, allerhöchstens Jahwe verantwortlich gemacht werden kann, will unsere chaosschützerische Pseudomänade absolut nicht wahrhaben; sachliche Gründe sind ihr ohnehin ein Greuel. Überraschend im Sinne eines deklamatorischen Blitzkriegs bleibt freilich ihre Schlußfolgerung:

»Dieses hygienische Programm droht mit dem Tod, der potentiell von der Frau ausgeht, weil er in Form von Fäkalien und Menstrualblut im weiblichen Körper steckt, während sich der Mann nur äußerlich vor einer solchen Todesgefahr schützen muß. Diese Vorstellung steht in der jüdisch-christlichen Tradition, in der die Frau für die Sterblichkeit, für die Vertreibung aus dem Paradies verantwortlich gemacht wurde. Als Repräsentationsfigur des Todes haben Frauen in der abendländischen-patriarchalen Kultur diesen Status bis heute nicht verlassen (z.B. im Weltbevölkerungsdiskurs, der die weibliche Fruchtbarkeit in eine Todeslogik des Weltuntergangs und der globalen ›Umweltverschmutzung‹ stellt)« (p. 271).

Da ist er, und ganz schön früh aus seinem Kasten gesprungen, der Gevatter Sensenmann! (Wie schade, daß die Autorin die römisch-etruskische Todesgöttin nicht kennt, pallida Mors, das wäre doch noch ein pseudoparanoisch gefundenes Fressen gewesen!) Flugs läßt Bergmann auf der nächsten Seite ihren Guru namens Bauman das wissenschaftliche Konzept der Hygiene, wie sie es selber nennt, als »das Produkt der Dekonstruktion [was'n Wort!, F.E.H.] der Sterblichkeit« denunzieren, ein »Ersatzventil für den großen metaphysischen Schrecken der Sterblichkeit«, eine offenkundige, wieder mal klar nach Auschwitz führende »oberste Strategie der Moderne«, so der postmodern warnende Weisheitskünder. Unter »Moderne« ist, mit dem Kern der verhaßten Aufklärung, nicht weniger als die ganze Zeit nach dem Mittelalter zu verstehen; gemeinsam mit der bitterbösen Hygiene, die in der Tat den Sensenmann zu zähneknirschender Zögerlichkeit zwingt und als massenhaft wohl wirksamste Bremse auf dem Weg zum Himmelreich gewirkt hat, soll sie endlich enden, der Künder und die Pseudomänade sehnen das haßvoll und auftragsgemäß herbei und legen sich dafür drohsam ins Zeug.

> *Der Guru, ein Mann in reiferen Jahren, gab sich als Dichter zu erkennen. Er las mir eigene Verse über ein ziemlich abgedroschenes Thema vor, nämlich den Tod, der uns alle erwartet. An diesen Versen war nichts bemerkenswert, aber ihr Verfasser bekundete klar und deutlich, daß er sie erhaben finde. Er bemühte sich, mir ihren Sinn zu erläutern, der auf der Hand lag: Wir müssen alle sterben und dürfen uns dieser Wahrheit nicht verschließen. – Als er merkte, daß sich meine Bewunderung, trotz der Komplimente, die ich ihm machte, in Grenzen hielt, er also als Dichter Schiffbruch erlitten hatte, versuchte er, seine kontemplative Spannweite zu demonstrieren [etc.].*
>
> David-Néel 1993, p. 157

– Die Ausnutzung des Todes als unüberbietbar billigen wie zuverlässigen Butzemann war schon immer die Spezialität der Pfaffen und in der Zielsetzung verwandter gesellschaftlicher Kräfte aller Zeiten und Religionen; Peter Priskil hat die bei dieser Gelegenheit zum Einsatz kommenden psychischen Mechanismen und unbewußten Gehalte in seinem Aufsatz über den ›Totentanz‹ (1986) meisterhaft analysiert. Noch das klerikale Wutgeheul und hinterfotzige Intrigieren gegen von Hagens' Plastinationspräparate speist sich aus dieser Quelle (siehe Sarial 1998). Wohl übergeht Bergmann in ihrem agitatorischen Eifer die Tatsache, daß die Überlebensrate bei genitalen *Escherichia-coli*-Infektionen sozusagen erschreckend hoch ist – die ein wenig übergeschlechtlichen »Fäkalien« und erst recht das »Menstruationsblut« sind nicht ganz so todbringend, wie sie raunt –, aber sie **stinken** und beeinträchtigen dadurch die Lebensfreude, ganz abgesehen davon, daß sie zahlreichen nicht immer ungefährlichen Prokaryoten, manchmal sogar einzelligen Eukaryoten hervorragenden Lebensraum bieten.

Die Medizin hatte, was Bergmann und ihrem Guru den Schaum vors Maul treibt und irrwitzig die Faschismuskeule schwingen läßt, in den Jahrzehnten vor Reich und van der Velde, also der bürgerlichen Emanzipationsfortschritte bis Revolutionen, jenen in ihren heutigen Degenerationsformen so hochgepriesenen »Demokratien« also, durch ihre erstmals massenhaft wirksamen Heil- wie besonders Vorbeugeleistungen, welche die Lebenserwartung etwa verdoppelten und die Kindersterblichkeit halbierten, einen hohen Respekt gewinnen können – Namen wie Pettenkofer und Semmelweis hatten einen bedeutend besseren Klang als diejenigen von Königen und Kirchenvätern, Bankiers und Beamten, und wenn die Medizin dadurch zur Quelle zahlreicher Metaphern und Vergleiche wurde (»paradigmenbildend« heißt das hier natürlich in gehorsam hochgestochenem Karrieristendeutsch), dann ist das ohne weiteres verständlich, so sehr es das Gepfaff aufschäumen läßt. Hier erst findet Bergmann die erste Gelegenheit, Reich eins überzubraten (p. 273); er hatte nämlich, o welch auschwitzmäßiges Verbrechen, die gesellschaftliche Herstellung sexueller Selbstbestimmung (bzw. die Unterlassung ihrer Brechung) mit der Seuchenprophylaxe am damals noch gut erinnerlichen Beispiel der Cholera verglichen, die individuelle psychoanalytische Behandlung dagegen mit der entsprechenden medizinischen Einzeltherapie.

– Der Zeit, schon Freuds und nicht erst Reichs, war der Gegensatz Pfaffe–Arzt wohl geläufig; beide begegnen sich **feindselig** am Krankenbett (cf. das grundreaktionäre Gedicht Verlaines über den Tod Philipps II. als ein Beispiel von Tausenden, und so unsympathisch oder lächerlich Flauberts Ärzte und Apotheker auch alle erscheinen, da auch Arztsöhne dem Ödipuskomplex nun einmal nicht entgehen können, sie bleiben doch stets erkennbare Antipoden der Religion bzw. Kirche – und der so große wie ambivalente Geist Tolstoj kann es nicht lassen, über die Hygienelehren zu spotten, sobald ihn das Urchristentum fasziniert; der Held seines Romans ›Auferstehung‹ ist allerdings doch sehr froh, als er in einer sich endlich wieder genehmigten Badewanne geradezu übernatürlich schnell seine inzwischen akquirierten Läuse loswird). Man darf nicht vergessen, daß dies die erste Zeit der wirklich ernsten und flächendeckenden Niederlage der menschlichen Ekto- und Endoparasiten durch die neuen hygienischen Maßnahmen zwischen Trinkwasserkontrolle und Fleischbeschau, Wasseranschluß und verschärfter Unratbeseitigung war, wodurch das individuelle Wohlbefinden ebenso wie die Zahl der Gesundheitstage pro vergleichbarem Lebensjahr (und **deren** Zahl) drastisch gesteigert wurde; erst der gründliche Zusammenbruch z.B. der Läuse- und Bandwurmpopulationen in genau dieser Zeit hat uns wieder ein Ausmaß an Schmuddeligkeit gestattet, das sich zuvor auch im Herzen Europas bald gesundheitlich gerächt hätte. (Wie war und roch die Welt wohl vor der Üblichkeit der Zahnbürste, deren Eindringen in die Alltagswelt noch Strindberg in einer seiner Autobiographien als Neuigkeit beschreibt? Shakespeares ›Cäsar‹ gibt uns mehrfach die Antwort, die erotische Seite der Sache können wir allen ExtaseadvokatInnen zum Trotz nachphantasieren, und so sperrte sich, wie bei Victor Hugo nachzulesen, die Kirche entrüstet gegen ihren Gebrauch in Nonnenorden. Kenntnis historischer Literatur ist doch ein gutes Gegengift gegen die »Dekonstruktion« erreichter und erkämpfter menschheitlicher Lebensqualität!)

Natürlich keift Bergmann von der »rassistischen Vernichtungspolitik des Nationalsozialismus der hygienischen Logik« und dem »Hygieneparadigma in der Menschenvernichtung« (p. 272), und sie läßt ihren Guru eine Seite später darauf hinweisen, daß der (graphisch hervorgehobene) »Schmutz« an »ghetto- (sic) oder friedhofsähnliche, scharf bewachte Orte verfrachtet oder gänzlich vernichtet werden soll«; denn »Der Rassendiskurs und die rassistische Politik der Moderne (sic) lassen sich als Beispiele für die allgemeine Beschäftigung der Moderne mit Hygiene verstehen, diesem realistischen Ersatz für den unrealistischen Traum, dem Tode entgehen zu können.«

– Um in der Metaphorik zu bleiben: welche Scheiße wird da suggeriert! Rekapitulieren wir kurz das Wertespektrum der Pseudomänade und des neuakademischen Gurus, bevor wir die Übersicht verlieren: die Sympathien gehören einem angeblichen »Chaos«, welches mit dem weiblichen Geschlecht in Verbindung gebracht wird; dieses, und nur darin unterscheidet sich die »postmoderne« Position von der klassisch klerikalen, soll **aufgrund dieser assoziativen Verkettung** (und nur deshalb!) »gut« sein, die Bekämpfung von Schmutz, Krankheit, Tod und sogar der Überbevölkerung mit ihrer unausweichlichen Zerstörung der Biosphäre »schlecht«. Man sieht, es ist das komplette mittelalterlich-religiöse Programm – der vorgetäuschte Ausfall gegen die »jüdisch-christliche Tradition« soll nicht irreführen, denn deren Assoziation Evas mit dem Sündenfall und dessen unschönen Folgen wird ja, zwecks deren sündenstrafender Erhaltung und Verteidigung gegen hygienische und andere, in besonders konsequenter Weise eben mit Reich assoziierter Maßnahmen, **völlig beibehalten** und scheinumwertend zu den alten christlichen Zwecken **genutzt**. Ein vollmythologisierter Hitler dient als zu exorzisierender Satan, und ein heimlich durch Vernunft und Glückssicherung definierbares »Reich des Bösen« wird als zu unhistorischen Zwecken eingesetztes historisches 3. Reich säkularisiert.

In der Apologie des Schmutzes und der wütenden Verteufelung jeder rationalen menschlichen Anstrengung zur Herstellung, Sicherung und Ausweitung von Glück und Wohlbefinden, wie sie konzentriert, beispielhaft und wirklich nicht schlecht durch Medizin und Hygiene repräsentiert wird, seiner (des Schmutzes) absurden und beleidigenden Gleichsetzung mit den von Hitler (dessen Konstruktion wiederum nur scheinumbewertend übernommen wird) ermordeten Juden, erleben wir die substantielle Wiederkehr des Frühmittelalters, jener finstersten Zeit Westeuropas, als die Welt, nach den treffenden Worten Arno Schmidts, »dicht vor einer wichtigen Entdeckung stand: daß man auch ohne Kultur leben könne«. Schmutzigkeit war ihre hervorstechendste Eigenschaft: alle Reisenden, seien es Araber oder Byzantiner, welche die seltene Gelegenheit hatten, in dieses abgeschottete hierokratische Eldorado eindringen zu können, zeigen sich unabhängig voneinander am meisten beeindruckt von eben dieser Schmutzigkeit und dem üblen Geruch seiner Bewohner. (Dasselbe sollte, so begeistert und fasziniert sie sonst von ihr waren, den mittlerweile appetitlicher gewordenen Europäern ausnahmslos beim Besuch Tibets an dieser anderen Exklave des totalen Klerikalismus auf unserem Planeten auffallen – das »Reine Land« des Lamaismus war unter dessen Herrschaft faktisch das allerschmutzigste der Welt geworden, und die Obsessionen seiner Religion kreisten ganz genau wie diejenigen des christlichen Mittelalters um Tod, Krankheit, Fäulnis, Alterung und Leichenteile, also alle Gegenstände, die zusammen mit Kot und Menstruationsblut das Entzücken unserer reich- und geburtenkontrollfeindlichen Pseudomänade auslösen. Möge die hl. Margarete Maria Alacoque[16] sie und ihre Neigungen schützen und bewahren!) –

Die Koordinaten der erzreaktionären Polemik sind also herauspräpariert; ich habe eingangs hoffentlich nicht zuviel versprochen. Wie, außer als Antipode, paßt nun eigentlich Wilhelm Reich hinein?

Zunächst einmal dadurch, daß er seinen Arztberuf und sein ärztliches Ethos nie verleugnet hat; manchmal hat er es, z.B. durch betont medizinische Wortwahl an heiklen Stellen, auch genauso wie Freud in der gleichen Lage, hervorgekehrt, um das Arztprivileg einzufordern, von ansonsten verbotenen oder mindestens verpönten Gegenständen offen reden zu dürfen. Denn das und wenig anderes ist ja gerade der Grund für das medizinische Gehabe im sexualreformerischen Schrifttum mindestens der ersten

---

[16] Siehe dazu Deschner 1974 p. 97. Zu weiteren geeigneten Heiligen dieser Duftnote siehe z.B. Bourke 1913 cap. LVI; auch der hl. Fingal aus Bielers ΘΕῖΟΣ 'ΑΝΉΡ war nicht schlecht.

Hälfte des 20. Jahrhunderts: es schützte vor dem der Justiz sehr locker sitzenden, auch den gegenwärtigen Kräften der Finsternis so herzensteuren Pornographieparagraphen, einem gefährlichen Dreck, mit dem, wie wir uns erinnern, sogar Reich zweimal belästigt worden war, einmal direkt wegen seiner Broschüre für Jugendliche ›Sexualerregung und Sexualbefriedigung‹, einmal indirekt in Gestalt der dänischen Übersetzung eines seiner ZPP-Aufsätze. Genau das steckt auch hinter dem betont mechanischen und medizinischen Klang der harmlosen, aber massenhaft wirksamen Broschüre van der Veldes; durch indirekte Nutzung des im jahrhundertelangen Kampf gegen Klerus und Feudalismus erstarkten Ansehens von Naturwissenschaft und Medizin sollte im tausendfach eingeschüchterten, von scharfen Verboten und röhrenden Ideologien eingekreisten Leser erst einmal die Angst vor der Beschäftigung mit den eigenen sexuellen Wahrnehmungen und Empfindungen, schließlich sogar Wünschen und Handlungen genommen oder wenigstens verringert werden. Die aufgrund dieser Strategie notgedrungen pedantische und sterile Präsentation der verschiedenen möglichen Stellungen beim Geschlechtsverkehr war, da von einer Autorität vorgetragen, ein wertvolles und wirksames Mittel, die Angst und Verkrampfung beim sexuellen Experimentieren zu beheben (ohne welches die Sexualität gar nicht leben kann, das – von den Kirchenvätern zu Recht mit der von ihnen verteufelten CURIOSITAS zusammengebracht – im Grunde ihr innerstes Wesen ausmacht, ohne welches sie in der Tat schnell schal, eklig und religionskompatibel wird und besser unterbleibt). Die Effizienz dieser Strategie schlägt sich in den Verkaufserfolgen van der Veldes und Oswalt Kolles nieder und ist der Grund für ihre wütende Verdrehung und Verbellung durch unsere Kettenhündin der Finsternis; und so knurrt und beißt sie erst recht weiter nach Reich.

Zunächst einmal aber spinnt sie ihr ideologisches Garn weiter, dessen Stränge wir gerade herauspräpariert haben; Reich kommt darin zunächst noch nicht vor, aber immer deutlicher schälen sich ihre Haßschwerpunkte heraus: rationale Erfassung von Abläufen und Objekten (»Logos«), Kampf gegen Krankheit, Leid und Tod (Eugenik, Hygiene, Medizin) und ganz besonders, weil in gewisser Weise als deren Kombination begreifbar, die Geburtenkontrolle. Schon die bescheidene Forderung eines sonst eher konservativen Grotjahn (wir kennen inzwischen seine Kritik durch Reich) nach »rationalisierter Fortpflanzung« (praktisch nach der Dreikinderehe) erhält Prügel mit der Faschismuskeule (p. 281sq.). Den Zynismus unserer Dunkelfrau kann man nur angemessen ausloten, wenn man sich wirklichkeitsnah die jammervollen Zustände ausmalt, gegen welche Grotjahn anschreibt: ausgemergelte, verfallende Frauen mit einer kranken und körperlich untergrabenen Kinderschar, die wenige Monate nach jeder Geburt weiter aufgestockt wird, wogegen Grotjahn die zahme Forderung nach wenigstens zweijährigen Gebärpausen erhebt (die Natur hat für unsere und verwandte Arten allerdings mindestens vierjährige vorgesehen, so der einhellige Befund der modernen Ethnologie – an den überlebenden Paläolithikern – und Primatologie). Als schon halb faschistisch präsentiert uns Bergmann daher diese Worte Grotjahns mit der Beißzange: »An die Stelle dieses fehlerhaften Gebärtypus, der wenige gute Nachkommen hervorbringt, aber zahlreiche minderwertige, und trotz dieses jammervollen Resultats ganz unverhältnismäßige Ansprüche an die Leistungsfähigkeit des mütterlichen Körpers stellt, muß ein anderer treten, der höchstens alle zwei Jahre ein Kind bietet. Das ist zu erzielen, wenn nach jeder Geburt für eine gewisse Zeit Präventivmittel in Anwendung kommen: so mündet die Bekämpfung auch dieses Übelstandes in eine rationelle Diätetik des Geschlechtslebens mit Hilfe der Präventivmittel ein« (zit. n. p. 281).

Was erbost nun Bergmann an diesem bißchen Menschenfreundlichkeit? – In Wahrheit natürlich das Ziel, Leiden abzuwenden und dazu die Vernunft einzusetzen. Nur so einfach darf sie es nicht sagen; sie braucht dazu das abstruse Faschismusgeschrei. Zunächst stößt sie sich an der menschenfreundlichen **Rationalität** des Programms »wenige gesunde statt viele körperlich minderwertige Kinder«; sie geifert direkt vor dessen beschriebener Präsentation gegen die »Herstellung eines ›Neuen Menschen‹, der die eugenische Norm selbst verinnerlicht hätte«. (Verinnerlichen kann man nur zuvor Äußerliches, Speiseverbote oder Kaiserkulte beispielsweise; daß **gegen** in der Tat verinnerlichte Forderungen nach Gebärerei und persönlichem Glücksverzicht die **eigene** Vernunft der in diesen erbärmlichen Zustand gedrückten Frauen, wenn sie sich noch wecken läßt, das Programm der Geburtenkontrolle aufnehmen und gutheißen könnte, nämlich aufgrund **eigenen** Interesses, wo es nichts zu »verinnerlichen« gibt, kommt Bergmann nicht in den Sinn oder soll es wenigstens nicht.) Die Suggestionen sind eindeutig: das alte religiöse Gedrohe gegen das Programm der Aufklärung, dasjenige entgegen der permanentes Leiden rechtfertigenden Sündenfallegende einen durch Erziehung mit neuen Eigenschaften, nämlich zur Fähigkeit, durch Sachkenntnis und Vernunft seine Angelegenheiten selber und zum eigenen Nutzen regeln zu können, ausgestatteten Menschen als gesellschaftliches Subjekt (»Bürger« statt Untertan) hervorzubringen – dieses Programm wird hier, wie Deine, lieber Leser, Assoziationen zeigen, über seine verhaßte Aufklärungswurzel hinaus auch antikommunistisch angegriffen – oder woran hast Du bei »Neuer Mensch« wohl gedacht? Nein, bei unserer heiligen Mutter Kirche, »neu« darf hier nichts werden, das ist für das »Neue Testament« reserviert, ansonsten bleibe alles schön naturhaft und unbegriffen beim alten, wie das unser Herrgott eingerichtet hat, auch wenn wir ihn aufgrund der leicht erklärlichen Begriffsfeindschaft seiner fanatischsten Diener auch einmal Dionysos nennen sollten und seine Nonnen Mänaden!

Aber wo bleibt denn eigentlich unser unentbehrlicher Adolf? Der muß doch rein in jede postmoderne Polemik, koste es, was es wolle, als wären wir im Opernhaus! Nun, da haben wir ihn auch schon – oder wenigstens seinen Geist beschworen: Grotjahns Konzept der »Rationalisierung der Fortpflanzung« – ratio, pfui, schreit die Pseudomänade – hat er laut dieser »gegen einen potentiellen ›Rassentod‹ formuliert«.

Endlich haben wir's! Um sein Eintreten für die Geburtenkontrolle, das ihn – damals fast noch mehr als heute schon wieder, fast so sehr wie heute etwa das öffentliche Eintreten eines Gynäkologen für laparoskopische Hysterektomie als Gebärmutterkrebs-Prävention – gesellschaftlich isoliert und persönlich gefährdet hätte, für die soldatenmassenbedürftigen Machthaber tolerabel zu machen, hatte Grotjahn nämlich diesen das Zückerchen einer auf diesem Wege verbesserten Volksgesundheit und dadurch Soldatentauglichkeit hingehalten. (Tatsächlich hatte sich ja etwa vierzig Jahre zuvor die englische herrschende Klasse aus genau diesem Grund, nämlich der untergrabenen Volksgesundheit und der daraus resultierenden massenhaften Kleinwüchsigkeit bis Kretinismus der Rekrutenmassen in den Industrieprovinzen, zu den Selbsteinschränkungen der »Fabrikgesetze« bewegen lassen, welche der Kinderarbeit und der Länge des Arbeitstags Grenzen setzten.) Bergmann zitiert das so: »Grotjahn verordnete (sic) mittels Geburtenkontrolle einen Zeugungsplan (sic) für medizinisch qualifizierte ›Ehepaare‹, die einen Beitrag für den ›Volkskörper‹ von mindestens drei eugenisch ›einwandfreien‹ Kindern zu leisten hätten. ›Nur ein Volk‹, dem die ›Rationalisierung der Fortpflanzung‹ gelinge – so Grotjahn –, ›wird seine Kultur mit der Sicherheit generativer Unsterblichkeit krönen können‹« (p. 282). D.h. Grotjahn droht der herrschenden Klasse seiner Nation – jede Industrienation hatte damals eine eigene, mit der jeweils nächsten konkurrierende herrschende Klasse, was Nationalismus als Ideologie und, aufgrund des Standes der Kriegstechnik, den Militarismus erklärt – mit Soldatenmangel bzw. Rekrutenminderwertigkeit, wenn sie sich (in Gestalt ihrer Presse, Justiz und eventuell Universitäts-Berufungsbehörden) gegen seine Forderung nach Freigabe der

Verhütungsmittel stellt, bzw. stellt ihr für den Akzeptanzfall ausreichend viele und ausreichend taugliche Soldaten (und Arbeiter) in Aussicht. Dies geflissentlich übersehend, betet Bergmann dagegen ihr giftiges Mantra: »Auch (sic) dieses Projekt entpuppt (sic) sich als eine Version des ›rationalisierten Todes‹, das zur Fabrikation eines ›Neuen Menschen‹ mittels eines Fortpflanzungsprogramms zu realisieren war« (ibid.). Und so geht es weiter; ruck-zuck sind wir blitzschnell bei der »Nazi-Kunst« und im nächsten Satz bei Wilhelm Reich; dieser »Dekonstruktionsversuch des Todes« ist nämlich für das »von Wilhelm Reich entworfene Programm der ›sexuellen Massenhygiene‹ zentral« (ibid.). So, so: Bevor wir diesem hetzerischen Galimatias bis zum Ende folgen, stellt sich freilich die Frage, wo in diesem Programm eigentlich der so verquast benannte »Dekonstruktionsversuch des Todes« stecken soll; denn so sehr gesunde Kinder und geburtenarme oder geburtenlose Frauen eine statistisch höhere Lebenserwartung haben als kranke Kinder und Gebärmaschinen, so werden sie durch das bißchen in ihnen realisierte Vernunft noch lange nicht unsterblich. Die Volte entsteht durch Bezug auf die – potentielle – Unsterblichkeit der Generationenkette, die von Weismann entdeckte potentielle Unsterblichkeit des »Keimplasmas« (welche Freud bekanntlich zu etlichen Spekulationen sowie hier unsere Dunkelfrau zu etlichen Giftspritzern anregte – seit Entdeckung der Doppelhelix müssen wir es passenderweise »Genom« nennen, aber die Feststellung selbst ist völlig unbestreitbar), und diese Kette taucht nun bei den zeitgenössischen Autoren als »Volk«, »Rasse« (meist i.S. von »the human race«, das gibt p. 278 sogar Bergmann zu) oder »Volkskörper« auf. Ersetzen wir »Volk«, einen Begriff, in welchen kulturelle Determinanten eingegangen sind, durch den biologischen Begriff der Population, so sind alle Aussagen der angegeiferten Autoren einfach richtig. Aber es bleibt zu beachten, daß das Weiterleben eines halben individuellen Genoms und später nur noch seiner völlig zersplitterten Elemente doch nur einen äußerst unbefriedigenden Ersatz einer »Dekonstruktion«, also Abschaffung des Todes darstellt; andererseits war das Genom schon vor jeglicher Maßnahme, medizinisch oder nicht, allezeit potentiell unsterblich. Bergmann benötigt die »unsterbliche Rasse« ausschließlich für ihre auftragsgemäße und institutsvertragverlängernde Volte, ihren zu Diffamierungszwecken unersetzlichen Adolf einzuschmuggeln; die dabei unumgängliche Hirnrissigkeit der unfalsifizierbaren Argumentation stecken Leute ihres Schlages mit einem Arschrunzeln weg.

Es ist inzwischen an der Zeit, wo wir uns hier allmählich von der argumentativen Analyse der Faschismuskeule verabschieden, zu ihrem mittlerweile fdGO-typischen und daher verkappt kirchenstaatlichen Einsatz noch ein paar allgemeine Klarstellungen zu liefern. Nichts wäre so schief und krumm und verlogen, wie im Jesuitentum oder überhaupt der Gegenreformation die typische Erz- und Endform des Protestantismus zu sehen, nur weil sie durch dessen zeitgenössische weite Verbreitung und Offensive genötigt war, einige seiner Züge mimetisch zu assimilieren; in anderer und entscheidender Hinsicht verschärfte sie die Gegensätze noch absichtlich, wurde also nach dem Tridentinum noch »katholischer«, als sie ohnehin schon war. Haargenau das gleiche gilt für die faschistischen Parteien, die in einer aufgeklärten Umgebung mit der dazugehörigen rechtsstaatlichen Tradition und damit verknüpft einer marxistischen Offensive gegen eben diese bürgerliche Gesellschaft nicht anders vorzugehen hatten als die Jesuiten gegen die Reformatoren und ihre Anhänger; über den wahrhaft fundamentalen Gegensatz zwischen Täter und Opfer kann auch etwas situationsbedingte Mimesis der Täter niemanden täuschen, der nicht jedes opportunistische *sacrificium intellectus* den kleinsten Rudimenten intellektuellen Anstands vorzieht; es ist ein widerliches Schauspiel, wie das zeitgenössische Gepfaff, auch säkulares, diesen kategorischen Gegensatz zu verwischen sucht.

Denn dessen Feindschaft und daher auch diejenige

Bergmanns gegen lebensverbessernde (und auch -verlängernde) Maßnahmen ist essentiell, freilich bei planem Zugeben dem Propagandaerfolg abträglich; also muß auf Hitler-komm-raus ein 3.-Reichs-Zwischenglied herbeigezerrt werden, um den Leser vor der Wahrnehmung des simpel und ungemischt reaktionären Charakters der Polemik einzuschüchtern. Trotzdem ist dieser seine einzige Substanz; das merken wir an den »3 Punkten«, die Reichs Sexualhygiene vorgeworfen werden und die er mit Bergmanns inzwischen aufgebautem Feindbild gemeinsam haben soll (und auch hat). Da haben wir erstens die »Traditionslinie der aufklärerischen Vervollkommnungsbestrebungen, in denen eine Verbesserung ›des Menschen‹[17)] durch Erziehung im Rahmen eines großen Ganzen anvisiert wurde« (p. 282). Ich habe das Nötige dazu schon weiter oben gesagt; klar, daß das Gepfaff einen Rückgang des allgemeinen Leidens, eine Stärkung der durchschnittlichen menschlichen Fähigkeiten, eine Verbesserung des irdischen Jammertals und überhaupt die Aufklärung oder gar kollektive Selbstbestimmung nicht mag. Angeblich – und in verquast denunziatorischer Sprache vorgeführt – hat die Medizin diese Linie irgendwann übernommen; das stimmt nur teilweise, höchstens auf ein verkrampft bürgerliches (altliberales) Publikum verengt (und auch bei diesem tritt stets die Technik allgemein neben die Medizin); denn daneben hat sie ja vor allem der Marxismus übernommen, und **der** weicht vor dem Problem der Gesellschaftsordnung – einziger Grundmangel der medizinisch-technisch-liberalen Linie und Quelle aller ihrer weiteren Mängel – bekanntlich nicht zurück. Reich greift in der Tat beide Fortsetzungslinien der Aufklärung auf, genau wie

---

17) Sie läßt nichts aus! Die für den Außenstehenden unverständlichen Anführungsstriche sollen Marx' Feuerbachkritik ins Gedächtnis rufen und dadurch vorbewußt die Loyalitäten von Ex-Marxisten mobilisieren, die inzwischen zu Hofsängern und Pogromschreiern abgesunken sind; in dieser unterschwelligen Selbstsignalisierung wird unsere in Wahrheit irgendwo rechts von Hitler angesiedelte fdGO-Tante auf einmal perverserweise irgendwie »links«.

alle anderen Marxisten, das stimmt ohne Zweifel und spricht nicht gegen ihn, am wenigsten gegen seine psychoanalytische Orthodoxie, um die es in diesem meinem Buch trotz aller Seitenblicke ständig geht.

Der zweite »Vorwurf« gegen die Hygiene und Reich ist spezifisch religiös, wenn auch unehrlich verkappt wie immer; seine Substanz ist schon diskutiert. Er läuft darauf hinaus, daß der Arzt, der ja wirklich etwas leisten kann – jeder praktische Arzt heilt heutzutage schon dank der Antibiotika, die bekanntlich auch mit Lepra fertigwerden, jeden Tag mehr Kranke als Jesus in vier Evangelien –, ein höchst unwillkommener Konkurrent der Religion und ihrer grundsätzlich ungedeckten Schecks geworden ist. »Er [sc. der Arzt] avanciert damit zur Figur des Heilsbringers und wird – christlich ausgedrückt – zum Erlöser von Schmerz, Leid und Tod« (ibid). Das soll er natürlich nicht; das soll nur Jesus allein. Auch islamische (aber nicht hinduistische!) Konkurrenz würde wahrscheinlich inzwischen als Alternative zu »Jesus allein« vom neureaktionären Gesocks akzeptiert – aber bloß keine **gedeckten** Schecks (und dann deren Deckung schön pathetisch übertreiben!)! – Hier ist ein Kommentar wohl überflüssig.

Interessanter ist der dritte und letzte Vorwurf: Reich und die durch die Medizin ermöglichte Geburtenkontrolle ebne den Geschlechtsunterschied ein.[18] Soweit mit diesem etwas Metaphysisches gemeint ist, ist er glücklicherweise wahr: Vernunft wie sexuelle Lust sind beiden Geschlechtern gleichermaßen zugänglich, zum Ärger aller Pfaffen, klassischen Nazis und FeministInnen dieser Welt. Der menschliche Geschlechtsdimorphismus ist glücklicherweise wesentlich geringer als bei der Mehrheit aller Tierarten, und so sehr er auch in zerebrale Mikrostrukturen hineinreichen und dadurch recht geringe Empfindungs- und Wahrnehmungsdifferenzen provozieren mag, wie sie

---

[18] Interessanterweise hatten – in ihrem Schlußkapitel – auch GC an entsprechenden zeitgenössischen Tendenzen heftigen Anstoß genommen!

schwerlich größer sein können als zwischen den Menschenrassen, so einigt gerade auf der Grundlage der im wesentlichen gleichen Struktur und Leistungsfähigkeit aller gesunden menschlichen Gehirne die Universalität des Zugangs zu Vernunft und sexueller Lust gleichermaßen alle Rassen und Geschlechter. Hier läßt sich bei Reich wirklich eine durchgehende Linie feststellen, die schon mit seinem klugen Aufsatz ›Der Koitus und die Geschlechter‹ beginnt und nie mehr abreißt. Für reaktionäre Kräfte, für den geistig-moralischen Abhub der Menschheit ist diese zu einer humanen Perspektive ermutigende wissenschaftliche Einsicht natürlich unakzeptabel. Die Natur hat trotzdem aus Gründen des Selektionsvorteils dieses für uns erfreuliche Ergebnis hervorgebracht, wie sie an anderer Stelle auf dem gleichen Wege den Horror der Bürstenbinder und Laternentragenden Anglerfische hervorbrachte.

Der Rest ist im wesentlichen unterschwellige Wiederholung und lohnt die Präsentation nicht; Leitmotiv bleibt immer die Ablehnung der Aufklärung, weil sie den Joker der Religion mattsetzt (hier heißt er erst ziemlich mystisch »das Andere«, welches im Laufe des Aufsatzes immer deutlicher die Bedeutung des »Jenseits« – oder lateinisch der »Transzendenz« – annimmt) sowie der Geburtenkontrolle, weil sie den Joker der Schwangerschaftserpressung und damit implizit des faktischen »Lohns für Hausarbeit« aus dem Spiel nimmt. Wissenschafts- bzw. Aufklärungsfeindlichkeit gehen mit dem Haß auf die Geburtenkontrolle bzw. selbstbestimmte Sexualität bei Bergmann eine immer unauflöslichere Verbindung ein, und als exponierteste Symbolfigur der Verbindung dieser gehaßten Größen erscheint Reich – hoffentlich zu Recht! Daß die Wissenschaft tendenziell in der Lage ist und auch anstrebt, alles zu erklären, macht die Pseudomänade jetzt **wirklich** rasend – für **diesen** Dionysos gerät sie tatsächlich in eine destruktive Ekstase.[19)] Denn dann wären die Schlupflöcher des lieben

---

[19)] »Dieses Programm der ›Sexuellen Revolution‹ [sc. Reich 1966] steht in vielerlei

Gottes und indirekt seiner weltlichen Nutzer beseitigt, genauso wie im anderen Haßfall das Schlupfloch der Schwangerschaftserpressung für alle Frauen, die parasitieren statt arbeiten wollen (wenigstens in den etwas besser verdienenden Kreisen). Deshalb will Bergmann alle Gebärfunktionen als Teile der weiblichen **Sexualität** (nicht etwa deren Folgen in der bewußtseinslosen Natur) zusprechen, um welche der böse, böse Reich (und alle Anhänger sexueller Freiheit, somit natürlicher Feinde des Zahlvatertums) sie bringen will, gerade als wäre in ihnen auch nur ein Quentchen körperliche Lust enthalten; glücklicherweise wissen wir es seit Tinbergens Forschungen besser. (Es gibt nur Schlüsselreize, die Handlungen oder Handlungsbereitschaften auslösen, so die Eier am vorgesehenen Platz und mit vorgesehenen Merkmalen das Brüten, das »Kindchenschema« die Säuglingspflege usw. – aber ohne Eier vermißt der Vogel kein Brüten, das Säugetier keinen Säugling usw., durchaus im Gegenteil zur letztlich durch Klimareize u.ä., bei Pongiden und Hominiden nur durch interne Prozesse hormonell ausgelösten sexuellen Unruhe mit Partnersuche und Paarungsbereitschaft.) Das liest sich dann so: »Die ›Orgasmusformel‹ fragmentiert (sic) Sexualität von Frauen noch einmal auf besondere Weise, da sie von der weiblichen Gebärfähigkeit völlig frei zu sein scheint [wieso ›scheint‹? F.E.H.]. Wenn (sic) man davon ausgeht, daß die Menstruation, der Eisprung und der gesamte weibliche Zyklus sowie die Geburt und das Stillen sehr vielschichtige leibliche Ausdrucksformen (sic) weiblicher Sexualität sind, so macht Reich in seinem elektrophysiologischen Egalisierungskonzept die Sexualität von Frauen der männlichen,

---

Hinsicht in der Tradition der modernen Naturbeherrschung, die es sich seit der Renaissance zum Programm gemacht hat, alles Lebendige, die Natur, wie ein mathematisches Buch, als logisches Gesetz zu dechiffrieren, so daß letztlich nichts unerklärt und als Fremdes übrigbleibt« (p. 289). Statt jeder Analyse verweise ich auf die Disc meines Stückes ›Waitoreke‹, das wahrscheinlich am besten ermöglicht, den vorliegenden Text wiederzuerkennen.

zyklusfreien Sexualität gleich. Sein Streben nach wissenschaftlicher Erkenntnis und technokratisch organisierter Naturbeherrschung läßt kein Geheimnis zurück. (…) Das Unaussprechliche, das Mysterium und die Kontingenz (??) werden mit dem inquisitorischen (sic) Besteck des Naturwissenschaftlers ausgetrieben (sic) und in Wissen aufgelöst. Sieht es auf den ersten Blick so aus, als würde Reich der Sexualität einen respektablen Platz in der Gesellschaft verschaffen, so entmächtigt er sie letztlich nur, indem er Sinnlichkeit und Liebe als Logos konstituiert und vernünftig macht« (p. 294). So endet die finstere Diatribe.

Unterschrieben könnte ihr Schluß im ›Völkischen Beobachter‹ jedenfalls problemlos sein mit »Eine deutsche Mutter« o.ä.; aufgefallen wäre er dort nicht, so wenig wie in einem Bistumsblatt, denn die heutigen Schwinger der Faschismuskeule wären im echten Faschismus ausnahmslos gut angekommen, hätten hervorragend in ihn hineingepaßt und in ihm Karriere gemacht; ihr Geheimnis ist einfach ihre Absage an die Logik (»Logos« heißt es treffender als die des Griechischen wohl unkundige Benutzerin des Ausdrucks ahnt; die Äquivokation als Hauptsünde gegen das Wort gehört zu ihren verbrechenserleichternden Lieblingsverfehlungen; und auch das Wort »Logik« taucht bei ihr nur in pejorisierenden Zusammensetzungen à la »Vernichtungslogik« auf), und diese Absage trennt »rechts« von »links«, sie ermöglicht das stets herrschaftskompatible »anything goes«, jenen tiefsten Gehalt sowohl der Ideologie wie des im Unrecht befindlichen Teils im Ehestreit. Daß Reich als symmetrischer Antipode dieser allertiefsten Finsternis, Menschenfeindlichkeit und Herrschaftsfreundlichkeit empfunden werden konnte, als geeigneter Exponent jener der Reaktion, also den gesellschaftlichen Mächten der Finsternis, so genuin verhaßten Größen der Aufklärung, vernünftigen und daher kollektiven Selbstbestimmung, der maximalen individuellen Lust und des minimalen individuellen Leidens, ist vielleicht die größte Ehrung, die man ihm indirekt bereiten konnte.

Aber direkt ist es keine Ehrung (»Hommage«, wie es in sachlich überflüssigem, aber als hochgestochenes Unverbindlichkeitssignal funktionalem Französisch versprochen wurde), sondern eine Schmähung. Ich habe Bergmanns Machwerk nur deshalb so ausführlich besprochen, weil es den fdGO-typischen äußersten rechten Rand dessen repräsentiert, was menschenmöglich ist; es ist signifikant, daß ein nachdrücklich metaphysischer Dionysoskult (von dem der mythologische Jesus seinen bei Bergmann in zwei Übersetzungsvarianten wiederkehrenden nichtjüdischen Haupttitel herhat, nämlich ΣΩΤΉΡ) in verschiedenen Mittelmeerländern (Ägypten, Ex-Karthago, Numidien) erst dann Fuß faßte, als diese **kolonisiert** waren. Insofern ist sein Durchschauen für die Geschädigten dieses von der kollaborationswilligen Hefe seiner Bevölkerung regierten Kolonialsystems vielleicht hilfreich und der gegebene Anlaß nur ein Exempel.

Die übrigen Beiträge dieses zweiten Teils sind ohne Interesse; sie wiederholen nur die besprochenen Mantren oder walzen sie aus. Ein seriöser Autor (etwa S. O. Hoffmann) wäre ein sehr störender Fremdkörper unter ihnen, denn er würde daran erinnern, daß man Reichs Beitrag zur Psychoanalyse (bei allen in diesem Bereich möglichen Kontroversen!) auch **rational** würdigen **kann**, so wie es dieses Buch versucht; im kurzatmigen ersten Teil mit seiner bloß moralisch-historischen Zielsetzung ist das nicht möglich, im zweiten wird es ersetzt durch irrationale Schmähung oder sachliche Ablenkung. Eine lange und aggressive Adornanie (p. 223–248), eine von vielen alten Mantren durchwachsene Betrachtung der **von der Psychoanalyse abgelösten** Reich'schen Muskeltherapie (p. 190–222), eine feige, weil die RU-Pille ebenso wie z.B. das verweigerte Aids-Screening umgehende Sozialarbeiterei, die sich unverfrorenen in die Fußstapfen der mutigen und prokommunistischen Sexualberatungsstellen Reichs stellen will (p. 249–269), und eine Art Aufguß von nicht ganz so radikalen, aber sehr verwandten Ideologemen in der Art unserer Pseudomänade (p. 297–315) runden das kalumniatorisch-suggestive Sammelsurium ab. Aber die Würdigung (»Hommage«) sollte doch noch kommen? Da ist sie: ein gealterter ehemals junger Wilder, der bei den Zürcher Jesuiten gelandet ist und für das, gemessen an den Justizreaktionen als sicherstem Diagnostikum, exakte postmoderne SA-Analogon »Schwarzer Block« schwärmt, spricht das Amen. (Die vom akademischen Fetischismus auch diesmal erforderte Seitenangabe geht also aus meinem vorliegenden Text hervor.)

*

Unter den Ablagerungen des Orgon-Mülls, wie sie z.B. rechtzeitig zu gewissen Gedenktagen der oft verdienstvolle und immer pfiffige Verlag 2001 über die Leselandschaft geschwemmt hat, liegt der Beitrag Reichs zur Psychoanalyse begraben. Unter den meist wertlosen Produktionen der I.Psa.V.-Vertreter die Psychoanalyse selbst. In ihrer Homoiusie mit dem Kepos dürfte sie dessen historisches Schicksal teilen. Aber wer immer an den nur kollektiv erreichbaren Zielen der individuellen Freiheit und Selbstachtung interessiert ist, wird auf seiner dann unvermeidlich einsetzenden Suche, egal in welchem folgenden Jahrhundert, auf eben diese ursprünglich alles andere als verkommene Psychoanalyse stoßen – und auf Reichs Beitrag zu ihr, welcher ihn nicht nur als deren loyalen und orthodoxen Vertreter ausweist, sondern auch als Freuds wahrscheinlich würdigsten potentiellen Fortsetzer, als dieser schließlich gestrauchelt war.

Literatur

1) Werke Wilhelm Reichs

a) bis einschließlich 1935

1919 Die Spezialisierung des Ärztestandes. Eine Erwiderung. Wiener med. Wschr. 28, p. 1400 (Wiederabdruck in WRB 2/80, p. 58)

1920a Zur »Aufklärung« im Kampfe gegen die Geschlechtskrankheiten. ZSW VI 391

1920b Über einen Fall von Durchbruch der Inzestschranke in der Pubertät. ZSW VII 220 (zit. n. Reich 1977, p. 78)

1920c Libidokonflikte und Wahngebilde in Ibsens ›Peer Gynt‹. Vortrag 1920. Veröff. in Reich 1977, p. 19

1921 Kindliche Tagträume einer späteren Zwangsneurose. IZ VII 460

1922a Über Spezifität der Onanieformen. IZ VIII 333 (zit. n. Reich 1977, p. 137)

1922b Der Koitus und die Geschlechter. ZSW VII 343 (zit. n. Reich 1977, p. 87)

1922c Zwei narzißtische Typen. Bemerkungen über Alexanders ›Kastrationskomplex und Charakter‹. IZ VIII 456 (zit. n. Reich 1977, p. 144)

1922d Trieb- und Libidobegriffe von Forel bis Jung. ZSW IX 17; 44; 75 (zit. n. Reich 1977, p. 99)

1922e Autoref.: *Der Koitus und die Geschlechter (= 1922c)*. IZ VIII 369

1922f Autoref.: *Grenzen der Erinnerungstätigkeit in der psychoanalytischen Kur*. IZ VIII 538

1923a Zur Trieb-Energetik. ZSW X 99 (zit. n. Reich 1977, p. 153)

1923b Rez.: *Bunemann, Über psychogene Dermatosen (Zs. f. d. ges. Neur. u. Psych. 78, H. 2/3)*. IZ IX 91

1923c Rez.: *Frieda Reichmann, Zur Psychopathologie des Asthma bronchiale (Med. Klinik VIII 22)*. IZ IX 92

1923d Rez.: *Heinz Hartmann, Zur Frage der Selbstblendung (Jb. f. Psychol. u. Neur. 41, H. 2/3)*. IZ IX 228

1923e Rez.: *Meyer, G. R., Psychische Faktoren bei organischen Krankheiten (Münchner med. Wschr., Aug. 1922)*. IZ IX 92

1923f Rez.: *Herrmann Hoffmann, Die konstitutionelle Struktur und Dynamik der »originären« Zwangsvorstellungsneurose (Fall Anna Reimer) (Zs. f. d. ges. Neur. u. Psych. 80)*. IZ IX 224

1923g Rez.: *Norbert Marx, Beiträge zur Psychologie der Kokainomanie (Aus der Irrenanstalt Herzberge der Stadt Berlin) (Zs. f. d. ges. Neur. u. Psych. 80, H. 5)*. IZ IX 225

1923h Rez.: *Gaston Roffenstein, Zum Problem des Unbewußten (Zs. f. d. ges. Neur. u. Psych. 80)*. IZ IX 534

1923i Rez.: *Paul Schilder, Bemerkungen über die Psychologie des paralytischen Größenwahnes (Zs. f. d. ges. Neur. u. Psych. 74, H. 1/3)*. IZ IX 221

1923j Rez.: *Paul Schilder, Vorstudien zu einer Psychologie der Manie (Zs. f. d. ges. Neur. u. Psych. 68)*. IZ IX 221

1923k Rez.: *Paul Schilder, Das Unbewußte (Zs. f. d. ges. Neur. u. Psych. 80)*. IZ IX 531

1923l Rez.: *Oswald Schwarz, Über funktionelle Blasenstörungen (Wiener med. Wschr. 28)*. IZ IX 90

1923m Rez.: *Alfred Storch, Über das archaische Denken in der Schizophrenie (Zs. f. d. ges. Neur. u. Psych. 78, H. 4/5)*. IZ IX 222

1923n Rez.: *Karl Wilmans, Die Schizophrenie (Zs. f. d. ges. Neur. u. Psych. 78, H. 4/5)*. IZ IX 222

1924a Über Genitalität vom Standpunkt der psychoanalytischen Prognose und Therapie. IZ X 164

1924b Rez.: *Alfred Adler, Praxis und Theorie der Individualpsychologie (2. Aufl. München 1924)*. IZ X 479

1924c Autoref.: *Zur Triebenergetik (= 1923a)*. IZ X 200

1924d Rez.: *Felix Deutsch, Gehäuftes Auftreten von Morbus Basedowii (Med. Kl. 20)*. IZ X 478

1924e Rez.: *Arthur Kronfeld, Sexualpathologie (Wien 1923)*. IZ X 312

1924f Rez.: *Arthur Kronfeld, Über neuere grundsätzliche Auffassungen in der Psychotherapie (Mschr. f. Psych. u. Neur. 52)*. IZ X 313

1924g Rez.: *Otto Magenau, Verlaufsformen paranoider Psychosen der Schizophrenie (Zs. f. d. ges. Neur. u. Psych. 79)*. IZ X 329

1924h Rez.: *Gaston Roffenstein, Experimentelle Symbolträume (Zs. f. d. ges. Neur. u. Psych. 87)*. IZ X 327

1924i Rez.: *Paul Schilder, Die Angstneurose (Wiener med. Wschr. 37)*. IZ X 314

1924j Rez.: *Paul Schilder, Zur Lehre von der Hypochondrie (Mschr. f. Psych. u. Neur. 56)*. IZ X 314

1924k Rez.: *Paul Schilder, Medizinische Psychologie für Ärzte und Psychologen (Berlin 1924)*. IZ X 314

1924l Rez.: *Paul Schilder, Über den Wirkungswert psychischer Erlebnisse und über die Vielheit der Quellgebiete der psychischen Energie (Arch. f. Psych. 70, H. 1)*. IZ X 316

1924m Rez.: *Paul Schilder, Zur Psychologie epileptischer Ausnahmszustände (Zs. f. Psych. 80)*. IZ X 317

1924n Rez.: *Kurt Schneider, Die psychopathischen Persönlichkeiten (Hb. d. Psychiatrie, 7. Abt., 1923)*. IZ X 317

1924o Rez.: *Kurt Schneider, Die Daseinsweisen der Hysterie (Zs. f. d. ges. Neur. u. Psych. 82)*. IZ X 317

1924p Rez.: *E. Sigg, Zur Kasuistik des nervösen Tic (Zs. f. d. ges. Neur. u. Psych. 82)*. IZ X 328

1924q Rez.: *J. Strömme, Zum Behandlungsmodus des Sadomasochismus (Zs. f. d. ges. Neur. u. Psych. 82)*. IZ X 478

1925a Der triebhafte Charakter. Wien

1925b Der psychogene Tic als Onanieäquivalent. ZSW XI 302

1925c Eine hysterische Psychose in statu nascendi. IZ XI 211

1925d Weitere Bemerkungen über die therapeutische Bedeutung der Genitallibido. IZ XI 297

1925e Über Theodor Reiks ›Geständniszwang und Strafbedürfnis‹. Imago XI 467

1925f Rez.: *E. Bleuler, Die Psychoide als Prinzip der organischen Entwicklung (Berlin 1925)*. IZ XI 368

1925g Rez.: *W. C. Rivers, Von menschlichen Trieben (Leipzig 1925)*. IZ XI 368

1925h Rez.: *W. Eliasberg, Das Ziel in der Psychotherapie (Zs. f. d. ges. Neur. u. Psych. 96)*. IZ XI 375

1925i Rez.: *W. Hilger, Die Hypnose und die Suggestion (2. Aufl. Jena 1925)*. IZ XI 240

1925j Rez.: *Erwin Strauß, Wesen und Vorgang der Suggestion (Berlin 1925)*. IZ XI 375

1926a Über die chronische hypochondrische Neurasthenie mit genitaler Asthenie. IZ XII 25

1926b Über die Quellen der neurotischen Angst. IZ XII 422

1926c Eltern als Erzieher I: Der Erziehungszwang und seine Ursachen. ZPP I 65

1926d Rez.: *Paul Schilder, Entwurf einer Psychiatrie auf psychoanalytischer Grundlage*. IZ XII 106

1926e Rez.: *Siegfried Bernfeld, Psychologie des Säuglings*. IZ XII 571

1926f Rez.: *Heinz Fendel, Grundzüge der ärztlichen Psychologie in der ärztlichen Praxis*. IZ XII 105

1927a Die Funktion des Orgasmus. Zur Psychopathologie und zur Soziologie des Geschlechtslebens. Neue Arbeiten zur ärztl. Psa. VI. Wien (I.Psa.-Verlag)

1927b Strafbedürfnis und neurotischer Prozeß. Kritische Bemerkungen zu neueren Auffassungen des Neurosenproblems. IZ XII 36

1927c Zur Technik und Deutung der Widerstandsanalyse. IZ XIII 141

1927d Strafbedürfnis und neurotischer Prozeß: Abschließende Bemerkung auf Alexanders Entgegnung. IZ XIII 171

1927e Bericht über das ›Seminar für psychoanalytische Therapie‹ am psychoanalytischen Ambulatorium in Wien (1925/26). IZ XIII 241

1927f Zur Diskussion der Laienanalyse. IZ XIII 307

1927g Eltern als Erzieher II: Die Stellung der Eltern zur kindlichen Onanie. ZPP I 263

1927h Über Onanie im Kindesalter. ZPP II 149

1927i Rez.: *Fr. Kraus, Allgemeine und spezielle Pathologie der Person, klinische Syzygiologie, bes. Tl.: Tiefenperson.* IZ XII 339

1927j Rez.: *Oswald Bumke, Das Unterbewußtsein.* IZ XIII 100

1927k Rez.: *Miroslaw Schlesinger, Die Onanie.* IZ XIII 100

1927l Rez.: *V. Hähnlein, Seelische Selbstbehandlung.* IZ XIII 101

1927m Rez.: *Anton Mißriegler, Die liebe Krankheit.* IZ XIII 253

1927n Rez.: *Werner Hartoch, Sexualpsychologische Studien zur Homosexualität/H. W. Braun, Das Weib in Weiningers Geschlechtscharakterologie.* IZ XIII 253

1927o Rez.: *I. Lange, Die Paranoiafrage.* IZ XIII 343

1927p Rez.: *Kurt Schneider, Die abnormen seelischen Reaktionen.* IZ XIII 344

1927q Rez.: *Hans Blüher, Traktat über die Heilkunde, insbesondere die Neurosenlehre.* IZ XIII 343

1927r Rez.: *Karl Birnbaum, Die psychopathischen Verbrecher, 2. Aufl.* IZ XIII 349

1928a Über Charakteranalyse. IZ XIV 180

1928b Zweiter Bericht über das ›Seminar für psychoanalytische Therapie‹ in Wien (1926–1928). IZ XIV 438

1928c Wohin führt die Nackterziehung? ZPP III 44

1928d Die Rolle der Genitalität in der Neurosentherapie. Allg. ärztl. Zs. f. Psychotherapie u. psych. Hygiene I 672

1928e Rez.: *Konrad Falke, Machtwille und Menschenwürde, Briefe mit einer Schweizerin über das Problem der Geschlechtsliebe (Orell-Füssli-Verlag, Zürich 1927).* IZ XIV 257

1928f Rez.: *Wilhelm Stekel (Hg.), Fortschritte der Sexualwissenschaft und Psychoanalyse II (Wien 1926).* IZ XIV 259

1928g Rez.: *Paul Häberlin, Über die Ehe (Schweizer Spiegelverlag, Zürich 1928).* IZ XIV 532

1928h Rez.: *Th. van der Velde, Die Abneigung in der Ehe; Die Erotik in der Ehe (Leipzig/Stuttgart 1928).* IZ XIV 534

1929a Sexualerregung und Sexualbefriedigung. Wien (Muensterverlag)

1929b Dialektischer Materialismus und Psychoanalyse. Unter dem Banner des Marxismus (zuerst russ. in: Под знаменем марксизма Nr. 718, Moskau)

1929c Der genitale und der neurotische Charakter. IZ XV 435

1929d Die Stellung der Psychoanalyse in der Sowjetunion. In: PB IV 358

1929e Erfahrungen und Probleme der Sexualberatungsstellen für Arbeiter und Angestellte in Wien. Der sozialistische Arzt V, p. 98

1930a Geschlechtsreife, Enthaltsamkeit, Ehemoral. Wien (Muensterverlag)

1930b Über kindliche Phobie und Charakterbildung. IZ XVI 353

1930c Die Sexualnot der werktätigen Massen und die Schwierigkeiten der sexuellen Beratung. In: Sexualnot und Sexualreform. Vhdlg. d. IV. Kongr. d. Weltliga f. Sexualreform in Wien. Wien

1930d Parteigenossen! (Der revolutionäre Sozialdemokrat. Wien, 3.1.1930)

1930e Unsere »demokratischen« Führer und das undemokratische Bürgertum (ibid.)

1930f Die erste Protestversammlung bei Stalehner (ibid.)

1930g Die berühmten fünf Punkte (ibid.)

1930h Die Masken fallen! (ibid. Nr. 2)

1930i Die Mieterschutzpolitik der Parteiführung (ibid.)

1930j Wie wir geführt werden (Erlebnisse eines Schutzbündlers) (ibid.)

1930k Genosse Leuthner plaudert aus der Schule (ibid.)

1931a Die charakterologische Überwindung des Ödipuskomplexes. IZ XVII 55

1931b Über den epileptischen Anfall. IZ XVII 263

1931c Die seelischen Leiden als soziales Problem. Der sozialistische Arzt VII

1931d Rez.: *Bronislaw Malinowski, Das Geschlechtsleben der Wilden in Nordwestmelanesien*. IZ XVII 403

1931e Die Auflösung der Familie? Die Warte 12, p. 2

1931f Die Sexualstörungen der Frau. Die Warte 12, p. 8

1932a Der masochistische Charakter. IZ XVIII 303

1932b Abschließende Bemerkungen zur »Gegenkritik« Bernfelds. IZ VIII 386

1932c Der Einbruch der Sexualmoral. Zur Geschichte der sexuellen Ökonomie. Berlin (Sexpolverlag)

1932d Der sexuelle Kampf der Jugend. Berlin (Sexpolverlag)

1932e Was ist Psychoanalyse? Die Warte 1, p. 12

1933a Charakteranalyse. Technik und Grundlagen für Studierende und praktizierende Analytiker. Wien (Manz'sche Buchdruckerei)

1933b Massenpsychologie des Faschismus. Kopenhagen

1934a Róheims ›Psychoanalyse primitiver Kulturen‹. ZPPS I

1934b Dialektischer Materialismus und Psychoanalyse (= 1929b mit weiteren Anmerkungen). Kopenhagen (Sexpolverlag)

1934c Ein Widerspruch der Freud'schen Verdrängungslehre. ZPPS I 115

1934d Zur Anwendung der Psychoanalyse auf die Geschichtsforschung. ZPPS I 4

1934e Was ist Klassenbewußtsein? (Pseud. Ernst Parell). ZPPS I 16; 90; 226; 274

1934f Der Jude im faschistischen Licht. ZPPS I 189

1934g Zur Geschichte der Sex-Pol-Bewegung. ZPPS I 259

1934h Politik und Wissenschaft: Worin liegt die gesellschaftliche Bedeutung der Angstpsychologie? ZPPS I 279

1934i Der Urgegensatz des vegetativen Lebens. ZPPS I 125

1934j Der Einbruch der Sexualmoral. 2. erw. Aufl. Kopenhagen

1935a Psychischer Kontakt und vegetative Strömung. Kopenhagen

1935b Die Funktion der »objektiven Wertwelt« (Pseud. Walter Roner). ZPPS II 32

1935c Geschichte der deutschen Sexpolbewegung II. ZPPS II 64

1935d Unterschiede zwischen liberalistischer Sexualreform und revolutionärer Sexualpolitik (Pseud. Ernst Parell). ZPPS II 99

1935e Der Kampf um die neue Moral. Die Bremsung der Sexualrevolution in der UdSSR. ZPPS II 145

1935f Über Psychoanalyse, Krieg und Frieden. ZPPS II 190

1935g Rez.: *August Forel, Rückblick auf mein Leben*. ZPPS II 75

b) sonstige zitierte Werke

1936a Unser Glückwunsch an Freud (Zum 80. Geburtstag). ZPPS III 150

1936b Antwort an Jef Last. ZPPS III 171

1936c Die Sexualität im Kulturkampf. Kopenhagen

1966 Die sexuelle Revolution. Zur charakterlichen Selbststeuerung des Menschen. Frankfurt/M.

1975 (ed. Higgins, M. u. Raphael, Ch.) Reich speaks of Freud. Hammondworth, Middlesex, Engl. (= Reichs Interviews mit K. Eissler vom 18. u. 19.10.1952)

1976 Wilhelm Reich über Sigmund Freud (anon. Übs. v. Reich 1975, enthält weniger Dokumentarmaterial als dieses, weist aber einige Zusätze auf). Produktionsgemeinschaft Schrift, Ton und Bild Schloß Dätzingen

1977 Frühe Schriften I. Köln

1982 Menschen im Staat. Köln (Nexus)

1994 Leidenschaft der Jugend (Hgg. Mary Boyd Higgins u. Chester M. Raphael). Köln (KiWi 348)

2) Sekundärliteratur

Abraham, Karl, zit. n. PS I u. PS II; s.a. Freud/Abraham

Adorno, Theodor, et al., 1950:
Studies in Prejudice, New York (gek. dt. Fsg. u. d. Titel ›Der autoritäre Charakter‹, »Amsterdam« <in Wahrheit Frankfurt/M>, de Munter <Schwarze Reihe Nr. 6 u. 7> 1969)

Alexander, Franz, 1922:
Kastrationskomplex und Charakter. IZ VIII 121

id. 1927: Entgegnung auf Reichs kritische Bemerkungen. IZ XIII 47

id. 1926: Neurose und Gesamtpersönlichkeit. IZ XII 334

id. 1951: Psychoanalytische Medizin. Berlin (de Gruyter)

Améry, Jean, 1971:
Wilhelm Reich oder die Holzwege der Seelenkunde. Merkur (Mai)

Bacia, Hubert/**Werth**, Jürgen, 1969:
Wilhelm Reich – der Funktionär des Orgasmus. Konkret Nr. 9

Barag, G., 1937:
Zur Psychoanalyse der Prostitution. Imago 23

Baulieu, Étienne E., 2000:
Interview zur Abtreibungspille RU 486. KETZERBRIEFE – Flaschenpost für unangepaßte Gedanken Nr. 94. Freiburg i. Br. (ISSN 0930-0503)

Bernfeld, Siegfried/**Feitelberg**, Sergej, 1930:
Über psychische Energie, Libido und deren Meßbarkeit. Imago 16, p. 66–118

Bernfeld, Siegfried, 1932a:
Die kommunistische Diskussion um die Psychoanalyse und Reichs ›Widerlegung der Todestriebhypothese‹. IZ XVIII (zit. n. Gente 1972, p. 81)

id. 1932b: Der Begriff der Deutung in der Psychoanalyse. In: Zs. f. angew. Psychol. 42

Birbaumer, Niels, 1975:
Physiologische Psychologie. Berlin/Heidelberg/New York

Bonaparte, Marie, 1934:
Edgar Poe. Eine psychoanalytische Studie. Wien

Bourke, John Gregory, 1913:
Der Unrat in Sitte, Brauch, Glauben und Gewohnheitsrecht der Völker (übs. u. bearbeitet von Friedrich S. Krauss u. H. Ihm, eingel. von Sigmund Freud). Beiwerke zum Studium der Anthropaphyteia, vol. VI. Leipzig

Briehl, Walter, 1966:
Wilhelm Reich. In: Franz Alexander et al. (Hg.), Psychoanalytic Pioneers. New York

Buggle, Franz, et al., 2000:
Are Atheists More Depressed than Religious People? In: free inquiry, vol. 20, No. 4, p. 50sqq. New York

Burian, Wilhelm, 1972:
Psychoanalyse und Marxismus. Eine intellektuelle Biographie Wilhelm Reichs. Frankfurt/M. (makol bibliothek 27)

Calvié, Alain, 1992:
Appendice (In: Konitzer 1992)

Cattier, Michel, 1969:
La vie et l' Oeuvre du Docteur Wilhelm Reich. Lausanne

Changeux, Jean-Pierre, 1984:
Der neuronale Mensch. Reinbek bei Hamburg

Dahmer, Helmut, 1972:
Wilhelm Reich – Seine Stellung zu Freud und Marx. In: Gente 1972, p. 80

id. 1974a: Die Zukunft einer Illusion. In: Kindlers Literaturlexikon. München (dtv, 25 vol.), p. 10 406

id. 1974b: Das Unbehagen in der Kultur. Wien 1974a, p. 9723

Damasio, Antonio R., 1997:
Descartes' Irrtum. München (dtv 33029)

David-Néel, Alexandra, 1993:
Mein Indien. München (Knaur-Tb. 7702)

Dawkins, Richard, 1978:
Das egoistische Gen. Berlin/Heidelberg/New York

id. 1996: Und es entsprang ein Fluß in Eden – Das Uhrwerk der Evolution. München (Bertelsmann)

Deschner, Karlheinz, 1974:
Das Kreuz mit der Kirche. Düsseldorf/Wien (Heyne-Tb. 7032)

Deutsch, Helene, 1925:
Psychoanalyse der weiblichen Sexualfunktion. Neue Arb. m. ärztl. Psa. V. Leipzig/Wien/Zürich

Duerr, Hans Peter, 1988:
Der Mythos vom Zivilisationsprozeß. Vol. I: Nacktheit und Scham. Frankfurt/M.

Eder, M. D., 1929:
Zur Ökonomie und Zukunft des Über-Ichs. IZ XV 192

Elias, Norbert, 1939:
Über den Prozeß der Zivilisation. Basel

Engels, Friedrich, zit. n. MEW

Erikson, Erik H., 1966
Identität und Lebenszyklus. Frankfurt/M.

Fallend, Karl, 1988:
Wilhelm Reich in Wien. Veröffentlichung des Ludwig-Boltzmann-Instituts für Geschichte der Gesellschaftswissenschaften Nr. 17. Wien/Salzburg

id. u. **Nitzschke**, Bernhard (Hgg.), 1997:
Der Fall Wilhelm Reich. Frankfurt/M. (stw 1285)

Federn, P./**Meng**, H., (Hgg.), 1926:
Das psychoanalytische Volksbuch. Bücher des Werdenden II. Stuttgart/Berlin

Fenichel, Otto, 1925a:
Rez.: *Wilhelm Reich, Der psychogene Tic als Onanieäquivalent*. IZ XI 380

id. 1925b: Rez.: *Wilhelm Reich, Der triebhafte Charakter*. IZ XI 381

id. 1930a: Rez.: *Wilhelm Reich, Die Funktion des Orgasmus*. IZ XVI 511 id. 1930b: Rez.: *Wilhelm Reich, Sexualerregung und Sexualbefriedigung*. IZ XVI 522

id. 1931a: Rez.: *Wilhelm Reich, Dialektischer Materialismus und Psychoanalyse*. Imago 179, p. 132

id. 1931b: Rez.: *Wilhelm Reich, Geschlechtsreife, Enthaltsamkeit, Ehemoral*. Der sozialistische Arzt VII

id. 1935a: Zur Kritik des Todestriebes. Imago 219, p. 458

id. 1935b: Zur Theorie der psychoanalytischen Technik. IZ XXI 78

id. 1974a (1931):
Hysterien und Zwangsneurosen. Darmstadt (unv. Nachdr. d. Ausg. Wien 1931)

id. 1974b (1931):
Perversionen, Psychosen, Charakterstörungen. Darmstadt (unv. Nachdr. d. Ausg. Wien 1931)

id. 1974/5/7:
Psychoanalytische Neurosenlehre. 3 vol. Olten

id. 1998. 119 Rundbriefe. 2 vol. (Hgg. J. Reichmayr u. E. Mühlleitner). Frankfurt/M. u. Basel

id. 2001: Probleme der psychoanalytischen Technik. (Hgg. M. Giefer u. E. Mühlleitner). Gießen

Ferenczi, Sándor, zit. n. BP, außer:

id. 1922: Populäre Vorträge über Psychoanalyse. Wien

id. 1924: Versuch einer Genitaltheorie. Wien

Flugel, J. C., 1940:
The Psychology of Clothes. London (Hogarth Press) (1st ed. 1930)

Fränkel, Boris, 1966:
Pour Wilhelm Reich. Partisans 32/3 (Paris)

Freud, Anna, 1959 (1936):
Das Ich und die Abwehrmechanismen. München (Kindler, Reihe Geist und Psyche 2001)

ead. 1966: Einführung in die Technik der Kinderanalyse. München

Freud, Sigmund, zit. n. GW; dazu:

id./**Abraham**, Karl, 1965:
Briefe 1907–1926. Frankfurt/M.

id./**Andreas-Salomé**, Lou, 1966:
Briefwechsel (Hg. E. Pfeiffer) Frankfurt/M.

Fromm, Erich, 1932:
Die psychoanalytische Charakterologie und ihre Bedeutung für die Sozialpsychologie. In: Zs. f. Soz.fschg. I (Leipzig)

id. 1933: Rez.: *Wilhelm Reich, Der Einbruch der Sexualmoral*. Zs. f. Soz.fschg. II

id. 1936: Autorität und Familie. Sozialpsychologischer Teil. In: Max Horkheimer (Hg.), Studien über Autorität und Familie. Paris, p. 77–135. Zit. n. Gente 1970, p. 251–306

Gabel, Joseph, 1967:
Ideologie und Schizophrenie. Frankfurt/M.

Gellately, Robert, 1993:
Die Gestapo und die deutsche Gesellschaft. Paderborn

Gente, Hans-Peter, 1970:
Marxismus, Psychoanalyse, Sexpol 1. Frankfurt/M.

id. 1972: Marxismus, Psychoanalyse, Sexpol 2. Frankfurt/M.

Glover, Edward, 1926:
Einige Probleme der psychoanalytischen Charakterologie. IZ XII 326

Görres, Joseph von, 1989:
Die christliche Mystik (Hg. Uta Ranke-Heinemann), 5 vol. Frankfurt/M. (Slg. Historica)

Greenfield, Jerome, 1995:
USA gegen Wilhelm Reich. Frankfurt/M.

Grunberger, Béla/**Chasseguet-Smirgel**, Janine, 1979:
Freud oder Reich? – Psychoanalyse und Illusion (dt. Frankfurt/M./Berlin/Wien, Ullstein TB 3583 [frz. 1976 bei Claude Tchou])

Haensch, Dietrich, 1969:
Repressive Familienpolitik. Reinbek b. Hamburg (rororo sexologie 8023)

Haffner, Sebastian, 1978:
Anmerkungen zu Hitler. München

Hau, Theodor F., 1964:
Zum Problem der Ich- oder Charakterstörungen. Fortschritte d. Psy., Int. Jb. z. Weiterentwicklung d. Psa. I. Göttingen, p. 129

Hoevels, Fritz Erik, 1967:
Das Elend der Psychoanalyse. In: Freiburger Studentenzeitung 17, H. 7 (Nachdruck u.a. in akut 1968, Nr. 41, p. 18). Antworten von Walter Schraml (FSZ 18, H. 1, p. 68), Armand Mergen, Herbert Marcuse u. Friedrich Fürstenberg (FSZ 18, H. 2, p. 12)

id. 1979: Märchen und Magie in den Metamorphosen des Apuleius von Madaura. Studies in Classical Antiquity 1. Amsterdam (Rodopi)

id. 1983a: »Tot« und »weg«. Su 1983a, p. 58sqq.

id. 1983b: Marxismus, Psychoanalyse, Politik. Freiburg i. Br.

id. 1984a: 1984 – Orwells Roman im Lichte der Psychoanalyse. Su 1984/1, p. 6sqq.

id. 1984b: Der Wahrheitsgehalt der »Totalitarismustheorie«. Su 1984/1, p. 29sqq.

id. 1984c: Das Tabu der Nacktheit. Su 1984/2, p. 86sqq.

id. 1985a: Das Tabu des bestimmten Artikels. Su 1985/1, p. 59sqq.

id. 1985b: Becketts Traurigkeit. Su 1985/2, p. 94sqq.

id. 1986a: Freuds handschriftliche Korrekturen auf der ersten Seite seines Typoscripts ›Der Mann Moses‹. Su 1986, p. 48sqq.

id. 1986b: Katholizismus und Protestantismus – Zwei Massenneurosen. MIZ [Materialien und Informationen zur Zeit]. Berlin 1986, Heft 3/4

id. 1986c: Tabuthema AIDS-Stop. Gedanken eines Ketzers. Freiburg i. Br.

id. 1987: Das Symbol der Faschisten. Su 1987, p. 57sqq.

id. 1989a: Das Privatleben des Psychoanalytikers. Su 1989, p. 38sqq.

id. 1989b: Editorial. KETZERBRIEFE Nr. 14. Freiburg i. Br.

id. 1989c: Über Darwin und Freud (Essay). Su 1989, p. 67sqq.

id. 1990a: Eine parareligiöse Bekehrung. Su 1990, p. 39sqq.

id. 1990b: Der Ödipuskomplex und seine politischen Folgen. Grundfragen der Psychoanalyse. 5. Aufl. Freiburg i. Br.

id. 1991a: Eine chinesische Harnreizphantasie. Su 1991, p. 5sqq.

id. 1991b: Rez.: *Hans Peter Duerr, Nacktheit und Scham.* Su 1991, p. 80–84

id. 1992a: Die Unsterblichkeitsvorstellung im Lichte der Psychoanalyse. Su 1992, p. 7sqq.

id. 1992b: Über Ich-Stärke und Ich-Schwäche (I) (Essay). Su 1992, p. 59sqq.

id. 1993a: Ein jüdisches Speisetabu und sein Geheimnis. Su 1993, p. 63sqq.

id. 1993b: Collected Papers on Psychoanalysis of Religion. New Delhi

id. 1994: Egoismus und kollektive Selbstbestimmung. KETZERBRIEFE Nr. 50. Freiburg i. Br.

id. 1996: Psychoanalyse und Literaturwissenschaft. Freiburg i. Br.

id. 1998a: Die zwei Arten des Denkens. Su 1998, p. 26sqq.

id. 1998b: Über Ichstärke und Ichschwäche II (Essay). Su 1998, p. 88sqq.

id. 1998c: 30 Jahre Ketzer. Freiburg i. Br.

id. 1999a: Der heilige Georg von Vittore Carpaccio. Su 1999, p. 7sqq.

id. 1999b: Rez.: *Martin Miller: Psychoanalysis and the Bolsheviks. Psychoanalysis in Imperial Russia and the Soviet Union.* Su 1999, p. 66sqq.

id. 2000: Das psychische Trauma. Su 2000, p. 41sqq.

id. 2001: Die sogenannte Kultur. KETZERBRIEFE Nr. 100. Freiburg i. Br.

Hoffmann, Sven Olaf, 1979:
Charakter und Neurose. Ansätze zu einer psychoanalytischen Charakterologie. Frankfurt/M.

Horkheimer, Max, 1936:
Egoismus und Freiheitsbewegung. Zs. f. Soz.fschg. V 161

Hurwitz, Emmanuel, 1979:
Otto Gross. Paradiessucher zwischen Freud und Jung. Frankfurt/M.

Jacoby, Russell, 1985:
Die Verdrängung der Psychoanalyse oder der Triumph des Konformismus. Frankfurt/M.

Jones, Ernest, 1960/2:
Das Leben und Werk von Sigmund Freud, vol. I 1960, vol. II u. III 1962. Bern/Stuttgart

Kaplan, Reinhard W., 1978:
Der Ursprung des Lebens 2. Biogenetik, ein Forschungsgebiet heutiger Naturwissenschaft. Stuttgart (Thieme)

Köhler, Thomas, 1990:
Das Werk Sigmund Freuds, vol. 1 (2. Aufl.). Heidelberg

id. 1993: Das Werk Sigmund Freuds, vol. 2. Heidelberg

Konitzer, Martin, 1992:
Reich. Roma (erre emme edizioni)

Krieger, Hans, 1969:
Der Mann, der an unsere tiefsten Ängste rührte. Die Zeit vom 10.10.1969

Kuczynski, Jürgen, 1982:
Geschichte des Alltags des deutschen Volkes, 5 vol. Köln

Landauer, Karl, 1934:
Rez.: *Wilhelm Reich, Massenpsychologie des Faschismus; id., Charakteranalyse*. Zs. f. Soz.fschg. III

Laplanche, J. u. **Pontalis**, J. B., 1973:
Das Vokabular der Psychoanalyse. Frankfurt/M. (stw 7)

Laska, Bernd A., 1979:
Die heutige Sexualwissenschaft über Reich. WRB 2, 35–52

id. 1981: Wilhelm Reich. Reinbek b. Hamburg (rm 298)

id. 1982: Verschollene politische Texte Reichs wieder aufgefunden. WRB 1, p. 13–48

Littmann, Enno, (Übs.), 1953:
Die Erzählungen aus den tausendundein Nächten. VI vol. Wiesbaden

Lobner, Hans, 1978:
Die behandlungstechnischen Diskussionen der Wiener Psychoanalytischen Vereinigung (1923–1924). In: Jb. d. Psa X, p. 169–204, darin Otto Isakowers Protokolle dieser Sitzungen (p. 178–202)

Loewenstein, Rudolph M., 1968:
Psychoanalyse des Antisemitismus. Frankfurt/M. (suhrkamp)

Lorenz, Konrad, 1963:
Das sogenannte Böse. Wien

Malinowski, Bronislaw, 1927:
Sex and repression in savage societies. London

id. 1962: Geschlecht und Verdrängung in primitiven Gesellschaften. rde 139/140. Reinbek b. Hamburg (nicht identisch mit Malinowski 1927)

Marcuse, Herbert, 1933:
Rez.: *Wilhelm Reich, Massenpsychologie des Faschismus*. Die neue Weltbühne. Prag

id. 1966: Triebstruktur und Gesellschaft. Frankfurt/M. (bibliothek suhrkamp 158)

id. 1969: Studie über Autorität und Familie. In: H. M., Ideen zu einer kritischen Theorie der Gesellschaft. Frankfurt/M. (es 300)

Marx, Karl: zit. n. MEW

Meng, Heinrich, 1928:
Zur Protesterklärung katholischer Lehrerinnen gegen die ›Zeitschrift für psychoanalytische Pädagogik‹. Zs. f. psa. Päd. III 301

Miller, Martin, 1998:
Psychoanalysis and the Bolsheviks. Psychoanalysis in Imperial Russia and the Soviet Union. New Haven/London (Yale Univ. Press)

Mitchell, Juliet, 1976:
Psychoanalyse und Feminismus. Frankfurt/M.

Mitscherlich, Alexander, 1970:
Die Idee des Friedens und die menschliche Aggressivität. Vier Versuche. Frankfurt/M.

Moore, Nigel, 1976:
Psychoanalyse in Skandinavien. In: Eicke, Dieter (Hg.), Die Psychologie des 20. Jahrhunderts, vol. II: Freud und die Folgen (1). Zürich (Kindler), p. 1287–1314

Mühlen, Norbert, 1958:
Der Fall Wilhelm Reich. Der Monat Nr. 114

Neill, Alexander S., et al., 1958:
Wilhelm Reich. Nottigham

id. 1977: Der Mensch Wilhelm Reich. WRB 2, p. 30 [dt. Übs. seines Beitrags aus Neill 1958]

Olenhusen, Albrecht Götz v./**Gnirß**, Christa, 1973:
Handbuch der Raubdrucke II: Theorie und Klassenkampf. Sozialisierte Drucke und proletarische Reprints. Eine Bibliographie. Pullach b. München

Ollendorff-Reich, Ilse, 1970:
Wilhelm Reich. A personal biography. New York (discus)

Pfister, Oscar, 1915:
Ist die Brandstiftung ein archaischer Sublimierungsversuch? IZ III

Plechanow, Georgi W., 1958:
Über die Rolle der Persönlichkeit in der Geschichte. Leipzig (Reclam 8918)

Priskil, Peter, 1986:
Der Totentanz. Su 1986, p. 6sqq.

id. 1992: Erwiderung auf einen journalistischen Schmutzangriff gegen Wilhelm Reich. Su 1992, p. 67sqq.

Putnam, James, 1917:
The work of Alfred Adler, considered with especial reference to that of Freud. The Psychoanalytical Review III, Nr. 2

Raknes, Ola, 1973:
Wilhelm Reich und die Orgonomie. Frankfurt/M.

Rank, Otto, 1907:
Der Künstler. Wien

id. 1925: Zur Genese der Genitalität. IZ XI 411

Rapaport, David, 1973:
Die Struktur der psychoanalytischen Theorie. Versuch einer Systematik. Übs. v. Marianne v. Eckard-Jaffé. Stuttgart

Reich, Peter, 1973:
Der Traumvater. Meine Erinnerungen an Wilhelm Reich. Übs. v. Volker Bracke. München/Gütersloh/Wien

Reik, Theodor, 1925:
Geständniszwang und Strafbedürfnis. Internationale Psychoanalytische Bibliothek, vol. 28. Leipzig/Wien/Zürich (I.Psa.-Verlag)

id. 1976: Hören mit dem dritten Ohr. Hamburg

id. 1977: Aus Leiden Freuden. Hamburg

Reißner, Simone, 2001:
Aufwachsen mit der Seuche. KETZERBRIEFE Nr. 102. Freiburg i. Br., p. 25–30.

Remane, A./**Storch**, V./**Welsch**, U., 1973:
Evolution. Tatsachen und Probleme der Abstammungslehre. München (dtv WR 4234)

Robinson, Paul A., 1969:
The Freudian Left: Wilhelm Reich, Géza Róheim, Herbert Marcuse. New York/Evanston/London

Róheim, Géza, 1933:
Rez.: *Wilhelm Reich, Der Einbruch der Sexualmoral.* Imago 19, p. 552

Ruebsam, Ekkehard, 1970:
Der heilige Wilhelm Reich und sein Fetisch Genitalität. In: Das Argument 60. Berlin

Sadger, Isidor, 1914:
Ein Beitrag zum Verständnis des Tic. IZ II 354

Sarial, Susanne, 1998:
Körperwelten – Ein Ausstellungserfolg aus psychoanalytischer Sicht. Su 1998, p. 5sqq.

Schachter, S., 1964:
The interaction of cognitive and physiological determinants of emotional state. In: L. Berkowitz. (ed.), Advances in experimental social

psychology, vol. I. New York (Acad. Press)

id. u. **Singer**, J. E., 1962:
Cognitive, social, and physiological determinants of emotional state. In: Psychological Review 699, p. 379

Scheller, Berthold, 1967:
Wer war Wilhelm Reich? Express international Nr. 49

Schneider, Michael, 1973:
Neurose und Klassenkampf. Reinbek b. Hamburg

Schwenger, Hannes, 1969:
Antisexuelle Propaganda. Sexualpolitik in der Kirche. Reinbek b. Hamburg (rororo sexologie 8020)

Sève, Lucien, 1973:
Psychanalyse et marxisme historique. In: Clement, C./Bruno.P./Sève, L., Poir une critique marxiste de la théorie psychanalytique. Paris (editions sociales)

Simmel, Ernst (ed.), 1946:
Anti-Semitism. A Social Desease. New York

Sperling, Oscar, 1934:
Rez.: *Wilhelm Reich, Charakteranalyse*. IZ XX 403

Sterba, Richard F., 1934:
Rez.: *Wilhelm Reich, Charakteranalyse*. IZ XX 400

id. 1978: Unpublizierte Diskussionsbemerkungen Sigmund Freuds. Jb. d. Psa X, p. 205–220

Storfer, A. J., 1930:
Umtriebe eines Kommas. PB II 195

Trotzki, Leo, 1955:
Opinions sur Freud et la Psychanalyse. In: Psyche X

id./**Reich**, Wilhelm, 1935:
Briefwechsel [nach Konitzer 1992]

Waal, Nic, 1979:
Über Wilhelm Reich. WRB 3/4, p. 60 u. 5/6, p. 138 [dt. Übs. des engl. Orig. aus Paul Ritter (Hg.), Wilhelm Reich Memorial Volume. Nottingham (England) 1958]

Wälder, Robert, 1930:
Das Prinzip der mehrfachen Funktion. IZ XVI 287

id. 1934: Rez.: *Zeitschrift für politische Psychologie und Sexualökonomie*. H. 1. Imago 20, p. 504 (zit. n. Gente 1970, p. 183)

id. 1969: Die Grundlagen der Psychoanalyse. Frankfurt/M.

Winterstein, Alfred von, 1928:
Die Pubertätsriten der Mädchen und ihre Spuren im Märchen. Imago 14, p. 199

Wittels, Fritz, 1931:
Der hysterische Charakter. PB III 138

Wulff, U., 1930:
Zur Stellung der Psychoanalyse in der Sowjetunion. Bemerkungen zu einem Artikel von Wilhelm Reich. PB II 70

Wyss, Dieter, 1961 (1971):
Die tiefenpsychologischen Schulen von den Anfängen bis zur Gegenwart. Göttingen

Personenregister

Wegen Abundanz sind die Namen Ferenczi, [Sigmund] Freud und Reich nicht in dieses Register aufgenommen. Kursive Zahlen bedeuten eine zusammenhängende Diskussion bestimmter Beiträge der aufgeführten Autoren.